David Ashworth
Tanz mit dem Teufel?

David Ashworth

TANZ MIT DEM TEUFEL?
Das Dunkle in der Lichtarbeit

Ein Selbstschutzbuch für
Reiki-Praktiker, Heiler und
Therapeuten

Die in diesem Buch veröffentlichten Ratschläge wurden vom Autor sorgfältig erarbeitet und geprüft. Eine Haftung des Autors und des Verlages für etwaige Personen-, Sach- und Vermögensschäden ist dennoch ausgeschlossen.

2 3 4 5 6 7 17 16 15 14 13 12 10 09 08 07 06

David Ashworth
Tanz mit dem Teufel? – Das Dunkle in der Lichtarbeit
Die Originalausgabe erschien unter dem Titel: *Dancing With the Devil*
bei Crucible Publishers, Norton St Philip, GB
© David Ashworth/Crucible Publ. 2000
© der deutschen Ausgabe: Neue Erde GmbH, Saarbrücken, 2004
Alle Rechte vorbehalten.

Übersetzung: Kerstin Braun
Lektorat: Martine Klose, Johanna Lentz

Titelseite: Dragon Design,
  unter Verwendung eines Gemäldes von Hieronymus Bosch (farblich verfremdet)
Satz und Typo: Dragon Design
Gesetzt aus der Berkeley
Gesamtherstellung: Legoprint, Lavis

Printed in Italy

ISBN 3-89060-067-0
Ab 2007 ISBN 9783-89060-067-3

NEUE ERDE GmbH
Cecilienstr. 29 · D-66111 Saarbrücken
Deutschland · Planet Erde
info@neueerde.de · www.neueerde.de

PERSÖNLICHER DANK

Ich möchte vielen Menschen danken, die mich inspiriert und ohne es zu wissen Juwelen der Weisheit in mir gesät haben. Leider sind es zu viele, um sie hier alle persönlich aufzuzählen, aber die Betreffenden wissen, wen ich meine.

Danke Denise, du bist meine Partnerin, Geliebte und Freundin, die mir auf unterschiedliche Weise mehr hilft, als sie weiß – danke auch dafür, daß du die ersten Korrekturabzüge gelesen und mich dazu gebracht hast, einige Teile umzuschreiben (du warst der Ansicht, daß normal intelligente Menschen meine im Eifer geschriebenen Ausführungen nicht verstehen würden). Danke all jenen, die namenlos bleiben sollen, für die Verwendung ihrer Fallgeschichten. Danke Ivan Fraser vom Magazin *The Truth Campaign*, du hast als erster den vollständigen Text gelesen und gerade dann so überschwenglich und ermutigend darauf reagiert, als ich die Arbeit niederlegen wollte. Danke meinem Redakteur und Herausgeber Robin Campbell von *Crucible Publishers*, dessen redaktionelle Bearbeitung mir zeigte, daß ich das Englische nicht so gut beherrsche, wie ich dachte. (Anscheinend benutze ich keine Verben!)

Außerdem sei den folgenden Personen, Autoren und Herausgebern herzlich dafür gedankt, daß sie mir genehmigten, Auszüge aus ihren urheberrechtlich geschützten Werken zu verwenden oder die Werke selbst nachzudrucken:

Nick Clarke für die auf der hinteren Umschlagklappe abgedruckte Darstellung der Chakren und für die Zeichnungen;

Dinah Arnette für die Genehmigung, ihr auf Seite 85 abgedrucktes urheberrechtlich geschütztes Foto der Wesenheit zu verwenden;

Dr. Tim Duerden für die Genehmigung, seine urheberrechtlich geschützte *Darstellung der feinstofflichen Körper* zu verwenden, die sowohl schwarzweiß als auch auf der vorderen Umschlagklappe in Farbe abgedruckt ist;

Norma (Ehefrau von Edmond) Bordeaux Székely und der *International Biogenic Society*, für die Auszüge aus *Die Lehren der Essener*, übersetzt aus alten aramäischen Texten von dem verstorbenen Dr. Edmond Bordeaux Szekely.

The Theosophical Publishing House und *Quest Books* in Wheaton, Illinois, für die Auszüge aus *The Chakras* von C. W. Leadbeater (auf deutsch beim Aquamarin Verlag erschienen).

Finbarr International, Folkestone, England, für die Auszüge aus *Mystic Wisdom for Richer Living* von Dr. Lori M. Poe;

Society of Inner Light, London, für Auszüge aus *Psychic Self Defence* von Dion Fortune (deutsche Ausgabe: *Selbstverteidigung mit PSI*, Ludwig Verlag 2000))

Dr. Gabriel Cousens am *Tree of Life Rejuvenation Center*, Patagonia, Arizona, für die Genehmigung, aus seinem Buch *Spiritual Nutrition and the Rainbow Diet* zitieren zu dürfen.

Schneelöwe Verlagsberatung & Verlag, Aitrang, Deutschland, mit freundlicher Genehmigung durch **Lotus Light/Shangri-La**, Twin Lakes, WI, für einen Auszug von *Reiki. The Legacy of Dr. Usui* von Frank Arjava Petter.

Betritt man den sich öffnenden Weg des Lebens, so liest man viele kleine Schätze auf, deren Herkunft dem Gedächtnis zuweilen verlorengeht. Wenn ich dergleichen in meinem Buch verwendet habe, was der Würdigung bedürfte, möchte ich mich dafür entschuldigen. Bitte lassen Sie es mich wissen; ich werde die Autorenschaft gern in künftigen Ausgaben berücksichtigen.

INHALT

Widmung 10
Einführung 12

1 Was ist Heilen? 17
Das elektromagnetische Universum 21
Der Heiler 22
Universelles Bewußtsein 23

2 Die Chakren und feinstofflichen Körper 29
Der Körper heilt sich selbst! 29
Heilenergie 30
Das niedere Selbst 33
Die Reiche des Lichts 36
Das höhere Selbst 37
Die Chakren 37
   Eigenschaften der Chakren · Mantren ·
   Die Chakren wahrnehmen · Mit den Chakren arbeiten

3 Energie verstehen 49
Was ist Reiki? 52
Was werde ich spüren? 52
Mitschwingen 53
Die Energiequelle 56
Ein Blick auf den traditionellen Meister 57
Die unglaubliche Kraft der Energie verstehen 59
   Reiki und Kundalini · Die unsichtbare Kraft des Atems

4 Reiki? ... Sie kennen nur die halbe Wahrheit! . . . 73
Reiki – Alt und doch neu 74
Wo sollen wir anfangen? 76
Den Lichtkörper »tunen« 77
Schutz 78
Am Anfang... 81

Das innere Licht 83
Ein Mehr an Energie 85
Zurück zu den Anfängen 86
Leere und Ausgebranntsein 91
Warum lange Zeiträume zwischen den Einstimmungen?
Intuition 95
Zurück zum Thema »Eiltempo« 104

5 Die Grade des Reiki 108
Der Erste Grad 108
Der Zweite Grad 110
Der Dritte Grad 111
Das Wesen der Entwicklung 112
Energieblockaden aus früheren Leben · Energieblockaden aus dem gegenwärtigen Leben
Die Reiki-Ausbildung 120
Meine Art zu lehren · Das Reiki-Material · Die Geschichte · Hausaufgaben · Heilungskrisen · Einstimmungen · Fortwährende Unterstützung

6 Einen Reiki-Meister wählen 131
Reiki – Opfer oder Sieger? 132
Das Ego – der innere Meister 133
Und es wird noch schlimmer
Das ist keine Geistheilung! 138
Den passenden Reiki-Meister finden 140
Und denken Sie daran …

7 Übersinnliche Angriffe 144
Übersinnliche Angriffe erkennen 147
Die Arten übersinnlicher Angriffe 153
Passive übersinnliche Angriffe . Aktive übersinnliche Angriffe
Einstimmungen und übersinnliche Angriffe . . . 155
Ein klassischer Fehler der Heiler 162
Andere Dimensionen 165
Wesenheiten · Aurabruchstücke · Der Geist und eingeschlossene Geister
Gefährliche Verbindungen 194

8 Übersinnlicher Schutz 198
Voraussetzungen für übersinnlichen Schutz 202
   *Visualisierung und Absicht · Die feinstofflichen Körper reinigen
   und ausgleichen · Eine Kraftbasis aufbauen*
Ein letzter Aspekt übersinnlichen Schutzes 240

9 Fallstudien 242
Überblick 242
Angriff durch eine Wesenheit 243
Ein Fall von übersinnlichem Angriff 245
Eine lästige Bande 249
… und das war noch nicht das Ende
Sind wir in diesem Haus willkommen? 257
Der Buchenwald 262
Vielschichtige Probleme und die »Schlafkrankheit« 272
Und noch ein Fall von »Schlafkrankheit« 277
Ein schlangenähnlicher Dämon 280
Übersinnlicher Angriff und Besessenheit 283
Angriff von verschiedenen Seiten 288
Zusammenfassung 297

Nachwort 299
Über den Autor 305
Bibliographie 307
Nützliche Informationen 308

WIDMUNG

Als ich ein junger Mann war, erzählte mir mein Vater oft, daß er keine Angst vor dem Sterben habe. Das war sein erster Satz, normalerweise dann, wenn wir auf dem Weg zur Arbeit im Auto saßen, wo ich keine Chance hatte, zu entkommen. Ich war irgendwie verlegen und ging über seine Versuche hinweg, mich in ein ernsthaftes Gespräch über Angelegenheiten zu verwickeln, von denen ich wußte, daß sie mit dem ewigen Leben zu tun hatten, da ich ja auch wußte, daß mein Vater eine tiefsinnige Seele war und sich »verbunden« fühlte. Ich antwortete dann immer mit einem unverbindlichen »Hmmm«. Seine väterliche Geduld gewann die Oberhand über seinen dringenden Wunsch, seinen Sohn dazu zu bringen, mit ihm zu kommunizieren – so, wie ich mir jetzt ebendiese Kommunikation mit meinem eigenen Sohn wünsche, die noch aussteht.

Vater war in der Religion der *New Jerusalem Church* (der »Neuen Kirche«) erzogen worden, die sich auf die Erleuchtung des Wissenschaftlers und spirituellen Visionärs Emanuel Swedenborg gründet. Als kleiner Junge, so erinnere ich mich, engagierte er sich aktiv in seiner Kirche, spielte gelegentlich Orgel und wirkte bei den Aufführungen des Amateurtheaters mit. Erst kürzlich fand ich auch heraus, daß er schon im zarten Alter von sechzehn ein beliebter Laienprediger gewesen war. Obwohl ich selbst eine Schule der »Church of England« besuchte und immer schon spürte, daß an dieser Sache namens »Leben« mehr dran war, als man von außen sehen konnte, fand ich doch nie Antworten in der Religion, obgleich ich bei vielen Gelegenheiten, besonders in meinen späten Teenagerjahren und mit Anfang Zwanzig, über eine Laufbahn als Geistlicher nachdachte. Die Religion hat in meinem Leben nie wirklich eine Rolle gespielt, auch wenn ich eine immer wiederkehrende Berufung zu etwas verspürte, das ich nicht beschreiben konnte, von dem ich aber wußte, daß die Religion es nicht erfüllen würde. Jetzt bin ich älter geworden und kann erkennen, daß diese Berufung spiritueller Art war. Da sich nun aber meine spirituelle Seite geöffnet hat, habe ich damit begonnen, über die verschiedenen Lehren der Religionen zu lesen. Ich bin seither auch in der Lage, die verborgenen Botschaften darin zu erkennen, die, so fürchte ich, vielen nicht sichtbar werden, weil sie unfähig sind, solche Dinge zu erleben. Viele Menschen müssen die Entfaltung ihrer spirituellen Dimension erst noch erleben, um jenes Licht zu erkennen, von dem Jesus uns sagte, es sei der lebendige Gott, der in allen menschlichen Wesen wohnt.

Vater zitierte oft eines seiner Lieblingsgedichte, dessen Feinheiten sich jüngeren und respektloseren Seelen, wie mir damals, meist nicht erschließen. Ich möchte daher diese Zeilen hier niederschreiben, im Gedenken an die große Bedeutung, die sie für ihn und seine Menschenliebe hatten (was ich erst jetzt langsam verstehen und würdigen kann):

Abou Ben Adhem
Abou Ben Adhem (möge sein Stamm sich mehren!)
Erwachte eines Nachts aus einem tiefen Friedenstraum
Und sah im Mondlicht in seinem Zimmer,
Das dadurch bereichert wurde und gleich einer Lilie erblühte,
Einen Engel, der in ein goldenes Buch schrieb.
Durch das übergroße Maß an Frieden beherzt,
Fragte Ben Adhem die Erscheinung in seinem Raum:
»Was schreibet Ihr?« Die Erscheinung hob den Kopf
Und antwortete mit einem Blick voll süßer Zustimmung:
»Die Namen derer, die den Herrn lieben.«
»Und meiner gehört dazu?« fragte Abou. »Nein«,
Sagte der Engel. Abou sprach nun leiser,
Doch noch immer wohlgemut, und sagte: »So bitte ich Euch also,
Schreibt mich auf als einen, der seine Mitmenschen liebt.«
Der Engel schrieb und verschwand. In der nächsten Nacht
Kehrte er wieder, mit großem erweckendem Licht,
Und wies die Namen derer vor, die mit der Liebe Gottes gesegnet
   worden waren,
Und siehe! da stand Ben Adhems Name ganz oben.

Ich schaffte es, das von Vater ersehnte Gespräch darüber, daß er keine Angst vor dem Tod hatte, für den Rest seines Lebens zu umgehen. Daher hatte er nie Gelegenheit, mir zu erzählen, was er wußte oder gesehen hatte, und zweifelsohne ging mir dadurch etwas verloren.

»Ich möchte dich nur wissen lassen, Vater, daß ich nun auch dort war! Bis später.«

David Ashworth
Prestwich, im Dezember 2000

Einführung

»Jonathan sprach von einfachen Dingen – daß Möwen zum Fliegen da sind, daß die wahre Natur ihres Wesens Freiheit ist, daß sie alles, was dieser Freiheit im Wege steht, abtun müssen, Sitten, Bräuche und jegliche Beschränkung.«
Richard Bach, *Die Möwe Jonathan*

Gespräche, Ermutigungen und sehr reiche Erfahrungen in den letzten Jahren haben mich dazu gebracht, dieses Buch zu schreiben. Man könnte es einfach als ein weiteres Buch über Reiki betrachten – doch tatsächlich geht es um viel mehr. Man sollte es als ein Erste-Hilfe-Handbuch ansehen (was es tatsächlich auch ist), das einem Beistand leistet, um alle Arten des Heilens und der feinen Energiearbeit zu überleben – und besonders Reiki!

Warum sagt jemand so etwas: »Reiki überleben?« Reiki soll uns doch heilen und retten, uns wandeln – wie könnte es etwas sein, das derart ernste Gefahren oder Probleme birgt? Nun, liebe Leserin und lieber Leser, Sie wären überrascht: Es gibt viele Aspekte der Energiearbeit, über die nicht gesprochen wird, und viele arglose Schüler und Heiler geraten in Schwierigkeiten, ohne zu wissen, wie sie wieder herauskommen oder an wen sie sich wenden können, wenn sie Hilfe brauchen.

Ich bin ein Mensch, der mit feinstofflicher Energie arbeitet; ich beschäftige mich täglich mit der Untersuchung von geopathischen Störungen, Geomantie, Erdakupunktur, der Arbeit mit Naturgeistern, Hilfe bei übersinnlichen Angriffen, Geistklärung, der Heilung mit Wünschelruten, spirituell geführter Schwingungsheilung, spiritueller Entwicklung durch Schwingungen, Chakren- und Auraausgleich und -reparatur, der Diagnose von Lebensprioritäten in den Chakren, geführter Energieanpassung auf Schwingungsebene zum Ansprechen von Veränderung, ernährungsbezogener Wünschelrutenarbeit und ergänzender Gesundheitsberatung auf der Basis intuitiver Schwingungsheilung. Ich arbeite beinahe jeden Tag mit feinstofflicher Energie und verfüge in all diesen Bereichen über einen großen Erfahrungsschatz.

Feinstoffliche Energiearbeit ist Heilarbeit. Heilen ist mein Lebenswerk, egal ob Wohn- oder Büroräume unter Verwendung von Kristallen oder Erdakupunktur geheilt werden sollen; ob es um Erdstrom- und Landschaftsheilung in Zusammenarbeit mit Naturgeistern geht; ob ein

Haus von übersinnlichen Kräften, Wesen oder Geistern gereinigt werden soll; ob Heiler und Therapeuten von übersinnlichen Angriffen dunkler Mächte erlöst werden müssen oder ich mit gefährlichen dämonischen Energien und Wesen fertigwerden muß. Heilen ist das, was ich jeden Tag in der Woche tue. Reiki-Energien zu kanalisieren, ist fester Bestandteil vieler Aspekte der feinstofflichen Energiearbeit, mit der ich mich beschäftige, sei es bei der direkten Heilung durch Handauflegen oder bei der tiefgehenden und komplexen Erdakupunktur.

Ich bin einige Zeit damit beschäftigt gewesen, ein Buch über viele Aspekte der feinstofflichen Energie zu schreiben, in dem ein Kapitel *Tanz mit dem Teufel* hieß. Zur Jahrtausendwende (die wir doch tatsächlich ein Jahr zu früh begangen haben!) hat jedoch meine Besorgnis über die Qualität des Lehrens und der Unterstützung in einigen Reiki-Kreisen zugenommen. Der Mangel an Wissen und Fähigkeiten, den ich beobachtet habe, hat bereits sowohl bei Reiki-Schülern und als auch bei Heilern zu ernsthaften Problemen mit ihrem Energiesystem und ihrer Gesundheit geführt, und es nimmt kein Ende. Also schrieb ich weiter an diesem speziellen Kapitel – und es wurde schließlich so lang, daß daraus dieses Buch entstand (zu dem mein Redakteur und Verleger Robin Campbell bemerkte, daß es mindestens zwei Büchern füllen könne!).

Es gab allerdings auch andere Gründe, warum ich gerade jetzt ein Buch zu diesem Thema veröffentlichen wollte: Im Oktober 1999 trat ein Mann aus der *Reiki Association* aus, der auf vielen Gebieten der feinstofflichen Energiearbeit hoch befähigt und talentiert und in mehr als einer Hinsicht ein Meister ist. Er ist ein erstklassiger Reiki-Meister, -Lehrer und -Praktizierender; ein Mensch, der von jedem, der auch nur ansatzweise etwas von Heilen und feinstofflicher Energiearbeit versteht, größte Achtung erwarten dürfte. Sein Austritt war wichtig, allein schon wegen der Art und Weise, wie er von der *Reiki Association* behandelt worden war, aber noch mehr der Vorgänge wegen, die sich in der sogenannten »Reiki-Hierarchie« abspielen.

Reiki ist Macht, und wo Macht ist, gibt es auch Interessenpolitik. Es gibt inzwischen einige bekannte Reiki-Meister auf der ganzen Welt, die Schwierigkeiten haben, sich mit bestimmten Aspekten der Reiki-Politik anzufreunden – und als jemand, der Eigenständigkeit und Freiheit schätzt, gehöre ich dazu. Meiner Meinung nach hat Interessenpolitik im Bereich des Heilens keinen Platz, und damit auch nicht im Reiki. Als der Zeitpunkt für mich gekommen war, habe ich mich aus ebendiesem Grund von anderen Heil-Organisationen distanziert, um für mich selbst zu stehen und am Ende von der einzigen Macht beurteilt zu werden, der es zusteht, ein Urteil über diese Angelegenheiten abzugeben: Ich werde wohl eine Weile warten müssen, bis ich herausfinde, ob ich irgendwelche Regeln gebrochen habe und in einer späteren Inkarnation deshalb karmische Arbeit leisten muß.

Es gibt unter uns Menschen, die ihre Position ausnutzen, um andere zu beherrschen, indem sie ihren Heilerkollegen und der Ausführung ihrer Kunst unsinnige Regeln und Vorschriften auferlegen. Es gibt Menschen, deren Ego und Gier wesentlich größer sind als die Rücksicht auf ihre Mitmenschen. In der feinstofflichen Energie-, Heil- oder Lichtarbeit (wie immer man es bezeichnen möchte) gibt es keine Regeln, außer daß man die Energie und die Freiheit seiner Mitmenschen achten muß. Natürlich sollte es Richtlinien geben, die einem Schüler helfen, sich die entsprechenden Fertigkeiten anzueignen – aber bei der intuitiven Arbeit haben Regeln nichts zu suchen! In jedem Fall sollten wir natürlich den gesunden Menschenverstand zu Wort kommen lassen (wovon die meisten reichlich besitzen – nur müssen wir ihm eben auch erlauben, sich durchzusetzen). Regierungen auf der ganzen Welt beherrschen und lenken ihre Bürger durch Regeln und Vorschriften und indem sie Angst säen. Die Heilenergien sollen umwandelnd wirken: ihre Anwendung kann uns die Wahrheit über unsere Situation auf diesem Planeten enthüllen, wo man versucht, jeden unserer Schritte zu lenken (selbst in der sogenannten »zivilisierten westlichen« oder »freien Welt«). Heiler sollten Führer sein, was die spirituelle Bildung anbelangt, und lehren, wie man sich über die Grundstimmung der Menschheit erhebt und ein höheres Verständnis spiritueller Wahrheiten erreicht. Sie sollten denjenigen helfen, die bereit sind, sich zu entwickeln, und sie dabei unterstützen, einen Einblick in das höhere Bewußtsein zu erlangen; sie führen und mit ihnen gemeinsam die esoterischen Mysterien in Freiheit erkunden – die so vielen so lange vorenthalten wurden. Sie sollten helfen, den Bund gleichgesinnter Seelen zu vergrößern.

Es gibt Reiki-Meister, die hart gearbeitet haben, um hilfreiche und wahrhaftige Informationen für uns ans Licht zu bringen und mit uns zu teilen, und die für ihre Mühe sehr wertgeschätzt werden. Einige dieser Meister sind nun Zielscheibe unverdienter Aufmerksamkeit rechtlicher Natur geworden. Wohin ist es mit Reiki nur gekommen?

Das westliche Reiki kann über Frau Hawayo Takata auf Hawaii und Herrn Tujiro Hyashi in Japan auf Dr. Mikao Usui zurückgeführt werden, den Begründer und vorerst letzten Entzünder der Fackel; den Mann, der den ursprünglichen spirituellen Kanal öffnete und der von höherer Macht ausersehen war, diese Energie in die Welt zurückzubringen. Wir alle sind aus diesem ersten Samen erblüht, und vielen von uns ist mitgeteilt worden, daß Frau Takata die letzte überlebende Trägerin des Reiki-Lichts sei und alle anderen Reiki-Praktizierenden in Japan den 2. Weltkrieg nicht überlebten.

Jetzt, da uns das Werk von Frank Arjava Petter erreicht hat, wissen wir, daß Reiki in Japan nicht ausstarb, sondern weiter gedeiht und von vielen praktiziert wird. Westliche Reiki-Praktizierende werden zur Zeit von ihren japanischen »Kollegen« nicht anerkannt, und dies wahrscheinlich mit gutem Grund, aber es spricht für Frank Arjavas Peters Stellung in der japanischen Gemeinschaft, daß man sich an ihn gewandt und ihm gestattet hat, für uns Informationen zusammenzutragen, mit dem ausdrücklichen Wunsch, diese an den Westen weiterzugeben. Wir haben ihm zu danken, ebenso Simon Treselyan, Alan Sweeney und William Lee Rand für ihre Beiträge sowie vielen, vielen anderen, die emsig hinter den Kulissen arbeiten.

In dieser Zeit planetarischer und spiritueller Entwicklung sollte Reiki Lebensrecht für alle Männer, Frauen und Kinder sein, die diesen Weg gehen wollen. Es ist jedoch über die Kosten der Reiki-Ausbildung viel gestritten und diskutiert worden: Im Sinne des Energieaustausches ist die Investition einer angemessenen Geldsumme oder irgendeiner Sache von vereinbartem Wert als Gegenleistung für Ausbildung nur gerecht. Keiner, der sich in irgendeinem Bereich des Lebens fortbildet, würde erwarten, daß er einen Kurs besucht, ohne dafür eine Gebühr zu bezahlen. Die Kursleiter müssen, wie jeder andere auch, ihren Lebensunterhalt verdienen. Daß aber eine Kontrolle und Herrschaft in der Reiki-Praxis stattfinden soll, indem rechtskräftig finanzielle und praktische Zwänge ausgeübt werden, ist das Werk derer, die das Voranschreiten der spirituellen Entwicklung und des Wohlergehens der Menschheit aus Gründen persönlicher Bereicherung begrenzen wollen.

Als ein guter Freund von mir die selbsternannte »Großmeisterin des Reiki« (ein Titel, den Dr. Usui nie verwendete), Phyllis Furumoto, fragte, ob sie ihre Großmutter, Frau Takata, für ihre Reiki-Einweihung bezahlt habe, erwiderte sie verärgert: »Wieso will das jeder wissen?« Nun, ich denke, jeder will es wissen, weil Frau Furumoto *angeblich* versucht, Reiki zu einem Markennamen zu machen und von jedem Reiki-Meister in der westlichen Welt 10 000 Dollar zu verlangen für das Privileg, den Titel »Reiki-Meister« zu führen. Ich könnte mich natürlich auch irren!?

Ich möchte Frank Arjava Petter aus seinem Buch *Reiki – The Legacy of Dr. Usui* (deutsche Ausgabe: *Reiki. Das Erbe des Dr. Usui*) zitieren, wo wiederum Dr. Usui aus der Einleitung zu seinem Handbuch mit dem Titel *Reiki Ryoho Hikkei* (das Herrn Petter kürzlich von der japanischen Reiki-Gemeinschaft überreicht wurde) wie folgt zitiert wird: »... Reiki kann und wird nie nur einer Person oder einer Organisation gehören. Reiki ist das spirituelle Erbe der gesamten Menschheit.«

Ich bekräftige Dr. Usuis Empfindung, wie sicher deutlich wird, wenn Sie *Tanz mit dem Teufel?* lesen. Wir hatten jetzt zweitausend Jahre und mehr der organisierten Unterdrückung durch Religionen, in denen Lehren verändert wurden und esoterisches Wissen, das der gesamten Menschheit helfen würde, vor den Massen verborgen wurde. Genug ist genug!

Ich möchte nochmals bekräftigen, daß es Hauptanliegen meines Buches ist, die vielen Bereiche der Energiearbeit vorzustellen, die oft nicht vorhergesehen oder mißverstanden werden, und den Leser dahin zu führen, daß er die notwendigen Vorkehrungen erkennt, die man treffen muß, um Energiearbeit mit einem kräftigen und intakten Energiesystem zu überstehen. Außerdem möchte ich, da die Interessenpolitik immer mehr zum Teil des »Machtspieles« wird, gleichzeitig meine Anerkennung und meinen Dank all jenen aussprechen, die dafür arbeiten, daß Reiki frei von Beschränkung bleibt, damit jeder es anwenden und genießen kann.

Ich möchte keine Urteile abgeben; es bleibt den spirituellen karmischen Gesetzen überlassen zu erziehen. Ich lasse mich jedoch nicht einfach wegen meiner schwer erworbenen Erfahrungen verfolgen, und ich werde mich nicht dem Druck einer fehlgeleiteten, vom Ego getriebenen Autorität beugen. Ich bin eine freier Geist und arbeite mit den frei verfügbaren spirituellen Energien, die der Menschheit gegeben sind und jedem, der davon hören will, von Jesus und anderen vermittelt werden. Ich überlebe in der materiellen Welt durch mein Talent: Ich kann feinstoffliche Energie sehen und deuten. Ich bin sicher, daß ich nicht allein stehe!

1
Was ist Heilen?

»Liebe alle, diene allen.«
Sai Baba

Was ist Heilen? Was ist ein Heiler? – Als ich selbst vor einigen Jahren meine Heilungserweckung erlebte, hatte ich die Antworten auf diese Frage nicht. Erst Gespräche mit vielen ganz normalen Menschen über das, was mit mir geschah, führten dazu, daß mich schließlich eine Frau mit zu einer Messe für Körper, Geist und Seele nahm und ich zum erstenmal Heilerinnen und Heilern begegnete.

Ich war ein ernstlich angeschlagenes emotionales Wrack, als ich am Stand der *National Federation of Spiritual Healers* (Nationale Vereinigung spiritueller Heiler) saß, während eine Heilerin ihre Handflächen auf verschiedene Stellen meines Körpers richtete. Ich wußte nicht, was sie da tat, aber da ich selbst erlebt hatte, wie etwas aus meinen Händen unkontrolliert herausschoß, das (wenn ich meinte, es sehen zu können) aussah und sich anfühlte wie Blitze oder Elektrizität, nahm ich an, daß ihre Hände etwas Ähnliches taten. Zum damaligen Zeitpunkt wußte ich nicht, daß man dies als »Kanalisieren von Energie« bezeichnet. Ich wußte noch nicht einmal, was Energie im Zusammenhang mit Heilen war. Im Nachhinein bin ich nicht sicher, ob ich nach dieser Heilungssitzung überhaupt etwas spürte oder nicht. Ich war zu jener Zeit zu sehr damit beschäftigt, zu Gott zu beten und ihn um Hilfe zu bitten und zu fragen, ob ich am richtigen Platz sei. Wie üblich antwortete Gott mir nicht in Form der erwarteten »blendenden« Vision, die mir aus der Sonntagsschule vertraut war. Er flüsterte mir nicht einmal in mein Ohr. Wenn ich zurückschaue, weiß ich jedoch, daß ich am richtigen Platz war und daß diese Führung tatsächlich sein Werk war.

Nach der Heilung bat ich die Heilerin, mir zu sagen, wo es eine Gruppe gibt, die mir bei dem, was sich in meinem Körper ereignete (und worüber ich mir Sorgen machte), beistehen könnte. Die Empfindungen und Gefühle, die ich erlebte, beunruhigten mich ungemein und stellten mein ganzes Leben völlig auf den Kopf. Die Heilerin schrieb sich meinen Namen und meine Adresse auf, und das war das letzte, was ich von ihr hörte. Vielleicht hat Gott die Post abgefangen und mir auch in jenem Augenblick eine Antwort verweigert, als ich am Messestand saß, umringt von seinen Heilarbeitern. Wenn ich auf meine Entwicklung zurückblicke, bin ich sicher, daß es für alles, was geschah oder nicht geschah, und für jeden, mit dem ich in Berührung kam, einen Grund gab. Wenn es mir nicht bestimmt war, zu jener Zeit mit genau diesen Heilern zu arbeiten, so nehme ich an, daß es Teil des göttlichen Planes war. Wer bin ich, diese Dinge in Frage zu stellen? Wenn man sich natürlich mitten in einer tiefen Lebenskrise befindet, erscheint einem das nicht besonders sinnvoll. So mußte ich noch einige Zeit ausharren, um die Menschen zu finden, mit denen ich zusammensein sollte, die mir Ausbildung und Führung bieten und mich darin unterstützen würden, zu verstehen, was mit mir geschah, und die mich befähigen würden, erfolgreich meine erste Heilarbeit zu tun.

Heute ist es etwas leichter für Menschen, die mit Heil- oder »Lichtarbeit«, wie sie manchmal genannt wird, beginnen, als noch vor wenigen Jahren. Spiritualität und Heil- und Energiearbeit jeglicher Spielart haben eine wahrhaft explosionsartige Entwicklung erlebt. Es gibt in manchen Tageszeitungen eine Kolumne, in der es um alternative Therapien geht (die sich gelegentlich sogar mit dem Heilen beschäftigt); erstklassige Messen zum Thema »Heilen«; Veranstaltungen für Geist, Körper und Seele, die heutzutage sowohl in kleineren Städten wie auch in unseren Großstädten stattfinden, und sogar Fernseh- und Radiosendungen. Ein wunderbares Angebot an Sachbüchern steht zur Verfügung, selbst im Buchladen um die Ecke. Früher fand man diesen speziellen Lesestoff nur in esoterischen Buchläden oder bei speziellen Versendern. Wenn man Glück hatte, konnte man sich in einem »gewöhnlichen« Buchladen etwas bestellen lassen.

Allerdings macht es die Fülle der verfügbaren Informationen nicht leichter für jemanden, der wie ich eine Erweckung durchläuft oder der sich auf der spirituellen Ebene öffnet. Wenn man vorher nichts über Energie oder Heilarbeit weiß, kann man heute ebenso im Dunkeln tappen wie ich damals. Die Tatsache, daß Informationen jetzt leichter verfügbar sind, verhindert nicht, daß ein Mensch seine Erweckung erlebt. Gerade unlängst hat mich ein junger Mann um Hilfe ersucht, weil er in den letzten Monaten eine Erweckung erfahren hat und die Energie seither kraftvoll aus seinen Händen strömt. Eine Erweckung bringt jedoch oft etwas mit sich, das manchen als Kehrseite der Medaille erscheint. Dieser

Eindruck ist verständlich, wenn jemandem die Einsicht und das Verständnis dafür fehlt, wie universelle Kräfte Menschen erwecken, die dazu bereit sind.

In diesem Falle ist nun die Frau dieses jungen Mannes nicht in der Lage, seine neue Gabe anzunehmen, was die Ehe schwer belastet. Er sagte, er wolle für seine Frau und die Familie alles tun, er spüre aber, daß ihm diese erstaunliche Kraft aus einem bestimmten Grunde verliehen worden sei und er Hilfe brauche, um zu verstehen, was da gerade mit ihm geschehe. Zum erstenmal erlebte er die Energie, als er eine schmerzende Stelle am Rücken seiner Frau massierte und eine starke magnetische Kraft unter seinen Händen spürte. Er massierte weiter und zog diese Energieblockade aus ihrem Körper. Seither hat er noch einige andere Erfahrungen gemacht, wobei ihm die betroffenen Menschen stets sehr dankbar waren. Er hat auch das hilfreiche und verständnisvolle Ohr einer Heilerin gefunden, die eine hochangesehene Heilklinik führt. Diese plötzliche Veränderung in seinem Leben bringt es allerdings mit sich, daß seine Frau sich sehr unwohl fühlt und nicht in der Lage ist, mit den Veränderungen, die in ihrem Mann stattfinden, zurechtzukommen. Sie ist zur Zeit der Meinung, daß er den Verstand verloren habe und einwilligen müsse, einen Psychiater aufzusuchen, damit die Ehe weiterbestehen könne.

Zweifellos ist die Situation sehr schwierig, wie das oft der Fall ist, wenn ein Partner Veränderungen nicht annehmen kann, die für den anderen anstehen. Eine Heilungserweckung kann im häuslichen Bereich einen großen Umbruch mit sich bringen, und ich habe in sehr vielen Fällen erlebt, daß ein Partner eine Heilungs- oder spirituelle Entwicklung durchläuft und das zum Bruch der Beziehung führt.

Der junge Mann kann nun nicht verstehen, weshalb seine Frau auf eine so wunderbare und positive Gabe derart negativ reagiert. Diese Tatsache scheint inzwischen sein ganzes Leben ins Wanken zu bringen. Noch gibt es Hoffnung, obwohl seine Frau wirklich unnachgiebig zu sein scheint und nicht einmal bereit ist, mit ihm zu den Heilern zu gehen, denen er begegnet ist und die zu ihrer Beruhigung einiges erklären könnten.

Natürlich ist es bei einer Heilungserweckung so, daß die universellen oder spirituellen Kräfte sich zusammentun, um in der natürlichen Welt alles abzustreifen, was den Fortschritt im spirituellen Wachstum der betreffenden Person behindert. Ich war einmal in einer sehr ähnlichen Situation. Als ich versuchte, mit meiner Frau über das zu sprechen, was mit mir geschah, bekam ich zu hören: »Du willst ja nur dahin, wo alle miteinander Sex haben.« Ich glaube, sie meinte einen Ashram! Und so war sie nicht in der Lage, sich auf die Veränderungen, die ich erlebte, einzustellen, und die Verbindung löste sich unter großem Druck, was für beide Seiten sehr schmerzhaft war. Auch in meinem Fall taten sich universelle Kräfte in allen Bereichen gegen mich zusammen. Meine Geschäfte scheiterten trotz aller Anstrengungen. Mein stofflicher Körper wurde von immer wiederkehrenden Qualen heimgesucht und baute einen so starken, tatsächlich körperlich spürbaren Druck auf, daß ich überzeugt war, ich könnte jeden Augenblick explodieren. Spontane menschliche Verbrennung schien durchaus im Rahmen der Möglichkeiten zu liegen. Ich stand viele Male vor dieser Situation und mußte akzeptieren, daß ich am Ende des Tages womöglich ein Häufchen Asche sein könnte. Der Energiefluß aus meinen Händen wuchs täglich an, und ich brach geistig und emotional zusammen. Und sogar ... wurde ich obdachlos.

Aus dieser Auflösung meiner vorherigen Existenz, die beinahe drei Jahre währte, wurden neue Erfahrungen, Lehren und neues Wissen geboren. Ich gewann mein geistiges und gefühlsmäßiges Gleichgewicht wieder und erreichte eine Art neue Lebensausrichtung. Ich begegnete einer neuen Partnerin, Denise, die ganz und gar versteht, wer und was ich bin. Sie ist meine vollkommene Führung und Stütze in meiner Entwicklung im Bereich des Heilens. Nebenbei bemerkt: Als ich unlängst einige astrologische Aspekte ihres Horoskops betrachtete (ihr Sternzeichen ist Krebs), stieß ich auf eine Beschreibung, in der es über sie hieß: »... kann einen mächtigen Heiler als Partner anziehen«! Wunderbare Sache, die Astrologie!

Damit der Phönix aus der Asche steigen kann ... müssen zuerst die alten unbeweglichen Objekte in Flammen aufgehen, die der Entwicklung im Wege stehen. Das Universum brennt die gesamte Situation, in der man sich befindet, gnadenlos nieder, um diese Wiedergeburt zu erleichtern – und es erfüllt und durchdringt das ganze Wesen des Betreffenden mit einem neuen und strahlenden Licht. Das ist eine Kraft, die beinahe unwiderstehlich ist! Ich sage »beinahe«, weil sie uns nur den Weg zeigt, oder, wie es in der Bibel heißt: den »... Weg ... die Wahrheit und das Leben« (Joh. 14,6). Wir besitzen einen freien Willen; wir haben die Wahl, ob wir diesen Weg gehen wollen oder nicht. Allerdings wird niemand »erwählt«, der nicht bereit ist zu empfangen. Daher ist es sicherlich töricht, sich dieser Gelegenheit, bei der man in einen höheren

Entwicklungszustand geführt wird (was ein wirkliches Geschenk ist!) entgegenzustellen ... es muß eine Kraft sein, der man nicht widerstehen kann.

DAS ELEKTROMAGNETISCHE UNIVERSUM

Dies ist ein weites Feld, (und in meinem Buch über geopathische Störungen und die Energien in unserer Umgebung, die ernsthaften Schaden anrichten können, betrachte ich es genauer aus unterschiedlichen Blickwinkeln). Ich beleuchte es auch von meinem Standpunkt als Heiler aus.

Wir leben in einem elektromagnetischen Universum. Alles innerhalb des physischen Universums setzt sich aus Materie zusammen ... subatomaren Teilchen, die Atome bilden, die wiederum Moleküle bilden. Jedes einzelne Atom befindet sich in Schwingung und Bewegung und besteht aus elektrischen Ladungen und Magnetkräften, daher ist jedes Atom elektromagnetisch. Da alles im Universum aus Atomen besteht, ist also alles im Universum elektromagnetisch.

Wir bestehen aus ebendiesen Atomen. Ein Wassermolekül in einem See ist dasselbe wie ein Wassermolekül in unserem Körper. Es besitzt Magnetkraft und elektrische Ladung. Jede Lebensfunktion im lebenden Körper ist elektromagnetisch. Elektrizität geschieht chemisch im Gehirn, alle gedanklichen Prozesse sind elektrischer Natur. Die Nervenbahnen sind wie kleine elektrische Drähte, die Signale vom Gehirn weiterleiten, um unseren Körper in Bewegung zu versetzen. Die Akupunkturmeridiane ermöglichen die Verteilung elektrischer Lebensenergie im Körper und versorgen all unsere Organe damit. Jede einzelne Zelle besitzt elektrische Ladung und magnetisches Potential. Stoffe werden elektrochemisch durch Zellwände transportiert.

Aus dieser kurzen Einführung sehen wir, daß nicht nur unser Universum elektromagnetisch ist, daß wir selbst ebenfalls elektromagnetische Lebewesen sind. Wenn die Elektrizität in unserem Wesen nicht mehr vorhanden ist, versagt unser stofflicher Körper auf der Ebene, die wir »lebendig« nennen.

Auch die Erde hat viele elektromagnetische Eigenschaften – Erdenergien, Ley-Linien, Kraftpunkte, elektrische Stürme usw. –, die nach meiner Erfahrung diesen Planeten als lebendiges Wesen ausmachen. Hier sind wir nun, auf der elektromagnetischen Erde, und tanzen innerhalb einer gewaltigen Bandbreite unterschiedlicher elektromagnetischer Energien innerhalb eines Universums umher, das möglicherweise aus einer unendlichen Anzahl unterschiedlicher Schwingungen besteht.

Jedes Atom schwingt auf einer bestimmten Frequenz. Diese wird dadurch bestimmt, wie viele Wellen der Schwingung innerhalb einer Sekunde einen bestimmten Punkt durchlaufen, wobei sie sich mit Lichtgeschwindigkeit bewegen. Die Geschwindigkeit der Schwingung messen wir in Hertz. Netzstrom in Großbritannien fließt, wie in Deutschland, mit 50 Hz oder 50 Schwingungen pro Sekunde. Wer je einen Stromschlag gespürt hat, kann sich wahrscheinlich an die Schwingung erinnern, die ihn packte. Sonnenlicht sendet Solarstrahlung aus, wobei einige Frequenzen das Tageslicht oder das sichtbare Spektrum ergeben. Sonnenlicht schwingt in sieben verschiedenen Frequenzen, die für uns in den sieben Farben des Regenbogens sichtbar werden. Empfängt unser Auge all diese Farben zur selben Zeit, so ergibt das für uns weißes Licht oder Tageslicht. Außerdem gibt es kosmische Strahlung, die aus dem unendlichen Weltall zu uns gelangt; wir sehen also, daß wir in einer unglaublichen Masse von unterschiedlichen Schwingungsfrequenzen leben.

DER HEILER

Heilerinnen und Heiler sind Menschen, die die Fähigkeit besitzen, sich Zugang zu einigen dieser sehr kraftvollen Schwingungen oder Energiefrequenzen, die das Universum zur Verfügung stellt, zu verschaffen und sie weiterzuleiten. Sie können diese durch sich selbst hindurch in den Körper einer anderen Person leiten. Das bezeichnet man als »Kanalisieren von Energie«; es handelt sich hierbei also um die Fähigkeit, sich selbst auf einer bestimmten Ebene zu öffnen und die universellen Energien im eigenen Körper zu empfangen und sie zum Zwecke des Heilens bewußt zu lenken, entweder für sich selbst oder um anderen zu helfen.

Wir besitzen alle die Fähigkeit dazu. Manche Menschen werden damit geboren; manche, wie ich, erleben eine mächtige Erweckung, bei der das gesamte Wesen sich in eine Art Umwälzungsprozeß begibt (der gegen sich selbst, gegen die eigenen Wünsche und für gewöhnlich gegen alle Pläne gerichtet ist, die man für sein Leben gemacht hat). Danach beginnt man, Energie aus sich selbst und durch sich selbst hindurchfließen zu lassen und zu übertragen, zunächst hat man keinen Einfluß darauf, und später entwickelt man die Fähigkeit, dies an- und abzustellen.

Außerdem gibt es Menschen, die eine Einstimmung zum Öffnen ihres Systems bekommen haben, wobei ein erfahrener Reiki-Praktizierender oder -Meister mit esoterischem Wissen auf eine bestimmte Weise ihr Energiesystem öffnet, damit sie zusätzliche Energien aufnehmen können, die für sie vorher nicht für sie verfügbar waren. Reiki ist gegenwärtig im Westen vielleicht der bekannteste Einstimmungsprozeß, obgleich Einstimmungen dieser Art durch einen Meister wahrscheinlich so alt sind wie die Zeit selbst. In diesem Sinne waren Jesus und Moses Meister, die ihren Schülern oder Jüngern Einstimmungen geben konnten. Tatsächlich ist das richtige Wort zur Beschreibung Jesu nicht »Meister«, sondern »Avatar«. Ein Avatar ist eine göttliche Inkarnation eines der Aspekte Gottes oder des Gottesbewußtseins.

In Indien haben wir heute Sai Baba, von dem manche sagen, er sei ein Yogi, und andere sagen, er sei ein Avatar. Diejenigen, die behaupten, er sei ein Avatar, sehen ihn als göttliche Inkarnation der Liebe. Jesus war eine göttliche Inkarnation des Heilens.

Universelles Bewusstsein

Heilenergie scheint ihr eigenes Bewußtsein zu haben oder von diesem geführt zu werden. Wenn wir uns das Universum als Ganzes ansehen, können wir kaum glauben, daß diese riesige unbegreifliche Masse lebendiger, schwingender Energien nur zufällig da ist. Selbst wenn man das so sagen wollte, wie erklärt man dann die Form und Funktion so vieler sich wiederholender Muster in der stofflichen, materiellen Existenz? Die sich wiederholenden Muster von Sternen, die um sich herum Planeten auf Umlaufbahnen halten; Monde auf Umlaufbahnen um die Planeten; Tausende von Sternen in jeder Galaxie und zahllose Galaxien in wirbelnden, spiralförmigen Mustern, in einem Universum verteilt, über das wir so wenig wissen? All diese riesigen Körper, die in Bewegung gehalten werden, im Vakuum des Alls einander umkreisen, zusammengehalten durch unsichtbare Kräfte?

Wenn wir nur einmal die sich wiederholenden Muster auf diesem winzigen Gesteinsbrocken betrachten, den wir »Erde« nennen, so sehen wir unterschiedliche körperliche Lebensformen wie Fische, Dinosaurier, Vögel, Schlangen, Säugetiere, Insekten. Sie alle haben Formen und Eigenschaften, die den unseren in groben Zügen ähneln. Nehmen wir zum Beispiel nur die Köpfe: Die meisten tierischen Lebensformen haben zu beiden Seiten des Kopfes Augen, die bestimmte Frequenzen erfassen und übersetzen, so daß sie erfolgreich hierhin und dorthin steuern können. Sie haben ein Maul, um Kraftstoff aufzunehmen (den wir »Nahrung« nennen), der die Bedürfnisse ihres jeweiligen Lebenssystems stillt. Sie haben Ohren, um Schwingungen hoher oder niedriger Frequenzen wahrzunehmen, welche die Form von Druckwellen annehmen, die wiederum Schall erzeugen, der die Orientierung der Lebewesen unterstützt. Und sie haben eine Nase, um die vielen unterschiedlichen Düfte zu entdecken, die die Atmosphäre um sie herum erfüllen. Vor allem haben sie ein Gehirn, das die meisten ihrer Lebensfunktionen steuert, das autonome Nervensystem anweist, diese Funktionen automatisch auszuführen und das Zentralnervensystem, sie so auszuführen, daß das Überleben in ihrer Umgebung auf bestmögliche Weise erreicht wird. Das Gehirn und das Zentralnervensystem arbeiten elektromagnetisch.

Wie kommt es nun, daß so viele Geschöpfe ähnliche Merkmale haben wie wir? Wer will da behaupten, es gebe kein von einer Intelligenz geschaffenes Führungsprinzip, das diese einzelnen Formen geschaffen habe, die so unterschiedlich sind und dennoch ähnliche Formen und Eigenschaften haben? Wieso hat ein vorgeschichtliches Meerestier, wie der Ichthyosaurier (vorgeschichtliche delphinartige Form), einen Kopf mit Merkmalen, die sehr den unseren ähnlich sind? Zufall?

Wer mit Heilenergien arbeitet, wird immer mehr gewahr, daß hier ein Bewußtsein am Werk ist, das wir nicht wirklich verstehen: ein Bewußtsein höheren Ursprungs. Wir können nur darüber mutmaßen, was diese höhere Quelle sein mag, aber es gibt keinen Zweifel, daß Kommunikation auf einer anderen Ebene als derjenigen, die die meisten Menschen täglich erleben, ganz sicher stattfindet. In dem Maße, wie wir mit Energie arbeiten, wird die Energie mit uns arbeiten. Sie wird darauf hinarbeiten, daß sich die in uns schlummernden Fähigkeiten entfalten und wir in einen Zustand erweiterter Wahrnehmung versetzt werden. Die Energie wird schließlich unser eigenes Bewußtsein mit dem Bewußtsein des Universellen Geistes oder Gottesbewußtsein verbinden.

Ich sagte schon, daß Heilerinnen und Heiler sich zu Heilenergien Zugang verschaffen, diese durch sich hindurchfließen lassen und in den Körper eines anderen Wesens leiten können. Das bedarf einiger Erklärung: Wenn man Energie kanalisiert, ist es wichtig, genau das zu tun, nämlich Energie durchfließen zu lassen. »Kanalisieren« bedeutet, daß man sich selbst als Kanal oder Leitung zur Verfügung stellt, damit die Heilenergie durch einen hindurchfließen kann wie Wasser durch ein

Rohr. Das heißt, daß eigenes Bewußtsein, eigene Energie und eigenes Ego hintanstehen müssen. Für viele Menschen ist das leichter gesagt als getan. Lernen strebsame Heiler, Energie zu kanalisieren, so ist es nur natürlich, daß sie mit ihrem wißbegierigen Geist bei der Arbeit sein und die Energie ein wenig anschubsen möchten, wenn sie der Meinung sind, es passiere nichts oder nicht genug. Schließlich möchte man natürlich, daß der Klient oder Behandelte von der Kraft oder Begabung des Heilers beeindruckt ist und am Ende der Sitzung nicht sagt, er habe nichts gespürt. Wenn man nicht aufpaßt, wird ein kleines Schubsen zu einem Drängen, und es passiert ganz leicht, daß man bald die eigene Energie in den Klienten hineinzwingt. Das kann für den Heiler und den Klienten katastrophale Auswirkungen haben. Stellen Sie sich also nur für einen Moment das Rohr vor, durch das Wasser fließt: Das Wasser fließt einfach, keine andere Kraft drängt es oder mischt sich auf irgendeine Weise ein. Genau so sollte man Energie kanalisieren, ohne irgend etwas, das das Fließen beeinflußt.

Energie folgt dem Denken
Dem menschlichen Körper wohnt ein eigenes Bewußtsein inne. Jedes Atom in uns besitzt Bewußtsein und kann vom Geist beeinflußt werden. So wurden viele Menschen durch das Anwenden der Visualisierung von schwerer Krankheit geheilt. Es gibt einen wichtigen Grundsatz, dessen sich jeder bewußt sein sollte: Energie folgt dem Denken!

Bei der Energiearbeit spielt die Vorstellungskraft eine große Rolle. Stellt man sich vor, daß man eine Situation beeinflussen kann, dann lenkt man die Energie des Denkens in diese Situation hinein. Was mit ein wenig Vorstellungskraft beginnt, baut über das Denken einen Energiefluß auf. Das Denken besitzt Form – Gedankenformen. Diese Gedankenformen sind sehr mächtig. Mit Vorstellung kann man visuelle Gedankenformen erschaffen. Bringt man im Falle von Krebs durch geistige Bilder Energie zu den geschädigten Zellen, so kann das einen heilenden Energiefluß zur Folge haben. Um das zu erreichen, visualisiert man, wie die Krebszelle gereinigt und geheilt oder zerstört und von einer Armee der »Guten«, zum Beispiel der weißen Blutkörperchen, aus dem Körper entfernt wird. In ernsthafter Absicht und regelmäßig ausgeführt, kann diese Methode tatsächlich zu aufsehenerregenden Ergebnissen oder zu etwas, das als Wunderheilung betrachtet wird, führen.

»Visualisierung« ist ein Wechseln der Bewußtseinsebene. Wie bei allem, ist es auch hier so, daß es manchen Menschen relativ leicht fällt und andere eine geraume Zeit brauchen, bis sie erkennen, daß sie eine Situation beeinflussen können. In der Tat gab es für einige Menschen tiefgreifende Heilungen, während andere glauben, daß sie mit diesen Methoden nichts Grundlegendes erreicht hätten oder erreichen könnten.

Ich selbst glaube, daß jeder eine Situation durch Visualisierung beeinflussen kann. Ob es das gewünschte Ergebnis bringt oder nicht, ist eine andere Sache. Bei jeder Technik dieser Art sind Ausdauer und Hingabe die Schlüssel zum Erfolg. Es mag notwendig sein, viele Stunden am Tag in Meditation zu verbringen, um Ergebnisse zu erzielen. Weitere bedenkenswerte Punkte sind: erstens, daß es äußere Kräfte geben kann, die das gute Werk zunichte machen, das der heilende Energiefluß zu schaffen versucht. (Dazu können Erdstrahlung oder andere Formen von geopathischen Störungen in der Wohnung gehören.) Zweitens ist nicht jeder bereit, die Veränderungen im Leben auszuhalten, die notwendig sind, um geheilt zu werden, und drittens mag es für den Betreffenden an der Zeit sein, diese Inkarnation zu verlassen.

Zum Thema »Gedankenformen«: Es gab einen bekannten und sehr begabten Hellseher namens Wellesley Tudor Pole, der wegen vieler Dinge berühmt geworden ist, vor allem aber, weil er 1959 die *Chalice Well Gardens* in Glastonbury als Stiftung gründete. Die Gärten gehörten vorher einem Orden der römisch-katholischen Kirche und wurden von Wellesley und einer Gruppe von Freunden gekauft, damit Menschen aller Rassen und Religionen in den Genuß der Atmosphäre, Inspiration und heilenden Energie dieses besonderen Ortes kommen konnten. Ich empfehle meinen Lesern jedes der vielen von Wellesley geschriebenen Werke über spirituelle und humanitäre Themen.

Ich möchte jedoch hier darauf hinaus, daß Wellesley sich als Kind zuerst seiner übersinnlichen Fähigkeiten gewahr wurde, als er die verschiedenen Farben der Gebete aus der versammelten Gemeinde emporsteigen sah, während er, wie jeden Sonntag, in der Kirche saß. In diesem Moment nahm er zum erstenmal Gedankenformen wahr.

Wenn ich selbst das praktiziere, was ich »geführte Schwingungsheilung« nenne, kann ich die Energie eines Kristalls aus einer Entfernung von einem Meter oder mehr dazu bringen, mit dem Energiesystem eines Menschen in Wechselwirkung zu treten. Die Energie baut eine solche Kraft auf, daß Klienten spüren, wie sie in ihren Körper eintritt, bevor ich ihnen erklärt habe, was die Energie für sie tun wird.

Zuerst begann ich diese Technik mit dem Gedanken an einen Energiestrom, der vom Kristall aus zu der Körperregion im Klienten floß, zu der ich ihn wünschte. Dann, mit etwas Übung, begann die Energie auf diesem Weg, der nun eine Gedankenform war, durch den Raum vom Kristall zum Ziel zu strömen. Schließlich war dieser Prozeß so eingestimmt, daß ich mir den Weg gar nicht mehr in Gedanken vorstellen mußte. Das Bewußtsein der Energie »weiß«, was es für mich tun soll, und es wird nun automatisch erzeugt. Hier haben wir es: Energie, die dem Denken folgt.

Wenn Heiler ihr eigenes Selbst im Energiefeld eines Klienten als Kanal für Heilenergie anbieten oder ihre Hände auf den Körper auflegen oder in die Nähe halten, dann weiß das Energiesystem des Klienten genau, was geschieht. Das Bewußtsein jedes Atoms in seinem Körper erkennt die Heilenergie, die ihm durch den Heilenden zur Verfügung gestellt wird, und zieht sich automatisch, ohne sein Eingreifen, genau das, was es braucht, aus dieser Energiequelle heraus. Wenn das Energiesystem des Klienten nur wenig herauszieht, dann ist das alles, was es braucht oder zu diesem Zeitpunkt verarbeiten kann. Ergibt das für den Heiler keinen Sinn, weil es dem Klienten schlecht geht und man schlußfolgern würde, daß er eine Menge Energie benötigen müßte, so ist Vorsicht geboten: Es mag sein, daß der Körper des Klienten zu schwach ist, um eine große Energiemenge zu verarbeiten, und daß dies der Grund ist, warum bei dieser oder vielleicht folgenden Gelegenheiten nur wenig aufgenommen wurde.

Manche Heiler spüren, wie der Energiestrom in ihren Händen sich anschaltet, wenn der Körper des Klienten Energie in sich hineinzieht, und wieder ausschaltet, wenn der Klient damit aufhört, wenn er verarbeitet, was er aufgenommen hat. Wenn er spürt, wie sich der Energiestrom an- und ausschaltet, kann der Heiler das nutzen, indem er Energie überall im Körper verteilt. Wenn er fühlt, wie die Energie weicht, kann er die Hände zu einem Körperteil bewegen, wo sie wiederum in das Energiesystem des Klienten zu fließen beginnt, bis diese Stelle so viel aufgenommen hat, wie sie im Augenblick vertragen kann. Indem er sich auf diese Weise über den gesamten Körper bewegt, verbessert der Heiler die Verteilung der Heilenergie während der Behandlung.

Wenn Heilende in ihrer Kunst voranschreiten, lernen sie, Energie auf verschiedenen Ebenen zu spüren, und erlangen Geschick im Aufspüren von Störungen im magnetischen Muster oder Aurafeld des Körpers, indem sie fühlen, wo Krankheit, Verletzung oder Energieblockaden irgendwelcher Art vorhanden sind. Sie können diesem Bereich dann elektromagnetische Heilenergie zuführen, um den Energiestrom in den »bedürftigen Bereichen« auszugleichen.

Das menschliche Wesen ist ein erstaunlich feinfühliges Werkzeug. Wir können unsere Feinfühligkeit darauf einstellen, immer feinere Schwingungen wahrzunehmen. Die Wissenschaft tut sich bei vielem von dem, was wir in diesem Buch diskutieren, schwer es zu glauben, weil wissenschaftliche Instrumente, die in der Lage sind, derart feine Schwingungen zu messen, überaus selten bis überhaupt nicht vorhanden sind. Man hat jedoch an der Stanford University in Amerika empfindliche Meßgeräte verwendet, um den Energiefluß nachzuweisen, der in den Körper des Heilers über dem Kopf (auch Kronenchakra genannt) eintritt und durch die Hände hinausströmt, während eine Behandlung stattfindet. Die »Kirlian-Fotografie«, die jetzt immer häufiger angewendet wird, zeigt ebenfalls normalerweise unsichtbare Energiemuster rund um den Körper. Außerdem soll der erstaunliche Harry Oldfield und sein elektro-kristallisches Therapiesystem, das die feinstofflichen Energien des Körpers abtasten und in Echtzeit auf einem Computer darstellen kann, hier nicht unerwähnt bleiben. Harrys Geräte sind viel weiter entwickelt als sonst irgend etwas in der derzeitigen Schulmedizin oder Wissenschaft. Jedoch gibt es Interesse seitens der Ärzteschaft, und er hat einige Berufsmediziner in der Nutzung seines Systems ausgebildet.

2

Die Chakren und feinstofflichen Körper

»Trau deinen Augen nicht. Was immer sie dir zeigen, es ist nur Begrenztheit. Trau deinem Verstand, hebe ins Bewußtsein, was in dir ist, und du wirst wissen und fliegen.«
Richard Bach, *Die Möwe Jonathan*

DER KÖRPER HEILT SICH SELBST!

Um Heilung herbeizuführen, brauchen wir den Zugang zu Energie; natürlich immer mit dem Gedanken daran, daß nicht der Heiler heilt, sondern der Körper sich selbst. Der Heilende ermöglicht nur, daß Energie zu jemandem gelangt, dessen Körper diese Energie vielleicht für seine eigene Heilung nutzen kann. Die Energie trägt ein Bewußtsein, ein Wissen oder einen Plan und ein Reinigungsmuster, das das gesamte Wesen verwenden kann, um sich selbst auf einer feinstofflichen Ebene zu entgiften, zu reinigen, auszugleichen und sich wieder so auszurichten, wie es sein sollte. Wenn die gesamte Lebensenergie wieder fließt, wie und wo sie fließen sollte, findet Heilung statt. Also gilt: Der Körper heilt sich selbst!

Ich nehme an, daß es im großen universellen Plan keine Einschränkung dafür gibt, wie wir um Heilenergie bitten beziehungsweise Zugang zu ihr finden können. Es gibt jedoch hauptsächlich zwei Möglichkeiten, mit denen wir uns hier beschäftigen wollen: Erstens gibt es »kanalisierte Energie«, was bedeutet, daß die Energie normalerweise über den Scheitel in den Heiler eintritt und durch die Chakren nach unten zum Herzzentrum gelangt. Von hier fließt sie normalerweise weiter durch die Arme und tritt durch die Handflächen aus. Die zweite Methode ist die der »herbeigerufenen Energie«. Hierbei wird die Energie von einer spirituellen Quelle in einer Art Strudel oder Wirbel so nach unten gebracht, daß sie den Heiler einhüllt oder vollständig durchdringt. Die Energie strahlt nach außen und umhüllt den Klienten in einer wirbelnden Masse.

 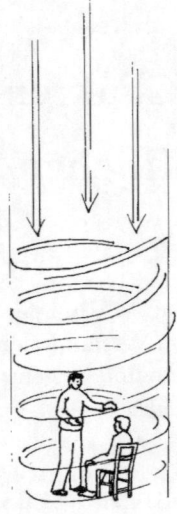 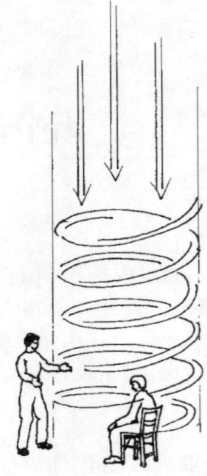

Kanalisierte Energie tritt in das Kronenchakra ein, fließt durch das Herz und tritt durch die Handflächenchakren aus.

Hier bringt der Heiler Energie von einer spirituellen Quelle so herab, daß sie ihn und den Klienten umhüllt und durchdringt.

Hier ist die Energie rund um den Klienten zu erkennen, während der Heiler aus einigem Abstand das Geschehen leitet.

DIE HEILENERGIE

In diesem Buch konzentrieren wir uns vor allem auf Reiki, kanalisierte Energie, da diese Art der Energiearbeit in den letzten Jahren am schnellsten gewachsen ist und viele Menschen dazu auf die eine oder andere Art eine Beziehung haben. Die hier beschriebenen Zusammenhänge der Energienutzung gelten jedoch für jede Art der Heilung mit kanalisierter oder herbeigerufener Energie, ob wir sie nun als Heilung durch Handauflegen, spirituelle Heilung, Glaubensheilung, Pranaheilen, schamanische Heilung, Usui-Reiki, tibetisches Reiki, Seichem-Reiki bezeichnen oder einen der vielen anderen Begriffe verwenden.

All diese Energie kommt aus derselben Quelle; einzig die Art und Weise, wie sie angewendet wird, unterscheidet sich – je nach ihrer Entwicklung durch verschiedene Völker in unterschiedlichen Kulturen zu verschiedenen Zeiten und an verschiedenen Orten im Verlauf der Geschichte. Die Quelle und das Wesen der Energie sind immer gleich; wir verwenden nur verschiedene Wissens- und Lernformen und verschiedene Methoden, um den zu Behandelnden mit einer Energie zu versorgen, die ihm helfen kann. Es ist nur wichtig, festzustellen, daß es über diese kulturellen und zeitlichen Unterschiede hinweg gelegentlich äußerst begabte Menschen gab, die die Eingebung und das Wissen besaßen, um sich mit dieser Energie zu verbinden, sowie die Fähigkeit, sie herbeizurufen und sie für die Nutzung auf der Erde hervorzubringen. Aus diesen Anfängen haben sie ein Wissen über die Energie entwickelt und Wege gefunden, anderen nicht nur Heilung zu bringen; sie können die Energie zudem in das Wesen anderer Menschen einbringen, so daß diese sie ebenfalls zur Heilung verwenden und ihrerseits über Generationen hinweg weiterzugeben vermögen.

Dr. Usui, der Begründer des Reiki, ist einer dieser Menschen. Seine Beharrlichkeit und Hingabe brachte ihn in Kontakt mit der universellen Heilungsenergie. In der Bibel heißt es »Bittet und ihr werdet bekommen« und »Suchet und ihr werdet finden« (Mt. 7,7), und daher bat Dr. Usui, – vermutlich immer wieder, wie ich selbst es täglich tue – und schließlich bekam er wirklich. Die Worte »Bittet und ihr werdet bekommen« und »Suchet und ihr werdet finden«, sind geistige Lebensregeln, Hinweise auf innere Wahrheit, auf das innere Licht dessen, was die Christen den »Heiligen Geist« nennen. Diese Aussprüche erwecken den Eindruck, als könnten sie Türen zum Göttlichen öffnen, zu der einen wahren Quelle höheren Wissens und höchster spiritueller Errungenschaften. Die Worte weisen nicht auf eine einzige wahre Religion oder ein einziges Glaubenssystem, denn die Energie hat keine Regeln oder Grenzen in bezug darauf, wer sie aufrufen und mit ihr eins sein kann. Sie richten sich an das einzige allmächtige Bewußtsein (oder die Anwesenheit eines unsichtbaren Wesens), das alle stofflichen Daseinsformen erfüllt und darüber hinausgeht. Zwar ist es möglich, daß viele geheime Sekten und Schulen der Mystik vor der Ankunft Jesu auf der Erde von diesem heilenden Licht wußten; jedoch war er es, der kam, um das Wort zu verbreiten. Jesus kam in erster Linie, um uns ein Werkzeug zu unserer eigenen Erlösung an die Hand zu geben. Er predigte die Botschaft des Lichtes und sprach von seinem Vater als Licht; er sagte, daß Gott Liebe und Licht Liebe sei. Er predigte nicht, daß wir einer bestimmten Religion folgen sollten, sondern daß wir alle sein Licht erreichen könnten. Wir müßten nur aufrichtig und von Herzen um Hilfe für unsere spirituellen

Weiterentwicklung bitten, dann würden wir dafür das Geschenk der Liebe und Wahrheit erhalten; das Geschenk, das natürlich eines ist ... Licht.

»Bittet und ihr werdet bekommen«, bringt uns auf eine Weise mit dem Licht in Verbindung, die sich ständig weiterentwickelt. Je mehr Hingabe jemand zeigt und je mehr Zeit er auf Gebet und Heilungstätigkeit verwendet, desto größere Fähigkeiten werden ihm geschenkt, um der Menschheit, der Erde, dem Universum, ja eigentlich allem und jedem innerhalb der Schöpfung, dem Heilenergie nützen kann, zu helfen.

Unabhängig von den Techniken, die wir bei der Energiearbeit mit unseren Klienten einsetzen, ist es letzten Endes wichtig für uns, zu verstehen, daß unser Thema »Energie« ist – nicht mehr und nicht weniger. Jede Energie ist bloß Energie, ob man sie nun einfach durchfließen läßt oder herbeiruft – es handelt sich dabei lediglich um verschiedene Frequenzen. Eine gute Erdung, was die feinstofflichen Energien des Körpers anbelangt, sowie grundlegendes Wissen um übersinnliche Kräfte und übersinnlichen Schutz sind wichtig; darüber hinaus gibt es aber kein richtige oder falsche Art und Weise, mit Energie zu arbeiten. Der einfache, gewöhnliche gesunde Menschenverstand ist ein ausgezeichneter Führer und kann mit einer sich entwickelnden Intuition eine wirkungsvolle Verbindung ergeben.

Wenn Sie Heilenergie herbeirufen und damit arbeiten, wird Sie das auf einer feinstofflichen Ebene verändern. Sie können nicht mit Heilenergien oder anderen feinstofflichen Energien (beispielsweise Erdenergien) arbeiten und bleiben, wer beziehungsweise was Sie sind. In dem Maße, wie die Energie Ihr Wesen durchdringt und durch die feinstofflichen Energiekanäle fließt, wird Ihr Wesen feinfühliger, es kann Informationen von einer höheren Ebene empfangen. Bei einigen Formen des Heilens arbeitet der Lernende nur mit anderen Heilern zusammen, und schließlich gelangen Botschaften von den feinstofflichen Energien der Heiler in den feinstofflichen Körper des Lernenden, und auf einer höheren Bewußtseinsebene beginnt sich dann das Wesen des Lernenden zu entwickeln und Energie zu kanalisieren. Bei anderen Formen des Heilens wird eine besondere Einstimmung von einem Meister an den Schüler weitergegeben. Dadurch werden sofort Kanäle geöffnet, durch welche die Energie fließen kann. Reiki ist eine Form des Heilens, die durch Einstimmung im Schüler geweckt wird.

Reiki wirkt anfangs auf Ihren Lichtkörper. Mit »Lichtkörper« bezeichne ich das Chakrensystem, die Aura, das elektromagnetische eigentliche Wesen eines Menschen. Es ist die feinstoffliche Energie, die sich außerhalb des stofflichen Körpers befindet, sich aber gleichzeitig auf allen Ebenen mit ihm vermischt und ihn durchdringt. Jede Zelle Ihres körperlichen Wesens existiert in einem Feld feinstofflicher Energie, und wenn wir ein wenig davon verstehen wollen, was mit Heilenergien geschieht, müssen wir die feinstofflichen Energien genauer betrachten, die Teil unseres Wesens sind.

Das menschliche Wesen – oder einfach das Wesen – existiert in verschiedenen Erscheinungsformen. Den meisten ist nur die körperliche Erscheinung bewußt. Auf den stofflichen Ebenen des Seins, wie man sie nennen könnte, gibt es das niedere Selbst und das höhere Selbst. Darüber liegen die höheren Ebenen des Seins, zum Beispiel die intuitiven und spirituellen Ebenen. In diesem Buch werden wir uns jedoch auf das niedere und das höhere Selbst beschränken.

DAS NIEDERE SELBST

Diese Erscheinungsform unseres Wesens besteht aus dem stofflichen Körper, dem ätherischen Körper, dem emotionalen Körper und dem niederen Mentalkörper. In bezug auf Schwingungen ist der stoffliche Körper sehr dichte Materie und schwingt im Vergleich zu den anderen Körpern auf einer verhältnismäßig niedrigen Frequenz. Unsere Augen können nur die niedrigen Frequenzen der Materie wahrnehmen, daher sehen wir Stoffliches bei Tageslicht. Wir können die Bestandteile dieses Lichts nicht sehen, wenn wir nicht das weiße Licht durch ein Prisma in seine sieben Strahlen aufspalten, die wir das »sichtbare oder Regenbogenspektrum« nennen. Unterhalb von Rot, das an einem Ende des Spektrums in das niederfrequente Infrarot übergeht, und über Violett, das am anderen Ende in das hochfrequente Ultraviolett übergeht, können wir mit unseren Augen nichts wahrnehmen. Die Wissenschaft sagt uns, daß diese Frequenzen existieren, doch unsere Sinnesorgane, unsere Augen, können diese unterschiedlichen Frequenzen nicht erfassen. Dies führt dazu, daß viele Menschen denken, außerhalb des für uns sichtbaren Bereiches gebe es kein Licht – das ist aber doch der Fall, und es ist dieses Licht, das von Menschen mit natürlicher Hellsichtigkeit gesehen wird, oder auch von

Menschen, die in intuitiver Arbeit geschult sind und an der Entwicklung dieses Sehvermögens gearbeitet haben.

Gehen wir nun über den stofflichen Körper hinaus nach oben zu den höheren Lichtschwingungen, die den ätherischen, emotionalen und niederen Mentalkörper ausmachen, so können wir diese nicht sehen, denn sie schwingen viel schneller als die Atome in der Materie.

Der stoffliche Körper existiert auf der physischen Ebene und besteht aus unseren stofflichen Strukturen, zum Beispiel Haut, Blut, Knochen, Nervensystem, Gewebe, Gefäße, Zellen usw.

Der ätherische Körper existiert auf der ätherischen Ebene und wirkt als Schnittstelle; er verbindet die Energien der Körper, die mit höheren Frequenzen schwingen, mit den langsameren Schwingungen des stofflichen Körpers und wandelt sie um. Der Ätherkörper befindet sich außerhalb des stofflichen Körpers, normalerweise dehnt er sich bis zu einem Abstand von etwa 50 Zentimetern über diesen hinaus aus.

Der Emotionalkörper existiert auf der Astralebene und verarbeitet unsere Gefühle. Wird die Gefühlsenergie aktiviert, so prägt sie sich dem stofflichen Körper auf und zeigt sich in Empfindungen, normalerweise im Solarplexus und im Sakralbereich. Der Emotionalkörper erstreckt sich für gewöhnlich bis in einen Bereich von 1,80 bis zu 2,50 Metern vom stofflichen Körper aus.

Der niedere Mentalkörper existiert auf der niederen Mentalebene und verarbeitet unsere täglichen geistigen Aktivitäten. Diese Ebene der geistigen Aktivitäten befaßt sich mit den regelmäßigen Gedanken, die für tägliche Abläufe benötigt werden: Gedanken über den Arbeitsweg, das Bügeln, die Planung für das Wochenende – also nichts Ungewöhnliches. Der niedere Mentalkörper ist ein schmaleres Energieband, normalerweise bis 3,70 Meter vom stofflichen Körper entfernt, das sich um den Emotionalkörper legt.

Wir haben also einen stofflichen Körper sowie eine Reihe weitere Ebenen des Daseins, die wir als »Lichtkörper« oder »Aura« bezeichnen. »Lichtkörper« deshalb, weil er auf sehr hohen Frequenzen schwingt. Hierbei handelt es sich nicht mehr um Licht im eigentlichen Sinne, wie wir es im sichtbaren Spektrum sehen und verstehen, sondern um höhere

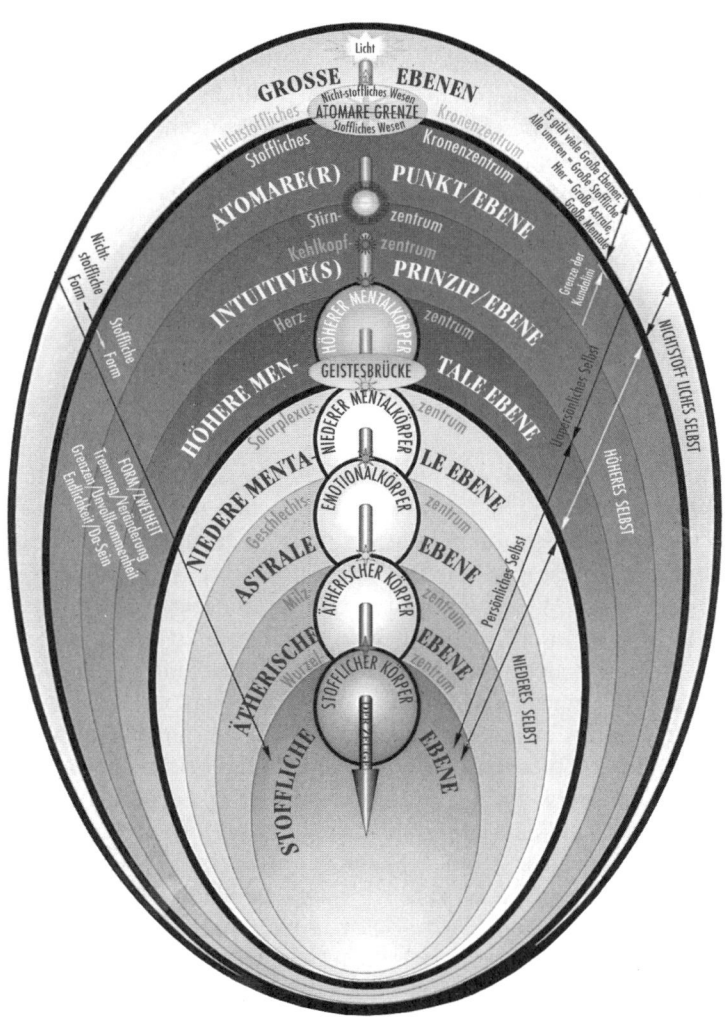

Darstellung des niederen Selbst und des höheren Selbst.
Die vollständige Abbildung finden Sie auf der vorderen Umschlagklappe.
(© Dr. Tim Duerden, mehr dazu im Internet unter www.duerden.com)

Lichtfrequenzen, die im sogenannten »Reich des Übersinnlichen« sichtbar sind. Man nennt dies auch »niederes Selbst«, weil es genau das ist. Es handelt sich um die niedrigen Schwingungsfrequenzen unseres stofflichen und feinstofflichen Körpers, und wir können mit all diesen Daseinsebenen innerhalb der Grenzen der stofflichen Welt in Beziehung treten. Durch Anwendung der Pendel- oder Rutentechniken können wir deutlich Verbindung herstellen und die Grenzen der Körper innerhalb der Aura ermitteln. Tatsächlich sind die Schwingungen innerhalb der Aura so stark, daß fast jeder lernen kann, sie zu erspüren oder zu fühlen. Dazu bedarf es nur einer kurzen Zeit der Unterweisung durch jemanden, der die Fähigkeit besitzt, andere einzustimmen und ihnen zu zeigen, wonach sie suchen müssen.

DIE REICHE DES LICHTS

Die Reiche des Lichtes sind überall um uns herum. Stellen Sie sich die Luft vor, die uns umgibt und die wir doch nicht sehen, fühlen, berühren oder riechen können; dieses Gas, das unsere gesamte Umwelt durchzieht und unsere Lungen füllt. Die Reiche des Lichtes sind andere Welten, in denen andere Wesen wohnen, die unsere körperliche Welt durchdringen, die wir jedoch nicht sehen, fühlen, berühren oder riechen können, sofern wir nicht auf diese Frequenzen eingestimmt sind. Wenn jemand durch eigene Entwicklung oder Energiearbeit Hellsichtigkeit erreicht, beginnt er auf der sogenannten »übersinnlichen Ebene« in diese Reiche hineinzusehen. Wir alle können das bis zu einem gewissen Grad, besonders wenn wir entspannt sind. Die körperlichen Augen besitzen die Fähigkeit, höhere Lichtfrequenzen im Randbereich ihres Sehvermögens wahrzunehmen. Wenn wir uns dessen auf einer gewöhnlichen Ebene bewußt sind, sind wir möglicherweise darauf eingestellt, diese höheren Frequenzen des Daseins zu empfangen oder wahrzunehmen. Zum Beispiel wenn wir einen Geist sehen oder aus den Augenwinkeln eine Bewegung einfangen.

Viele Menschen bestreiten die Existenz solcher Dinge, weil sie tief im körperlichen Bereich verhaftet sind und mit den höheren oder feinfühligeren Sinnen ihres Lichtkörpers nichts anfangen können. So könnten sie, selbst wenn günstigste Bedingungen für eine Wahrnehmung solcher Phänomene vorliegen, nie Zeuge eines solchen Ereignisses werden. Jedoch ist für diese Menschen noch nicht alle Hoffnung verloren, denn solange jemand aufgeschlossen und lernwillig ist, kann meiner Meinung nach jeder ein gewisses Maß an Fähigkeiten durch Übungen erreichen, die diese unsichtbaren und herrlichen anderen Reiche des Daseins in greifbare Nähe rücken.

Wie sich um uns herum die Luft befindet, umgeben uns die Reiche des Lichtes und durchdringen uns gleichzeitig, ähnlich der sehr hohen Frequenz von Schwingungen, die man als »Röntgenstrahl« bezeichnet, der uns durchdringt und auf einem fotografischen Film die dichteren Teile unseres Körpers abbildet.

Wenn jemand in Energiearbeit ausgebildet wurde und sich als Heiler oder Lichtarbeiter entwickelt hat, erreicht sie oder er meist in gewissem Maße Hellsichtigkeit. »Hellsichtigkeit« bezeichnet, wie der Begriff schon andeutet, die Fähigkeit, diese ganz bestimmten Lichtfrequenzen im Äther-, Emotional- und Mentalkörper zu sehen, die man im ganzen »Aura« nennt. Hellsichtige Menschen können normalerweise auch die Chakren sehen.

Das höhere Selbst

Diese Aspekte unseres Selbst sind unsere höheren Eigenschaften. Es sind der höhere Mentalkörper, der intuitive Körper und der atomare Punkt. Diese Körper wiederum entstehen aus zunehmend höheren Schwingungen. Zunächst wollen wir uns hier nicht mit den Energien dieser höheren Ebenen beschäftigen.

Die Chakren

Die Chakren sind Energiezentren des Lichtkörpers. Chakra ist ein Wort aus dem Sanskrit und bedeutet »Rad«. Beim hellsichtigen Schauen erscheinen Chakren als sich drehende Lichträder. In der gesamten Geschichte wußte man in Kulturen, in denen spirituelle Entwicklung zum täglichen Leben der Menschen gehörte, von den Chakren und nutzte sie, indem man die Wahrnehmung auf diese feinen Schwingungen einstimmte. Bei der Arbeit mit feinstofflicher Energie und der Einstimmung unserer Sinne auf diese feineren Schwingungen, ist die Wahrnehmung dessen, was der einzelne empfängt, jeweils unterschiedlich. Und so finden wir im Verlauf der Geschichte viele verschiedene

Ansichten darüber, wie Chakren tatsächlich aussehen. Die grundlegende Vorstellung ist jedoch ungefähr gleich. Für diejenigen, die Chakren gesehen und in Zeichnungen und Kunstwerken verewigt haben, sind sie in Abschnitte unterteilt, die Blütenblättern gleichen.

Im Westen beschäftigen wir uns meist mit sieben Hauptchakren, aber beim Pranaheilen arbeiten wir mit zwölf Hauptchakren. Ich beabsichtige jedoch hier, dem Anfänger ein grundlegendes Arbeitswissen zu vermitteln, ohne die Sache allzu kompliziert darzustellen. Die Chakren bilden eine Energiestruktur mit aufsteigender Frequenz, die alle Ebenen und Erscheinungsformen des Daseins von der stofflichen Welt bis hin zur Welt des Geistes und des Göttlichen enthalten. Daher gibt es eine kettenähnliche Verbindung von den groben Schwingungen niederer Frequenz, die in der Erd- oder stofflichen Ebene verwurzelt sind, immer weiter nach oben bis hin zu den höchsten Zugangspforten zum Spirituellen. Der Trick besteht darin, diese unterschiedlichen Stufen nutzen zu lernen.

Abbildung der Blütenblätter eines Chakras

Jedes Chakra arbeitet mit unterschiedlicher Geschwindigkeit oder Frequenz der Schwingung und enthält in seiner radähnlichen Struktur eine unterschiedliche Anzahl an Unterteilungen oder Blütenblättern. Das Wurzelchakra, das sich am unteren Ende der Wirbelsäule befindet, ist das langsamste und besteht aus vier Blättern. Es verankert uns in der Erde, es erdet uns und schafft eine energetische Verbindung zum stofflichen Körper. Am anderen Ende haben wir das Kronenchakra über dem Scheitelpunkt des Kopfes, das die höchste Frequenz und neunhundertundsechzig Blätter sowie nochmals zwölf in seinem Mittelpunkt besitzt. Dieses Chakra verbindet uns mit dem kosmischen Bewußtseins. In vielen Abbildungen und Schnitzereien, die wir vom Buddha kennen, finden wir auf seinem Kopf eine deutliche Darstellung des Kronenchakras, das geöffnet ist und über seinen Kopf hinausfließt. Normalerweise ist der mittlere Teil erhöht und läßt den Mittelpunkt mit den zwölf Blütenblättern über seinen stofflichen Körper

Statuen des Buddha mit unterschiedlichen Darstellungen des Kronenchakras

hinaus in das spirituelle Jenseits hineinragen. Gelegentlich wird es auch als nach oben strebende Flamme dargestellt. Uneingeweihte halten diese Ausschmückung des Buddhakopfes gewöhnlich für stilisiertes Haar, einen Kopfschmuck oder einen Hut.

Die sieben Hauptchakren, mit denen wir uns beschäftigen wollen, haben ihren Sitz entlang der Wirbelsäule von deren unterem Ende bis zum Scheitel.

Die Chakren enthalten wichtige Lebensenergie und atmen ein und aus, ähnlich unseren Lungen. Sie atmen Lebensenergie ein und verteilen sie im ganzen Körper, und sie atmen verbrauchte oder negative Energie aus. Sie können verstopfen oder verschmutzen, und wenn dies geschieht, befinden sie sich in einem Zustand der Stauung und der Fehlfunktion. Es kann für den stofflichen Körper ernsthafte Probleme mit sich bringen, wenn dieser energetische Zustand längere Zeit andauert.

Auch wenn es in einigen Büchern heißt, daß die Chakren sich nicht verschließen könnten – es ist möglich. Ich hatte eine Klientin, die an furchtbaren Kopfschmerzen litt und neben beträchtlichen Schmerzen völlig durcheinander und aus dem Gleichgewicht geraten war. Ich entdeckte, daß das Kronenchakra völlig verschlossen war und wendete verschiedene Techniken an, um es wieder ins Gleichgewicht zu bringen und fehlerfrei arbeiten zu lassen. Es dauerte bei dieser Frau eine halbe Stunde, bis ich das Chakra zu einer Art Bewegung oder Tätigkeit anregen konnte, und während ich mit ihr arbeitete, konnte ich wahrnehmen, wie sich aufgrund dieser Blockade ein enormer Druck in ihrem feinstofflichen Energiesystem aufgebaut hatte. Obwohl sie sich keiner körperlichen Bewegung bewußt war, schwankten unter dem Druck der Energie, die nirgendwohin fließen konnte, ihr Oberkörper, der Hals und der Kopf nach vorn und zurück. Es gelang mir, in ihrem Nacken eine Öffnung zu schaffen, so daß ein Teil des Drucks entweichen konnte. Durch Pendeln und unter Verwendung verschiedener Kristallschwingungen versetzte ich das Chakra schließlich nach und nach in einen funktionstüchtigen Zustand. Sobald es begonnen hatte, sich zu öffnen, ließ der Druck in ihrem Kopf nach, und binnen kurzer Zeit drehte sich das Chakra munter, und meine Klientin wurde wieder völlig gesund.

In diesem Beispiel wurde das unglaubliche körperliche Unwohlsein durch eine Fehlfunktion im Energiesystem hervorgerufen. Es scheint schwer verständlich, daß schon eine Blockade in diesem System solch schwerwiegende und schmerzhafte Auswirkungen auf körperlicher Ebene haben kann, aber es ist so. In diesem Fall beseitigt der Griff zum Schmerzmittel nicht die Ursache des Problems; er kann im Gegenteil zu weiteren Blockaden beitragen, was später zu noch schmerzhafteren körperlichen Problemen führen kann.

Eigenschaften der Chakren

Mit jedem Chakra wird eine Reihe besonderer Eigenschaften verbunden:

Erstes oder Wurzelchakra – befindet sich am unteren Teil der Wirbelsäule im Bereich des Dammes.
   Funktion: Führt allen sichtbaren Teilen und Funktionen des Körpers Energie zu. Es hat die niedrigste Schwingungsfrequenz und versorgt die dichte stoffliche Substanz, die wir als Wirklichkeit sehen: Knochenstruktur, Muskeln, Blut, Gewebe und Organe.
   Farbe: Rot
   Mantra: Ich lebe.
   Die Füße sind im Boden verwurzelt, das Wurzelchakra zeigt nach unten und verbindet uns mit der körperlichen Erde. Das Wurzelchakra sagt:»Ich lebe.« Das ist die grundlegendste Form körperlichen Daseins, die reine, nicht denkende tierische Lebenskraft, die Energie aus Mutter

Erde zieht, welche mit ihrem Reichtum das körperliche Dasein ermöglicht.

Zweites oder Sakralchakra – befindet sich in der Mitte zwischen Schambein und Nabel.
Funktion: Führt der Blase sowie den Geschlechts- und Fortpflanzungsorganen Energie zu.
Farbe: Orange
Mantra: Ich erschaffe.
Das Sakralchakra sagt: »Ich erschaffe.« Das ist der tierische Grundinstinkt, sich zu vermehren, uns durch Verbindung mit unserem jeweils entgegengesetzten Aspekt von Yin oder Yang wiederzuerschaffen.

Drittes oder Solarplexuschakra – befindet sich am Solarplexus direkt unterhalb der Stelle, wo sich die Rippen teilen. Es wird manchmal auch »großer Motor« genannt, da dieses Chakra allen anderen Energie zuführen kann.
Funktion: Versorgt Magen, Dickdarm und Leber mit Energie.
Farbe: Gelb
Mantra: Ich weiß.
Das Solarplexuschakra sagt: »Ich weiß.« Es ist das Zentrum des Wissens. Es handelt sich jedoch nicht um das Wissen, das wir durch Studieren erwerben. Wenn dieses Chakra aktiviert wird, bringt es uns vielmehr das Wissen darüber, wer und was wir sind; es beginnt, Wahrnehmung auf einer höheren Bewußtseinsebene herbeizuführen. Wir können durch es hindurch sehen wie durch ein Auge, wodurch wir feinstoffliche Energie um uns herum in einem Brennpunkt wahrnehmen.

Viertes oder Herzchakra – befindet sich in der Mitte des Brustkorbes.
Funktion: Führt dem Herzen, der Thymusdrüse (die die Hauptdrüse des endokrinen Systems ist) und dem Kreislaufsystem Energie zu.
Farbe: Grün/Rosa
Mantra: Ich liebe.
Das Herzchakra sagt: »Ich liebe.« Es ist das zentrale Chakra in unserem System mit sieben Chakren; das Zentrum unseres Wesens, das sowohl zu Grün als auch zu Rosa schwingt. Es ist das Zentrum des Mitgefühls und der Liebe für unsere Mitmenschen, unseren Planeten und uns selbst. Es verkörpert das Wissen darum, daß die gesamte Schöpfung auf der Grundlage der Liebe funktioniert und Liebe ist.

Fünftes oder Kehlkopfchakra – befindet sich am Kehlkopf.
Funktion: Liefert dem Kehlkopf, der Schild- und Nebenschilddrüse Energie.
Farbe: Himmelblau
Mantra: Ich teile mich mit.
Das Kehlkopfchakra sagt:»Ich teile mich mit.« Dies ist das Zentrum der Kommunikation – auf allen Ebenen, mit allen Völkern und allen Tieren, Pflanzen und spirituellen Wesen. Wird es aktiviert, so führt das zu Hellsichtigkeit. Man beginnt dann zu sehen, daß wir nicht allein, sondern von vielen Wesen umgeben sind, die mit ihrer hochfrequenten Welt des Lichts die unsere durchdringen.

Sechstes oder Stirnchakra – befindet sich zwischen den Augenbrauen; wird auch »Drittes Auge« genannt.
Funktion: Liefert dem Nervensystem, der Zirbeldrüse und der Hirnanhangsdrüse Energie und ist mit allen anderen Chakren verbunden.
Farbe: Indigoblau
Mantra: Ich nehme wahr.
Das Stirnchakra sagt: »Ich nehme wahr.« Es ist das Zentrum der Wahrnehmung und der Eingebung – es geht darum, wahrzunehmen und in höhere Schwingungsbereiche vorzudringen. Dieses Chakra nimmt das eigene höhere Selbst und das höhere Selbst anderer wahr und schenkt uns dadurch intuitive Botschaften und die Verständigung mit Geistführern, die uns in unserer eigenen Wandlung weiter voranbringen. Es bringt uns die Erkenntnis, daß es keinen Tod gibt, nur Energie in unterschiedlicher Form.

Siebentes oder Kronenchakra – befindet sich auf dem Scheitelpunkt des Kopfes.
Funktion: Liefert dem Gehirn Energie und ist mit allen anderen Erscheinungsformen des Körpers verbunden.
Farbe: Violett/Weiß
Mantra: Ich bin.
Das Kronenchakra sagt: »Ich bin.« Es ist das Zentrum der Ganzheit, des Einsseins mit dem Göttlichen. Es ist die Pforte zum kosmischen Bewußtsein, der Ausgang aus dem Körperlichen in das Ätherische, den die Yogis benutzen, um ihren stofflichen Körper zu verlassen, sich durch den Äther zu bewegen und von dort in vollem Bewußtsein ihrer Reise zurückzukehren.

Mantren

Ein Mantra ist ein Klang, ein Wort oder ein kurzer Satz und wird für gewöhnlich gesungen oder wiederholt rhythmisch gesprochen (»gechantet«), um eine Schwingung zu erzeugen. Diese Schwingung kann bestimmte Seiten des Bewußtseins offenbaren und die betreffende Person in einen höheren Zustand bringen, in dem sie mit ihrem spirituellen Selbst Kontakt aufnimmt oder eine Verbindung zum Gottesbewußtsein herstellt. Die mit den Chakren verbundenen Mantren werden jedoch nicht in dieser Weise verwendet. Diese Gruppe von Mantren ist eine Darstellung der potentiellen schöpferischen Reise des Bewußtseins von der groben, erdverbundenen Wirklichkeit des Wurzelchakras (des einen Endes der Bandbreite menschlichen Bewußtseins) bis hin zu den höheren Schwingungen des spirituellen Selbst, das außerhalb des stofflichen Körpers, in und über dem Kronenchakra gesehen wird. Wenn wir uns vom Wurzelchakra aus nach oben bewegen, schwingt jedes Chakra durch seine jeweils höhere Anzahl an Blütenblättern schneller und bringt auf der dazugehörigen Daseinsebene eine höhere Bewußtseinsform zum Tragen.

Wir sehen nun, daß aus den obenstehenden Beschreibungen ein vollständiges Bild dessen, was wir sind, entsteht. Dieses Bild zeigt einen mit Schwingungen verbundenen Weg des Bewußtseins, der beim Wurzelchakra beginnt, dessen Frequenzen immer höher werden durch die anderen Chakren hindurch, bis es schließlich am spirituellen Mittelpunkt oder Kronenchakra den stofflichen Körper verläßt. Die Gurus und Yogis, die großen Meister und Avatare können ihr Bewußtsein noch weiter nach oben bringen, weit über das Kronenchakra hinaus in das Reich des reinen spirituellen Wesens. Wenn wir beginnen, mit unseren Chakren zu arbeiten, um sie sanft mit Energie zu versorgen und unsere Fähigkeiten zu erweitern, können wir die vielfältigen Seiten betrachten, die das Ganze bilden: »Ich lebe, ich erschaffe, ich weiß, ich liebe, ich teile mich mit, ich nehme wahr ... also bin ich«!

Die Chakren wahrnehmen

Da wir aus dichter Materie bestehen und normalerweise in der Wahrnehmung feinstofflicher Energien nicht geschult sind, ist für viele von uns der Gedanke, mit unseren Chakren zu arbeiten, schwer zu fassen.

Geduld und Beharrlichkeit sind, wie das für alle Arten der Erkundung feinstofflicher Energien gilt, der Schlüssel zur Wahrnehmung der Chakren. In Anbetracht der Tatsache, daß wir dichte körperliche Wesen in einer dichten körperlichen Welt sind, müssen wir uns häufig sehr anstrengen, um zur Wahrnehmung der feineren Energiestrukturen und Körper zu gelangen. Selbst diejenigen unter uns, die diese Fähigkeiten erreicht haben, müssen gelegentlich sehr hart arbeiten, um sich einzustimmen. Vergessen Sie nicht, daß es für die meisten von uns harter Arbeit bedarf, um dies zu erreichen. Aber die Arbeit lohnt sich, und man sollte nicht verzagen, selbst wenn es lange dauert – für gewöhnlich Monate und nochmals Monate – bis wir einen winzigen Einblick erhalten in die Dinge, die da kommen.

Mit den Chakren arbeiten

Sie können auf unterschiedliche Weise beginnen, mit den Chakren zu arbeiten. Eine der besten Möglichkeiten ist es, mit einer Kassette oder CD zu arbeiten. In den vergangenen Jahren wurden die verschiedensten Chakra-Meditationen auf Tonträgern herausgebracht. Ich bekam meine erste Kassette geschenkt. Es war sehr interessant, wenn ich auch quasi ins kalte Wasser geworfen wurde, denn es wurden viele Bezeichnungen aus dem traditionellen östlichen Wortschatz verwendet, die ich als blutiger Anfänger nur schwer fassen oder aussprechen konnte. Jedoch wurde der Geist des Zuhörers an die richtigen Orte geführt, und das war schließlich wichtig. Ich nahm die Kassette damals überallhin mit und hörte sie an, wann immer ich Gelegenheit dazu hatte. Einmal saß ich im Zug von London nach Manchester und arbeitete mit meinem tragbaren Kassettengerät und Kopfhörern die Meditation durch, die etwa 40 Minuten lang war, um am Ende festzustellen, daß der Lautsprecher des Rekorders eingeschaltet war und jeder im Umkreis von drei bis vier Metern alles mitgehört hatte. Ich wette, man hielt mich für einen komischen Kauz ...

In Meditationskursen wird oft eine Chakrameditation angeleitet, was für die Anfänger sehr lehrreich und unterstützend sein kann. Ein Lehrer fordert zu Rückmeldungen auf, wodurch sich Ihre vorsichtigen Fragen über das, was wohl während der Meditation passiert sein mag, in die sichere Bestätigung verwandeln, daß Sie tatsächlich Aspekte einer Erweckung auf einer feinstofflichen Ebene erlebt haben. Die Arbeit für sich allein mit einer CD oder Kassette hat den Vorteil, daß man in seinem Tagesablauf Raum und Zeit finden kann, um ganz in Ruhe und Frieden zu üben, ohne störende Geräusche, die bei einer Gruppensitzung oft entstehen.

Arbeiten Sie die Aufnahme immer wieder durch und lassen Sie Ihren Geist mit dem Klang der Stimme des Sprechers verschmelzen. Lassen Sie zu, daß Ihr Bewußtsein seinen »normalen« Platz in Gehirn und Kopf verläßt, und erleben Sie seine Reise in neue Bereiche Ihres Körpers. Die Macht des Geistes ist unglaublich, wenn Sie lernen, sie zu gebrauchen, und die Arbeit mit geführten Meditationen durch einen Meister oder eine Aufnahme ist ein sehr kraftvoller Anfangspunkt für jede Art der Energiearbeit. Gestatten Sie dem Geist, Räume zu eröffnen, für die Sie nie zuvor Gefühle hatten, und Sie werden neue Dimensionen Ihres eigenen Wesens erfahren.

Eine einfache Übung

Versuchen Sie für einen Augenblick, still dazusitzen, und lassen Sie Ihren Geist nach unten in ihre Zehen wandern. Eröffnen Sie sich die Energie der Zehen, während der Geist in diesen Raum wandert, und seien Sie bereit, Gefühl zuzulassen. Lassen Sie den Geist durch eine einzelne Zehe wandern und lassen Sie sie durch Gefühl zum Leben erwachen; spüren Sie die Hautschichten, fühlen Sie die Knochenstruktur in der Zehe; stimmen Sie Ihre Sinne auf immer kleinere Teile der Materie ein, bis Sie wahrnehmen können, wie das Blut durch das Gewebe rinnt und wie jede kleine Zelle arbeitet. Konzentrieren Sie sich 15 Minuten lang auf nur eine Zehe, und entdecken Sie, wieviel Sie schon in diesem kleinen Teil von sich selbst spüren können (dem während seines gesamten körperlichen Daseins vermutlich nie besondere Aufmerksamkeit geschenkt wurde). Spüren Sie, welche Macht der Geist besitzen kann, wenn er Türen zur Wahrnehmung vorher unerkannter Dinge öffnet.

Einige von Ihnen werden die Energie in den Chakren schnell wahrzunehmen beginnen und andere werden länger brauchen. Versucht man zum Beispiel, den Geist zu beruhigen, zum Schweigen zu bringen und ihm Dinge beizubringen, die er bisher noch nie getan hat, so kann es einige Zeit dauern, bis man einen gewissen Erfolg erreicht. Manche Menschen werden in ihrer Übungspraxis die Energie in den Chakren recht bald erfahren, während andere länger brauchen, um überhaupt etwas zu spüren. Manche werden fast sofort Chakrafarben erleben, wenn ihr Geist Türen zur Energie öffnet. Es ist wichtig, unabhängig davon, was man empfängt, weiterzuarbeiten und zu üben. Sie werden für Ihre Mühe belohnt werden, wenn die Zeit dafür gekommen ist.

Sie sollten daran denken, daß oft erst Energieblockaden und andere den Fluß der Lichtenergie hindernde Strukturen aufgelöst werden müssen, wenn Sie diese neuen Ebenen des Lichtes in Ihr Wesen hereinbringen. Häufig erleichtert und beschleunigt eine Heilungssitzung diesen Reinigungsprozeß.

Chakrasteine

Es gibt auch ganze Chakrastein-Sätze; und wer von Ihnen bereits empfänglich für die Kristallenergie ist, wird darin eine sehr wirksame Hilfe für die Aktivierung der Energiezentren finden. Wenn Sie noch nicht soviel empfinden, kann ein Satz Chakrasteine Ihnen sicherlich helfen, Ihre feinstoffliche Energie zum Leben zu erwecken und Sie einzustimmen. Ein solcher Satz besteht normalerweise aus sieben speziellen Steinen, deren jeweilige Schwingungsfrequenz auf je ein Chakra abgestimmt ist. Oft hat jeder Stein eine bestimmte Farbe, die der eines Chakras entspricht. Zur Anwendung dieser Steine liegen Sie auf dem Boden, legen den jeweiligen Stein auf das zugehörige Chakra und beginnen mit der Meditation. Es kann die Entspannung fördern, wenn Sie die Steine mit etwas Kreppband an ihrem Ort befestigen, damit sie nicht während des Übens herunterfallen und Sie stören. Sie sollten auch wissen, daß der Stein, der auf dem Stirn- oder Kronenchakra plaziert wird, oft in bezug auf die Energie, die er aktiviert, recht unangenehm sein kann. Wenn das bei Ihnen so ist, besonders beim Stirnchakra, nehmen Sie diesen Stein weg und plazieren Sie ihn über dem Kopf auf dem Boden. Auch beim Wurzelchakra und beim Kronenchakra ist es besser, den Stein ein paar Zentimeter vom Körper entfernt zu plazieren, jedoch auf einer Linie mit der Wirbelsäule.

Und noch ein Erlebnis: Badegenuß

Seit vielen Jahren verwende ich Heilsteine, um das Wasser für ein Bad zu energetisieren. Es macht großen Spaß, Heilsteine in der Badewanne zu verwenden. Neben klaren Quarzkristallspitzen haben wir in unserem Badezimmer eine Sammlung großer Trommelsteine. Ich lege sie in die Wanne, während das Wasser einläuft. Wenn das Badewasser fertig ist, kann man außerdem ein paar Tropfen eines passenden Aromatherapieöls dazugeben. Wählen Sie das Öl entweder intuitiv oder mit Rute oder Pendel, und verteilen Sie es dann im Wasser.

Ordnen Sie die Kristallspitzen zu geometrischen Formen, die dann selbst kraftvolle Energie erzeugen. Ich wecke sie mit meinem Geist. Ordnen Sie die Trommelsteine in Gruppen oder in Linie von einem Ende der Wanne zum anderen an. Lassen Sie die Steine und das Öl etwa 5 Minuten liegen beziehungsweise schwimmen, damit sie sich in das Wasser einbinden und es so energetisieren können.

Bevor Sie in die Wanne steigen, legen Sie die Steine auf einen Haufen, so daß Sie sich nicht daraufsetzen, und wenn Sie eingetaucht sind, nehmen Sie eine Handvoll Steine zum Spielen auf. Lassen Sie sie von einer Hand in die andere gleiten, lassen Sie ihre warmen Formen über Ihren Körper »tröpfeln« oder legen Sie sie auf Ihrer Mitte vom Kehlkopf bis zum Schambein aus. Sie können die Chakrasteine ebenfalls für die Chakrapunkte verwenden. Sie fühlen sich herrlich an und gewinnen an Faszination, wenn ihre Farben durch die Nässe leuchtender werden.

Zu Ihrer Trommelstein-Sammlung kann eine Auswahl geeigneter Chakrasteine gehören, zum Beispiel:

Wurzelchakra	Karneol oder Rotes Tigerauge (Katzenauge)
Sakralchakra	Orangefarbener Kalkspat
Solarplexuschakra	Zitrin
Herzchakra	Rosenquarz oder Septarie
Kehlkopfchakra	Blauer Topas oder Türkis
Stirnchakra	Azurit oder Sodalit
Kronenchakra	Amethyst

Legen Sie jeden Stein auf sein Chakra und lassen Sie sich in einen Zustand tiefer Entspannung oder Meditation gleiten. Um diesem seligen Zustand noch die Krone aufzusetzen, können Sie Ihre Chakrameditation im Badewasser durchführen, wenn Sie ein Kassettengerät oder einen tragbaren CD-Spieler mit Batteriebetrieb besitzen (verwenden Sie im Badezimmer kein Gerät mit Netzbetrieb!). Es ist herrlich; der natürliche Hall eines Badezimmers liefert wunderbare Schwingungen, wodurch Sie noch tiefer in die Meditation geführt werden und ein einzigartiges freudiges Erlebnis genießen.

In den letzten Jahren, wo ich zunehmend mit Heilsteinen arbeitete und Menschen unser Atelier besuchten oder auf Messen für Körper, Geist und Seele mit uns sprachen, habe ich festgestellt, daß Menschen, die sich nie zuvor für Heilsteine interessiert hatten, sich oft vom Amethyst als Einführung in das Reich der Mineralien angezogen fühlten. Natürlich ist offensichtlich, warum das so ist, aber wie immer, wenn etwas klar auf der Hand liegt, sieht man oft den Wald vor lauter Bäumen nicht.

Die Schwingung des Amethyst hilft bei der Aktivierung des Kronenchakras, das unsere spirituelle Verbindung darstellt. Wenn unser Kronenchakra offener wird oder auf einer höheren Ebene zu arbeiten beginnt, ist das immer ein erstes Zeichen für spirituelle Weiterentwicklung. Was wir also sehen, wenn sich jemand als erstes zu Amethyst hingezogen fühlt, ist ein unterbewußtes oder unbewußtes Greifen nach den Mitteln, die demjenigen helfen werden, sich zu entwickeln – zunächst auf einer eher spirituellen Ebene, dann auf anderen Energieebenen. Ich kaufte mit zwölf oder dreizehn Jahren meinen ersten großen Amethyst. Es ist schade, daß ich weitere dreißig Jahre brauchte, um zu erkennen, warum das so war. Ich habe schon immer langsam gelernt!

3

Energie verstehen

»Wenn alle Himmel gingen auf
Und Wahrheit fiel wie Regen,
Wär ein Gedanke schon genug,
Dem Herz ein Dach zu geben.«
Malcolm Cawley

Malcolm Cawleys obenstehender Vers spricht Bände über die Macht der Energie. Im Grunde spricht er von Wahrheit. Wahrheit ist der einzige Weg, den wir gehen können, um uns spirituell zu entwickeln und den Kreislauf der Wiedergeburt zu durchbrechen, wenn wir dies als Seele tun wollen. Der Dichter spricht auch von der Macht des Gedankens: »Wär ein Gedanke schon genug«. Er spricht davon, daß ein einziger Gedanke ausreichend sei, das Herz zu schützen. Das Herzchakra ist natürlich das Zentrum des individuellen Universums in jedem Menschen. Die Energie des Herzens ist Liebe. Und Liebe ist es, die die gesamte Schöpfung lenkt, ob es sich nun um das stoffliche oder das übersinnliche Universum handelt. Gott ist Liebe. Die Macht des Gedankens ist enorm, wenn man ihn für Gutes oder Böses einsetzt. Verwendet man ihn beim Heilen zum Guten, so kann ein einziger gezielter Gedanke Wege schaffen, um Energiesysteme in einem Menschen auszubessern. Verwendet man ihn zum Bösen, kann er sich an einen Menschen binden und dessen Energie und Gesundheit ständig negativ beeinflussen, bis er wieder entfernt wird. Das werden wir später in Kapitel 7, »Übersinnliche Angriffe«, genauer betrachten. Wenn wir Menschen das mit einem einzigen menschlichen Gedanken erreichen, was könnten wir dann erst mit einem einzigen Gedanken von Gott oder dem Himmel schaffen? Ein einziger Gedanke vom Himmel könnte nicht nur »dem Herz ein Dach ... geben«, wie es in obigem Vers heißt; ich bin sicher, daß seine Wahrheit die gesamte Menschheit in einer Sekunde von ihrem gegenwärtigen Leiden erlösen könnte. Ist denn nicht die gesamte Schöpfung letztlich nur ein Gedanke? Ich frage mich, ob Herr Cawley das alles bedachte, als er den Vers schrieb?!

Die Welt ist ganz verrückt nach Reiki und wegen Reiki. Das ist eine wunderbare Sache. Die Menschheit schreit nach dieser nächsten Stufe des Bewußtseinswandels – und es ist keineswegs zu früh. Menschen, die mit Energie arbeiten oder sich auf dem spirituellen Weg befinden und mit gleichgesinnten Seelen oder allein arbeiten, schauen auf die Welt, auf ihre führenden Persönlichkeiten, ihre Politiker oder Volksvertreter, auf ihre Führungspersönlichkeiten in Industrie, Wissenschaft, Medizin und Bildung und können nicht glauben, daß diese vom selben Planeten stammen. Wem dienen sie? – Ganz bestimmt nicht den Menschen, die sie zu vertreten vorgeben!

Auf unserem Planeten passiert überall soviel Negatives – da gibt es Kontrolle, Bestechung und Korruption –, daß die Menschen sich in Scharen von alten Mustern abwenden und nach einer neuen Art zu leben suchen. Neue Werte sind vielleicht alte Werte, die vergessen wurden und jetzt wieder ihren rechtmäßigen Platz einnehmen werden im Bewußtsein der Menschen. Die Art und Weise, wie die Welt heute funktioniert, ist veraltet. Ihr kleines Uhrwerk ist abgelaufen, und es ist Zeit, diese alte Welt in die Spielkiste zu packen, um mit nostalgischen Gefühlen auf sie zurückzuschauen, so, wie wir heute auf das Viktorianische Zeitalter zurückschauen. Die Menschen verändern sich, und die Struktur der Gesellschaft und wie der Regierungen müssen dem folgen.

Es ist erfrischend, Menschen zu begegnen, denen der spirituelle Weg neu ist, oder Menschen, die zum erstenmal Dingen wie Rutengehen, Edelsteinen, Heilen, Homöopathie oder irgendeiner Art von Energiearbeit beggnen. Immer wieder kommen sie in unser Atelier, um sich Edelsteine anzusehen, und sie verlassen es mit einer ganz neuen Vorstellung vom Leben; sie haben Dinge erfahren, von denen sie vorher nichts wußten. Vor kurzem besuchte mich ein pensionierter Herr, weil eine Freundin von ihm an unserem Stand auf einer Messe für Heilen und Gesundheit einen Edelstein gekauft und er festgestellt hatte, daß der Stein, wenn er ihn an seinen schmerzenden Beinen rieb, zu helfen schien. Er und sein Sohn blieben etwa anderthalb Stunden; in dieser Zeit zeigte ich ihnen, wie man auf verschiedene Weise Energie spüren kann, und brachte ihnen Techniken des Rutengehens und der Aura-arbeit näher. Sie waren sehr offen und fasziniert von dem, was sie spüren konnten, als ich sie einstimmte. Beim Gehen sagte der Herr zu mir: »Jetzt habe ich so viele Jahre gelebt und nichts von diesen Dingen gewußt. Das alles ist sehr interessant, und ich werde Sie ganz bestimmt wieder besuchen.« Es war wunderbar, sein Erstaunen über seine eigenen

Fähigkeiten zu erleben und die Begeisterung in seinen Augen zu sehen. Das ist nur ein Beispiel von vielen, das zeigt, wie es die Menschen unbewußt dahin zieht, Dinge auszuprobieren, die ihnen über Hunderte von Jahren verwehrt wurden.

Man trifft die unglaublichsten Menschen, die sich gerade auf den spirituellen Weg begeben haben; Menschen aus den unterschiedlichsten Verhältnissen und mit unterschiedlichsten Hintergründen, und für viele von ihnen ist Reiki die erste Anlaufstelle auf ihrem neuen Weg. Das ist kein Zufall. Ich sage oft: »Man entdeckt Reiki nicht, Reiki findet einen, wenn man bereit ist, es zu empfangen.« Das mag für einige von Ihnen, liebe Leserin und lieber Leser, eine seltsame Vorstellung sein, doch Sie würden es verstehen, wenn Sie ein wenig davon begreifen würden, wie die Universelle Weisheit uns zu leiten versucht, wenn wir nur für einen Augenblick innehalten und zuhören würden. Tatsächlich sind Sie, wenn Sie dieses Buch lesen, ganz sicher auf dem Weg dahin, daß Ihnen diese Wahrheit zu gegebener Zeit enthüllt wird. Ich hoffe, daß Ihnen *Tanz mit dem Teufel* ein paar Hinweise geben kann, aber die Wahrheit kann nur aus Ihnen selbst kommen, wenn Sie die nötigen Erfahrungen gesammelt haben.

Es steht jedoch in der Welt der Energiearbeit – und mit Reiki im besonderen – nicht alles zum Besten. Und das wird sich noch verschlimmern, wenn man die Menschen nicht richtig unterrichtet, wie gefährlich es ist, damit herumzuexperimentieren, ohne richtig zu verstehen, was man eigentlich tut. Eine richtige Ausbildung dazu, wie man Energie in sein System bringt, ist unbedingt notwendig, um Fallen zu vermeiden. Kein vernünftiger Mensch würde ein Kind oder einen anderen Erwachsenen ermutigen, mit einem Ouijabrett herumzuprobieren, wenn er um die Gefahren wüßte. Genauso verhält es sich mit Energiearbeit. Wenn man ein Ouijabrett benutzt, hat das mit Absicht zu tun. Die Absicht besteht darin, mit anderen Bewußtseinsquellen außerhalb unserer Existenzebene in Kontakt zu treten. Ein Ouijabrett öffnet Türen in andere Dimensionen, und aus diesen Dimensionen können gewisse Dinge zu uns kommen. Wenn das geschieht, ist es nicht immer leicht, mit den Folgen umzugehen.

Wenn Sie mit Energie arbeiten, selbst auf der niedrigsten Ebene, beginnen Sie, die Kräfte Ihres Bewußtseins anzuzapfen; und wenn Ihr Bewußtsein erwacht und Ihre Fähigkeiten wachsen, werden Sie Türen in andere Dimensionen öffnen, ob Sie es wollen oder nicht. Jede Art der Energiearbeit überschreitet die Grenzen zwischen verschiedenen Welten.

Seien Sie sich dessen, was Sie tun, bewußt, damit Sie, wenn Sie auf etwas Unbekanntes treffen, wissen, woher es gekommen ist und wie Sie es annehmen, behandeln oder zurückschicken können. Noch besser ist es, wenn Sie, bevor Sie eintreten, wissen, was auf Sie wartet, und sich mit dem richtigen Maß an übersinnlichem Schutz wappnen, um eine Katastrophe zu verhindern.

WAS IST REIKI?

Man kann jemandem, der Heilenergie oder die Arbeit mit Energie noch nie erfahren hat, Reiki nicht angemessen beschreiben. Reiki ist eine Erfahrung – und wie alles, was mit Erfahrung zu tun hat, eine persönliche Erfahrung. Die Erfahrung eines Menschen kann von einem anderen Menschen nicht nachvollzogen oder erfahren werden. Man kann zwar beschreiben, was man erfahren hat, doch wenn der Empfänger dieser Information keine Erfahrung gemacht hat, mit der er diese Beschreibung vergleichen kann, weiß er nicht, was man meint. So ist es auch mit Reiki – wenn Sie nicht erlebt haben, wie Ihr Lichtkörper geöffnet wird, können Sie nicht wissen, wie es ist. Lassen Sie mich Ihnen – aber trotzdem – ein paar Hinweise zum Thema geben.

WAS WERDE ICH SPÜREN?

Wie wir vorher festgestellt haben, ist Reiki ein Einstimmungsprozeß, und manche Schüler spüren überhaupt nichts, wenn sie eingestimmt werden. Keine Visionen, keine Empfindungen, keine Farben, kein »Von-der-Hand-Gottes-berührt-Werden« usw. Andere haben die erstaunlichsten Erfahrungen, zum Beispiel ein Kaleidoskop von Farben vor ihrem inneren Auge; Visionen von Geistführern, die sie auf ihrem Weg der Erleuchtung begrüßen; intuitive Botschaften; astrale Reisen zu den Pyramiden oder zu Planeten, wo sie eine Botschaft empfangen oder Geistführern begegnen; Visionen von vorherigen Leben als Heiler oder Priester von Atlantis und vieles mehr.

Man muß wissen, daß jeder sich zur Zeit seiner Einstimmung auf einer anderen Stufe seiner spirituellen Entwicklung befindet und von der Einstimmung genau soviel erhält, wie er zu diesem Zeitpunkt verarbeiten kann.

Wenn jemand, der sich in eine Einstimmung begibt, neu in der Energiearbeit ist, bisher eine eher sitzende Lebensweise gepflegt hat und sich in bezug auf lebenskraftspendende Lebensmittel (wie lebendige Nahrungsmittel – gutes, frisches Gemüse, wenn möglich aus biologischem Anbau) nicht gut ernährt, so ist es wahrscheinlich, daß der zum Zeitpunkt der Einstimmung relativ wenig spüren wird und nach der Einstimmung sehr hart arbeiten muß, um die Energie kräftig in sein System einfließen zu lassen.

Nach der Einstimmung sollte man 21 Tage lang täglich ungefähr eine Stunde lang eine Reihe von Meditationsübungen durchführen. Das ist ein Reinigungsprozeß, der die Energie fließend und beständig in das System einbringen und aus dieser neuen, kraftvollen und lebendigen Energie heraus, die in das System einfließt und es öffnet, die Chakren ausgleichen soll.

Während des 21 Tage dauernden Reinigungsprozesses kann es passieren, daß Menschen mit vorwiegend sitzender Lebensweise eine starke Entgiftung auf körperlicher Ebene erfahren. Ein bis zwei Tage nach der Einstimmung kann stark riechender Urin oder Durchfall auftreten. Das mag sich in den darauffolgenden Wochen von Zeit zu Zeit wiederholen, abhängig davon, wieviel Energie in das System eingebracht wird. Bei Frauen beginnt oft, unabhängig vom sonstigen Ablauf, am folgenden Tag der Menstruationszyklus. Auf der Haut können Pickel oder Ausschlag auftreten, was monatelang oder sogar mehr als ein Jahr lang anhalten kann.

Der Anwärter muß wissen, daß die Einstimmung das Schwingungsniveau des Lichtkörpers erhöht hat. Das heißt, der Lichtkörper schwingt jetzt auf einer höherfrequenten Ebene oder schneller als vorher, und der stoffliche Körper versucht, Schritt zu halten. Der stoffliche Körper ist viel dichter als der Lichtkörper. Wenn also die Einstimmung stattfindet, begibt sich der Lichtkörper sofort auf seine neue, höhere Schwingungsebene und kräftigt sich hier während der folgenden Wochen; normalerweise, aber nicht immer, während der Reinigungsperiode von 21 Tagen.

MITSCHWINGEN

Betrachten wir einmal die physikalische Ebene der Schwingungen: Ein Bus oder LKW fährt an Ihrem Haus vorbei, und Ihre Fensterscheiben klirren. Hier geschieht folgendes: Die Schwingungswellen des Motors oder Auspuffs treffen auf Ihre Fenster, von denen manche in Übereinstimmung mit derselben Frequenz zu schwingen beginnen.

Schlägt man auf dem Klavier das mittlere C an, ohne daß die Dämpfung an den Saiten anliegt, so schwingen alle anderen »C«-Töne auf dem gesamten Klavier mit und erklingen in Resonanz mit der ursprünglich angeschlagenen Taste. Der ursprüngliche Ton sendet eine Schwingung aus, und die anderen Töne desselben Typs stehen »im Einklang« oder »in Übereinstimmung« mit ihm und fallen gleichfalls ein.

Ebenso verhält es sich mit dem stofflichen Körper und dem Lichtkörper. Der Lichtkörper schwingt auf einer bestimmten Frequenz, und alle Atome und Moleküle im stofflichen Körper schwingen auf dieser Frequenz mit. Die Frequenzen des Lichtes durchdringen die gesamte subatomare, atomare und molekulare Struktur des stofflichen Körpers. Jedes Molekül schwingt mit der Schwingung seines Partners, des Lichtkörpers. Wenn wir die Schwingung des Lichtkörpers durch Einstimmen verändern, indem eine größere Auswahl an Frequenzen zugelassen werden, die aus dem gleichen Grunde zu einer gewissen Beschleunigung führen, so muß der stoffliche Körper seine Frequenz an diese Frequenz anpassen.

Wegen der Dichte der Materie im stofflichen Körper kann dieser die Frequenz seiner Schwingungen nicht so schnell anpassen wie der Lichtkörper, ist aber dennoch zum Aufholen gezwungen. Lichtfrequenzen werden von Materie nicht aufgehalten, sondern können einfach durch Materie hindurchgehen – (wie etwa ein Geist durch eine Wand geht oder Röntgenstrahlen dichte Materie, wie einen Knochen, abbilden, während sie die weniger dichte Materie des weichen Gewebes durchdringen). In ähnlicher Weise können sich Lichtfrequenzen beschleunigen, ohne von körperlichen Beschränkungen aufgehalten zu werden. Der stoffliche Körper kann nicht einfach einen Gang zulegen wie der Lichtkörper und muß sich daher – so schnell er eben kann – auf diese Geschwindigkeit bringen, und Sie können ihm dabei helfen. Um aufzuholen, muß er viel Unrat loswerden, der nicht mehr auf den neuen, höheren Frequenzen des Lichtes mitschwingen kann, die nun den stofflichen Körper ganz durchdringen. Daher wird der stoffliche Körper einem Entgiftungsprozeß unterworfen, den man für gewöhnlich als »Heilprozeß« oder »Heilkrise« bezeichnet.

Sich auf eine Reiki-Einstimmung vorzubereiten, zahlt sich insofern aus, als die in das System eintretende Energie auf weniger Widerstand trifft. Wenn Sie erwägen, sich einstimmen zu lassen, beschäftigen Sie sich ein paar Wochen vor dem gesetzten Termin mit Ihrer Lebensweise: Bereiten Sie sich zunächst spirituell vor, indem Sie in Meditation oder Gebet um Führung bitten. Sprechen Sie mit Ihrem Lebensführer oder Schutzengel und erzählen Sie ihm, was Sie vorhaben. Er wird das zwar ohnehin wissen, wird sich jedoch freuen, anerkannt und um Rat gefragt zu werden. Das ist von Bedeutung. Beschäftigen Sie sich als nächstes mit Ihrer Ernährung. Verzichten Sie besonders auf Fleisch, wenn Sie können, und wenn nicht, dann wenigstens auf rotes Fleisch. Rücken Sie als Hauptnahrungsmittel eher frisches Obst und Gemüse in den Mittelpunkt. Verzichten Sie auf Fertiggerichte. Trinken Sie keinen Tee und keinen Kaffee, und greifen Sie zu Kräuter- oder Früchtetees oder am besten zu reinem Wasser und Fruchtsäften. Nehmen Sie sich Zeit, die Sie draußen in der Natur verbringen: Waldspaziergänge wirken sehr reinigend auf die Aura und den feinstofflichen Körper. Setzen Sie sich unter Bäume und bitten Sie die Naturgeister um Hilfe bei Ihrer Reinigung und Heilung. Entspannen Sie sich. Trinken Sie keinen Alkohol und rauchen Sie nicht.

Jede größere Veränderung in der Lebensweise sollte über einen längeren Zeitraum angegangen werden. Sie ändern Ihr gesamtes Lebensmuster nicht an einem Tag. Das versetzt Ihrem System einen Schock

Nach der Einstimmung ist die Schwingung des Lichtkörpers viel schneller. Der stoffliche Körper muß sich entgiften und einigen Unrat loswerden, um wieder ins Gleichgewicht zu kommen.

und kann eine große Entgiftung oder grippeähnliche Symptome hervorrufen. Nehmen Sie sich Zeit und planen Sie die Einführung neuer Muster auf positive und heilsame Weise. Sprechen Sie Ihren stofflichen Körper an und sagen Sie ihm, daß Sie Änderungen zum Besseren vornehmen werden. Je sauberer Ihr System ist, desto leichter wird der Übergang während der Einstimmung sein und desto wirksamer und leistungsfähiger wird die Kraft der Energie sein, zu der Sie jetzt Zugang haben.

DIE ENERGIEQUELLE

Energie wird von einer höheren Bewußtseinsquelle gelenkt. Sie können dieses Bewußtsein nennen, wie Sie wollen. Manche nennen es »Gott« oder »Gottesbewußtsein«, »Universeller Geist« oder »Universelles Bewußtsein«. Wenn Sie ein Glaubenssystem oder eine Religion haben, können Sie es nach der Gottheit benennen, die in Ihrem Glaubenssystem oben steht, Buddha, Krishna, Jesus, Großer Geist usw. Wie Sie es nennen, ist egal; es ist einfach da, und wer mit dieser Schöpferkraft arbeitet, weiß, daß sie alles durchdringt und auf alle Menschen gleich reagiert, gleichgültig, welchen Glauben Sie haben und welche Hautfarbe. Sie ist der eine wahre Geist der gesamten Schöpfung, der auf allen Ebenen wirkt.

Diese höhere Bewußtseinsquelle weiß genau, was Sie brauchen, um Ihren Lichtkörper einzustimmen, und überblickt genau, was Sie gerade verarbeiten können. Sie steuert und überwacht die Energie in den folgenden Tagen und Wochen, während Sie sich auf die neuen Lichtebenen einstellen, die in Ihr Wesen eintreten.

Wenn Sie ein zartes Blümchen sind, läßt das höhere Bewußtsein zu, daß Ihr System sich langsamer öffnet. Wenn Sie eine starke, widerstandsfähige Person und in der Lage sind, einen Energieschub zu verarbeiten, werden Sie diesen erhalten. Es gibt viele Überlegungen, von denen wir manche in der körperlichen Welt vielleicht gar nicht wahrnehmen. Schließlich wissen wir nur einen Bruchteil dessen, was man über Energie wissen kann. Wir spielen mit einem unendlich kleinen Körnchen Energie in einem Universum, das viel zu riesig und komplex ist, um es zu begreifen, da es von einem allmächtigen Bewußtsein geschaffen und regiert wird und für die meisten von uns nur in seiner körperlichen Form sichtbar ist. Wieviel mehr gibt es aber noch auf anderen Bewußtseinsebenen?

Und da wäre noch etwas: Es gibt Menschen, die, ohne es selbst zu wissen, längst den Pfad zu höherer Schwingung beschritten haben müßten und vielleicht eine große, in ihnen schlummernde Begabung zum Heilen besitzen, die auf sie wartet. Solche Menschen haben oft eine große Erweckung, die für ihr gesamtes Wesen sehr beunruhigend sein kann. Dafür gibt es einen Grund. Das höhere Bewußtsein sagt damit, daß man diese außergewöhnlichen, aber häufig unbequemen Erlebnisse haben muß, um seine Begabung zu verstehen, die sich jetzt schnell entfaltet und dazu führen wird, daß man die notwendige Weisheit entwickelt, um mit Energie arbeiten zu können.

Das ist etwas ganz anderes als das, was mit dem Eingestimmten geschieht, der eine harte Zeit erlebt, weil er durch eine Einstimmung, die den Lichtkörper nicht vollständig geöffnet hat, das energetische Gleichgewicht verliert, oder weil er einem übersinnlichen Angriff ausgesetzt ist. Es gibt da einen gewaltigen Unterschied, doch unglücklicherweise können die Symptome sehr ähnlich sein. Man braucht sehr viel Erfahrung, um diesen Unterschied festzustellen.

EIN BLICK AUF DEN TRADITIONELLEN MEISTER

Ein wahrer Meister, gleichgültig zu welcher Schule er gehört, wird für Sie da sein, um Sie zu führen und damit Sie ihm so viele Fragen stellen können, wie Sie wollen, bevor Sie sich entscheiden, ob Sie seine Lehre annehmen. Man sollte darauf achten, den Titel »Reiki-Meister« nicht mit dem eines wahren yogischen oder tantrischen Meisters der östlichen Tradition zu verwechseln.

Ein Meister ist ein sehr weiser, sehr gelehrter, sehr disziplinierter Ausübender, Lehrer und Führer, der das Voranschreiten seiner Schüler durch seine eigene Verbindung zum höheren Wissen überwacht. Der Meister wird oft weiterentwickelt geboren als seine Zeitgenossen, da er schon in vorhergehenden Inkarnationen einen bestimmten Grad der Erleuchtung erreicht hat. Er lehrt die Kunst und die Wissenschaft der persönlichen Wandlung, wobei er verschiedene Disziplinen wie Yoga und Meditation einsetzt, damit der Schüler lernt, sicher mit den Energien zu arbeiten, die ihn mit dem höheren Bewußtsein und Wissen verbinden. Als Meister wird er oft in gewissem Maße von der materiellen Welt getrennt leben, um vollkommene Einheit mit dem höheren Bewußtsein seines Gottes, des universellen Bewußtseins, zu erlangen.

Esoterisches Wissen wurde schon immer durch engagierte Meister an Schüler weitergegeben. Unter den vielen Schülern, die die Lehre des Meisters durchlaufen, sind stets ein oder zwei außergewöhnliche Menschen, deren Bestimmung es ist, die Fackel weiterzutragen, nachdem der Meister weitergegangen ist, und ihre eigene Lehre zu entwickeln.

Das esoterische Wissen über Energie wird oft auf sehr persönliche und besondere Weise weitergegeben. Wenn der Schüler bereit ist, gibt der Meister den Schlüssel zum Wissen weiter. In vielen klösterlichen Disziplinen kann es passieren, daß der Schüler viele Jahre lang lernt, ohne daß er je aufgefordert wird, auf eine nächste Stufe voranzuschreiten. Die Schüler – Frauen und Männer – wissen, daß sie nicht um Einstimmung oder Fortschreiten bitten können, vielmehr wird ihnen dies angeboten, wenn die Zeit reif ist.

Die Essener, zu denen Jesus gehörte, betrachteten die Entwicklung der aufnahmefähigen Energiezentren oder Chakren als grundlegenden Bestandteil der Entwicklung eines Menschen, und sie waren der Überzeugung, daß es notwendig sei, die richtigen Methoden täglich zu üben. Das diente dazu, die Organe des stofflichen Körpers in Einklang mit allen günstigen Strömungen der Erde und des Kosmos zu bringen, um sie zur Entwicklung des Individuums und des Kosmos zu nutzen. Die Techniken wurden über Tausende von Jahren mündlich weitergereicht, an die Anfänger jedoch erst nach sieben Jahren Probezeit weitergegeben (siehe *Die Lehren der Essener*, ins Englische übersetzt von Edmond Bordeaux Szekely).

Der Meister kann mit seinen höheren Fähigkeiten sehen, wann der Schüler bereit ist, und er wird den Schüler nur zum Licht bringen durch geistige Fertigkeiten, die erlangt wurden, indem notwendige Fähigkeiten eingeübt wurden, und durch persönliche Eigenschaften und die Fähigkeit, die Energie oder auch das Licht halten zu können.

Ich spreche nicht von intellektuellen Fertigkeiten. Man kann über den verstandesmäßig funkelndsten Geist verfügen, der Hunderte der Sutren oder Lehren behalten und wiedergeben kann, doch kommt es in der Energiearbeit nicht nur auf den Verstand an. Der Verstand ist das Produkt der linken Gehirnhälfte, und er steht spiritueller Entwicklung und intuitiven Prozessen oft im Wege. Wir sprechen hier vielmehr von der Fertigkeit, das Bewußtsein zu erweitern. Hierfür ist die rechte Gehirnhälfte zuständig. Der Meister kann das Bewußtsein des Schülers sehen und zudem erkennen, welche Orte der Schüler mit seinem

Bewußtsein erreichen kann. Im geeigneten Moment wird der Meister den Schüler zu sich rufen: Er soll voranschreiten auf eine nächste Stufe. Das Voranschreiten auf den Stufen der esoterischen Bereiche geschieht normalerweise durch Einstimmung. Meist wird die Einstimmung durch Atemarbeit durchgeführt. Das Aufschließen des Lichtkörpers des Schülers erfordert einen Schlüssel, und dieser Schlüssel ist im Lichtkörper des Meisters enthalten – so wie er ihn selbst von seinem Meister erhalten oder in der Meditation oder durch eine eingestimmte Eingebung erlangt hat, wo er in der Lage war, Botschaften und Gaben des universellen Geistes zu empfangen.

Beim Reiki wird die Einstimmung in dieser altbewährten Weise weitergegeben, indem zuerst ein Symbol in Energie gezeichnet und dieses dann durch das Kronen- und andere Chakren in das Lichtkörpersystem hineingeblasen wird. Dieser Vorgang schenkt uns spirituellen Beistand und die Kraft für lebensverändernde Vorhaben auf der körperlichen Ebene.

DIE UNGLAUBLICHE KRAFT DER ENERGIE VERSTEHEN

In den östlichen Traditionen öffnet der Meister durch seinen Atem die feinstofflichen Kanäle des Schülers. Das geschieht nach und nach und von Ebene zu Ebene über einen langen Zeitraum, manchmal über viele Jahre. So kann die Schlangenenergie, die man »Kundalini« nennt und die am unteren Ende der Wirbelsäule wohnt, sich rühren und sich aus ihrer dreieinhalbmal zusammengerollten Stellung in die drei Kanäle – Ida, Pingala und Sushumna – bewegen. Diese Kanäle durchlaufen alle Chakren und treten durch das Kronenchakra aus, wodurch sie uns mit einer viel höheren Bewußtseinsebene verbinden, als es durch irgendeine andere Methode erreicht werden kann.

Wird die Kundalini-Energie unangemessen oder zu schnell freigesetzt, so kann das sehr gefährlich sein. Daher muß der Schüler viele Jahre lang lernen und üben, um die notwendige Disziplin und Beherrschung zu erlangen, damit er in der Lage ist, mit der gewaltigen Kraft dieser Energie sicher umzugehen. Wird diese Energie nicht unter Anleitung eines Meisters in den Lichtkörper freigesetzt, so ist das eine Torheit. Eine unbeabsichtigte Erweckung der Kundalini kann unmittelbares psychisches Trauma, körperlichen Schaden und Schmerz, monatelang anhaltende Schlaflosigkeit oder Schlimmeres herbeiführen.

Die Kundalini-Energie wird am unteren Ende der Wirbelsäule erweckt und bewegt sich nach oben. Dabei erhellt sie nacheinander die Chakren und bringt Energie von ungeahnter Stärke in diese Zentren. Die Kraft dieser Energie ist so groß, daß jeweils nur ein wenig von dieser Energie eingebracht werden kann, und über einen längeren Zeitraum lernt der Lichtkörper im Zusammenspiel mit dem Bewußtsein, diese Energie sicher zu steuern.

C.W. Leadbeater, der große Hellseher und Gelehrte der Mysterienlehren, beschreibt die Kundalini in seiner wegweisenden Arbeit mit dem Titel *The Chakras* (deutsche Ausgabe: *Die Chakras*, S. 60/61 + 83). Sein Wissen über die hinduistischen yogischen Lehren ist groß, und so sagt er, daß sie »als eine wie ein Blitzstrahl leuchtende Göttin beschrieben (wird), die im Wurzelchakra, einer Schlange vergleichbar, in dreieinhalb Windungen um das dort befindliche Swayambhu-Linga geringelt schlummert und den Zugang zur Suschumna mit ihrem Kopfe versperrt.« Man tut gut daran, sich ins Gedächtnis zu rufen, daß Dreieinhalb eine sehr mächtige Zahl in der heiligen Geometrie und der esoterischen Energiearbeit ist, die in der Natur ebenso vorkommt, wie sie tatsächlich ganz natürlich in unserem Lichtkörper vorhanden ist.

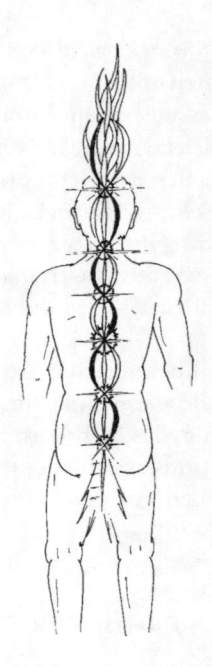

Ida, Pingala und Sushumna – die drei Kanäle feinstofflicher Energie – steigen nach oben und durchlaufen die Chakren.

Leadbeater läßt uns außerdem wissen, was geschehen kann, wenn eine unangemessene Freisetzung der Kundalini-Energie stattfindet.

»Beim gewöhnlichen Menschen ruht diese Kraft unerweckt an der Basis des Rückgrates, ohne daß er während seines ganzen Lebens auch nur von ihrer Existenz weiß. Und es ist auch viel besser, sie so schlummern zu lassen, bis der Mensch eine bestimmte Stufe seiner sittlichen Entwicklung erreicht hat, bis sein Wille genügend stark ist, sie zu beherrschen, und sein Denken so rein, daß er Ihrer Erweckung ohne Gefahr entgegensehen kann. Niemand sollte mit dieser Kraft ohne die bestimmte Anleitung eines mit diesen Dingen vollkommen vertrauten Lehrers experimentieren, denn es sind tatsächliche und überaus ernste Gefahren damit verbunden. Einige sind rein physischer Natur; die unbeherrschte Bewegung der Kraft verursacht oft heftige Schmerzen, ja sie kann leicht Gewebe zerreißen und sogar das physische Leben zerstören.«

Weiter erklärt er uns, die Zerstörung irdisch-körperlichen Lebens sei »noch das geringste Unheil, das so heraufbeschworen wird, denn auch höhere Körper, als der physische, können dauernden Schaden erleiden.« Leadbeater meint hier eine Verletzung oder Beschädigung des Lichtkörpers im Aurakörper des niederen oder des höheren Selbst und möglicherweise sogar auf Seelenebene. Diese Beschädigung kann durch mehrere Inkarnationen hindurch ernsthafte Probleme verursachen, bis die Person Hilfe gesucht und gefunden hat, um diese zu beheben.

Leadbeater fährt fort:

»Sehr häufig wird durch eine vorzeitige Erweckung bewirkt, daß die Kraft im Körper statt aufwärts abwärts drängt und so nicht nur die unliebsamsten Leidenschaften erregt, sondern deren Wirkungen überdies in einem solchen Grade steigert, daß es dem Menschen unmöglich wird, ihnen Widerstand zu leisten; denn der Kraft gegenüber, die hier entfesselt wird, befindet sich der Mensch in einer ebenso hilflosen Lage, wie etwa ein Schwimmer in den Kinnbacken eines Haifisches. Solche Menschen werden dann zu Satyrn, zu Ungeheuern an Verruchtheit, denn sie sind in den Fängen einer Kraft, die jedes Maß menschlicher Widerstandsfähigkeit übersteigt. Sie eignen sich zwar wahrscheinlich auch gewisse übernormale Kräfte an, diese können sie aber nur mit einem niedrigeren Bereich der Evolution in Verbindung bringen, mit dem die Menschheit ihrer Bestimmung nach keinen Umgang pflegen soll, und wer diesem einmal verfallen ist, dem mag es erst nach mehr als einer Inkarnation gelingen, sich aus dieser Sklaverei zu befreien.«

(...) Von dieser größten Gefahr abgesehen, bringt die vorzeitige Entfaltung der höheren Aspekte der Kundalini noch viele andere unerfreuliche Möglichkeiten mit sich. Denn sie verstärkt alles in der Natur des Menschen und erfaßt viel leichter die niederen und schlechten Eigenschaften, als die guten. So bewirkt sie zum Beispiel im Mentalkörper sehr rasch das Erwachen des Ehrgeizes und steigert diesen zu einem kaum glaublichen Grade der Unbeherrschtheit. Sie kann wohl auch eine große Steigerung der Intellektkräfte, zugleich aber einen abnormalen und satanischen Stolz hervorrufen, der jedem Durchschnittsmenschen unbegreiflich erscheinen muß. Es ist also ganz unklug zu glauben, der Mensch sei imstande, sich mit jener Kraft messen zu können, die in seinem Körper erwachen kann; die hier geschilderte ist keine gewöhnliche Kraft, sondern eine, die jeden Widerstand bricht. (...)

Diese Kraft ist eine gewaltige Wirklichkeit, eine der Grundtatsachen der Natur, und es kann nicht nachdrücklich genug betont werden, daß man nicht mit ihr spielen darf; denn mit ihr zu experimentieren, ohne es zu verstehen, ist viel gefährlicher, als es für ein Kind wäre, mit Nitroglyzerin zu spielen. ... Sie schafft Befreiung dem Yogi und Knechtschaft dem Toren.«

Reiki und Kundalini

Reiki ist in gewisser Weise ein Kundalini-Prozeß, jedoch in umgekehrter Richtung. Yogaschüler verbringen jahrelang viele Stunden am Tag mit der Vorbereitung ihres Systems auf die Erweckung der Kundalini durch Atem-, Meditations- und Chakrenarbeit. Während dieser Übungsarbeit haben sie schon die Ebene überschritten, die einer Reiki-Erweckung entspricht. Sie haben das nötige Wissen, um die Chakren arbeiten zu lassen und kontrolliert Energie in den Körper zu bringen, in einem direkten kosmischen Fluß durch das Wurzelchakra, durch das Kronenchakra, ja tatsächlich durch jedes Chakra, auf das sie sich konzentrieren wollen. Sie können zudem aus ihrem Körper Energie zum Zwecke des Energieaustauschs oder der Heilung übermitteln. In erster Linie jedoch hat der Schüler diese Energie im Wurzelchakra bewußt erweckt und ihren aufwärts gerichteten Weg vorgezeichnet.

Die Reiki-Einstimmung öffnet die Chakren vom Kronenchakra aus über das Stirn- und Kehlkopfchakra bis ins Herzchakra und führt uns in einen Zustand erhöhter Energie im Lichtkörper – in dem wir nun willentlich höhere Lichtfrequenzen in unser System hineinkanalisieren können. Während also der Kundalini-Schüler durch das Aufsteigen der

Energie vom Wurzelchakra nach oben in einen höheren Daseinszustand versetzt wird, wird der Reiki-Schüler vom Kronenchakra aus nach unten in einen höheren Daseinszustand versetzt. Man bedenke jedoch, daß Yoga-Schüler schon die Stufe eines Reiki-Schülers erreicht und überschritten haben, bevor sie überhaupt zu dem Punkt gelangen, an dem sie sich bei einem entsprechend erweckten Meister ernsthaftem Kundalini-Training unterziehen können.

Die unsichtbare Kraft des Atems

Die Atemarbeit war in Praktiken, mit deren Hilfe man über das gewöhnliche Bewußtsein hinauswachsen wollte, und in der spirituellen Entwicklung stets von Bedeutung. So können wir sagen, daß Jesus vermutlich seine Jünger auf Energien einstimmte, die der Reiki-Energie ähnlich waren. Nur weil Jesus ein Avatar und ein ungemein großer Meister war, bedeutet das nicht unbedingt, daß er den höchsten Grad der Einstimmung an seine Anhänger weitergegeben hätte, denn diese konnten nur das empfangen, was sie an diesem Punkt ihrer eigenen Entwicklung verarbeiten konnten.

Jesus wurde in die Gemeinschaft der Essener hineingeboren. Die Essener waren äußerst erleuchtete und heilige Menschen, die Denken und Gebete in höherem Bewußtsein praktizierten, sehr in Einklang mit dem Bewußtsein der Landschaft und vieler engelhafter Elementarwesen. Auch sehr in Harmonie mit dem Bewußtsein ihrer eigenen Körper, übten sie Reinlichkeit, machten Darmspülungen und pflegten eine vegetarische Lebensweise. Wo wäre ein Sohn Gottes besser aufgehoben gewesen als in einer spirituell erleuchteten Gemeinschaft? So konnte er von frühester Kindheit an mit vielen Meistern aufwachsen. Tatsächlich war Jesus kein Meister, der in Meditation versunken viele Stunden am Tag in seinem Ashram saß, wie wir das in vielen Kulturen sehen. Vielmehr war er ein aktiver und geschäftiger Mensch, der in der Welt draußen lernte, reiste, lehrte und heilte.

Im Evangelium nach Johannes hören wir von Jesus am ersten Tag nach seiner Kreuzigung und Grablegung durch Joseph von Arimathia, wie er Maria Magdala an seinem Grab erschien und sie bat, seinen Brüdern (Jüngern) zu sagen, daß er zu seinem Vater und ihrem Vater zurückkehre. Am Abend kam Jesus und stand unter seinen Jüngern und sprach: »Frieden sei mit euch!« und zeigte ihnen seine Hände und seine

Seite, die vom Speer durchbohrt worden war. Wieder sagte er: »Frieden sei mit euch!« und fuhr fort: »Wie der Vater mich gesandt hat, so sende ich nun euch.« Und damit hauchte er sie an und sprach: »Empfangt den Heiligen Geist!« Er fuhr fort: »Wenn ihr jemand die Vergebung seiner Sünden zusprecht, ist die Schuld auch von Gott vergeben. Wenn ihr die Vergebung verweigert, bleibt die Schuld bestehen« (Joh. 20,11 - 23).

In dieser Szene erhalten wir drei sehr kraftvolle Lektionen zum Thema »Energie«: Zuerst sehen wir, wie Jesus davon spricht, zu seinem Vater oder zum reinen Geist oder einer Ebene bewußter Energie zurückzukehren, die überall gleichzeitig ist. Indem sie die Grenzen von Zeit und Raum überschreitet, schließt sie jede Seele der Schöpfung in einem Tanz ewig andauernden Lebens ein. Er sagt ihnen, daß es diese Quelle bewußter Energie sei, aus der er geboren wurde; sie ist sein Vater, aber auch sie sind aus derselben bewußten Substanz geboren.

Doch bevor er geht, gibt er an seine Jünger, die er jetzt seine Brüder nennt, den Schlüssel weiter, mit dem sie ihr eigenes höheres Potential verwirklichen können, indem er sie einen nach dem anderen anhaucht und sagt: »Empfangt den Heiligen Geist!« »Wie der Vater mich gesandt hat, so sende ich nun euch«, sagt Jesus. In der zweiten Lektion sagt Jesus sinngemäß: Wie ich die Gabe der Gemeinschaft und Verbindung mit Gott habe, dem Vater von allem, was ist, so gebe ich diese an euch weiter. Damit öffne ich euch, stimme euch ein und schicke diese Energie in euch hinein, so daß ihr ebenfalls Gemeinschaft und Verbindung mit Gott haben könnt. Sein Abschiedgeschenk an sie ist also eine Einstimmung, der Schlüssel zu immer weiter fortschreitender Heilkraft und spiritueller Entwicklung. Eingeschlossen in diese Einstimmung ist natürlich das Bild von der Kraft des Atems.

In der dritten Lektion geht es um Gedankenformen: Nach der Einstimmung spricht Jesus von der Kraft der Gedanken, als er über die Vergebung der Schuld redet. Wenn jemand gegen uns sündigt, haben wir schlechte Gedanken über diese Person. Diese Gedanken wiederum sind schlechte Energie, die in unserem eigenen Wesen enthalten ist und auf irgendeiner Stufe gegen uns arbeitet und uns auf unserer eigenen spirituellen Wachstumsreise aufhalten wird. Sie hält uns nicht nur auf, sondern bindet uns mit silbernen Lichtbändern an die Person, auf die wir mit unseren Gedanken abzielen. Sie belastet die andere Person und macht sie zu einem Gefangenen unserer (auf sie übertragenen) Gedankenform. Diese ist auch eine Art übersinnlicher Angriff. Die von uns geschaffenen und auf andere übertragenen Gedankenformen bleiben als energetischer Abdruck für immer erhalten, wenn sie nicht durch Vergebung abgebaut oder zurückgezogen werden. Daher sagt Jesus zu seinen Brüdern letztendlich: Vergebt alle Sünden gegen euch, denn wenn ihr das nicht tut, wird das Muster der Gedankenform euch belasten und auch diejenigen, die gegen euch gesündigt haben – und zwar für immer. Das Muster wird sich nicht auflösen. So sagt Er: »Wenn ihr jemand die Vergebung seiner Sünden zusprecht, ist die Schuld auch von Gott vergeben. Wenn ihr die Vergebung verweigert, bleibt die Schuld bestehen« (die Gedankenformen sind auf ewig bindend).

Wenn wir in der Schrift noch weiter zurückgehen bis zu Mose, dann sehen wir, daß Mose viel Zeit in der Gemeinschaft mit Gott verbrachte und gegen seinen Willen dazu auserwählt wurde, seinem Volk verschiedene Botschaften zu überbringen. In 5. Mose 34,7 lesen wir, daß »Mose ... 120 Jahre alt [war], als er starb. Aber bis zuletzt war er rüstig geblieben, seine Sehkraft hatte nicht nachgelassen.« Das wäre ein deutlicher Hinweis auf einen Menschen, der viel Kundalini-Energie in seinem Wesen trug. Weiter lesen wir in 5. Mose 34,9: »Joshua, der Sohn Nuns ... war mit Weisheit und Umsicht begabt, seit Mose ihm die Hände aufgelegt ... hatte.« Wieder sehen wir hier, wie eine Einstimmung von Mose an Joshua weitergegeben wird – die Weitergabe der Fackel der Entfaltung vom Meister an den Schüler. Es ist wahrscheinlich, daß auch zu dieser Einstimmung Atemarbeit gehörte, aber aus irgendeinem Grunde ist sie in den vorliegenden Schriften nicht enthalten.

Ich will hier mit keiner Silbe andeuten, daß es irgendeine Parallele zwischen Mose, Jesus und einem Reiki-Meister gibt, aber es ist wichtig, zu verstehen, daß die Erweckung des Lichtkörpers stets durch ähnliche Mittel vom Meister an den Schüler weitergegeben wurde. Obgleich Jesus eine Inkarnation des Heilungsaspektes Gottes war, wird er zweifellos während seiner Lehrzeit bei den Essenern Einstimmungen erhalten haben. Sie waren intuitive Menschen und Gelehrte auf esoterischem Gebiet, und sie werden gewußt haben, wer Jesus war, bevor er überhaupt unter ihnen weilte, und sie werden ihm geholfen haben, sich zu entwickeln.

Kundalini freisetzen – ein Beispiel
Ich war fasziniert von Dr. Gabriel Cousins Beschreibung seiner eigenen Kundalini-Erweckungserfahrung, als ich vor einigen Jahren zum erstenmal in seinem Buch Spiritual Nutrition and Rainbow Diet (deutsche Ausgabe: Ganzheitliche Ernährung und ihre spirituelle Dimension) etwas darüber las. Es ist ein hervorragendes Buch von einem Menschen,

der Energieprinzipien sicher kennt und erfaßt, und mit seiner Genehmigung füge ich seine Beschreibung hier ein. Ich möchte die Leserinnen und Leser bitten, zu beachten, daß Gabriel sich einer umfangreichen Ausbildung unterzog und zum Zeitpunkt seiner Entfaltung unter der Führung seines Meisters Swami Muktananda Paramahansa stand.

»Bei einem zweitägigen Meditationsretreat, das speziell dafür vorgesehen war, die Kundalini-Energie zu erwecken, wandte Muktananda eine Technik spiritueller Übertragung namens ›Shaktipat‹ an, bei der jemand, in dem die ›Kundalini-Energie‹ erweckt ist, diese Energie in den spirituellen Schüler hineinschickt, um das Schlangenfeuer Kundalini zu erwecken, das an der Basis der Wirbelsäule im ersten Chakra, dem Wurzelchakra, schläft.«

Muktananda gab Shaktipat an Gabriel weiter, indem er ihn zunächst – sanft, vermute ich – mit seinem Pfauenfederstab schlug und danach seine Hand wie einen Trichter über seinen Mund legte und direkt in Gabriels Mund blies. Dann preßte er den Nasenrücken zusammen und drückte den Kopf nach hinten.

Gabriel fährt fort:

»Nach, wie mir schien, einigen Minuten fiel ich in eine tiefe Meditation. Mittendrin öffnete sich plötzlich spontan mein Mund und meine Zunge streckte sich heraus, so weit es ging. Solche ungewöhnlichen körperlichen Bewegungen nennt man ›Kryas‹; sie können auf emotionaler, geistiger, körperlicher und spiritueller Ebene auftreten. Es können sanfte Vibrationen oder ein wirbelndes Gefühl über dem Chakrenbereich sein, sehr kräftige körperliche Bewegungen, plötzliche Veränderungen des emotionalen Zustandes, spontanes Weinen, schnelles Hervorbringen von Gedanken oder spirituelle Visionen. Dabei handelt es sich um Äußerungen der reinigenden Bewegung der Kundalini, während sie spontan durch die Nadis wandert und sich durch blockierte Energiegebiete arbeitet. Später fand ich heraus, daß meine herausgestreckte Zunge zu einer Yogahaltung gehört, die man ›Löwenstellung‹ nennt. Während ich in der Löwenstellung war, erlebte ich eine friedvolle, wellenartige Seligkeit. Danach hatte ich an einem bestimmten Punkt eine Vision von Muktananda, in der er mich zu einer Verschmelzung mit meinem inneren göttlichen Selbst und dessen

Wahrnehmung führte. Im folgenden begann die Erfahrung des Einsseins meiner inneren Welt mit dem Universum in mein Bewußtsein einzudringen.

Etwas später sah ich in dieser Meditation mein drittes, viertes und fünftes Chakra in einer inneren Vision in ihrer jeweiliger anatomischen Position und ganz in goldenes Licht getaucht. Während die Energie in meinem Körper aufstieg, drehten sich meine Augen nach oben zum Stirnchakra, wo sie Nityananda [Muktanandas Guru] erblickten, der im Lotussitz saß und auf mich heruntersah. Meine innere Vision wandte sich immer weiter nach oben, und ich sah das Kronenchakra wie in Tausenden von Lichtern aufflammen. Irgendwann begann ich während dieser Meditation starke Schmerzen im Kreuzbein- und Lendenbereich zu verspüren. Diese Rückenschmerzen werden bei vielen Menschen mit der Erweckung der Kundalini in Zusammenhang gebracht.«

Die Visionen seines Meisters Muktananda und seines früheren Meisters Nityananda, die Gabriel in der Meditation erlebte, sind charakteristisch dafür, wie der Meister in Ihr Bewußtsein eintreten kann, um Sie während Ihrer Entfaltung zu führen und zu schützen. Das sind nicht nur Visionen; es ist die wirkliche Begleitung durch Ihren Meister auf Ihrer Reise der Entfaltung.

Nach diesem ersten Teil der Erweckung wurden Gabriels Meditationen zu Hause intensiver, und es kamen emotionale Probleme hoch. Die körperlichen »Kryas« setzten sich fort; dazu gehörte auch unwillkürliche schnelle und langsame Atmung, die man »Pranayama« nennt – eine Technik, die häufig beim Wecken der Kundalini angewendet wird. Etwa zehn Tage nach dem Erwecken bildete sich ein roter Ausschlag auf seinem Rücken, der am unteren Rücken begann und sich hin und her um die Wirbelsäule wand und dann zur linken Schulter zog; dieser Ausschlag hielt eine Woche lang an. Er erinnerte an ein Mal ähnlich dem Pingala- oder Ida-Kanal, der möglicherweise während der Erweckung geöffnet wurde.

Ein paar Wochen später begab sich Gabriel in eine zweite Meditation mit Muktananda, um die erweckte Kundalini zu verstärken. Wieder kanalisierte Muktananda die Energie direkt in Gabriel hinein, was zu einer noch intensiveren Bewegung der Kundalini-Energie im Körper und an der Wirbelsäule emporführte. Heiß-kalte stechende Schmerzen traten im oberen Rücken und Nacken auf, und brennende Schmerzen im Schilddrüsen- und Kehlkopfbereich. Kopf und Hals bewegten sich unwillkürlich.

Bei der letzten Meditation des Retreats bewegte sich die Energie mit großer Hitze an der Wirbelsäule nach oben und fand ihren Höhepunkt in einer großen Explosion aus weißem Licht im Kopf, und er hatte das Gefühl, vor Energie zu explodieren. Viele Visionen von hell brennenden Chakren und Gefühle inneren Friedens blieben erhalten und durchdrangen sein Bewußtsein. Sein Körper pulsierte in völliger Ekstase, und genau in diesem Augenblick erkannte er, daß der Tod nicht existierte ... für das Selbst. Der stoffliche Körper mochte wohl sterben, doch die Wahrheit, das »Ich Bin« seines Daseins, war unsterblich.

Während der folgenden Monate folgte Gabriel hemmungslos seinem Verlangen nach völliger Gemeinschaft mit Gott. Seine Freunde scherzten, daß er wie ein »brünstiger« Bulle sei. Er erhielt die Erlaubnis seines Meisters, seine täglichen Meditationen auf vier Stunden auszudehnen. Das war das Maximum dessen, was seine Struktur aushalten konnte. Während dieser Zeit, in der er täglich mehrere Meditationssitzungen durchführte und mit seinen spirituellen Freunden chantete, beschreibt er sein Gefühl folgendermaßen:

> » ... wie ein Flugzeug, das Geschwindigkeiten und Energien erreicht, bei denen ihm beinahe die Flügel abfallen. Mein ganzer Körper, *mein Ego und meine Integrität* durchliefen eine intensive Wandlung.«

In den Aufzeichnungen vom folgenden Tag lesen wir:

> »In meiner Nachmittagsmeditation begann es wieder, mit viel Energie. Schöne Visionen von Baba (Muktananda) wechselten sich mit verschiedenen Energiefomen ab. Ich verspürte Freude und Licht. Dann eine kurze Wahrnehmung eines negativen Energiegefühls – Visionen kamen und vergingen rasch wieder. Offenbar das Spiel des Bewußtseins – es schien fast psychedelisch. Dann begannen die Samenleiterspasmen: große Schmerzen, heiße, schmerzhafte Erektion. Mein gesamter Beckenbereich wurde bis hinunter zum unteren Solarbereich innen glühend heiß. Mein Körper begann sich in orgastischen Wellen zu bewegen. Ich verspürte Erleichterung, daß ich zu dieser Tageszeit als einziger in der Meditationshalle saß. Doch immer wieder überkam mich Befangenheit, weil

ich da im Halben Lotussitz saß und unwillkürliche vororgastische Wellen mich durchliefen. Dann merkte ich, daß es nicht aufhören würde. Ich würde mitten in der Meditationshalle einen Orgasmus haben! Ich konnte nicht glauben, daß das wirklich passierte. Ich hatte noch nicht einmal sexuelle Gedanken oder Gefühle. Dann begannen heftige trockene Ejakulationszuckungen, an denen mein gesamtes unteres Becken beteiligt war. Es kam kein Samen heraus. Wie überraschend! Mit jeder Ejakulationszuckung konnte ich spüren und sehen (in meditativer Vision), wie der Samen direkt im Sushumna nach oben schoß, ihn verbreiterte und den Sushumna-Kanal bis hin zum Stirnchakra in seiner Öffnung ausdehnte. Das erfüllte mich mit starker Energie. Es hielt vielleicht 15 bis 30 Minuten an. Es dauerte weitere 15 Minuten, bis die Erektion abklang. Nach weiteren anderthalb Stunden ließen die Schmerzen im Becken nach.

Am nächsten Tag lösten sich die Nägel meiner beiden kleinen Zehen von selbst ab. Es war, als sei die Energie so stark, daß mein System sie kaum in sich behalten konnte. Der gesamte Prozeß war sehr ernüchternd. Ich verspürte eine stille Freude, mich einem Prozeß zu unterwerfen, der mächtiger war als ich und der über meinen Verstand ging. Aber es ist eine Sache, in der Seligkeit göttlicher Gemeinschaft zu schwelgen, und eine andere, sich der Neuordnung der eigenen inneren Anatomie zu unterwerfen.

Nach dieser Erfahrung, die eine Nacht und einen Tag dauerte, geschah es jedesmal, wenn ich auch nur den leisesten Anflug eines sexuellen Gedanken hatte, daß dieser schmerzhafte 25 bis 30 Zentimeter lange Stab aus Energie sich aktivierte. Es war, als würde ein Schischkebab-Spieß die runden Scheiben meiner ersten drei unschuldigen Chakren durchbohren.«

Dem obigen Text können Sie entnehmen, daß Energiearbeit eine ernste Sache ist. Ich arbeite täglich auf hohem Niveau mit Energie, aber ich bin nicht so töricht, zu glauben, ich wäre auch nur annähernd so erleuchtet wie ein Schüler, der viele Jahre lang mit einem weit entwickelten Meister in den Disziplinen arbeitet, die man braucht, um diese Art der Erweckung zu erreichen. Aber ich lerne täglich Neues.

Sie werden feststellen, daß Gabriel während seiner Meditationen oft seinen Meister sieht. Dabei handelt es sich um keine Vision, es ist vielmehr das Bewußtsein des Meisters, das in sein Bewußtsein eintritt, um seine Entfaltung zu führen und zu überwachen. Weit entwickelte Meister haben viele Fähigkeiten auf dem Gebiet, ihren physischen Körper zu verlassen und sich augenblicklich mit der Geschwindigkeit eines Gedanken fortzubewegen, um zu sein, bei wem immer sie sein wollen. »Bilokation« wird diese Fähigkeit, zur gleichen Zeit an mehr als einem Ort zu sein, genannt.

Um diese Stufe in seiner Entwicklung zu erreichen, muß Gabriel wohl einen hohen Grad der Erleuchtung in früheren Inkarnationen erlangt haben. Ein Meister führt einen Schüler nicht zu diesen Höhen, bevor dieser nicht die entsprechende Ebene spiritueller Entwicklung durch Energiearbeit erreicht hat. Wie C.W. Leadbeater in *Die Chakras* sagt, wissen die Meister immer, wann ein Schüler bereit ist für die Entfaltung. Ihr Bewußtsein ist überall, es durchdringt alles, was ist, im Sinne der körperlichen Welt, und sie sehen uns und wissen, wann wir bereit sind. Es hat also keinen Sinn, sich auf die Suche nach einem Meister zu begeben ... Weiterentwicklung beginnt im Selbst, zu Hause, nicht auf irgendeinem hohen Berg in Tibet oder in einem Ashram in Indien. Es ist wohl gut, in der Gegenwart der Erleuchteten zu sein und in deren Licht zu baden, aber in Wirklichkeit muß man nicht reisen. Das Bewußtsein kann sich ausdehnen und um Führung bitten, und die Erleuchteten werden den Ruf hören und einem beistehen. »Bittet und ihr werdet bekommen.« (Mt. 7,7).

Eines Tages vielleicht werde ich eingeladen, dem Weg des Kundalini-Feuers zu folgen, doch im Moment habe ich sehr viel damit zu tun, die neuen Dinge zu verstehen, die sich für mich gerade entfalten, und wenn ich jeweils auf die letzen zwölf Monate zurückblicke, staune ich über die neuen Dinge, die ich gesehen und erlebt habe.

Lassen wir nun die luftigen Höhen der Kundalini hinter uns, und kehren wir zurück in die alltägliche Welt des Heilens: Auf welcher Ebene wir Sterblichen auch immer arbeiten, wir sollten wissen, daß das Arbeiten mit Energie nicht nur lieblich und licht ist. Man muß einen Preis für jede Gabe der Macht bezahlen. »Gabe« ist eigentlich das falsche Wort, »Austausch« wäre treffender. Wir erhalten Zugang zu einer energetischen Ebene, mit der wir dann arbeiten, im Austausch dafür, daß wir uns unserer eigenen Weiterentwicklung widmen. Entwickeln wir uns weiter, so erhalten wir ein breiteres Spektrum, mit dem wir arbeiten können. Weiterentwicklung auf geistiger oder emotionaler Ebene ist für gewöhnlich schmerzhaft. Uns werden ständig dieselben Lektionen vorgesetzt, damit wir uns mit ihnen beschäftigen. Die Lernaufgabe zu erkennen ist die eine Sache; uns durch sie zu entwickeln eine ganz andere. Häufig beschummeln wir uns selbst, indem wir uns einreden, wir hätten die Lektion bewältigt, während es sehr oft so ist, daß wir sie einfach nur gesehen und für den Moment trickreich in sichere Entfernung in das Unterbewußte geräumt haben. Eine weitere große Lektion, die wir aus der Gabe der Macht erhalten, ist, daß unser Ego größer wird. Sie ist bestens dafür geeignet, mehrere Jahre lang darin stecken zu bleiben ... oder gar für den Rest dieser Inkarnation. Bewegt euch vorsichtig unter all denen, die das Zeichen des Meisters tragen.

Wenn wir mit Energie arbeiten, so strömt diese durch unseren stofflichen Körper sowie durch all unsere feinstofflichen Körper. Das führt dazu, daß immer, wenn wir arbeiten, Energie bewegt und freigesetzt wird und Blockaden aufgelöst werden. Dies kann auf das Gleichgewicht der feinstofflichen Körper eine sehr destabilisierende Wirkung ausüben. Zum Beispiel befinden sich der Emotional- und der Mentalkörper bei den meisten Menschen in einem fein abgestimmten Gleichgewicht. Wenn nun Tag für Tag Energie durch das System geleitet wird, so kann dies das Gleichgewicht dieser Körper ernsthaft stören, und es kann geschehen, daß man instabil wird, wenn die Energien ständig das eigene System reinigen. Ich meine nicht ernstlich instabil, aber man kann emotional empfindsamer werden oder das Gefühlsleben wird wechselhafter. Auf der geistigen Ebene mag man schnell ermüden oder sich gestreßt fühlen. Ich habe das bei vielen Gelegenheiten bei Reiki-Schülern beobachtet, die ihre »Hausaufgaben« für den Zweiten Grad machten – durch ihre Emotionalkörper war vorher noch nie eine Energie dieser Ebene geströmt.

Wenn ich in einer Heilungssitzung mit Führern arbeite, spüren Klienten, die empfindsam genug sind, wie der ganze Raum schwingt, wenn die spirituelle Essenz ihre wunderbare Arbeit vollbringt. Man kann nicht erwarten, auf dieser Ebene und mit derart mächtigen Schwingungen zu arbeiten, ohne Veränderung zu erfahren. Veränderung ist Entwicklung, und Entwicklung kann ein schmerzhafter Prozeß sein. Im gnostischen Evangelium sagt Jesus: »Wer sucht, möge weiter suchen. Wenn er findet, wird er sich sorgen.« Das will auf viele Aspekte der Erkenntnis hinweisen, besonders darauf, daß wir viele Inkarnationen haben und daß die Seele unsterblich ist. Je tiefer die Einsichten, die der Mensch aus dem und über das Universum erhält, desto mehr muß er darüber nachdenken, wie er jeden Augenblick einer irdischen Inkarnation verbringt. »Was wir säen, werden wir ernten« wird im karmischen

Sinne zu einer Wirklichkeit. Die Erkenntnisse greifen alles an, was man denkt und tut. Schließlich hängt das Tempo, mit dem wir uns entwickeln, von uns selbst ab; je mehr Arbeit wir leisten und je höher die Geschwindigkeit, mit der wir neue Erkenntnisse in unser Leben aufnehmen können, desto schneller werden wir Fortschritte machen. Heiler, die auf einem hohen Niveau arbeiten und mehrere Energiefrequenzen kanalisieren, berichten, daß ihr Leben erst einmal aus den Fugen gerät. Viele erleben Zeiten, in denen regelmäßig eine Art Zusammenbruch passiert. Mental- und Emotionalkörper können es nur bis zu einer bestimmten Grenze aushalten, daß ununterbrochen etwas auf sie einwirkt – irgendwann brauchen sie wirklich eine Pause. Bei einigen Heilern ist das ungefähr so, als würde ihr physischer Körper täglich bei einem Autounfall ein Schleudertrauma erleiden. Der physische Körper könnte das eine gewisse Zeit lang aushalten, würde dann aber eine Erholungszeit brauchen. Ein geistiger oder emotionaler Zusammenbruch ist häufig der Weg, wie ein Wesen sagt:»Du brauchst eine Pause, du kannst das nicht länger aushalten und mußt erst wieder ins Gleichgewicht finden.« Es ist wichtig, daran zu denken, daß unser Leben immer schwieriger werden kann, je mehr wir tun. Die Veränderungen des Bewußtseins können uns überwältigen.

4

Reiki? ... Sie kennen nur die halbe Wahrheit!

»Jede Wahrheit durchläuft drei Phasen:
Sie wird belächelt ...
Sie wird vehement bestritten ...
Sie wird als selbstverständlich anerkannt!«
Arthur Schopenhauer (1788 - 1860)

Reiki? ... Sie kennen nur die halbe Wahrheit! – Das war eigentlich das Thema, welches mich ursprünglich veranlaßte, dieses Buch zu schreiben. Reiki ist eine wunderbare Sache, die für die meisten Menschen auf diesem Planeten keinen Moment zu früh gekommen ist. Ich habe jedoch seit einiger Zeit die Befürchtung, daß die Menschen, die mit Reiki beginnen, eigentlich nicht wissen oder verstehen, worauf sie sich einlassen. Nicht genug damit; es wissen auch einige der Lehrer, die ihren Schülern die Türen zu dieser Energie öffnen, nicht viel darüber, was Heilen oder Energiearbeit ist, und nichts über die vielen Fallstricke, die vielleicht auf sie warten.

Ich sage das nicht, um die Lehrmethoden irgendeines einzelnen Reiki-Meisters zu kritisieren, denn wir können natürlich nur lehren, was wir wissen. Dieses Wissen kann nur aus drei Quellen stammen: entweder aus dem, was unsere Lehrer uns lehrten, oder aus Büchern oder aus unseren eigenen Erfahrungen. Die Erfahrung ist die weitaus beste Lehrerin, jedoch wird sie erst im Laufe der Zeit gesammelt. Vielen unserer heutigen Reiki-Meisterinnen und -Meister ist die Welt der Energiearbeit sehr neu, da sie ursprünglich nicht aus dem Bereich der energetischen Arbeit und des Heilens kommen. Daher können sie nicht auf die Erfahrungen zurückgreifen, die man mit der Zeit sammelt.

Ich bin sicher, daß einige meiner Reiki-Meister-Kollegen befremdlich finden werden, was ich in diesem Buch geschrieben habe, aber es muß gesagt werden, und irgend jemand muß den Mut haben, es zu sagen. Zudem bin ich von Geistführern dazu gedrängt worden, dieses Buch zu schreiben, nicht nur von meinen eigenen Führern. Mir wurde mitgeteilt, ich ließe sie durch mein Zögern im Stich und würde, wenn ich es nicht schriebe, in eine Lage gebracht, in der ich keine andere Wahl haben würde. Da ich zuvor schon einmal durch geistige Wesen in eine solche Lage gebracht worden war, weiß ich, wie wirksam und beunruhigend das sein kann. Man ließ mich außerdem wissen, daß dieses Buch schon längst hätte herauskommen sollen. Die Zeit läuft, und die Überlieferungen müssen besprochen und geradegerückt sein.

Diejenigen unter Ihnen, die dem Autor dieses Werkes negative Gefühle entgegenbringen – sei es nun Ärger, Frustration, Haß oder was auch immer –, bitte ich, innezuhalten und in sich hineinzuschauen, um den Auslöser für dieses Gefühl zu finden. Jedes Gefühl hat eine Botschaft; bei den meisten negativen Gefühlen ist die Botschaft Angst. Angst ruft Ärger hervor (wir haben Angst vor Veränderung; Angst davor, daß wir etwas falsch verstanden haben). Erkennt man die Botschaft, so kann man etwas dabei lernen. Man braucht Mut dazu, in den sauren Apfel zu beißen; eine neue Lernaufgabe kann eine schmerzhafte Erfahrung sein, doch wenn wir in unserer eigenen Weiterentwicklung vorankommen wollen, müssen wir früher oder später eben doch in den sauren Apfel beißen. Bei der nächsten Lektion werden diese Worte für Sie von Wert sein, hoffe ich.

Reiki – alt und doch neu

Reiki ist für die meisten von uns etwas Neues (und ich schließe mich selbst ein), und zwar neu im Hinblick auf seine Verfügbarkeit: In früheren Zeiten wurde eine Einstimmung in diese Art Energie als strenges Geheimnis gehütet. Die Anwärterinnen und Anwärter wurden für gewöhnlich aus geschlossenen religiösen oder spirituellen Orden erwählt und viele Jahre lang in verschiedenen Techniken ausgebildet, bevor sie eine Einstimmung erhielten. Die Einstimmung auf Meisterebene war nur wenigen vorbehalten und erfolgte nur auf Einladung. Das war für gewöhnlich kein Weg, den man wählen konnte; man konnte nur dazu eingeladen werden, ihn zu gehen.

Die Ausbildung durch Meditation, Chakrenarbeit und Energiearbeit bereitete die Menschen über einen langen Zeitraum hinweg auf die Veränderungen vor, die in ihrem Wesen auf körperlicher, geistiger, emotionaler oder spiritueller Ebene stattfinden sollten. Und heute ... verhält es sich so, daß die Menschen im Eiltempo auf den Dritten Grad des Reiki zusteuern – und zwar ohne Ausbildung, ohne Wissen und vor allem ohne jegliche Erfahrung in der Energiearbeit.

Ich war unlängst bei einem Treffen, wo ich zufällig hörte, wie eine Frau, noch ganz erfüllt, zu einer kleinen Gruppe sagte: »Ich bin jetzt Reiki-Meisterin«, worauf ich jemand anderen antworten hörte: »Wer ist das nicht!« So weit sind wir schon: Jeder ist Reiki-Meister oder möchte es gern sein.

Es muß jemand zu Papier bringen, was derzeit passiert, damit die Menschen sich dessen gewahr werden; und es scheint, als wäre diese Aufgabe mir zugefallen, weil mein Kopf über den spirituellen Tellerrand schaut. Es gibt um uns herum überall schlechte Praktiken und unter uns Verleumdungen. Ich behaupte nicht, alle Erfahrungen oder alles Wissen oder alle Antworten zu haben, die – da bin ich mir sicher – auch niemand anders hat. Dennoch habe ich mich entschieden, dieses Buch als Ausdruck meiner eigenen Kenntnisse und Erfahrungen in der Energiearbeit zu schreiben, die vergleichsweise breit und umfangreich sind (besonders im Westen), jedoch winzig klein im Vergleich zu Kenntnissen und Erfahrungen anderer (sowohl hier als auch in anderen Kulturen), die ihr Leben lang mit Energie gearbeitet haben. Viele Kulturen haben ein offenere Sicht auf spirituelle und andere Dimensionen, die ihr Dasein auf der körperlichen Ebene umgeben. Energiearbeiter, Reiki-Schüler, Reiki-Meister und -Lehrer alle können aus diesem Buch einiges über die Gefahren und Fallstricke der Energiearbeit lernen und ein wenig mehr Wissen darüber gewinnen, wie sie ihre Bereitschaft zum Voranschreiten oder die Bereitschaft ihrer Schüler für eine Einstimmung in die Reiki- oder eine andere Energieform einschätzen können. Neben ein wenig Wissen sollte jeder aus dem Buch auch ein gutes Maß an Respekt für die Energie schöpfen und lernen, was in einer Krise zu tun ist, wenn etwas für die Reiki-Meister oder ihre Schüler schiefgeht. Und … tatsächlich: Es kommt vor, daß etwas schiefgeht!

Meiner Meinung nach sollte jeder auf diesem Planeten Reiki haben. Wenn das so wäre, dann hätte das zerfallende Gewebe unserer gegenwärtigen sogenannten »zivilisierten Welt« eine gute Chance, sich weiterzuentwickeln, statt in ihrem fortwährenden Kreislauf aus neuer Technik und Erfindungen zu verharren, die die Gesellschaft absolut nirgendwo hinbringen. So, wie es jetzt ist, befindet sich die Gesellschaft im Zustand des totalen Chaos. Manche von uns versuchen, sich weiterzuentwickeln, und andere bleiben in ihren eingefahrenen Gleisen.

Wo sollen wir anfangen?

Es gibt viele Fragen, auf die der künftige Schüler bezüglich Reiki (oder Energiearbeit anderer Art) die Antworten kennen sollte. Aber wie immer kennen wir die Fragen, die wir stellen sollten erst, wenn wir uns nach einem Mißgeschick mit dem Problem beschäftigen müssen.

Wenn wir im Bereich der Energien arbeiten, arbeiten wir in unbekannten Dimensionen des Daseins, über die wir relativ wenig wissen. Wir sagen, daß Energie ein eigenes Bewußtsein hat. Das ist eine Aussage, die aus Erfahrung entsteht: Wir wissen, daß Energie, wenn wir sie in einer Heilungssituation einsetzen, dahin fließt, wo sie hinfließen soll, aber die Quelle dieses Bewußtseins kennen wir nicht. Wir behaupten, daß sie dem universellen Bewußtsein entspringt. Aber das ist nur eine Vermutung. Niemand weiß das sicher. Soweit wir wissen, könnte es auch eine reines Täuschungsmanöver des Satans sein. Wahr ist, daß wir nicht wissen, woher sie kommt.

Wir arbeiten mit unseren Geistführern, und die Einstimmung wird durch Geistführer erleichtert, aber wer sind diese eigentlich? Wir arbeiten aus einem Zentrum der Liebe heraus und bringen Licht in unser Wesen, das wir als von einer göttlichen Quelle stammend ansehen. Die Arbeit, die wir mit diesem Licht oder dieser Energie tun, führt zu Ergebnissen, die wohltun, wenn wir zu helfen versuchen, aber in Wirklichkeit können wir nicht sicher sagen, womit wir uns verbinden und was wir durch unser System leiten. Die einzig wirkliche Führung, die wir haben, ist das Wissen, das die großen Lehrer vor uns erlangt und verbreitet haben.

Am Ende ist es nur Ihr eigenes Erleben, das Ihnen Antworten geben wird, die Sie als Ihre eigene Wahrheit bezeichnen können. Jeder Mensch hat seine eigene Wahrheit. Ihre Wahrheit ist nicht meine Wahrheit, und die Worte meiner Wahrheit, die ich in diesem Buch niedergeschrieben habe, sind nicht Ihre Wahrheit. Sie müssen selbst die Erfahrung machen, erst dann haben Sie die Wahrheit, wie sie von Ihrem Wesen wahrgenommen wird ... diese Dinge sind für Sie nun wahr. Wenn Sie ein paar Wahrheiten haben, können Sie die Erfahrungen dieser Wahrheiten mit gleichgesinnten Seelen teilen. Wenn Sie feststellen, daß die Erfahrungen ähnlich waren, werden Sie in der Lage sein, Aussagen zu treffen, die Ihr Wissen erweitern können, doch bis dahin müssen Sie so viele Erfahrungen wie möglich sammeln.

Ich schließe mich durchaus dem Glauben an, daß wir eine gute Arbeit tun. Was mich selbst betrifft, sind meine Absichten wahrhaftig, und ich kann am Ende dieser Inkarnation an der Himmelspforte stehen und ehrlich sagen, daß ich das getan habe, was ich für richtig und gut hielt. Wenn mein Bild völlig falsch war, werde ich beim nächsten Mal etwas mehr lernen müssen. Ich schließe mich dem Glauben an, daß es unsere Führer gut meinen und daß die Reiki-Energie wirklich ihr eigenes Bewußtsein hat, ebenso wie ich glaube, daß jedes Atom im Universum ein Bewußtsein hat. Mit den begrenzten Untersuchungsmöglichkeiten, die wir haben – nämlich unserem Bewußtsein –, können wir nur Hypothesen auf der Grundlage unserer eigenen Erfahrungen aufstellen. Damit will ich sagen, daß wir als einzelne alles hinterfragen müssen und nichts akzeptieren dürfen, daß wir einfach erfahren sollten, was für uns wahr ist. Daß etwas scheinbar plausibel klingt, ist kein Grund, es zu akzeptieren. Seien Sie achtsam ... aufmerksam ... vorsichtig!

Den Lichtkörper »tunen«

Ich möchte mich an dieser Stelle für den männlich geprägten, in Bezug auf die Gehirnhälften linkslastigen Vergleich vorab entschuldigen, doch er dient sehr schön zur Beschreibung dessen, was geschieht, wenn wir die Energiezentren des Lichtkörpers verändern:

Wenn Sie den Motor eines Autos »tunen«, verbessert oder erhöht sich die Leistung. Wenn Sie die Energiezentren Ihres Lichtkörpers, die Chakren, »tunen«, erhalten Sie dasselbe Ergebnis: erhöhte Leistung. Der Fahranfänger, der sich ohne entsprechende Ausbildung oder entsprechendes Wissen hinter das Lenkrad eines Wagens mit Hochleistungsmotor setzt, bekommt manchmal Probleme, da er nicht in der Lage ist, die Vorgänge unter Kontrolle zu halten. Dasselbe passiert beim »Tunen« des Lichtkörpers durch eine Einstimmung wie Reiki: Ohne entsprechende Ausbildung oder vorheriges Wissen über oder Erfahrung mit Energiearbeit gibt es manchmal Probleme. Denken Sie daran, daß Reiki ein Einstimmungsprozeß ist: Er verändert Ihr eigentliches Wesen auf der energetischen Lichtebene. Wenn Sie erst einmal die Einstimmung haben, können Sie nicht mehr darum bitten, daß sie zurückgenommen wird, oder sagen, daß Sie sie nicht mehr haben wollen. Sie müssen nun mit den Veränderungen weiterleben, die zu einem Teil von Ihnen werden, und Sie müssen verstehen, daß Sie, wenn Sie mit der Energie arbeiten, auch etwas über Schutz wissen sollten.

Schutz

Wenn ein aufgeklärter Schüler den Reiki-Meister zum Thema »Schutz« befragt, sieht man oft verwunderte Gesichter in der Gruppe. Ich spreche vom »aufgeklärten Schüler«, weil viele Reiki-Schüler niemals in Betracht gezogen haben, daß die Verwendung dieser Energie gefährlich sein könnte. Die Antwort, die Reiki-Meister oft geben, ist, daß Reiki selbst ein Schutz sei oder daß Reiki schütze oder daß Reiki sogar vor allem schütze! Sie sagen dann weiterhin, daß Reiki Schutz bringe und daß es bei der Arbeit mit Reiki keine Gefahren gebe.

Ich habe die beunruhigten Gesichter von Schülern gesehen, für die Heilen und Energiearbeit neu war, wenn jemand die Frage nach dem Schutz stellt. Sie fragen sich: »Was meinen die mit Schutz? Ist dieses Reiki denn gefährlich? Wozu brauche ich Schutz? Was kann denn da schiefgehen? Wovor muß ich geschützt werden? Welches *sind* die Gefahren? « – In diesen Situationen habe ich oft Unsicherheit gesehen, Verwirrung und Angst.

Wir wollen diesen Punkt von Anfang an klarstellen: Reiki schützt uns nicht! Ganz recht, ich wiederhole es: Reiki schützt uns nicht!

Wenn Heiler mit Energieproblemen zu mir kommen – und sehr oft sind es Reiki-Heiler und Reiki-Meister –, führe ich sie zu den Grundlagen zurück. Die Grundlagen sind so einfach, daß die Betreffenden sie oft nicht berücksichtigt oder nicht verstanden haben, was geschieht. Ich frage sie: »Was bewirkt Reiki?« Nachdem sie einige Zeit überlegt und nach einer Antwort gesucht haben, gebe ich ihnen diese: »Reiki öffnet dich!« In ihren Augen kann ich das Unverständnis sehen. »Was meint er damit, öffnet mich?«

Reiki öffnet den Menschen, und genau das soll es auch. Wenn Sie Ihre Einstimmung haben, werden Ihre Chakren für eine neue Ebene geöffnet. Sie bringen in höherem Maße Energie in Ihr System, und wenn Sie auf der Ebene der Chakrenwahrnehmung nicht steuern können, was da geschieht, kann es passieren, daß Ihre Chakren sozusagen »geöffnet« bleiben. Selbst wenn sie nicht geöffnet bleiben, kann der erhöhte Energiefluß das Gleichgewicht Ihrer Chakren völlig durcheinanderbringen und dazu führen, daß aus Ihrem Wesen Muster freigesetzt werden, die sich in den Chakren festsetzen, oder daß Energiestrukturen in die Chakren hineingezogen werden, die sich ebenfalls in ihnen verfangen können wie Fische im Netz.

Gefahren dieser Art gibt es jedoch bei der Arbeit mit jeder Energieform, nicht nur mit Reiki. In der Einsteinschen Theorie, die auf physikalischen Gesetzen beruht, ist Energie Materie und Materie ist Energie. Es ist nicht möglich, den energetischen Zustand eines der beiden zu ändern, ohne das andere zu beeinflussen. Im Falle von Heilenergie haben wir es mit völlig anderen Gesetzen zu tun, universellen Gesetzen, von denen die Wissenschaft wenig oder nichts weiß, da die Wissenschaft Dinge in der spirituellen Welt oder im Reich der feinstofflichen Energie nicht messen kann. Universelle Gesetze besagen, daß die Energie, die wir kanalisieren, nicht zu Materie wird, aber sie beeinflußt den Zustand von Materie. Wenn wir also Energie kanalisieren oder mit Energie irgendeiner Art umgehen, begeben wir uns in eine Lage (und treiben sie voran), in der potentiell Materie beeinflußt werden kann und aller Wahrscheinlichkeit nach auch wird. Wenn nun irgend jemand meint, daß der Umgang mit Energie den Betreffenden nicht in eine möglicherweise gefährliche Lage bringt, versteht derjenige die grundlegenden Prinzipien dessen nicht, womit wir uns beschäftigen. Wenn wir mit Energie arbeiten, arbeiten wir in Dimensionen, die die meisten von uns nicht verstehen; die die meisten nicht sehen und über die die meisten keine Kontrolle haben. Wir öffnen Türen und können zufällig beziehungsweise aus Versehen auf Dinge zugreifen, die uns Angst, Schmerz und Unannehmlichkeiten bereiten können. Als ich vor einigen Jahren eine bestimmte Form der Energiearbeit erlernte, schloß mein Lehrer den Tod nicht von der Liste der möglichen Nebenwirkungen aus.

Ich möchte keine Panik verbreiten, und zugegebenermaßen hat die Mehrzahl der Reiki-Schüler keine Probleme. Aber wenn Sie anfangen, mit Energie zu arbeiten, sollten Sie sich der großen Wahrscheinlichkeit bewußt sein, daß Sie früher oder später (und später kann viele Jahre später bedeuten) ein Problem haben werden, das entsteht, weil Sie negative Energie in sich aufgenommen haben, die Sie nicht wieder aus Ihrem System herausbekommen können. Schüler, die für längere Zeit auf der Stufe von Reiki I arbeiten, scheinen damit besser zu fahren als die meisten anderen. Bei Reiki-Meistern, die die Grade im Eiltempo durchlaufen haben, ist die Wahrscheinlichkeit größer, daß sie unter den Folgen eines schwerwiegend aus dem Gleichgewicht gebrachten oder beschädigten Energiesystems zu leiden haben. Die Nebenwirkungen können folgende sein: Erschöpfung; ständiger Energiemangel; ein benommenes Gefühl im Kopf (oft mit spiritueller Entfaltung verwechselt); unbegründete

Licht, das aus einer beschädigten Aura dringt, kann in anderen Dimensionen wie das Licht von Suchscheinwerfern am Nachthimmel wahrgenommen werden.

Gefühlsschwankungen; extremes und anhaltendes Unbehagen oder Schmerzen in irgendeinem Teil des stofflichen Körpers, für gewöhnlich jedoch im Zusammenhang mit einem Chakra oder mehreren Chakren; emotionale Probleme; das Zerbrechen von Beziehungen und völlige Orientierungslosigkeit. Als noch ernstere Folge können erste Anzeichen übersinnlicher Angriffe durch Wesenheiten oder geistige Anhaftungen auftreten. Die Stufe des übersinnlichen Angriffes, in der sich Wesen festsetzen, ist erst der Anfang, und danach kann das Leben binnen kurzem sehr schmerzvoll und schwer werden.

Da ich auf Hilfe bei übersinnlichen Angriffen spezialisiert bin, habe ich viele äußerst begabte und erfahrene Heiler und Energiearbeiter behandelt, die sich aufgrund ihrer langen Erfahrungen in der Energiearbeit der Gefahren, denen sie ausgesetzt sind, durchaus bewußt sind und Vorkehrungen treffen, damit sie bei der Arbeit jederzeit ausreichend geschützt sind. Dennoch klopfen sie von Zeit zu Zeit an meine Tür, weil sie Hilfe brauchen. Das ist eine unvermeidliche *Nebenwirkung* des Heilens und der Energiearbeit. An irgendeinem Punkt ihrer Laufbahn wird die Mehrheit der Menschen sich irgend etwas einfangen, das sie nur mit Hilfe anderer behandeln können.

Keiner ist gegen übersinnliche Angriffe gewappnet! Und ich habe dafür eine genauere Wahrnehmung als die meisten, weil ich mich beinahe täglich damit befasse, die Energiesysteme dieser Opfer übersinnlicher Angriffe wiederherstellen zu helfen. Ich empfinde es als Vorzug, daß meine Führer mich für diese Art der Arbeit erwählt und ausgebildet haben; dadurch habe ich viel Erfahrung. Dennoch beschämt es mich zu wissen, daß meine Führer mich fortwährend mit dem erstaunlichsten übersinnlichen Schutz versehen, damit ich diese Arbeit tun kann. Zusätzlich zu der Hilfe, die sie leisten, ändern sie auch fortwährend die Struktur meines Wesens während der Heilbehandlungen, wodurch ich in der Lage bin, mit immer mächtigeren und gefährlicheren Arten übersinnlicher Energie und bösartiger Wesen umzugehen.

Dennoch bin auch ich schon betroffen gewesen. Das war allerdings nie der Fall, wenn ich mit Energie arbeitete, weil ich in dieser Zeit voll und ganz auf das eingestellt bin, was ich tue, und vollen Schutz genieße, sondern für gewöhnlich eher dann, wenn ich völlig abgeschaltet hatte und etwas ganz Irdisches tat, wie zum Beispiel beim Einkaufen. Ganz plötzlich – zack! – hatte irgend etwas ein Stück aus meinem Kronenchakra herausgebissen – und sofort beginnen die Kopfschmerzen. Zuletzt passierte das Weihnachten 1997, als ich unbekümmert durch eines der erleseneren Geschäfte in Manchester bummelte und mir die Dinge ansah, die ich mir nicht leisten konnte. Das zeigt nur, daß unsere kleinen Freunde aus anderen Dimensionen ganz und gar nicht wählerisch sind, an wem sie sich gütlich tun – an den Reichen und Berühmten oder Leuten wie du und ich.

Auf Messen für Körper, Geist und Seele findet man viele Wesenheiten. Zum einen wegen all der Energie, die von unterschiedlichen Leuten in ihren verschiedenen Energiepraktiken aufgerufen wird; zum anderen kommen viele Menschen auf diese Messen, die Hilfe und Heilung benötigen und negative Energien und Wesenheiten tragen. Wenn Sie von sich wissen, daß Sie anfällig oder empfänglich für übersinnliche Angriffe sind, sollten Sie zusätzlichen Schutz suchen. Wenn man auf der Ebene mit Energie arbeitet, auf der ich arbeite, und selbstzufrieden wird, bekommt man bald – mit freundlichen Grüßen vom Universum – eine Lernaufgabe geschickt, die einen genau daran erinnert, womit man es eigentlich zu tun hat.

AM ANFANG ...

Wir wollen uns nun auf eine Reise zu den Anfängen des Lebens auf der stofflichen Ebene unseres Daseins hier auf dem Planeten Erde begeben. Wenn wir in die Welt geboren werden, haben wir alle einen Schutzengel oder Geistführer. Das ist ein Führer aus den spirituellen Reichen, der uns auf der Reise dieser Inkarnation im stofflichen Körper und in der stofflichen Welt begleitet, um uns zu helfen und beizustehen, wo immer es möglich ist. Manchmal ist dieser Führer im Bereich der übersinnlichen

Energien sehr mächtig und kann der Person in bestimmten Bereichen ihres Lebens Schutz bieten.

Sie haben vielleicht Berichte von Menschen gehört oder gelesen, in deren Leben Unfälle auf unerklärliche Weise verhindert wurden, indem ihnen eine innere Stimme oder ein Gefühl sagte, heute nicht hierhin oder dorthin zu gehen, oder denen es auf einer Autofahrt so schien, als würde eine Hand für einen Augenblick das Steuer übernehmen, wodurch ein sicherer Zusammenstoß verhindert wurde. In manchen

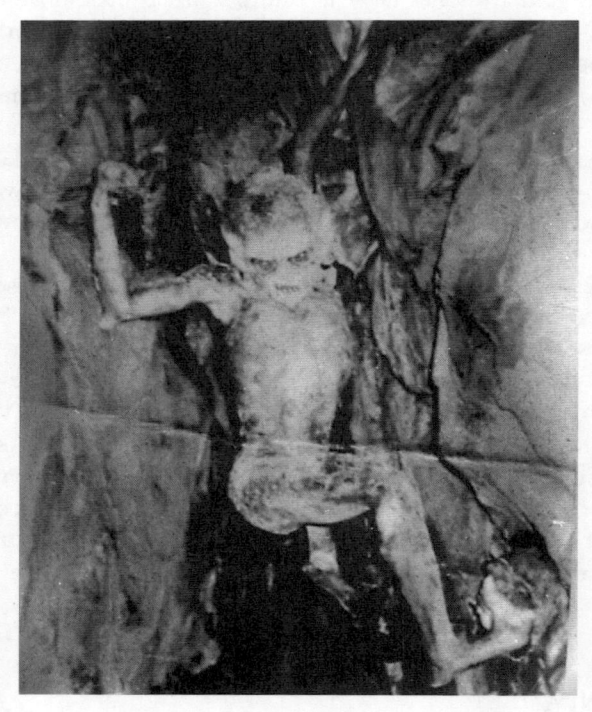

Dieses Foto wurde von einer Touristin in einer Höhle im Mittleren Osten gemacht. Sie wurde von einem Lichtschimmer an der Höhlendecke angezogen und richtete ihre Kamera darauf. Dann dachte sie nicht mehr daran, bis der Film zu Hause in den USA entwickelt wurde und dieses Wesen enthüllte. Beachten Sie, daß es durchsichtig ist – die Maserung im Gestein und sein linker Arm sind durch seinen Körper und Kopf hindurch sichtbar. Handgelenke und Fußgelenke sind ebenfalls ungewöhnlich, und es hat statt Füßen Hände. Leider verlor sich der Kontakt per eMail, bevor ich Gelegenheit hatte, alle Details mit der Fotografin abzustimmen. Ich fand es wert, es hier abzubilden.

Fällen hat ein Mensch, dessen vorbestimmter Weg es ist, in der Heilung oder mit Energien zu arbeiten, einen Führer, der übersinnlichen Schutz bieten kann. Meine Erfahrung ist jedoch die, daß es nicht oft vorkommt, daß jemand einen hauptsächlichen Führer hat, der speziell deshalb bei ihm ist, um ihm Schutz zu gewähren. Manche Menschen werden mit mehr als einem Führer geboren. Das geschieht, wenn die Person mit einer bestimmten Mission wiedergeboren wurde, die eine Arbeit im Bereich des Heilens oder der feinstofflichen Energien einschließt. Selbst hier wird der Führer nicht anwesend sein, um Schutz zu bieten. Gewöhnlich stehen Führer bereit, um bei der gewählten Arbeit der gegenwärtigen Inkarnation zu helfen.

Wir wollen uns nun ansehen, was geschieht, wenn bei unserer Arbeit mit Energie etwas schiefgeht. Die Theorie ist sehr einfach.

Das innere Licht

Da draußen in der großen weiten Welt nehmen die meisten von uns nur das wahr, was sie durch die fünf Sinne spüren – was sie sehen, hören, riechen, schmecken und tasten können. Die meiste Zeit über ist das der einzige modus operandi, auf den wir eingestellt sind, und das für gewöhnlich noch nicht einmal besonders genau. Natürlich können wir nicht im meditativen Zustand die Straße hinunterlaufen, mit erhöhter Wahrnehmung oder völlig auf die Situation eingestellt, wie wir das bei einer Heilungssitzung vielleicht sind, wenn unsere Intuition absolut präsent ist. Selbst wenn wir völlig auf die Situation eingestellt wären, wäre die Wahrscheinlichkeit groß, daß wir nicht all das Böse spüren würden, das unter uns weilt.

Übersinnliche Energien sind überall um uns herum: Astralvampire oder Wesenheiten sind überall, und Sie wären wohl erstaunt und sehr wahrscheinlich entsetzt, wenn Sie erführen, wie viele! Die Menschen auf der Straße tragen sie mit sich herum, und diese Energien wollen nur eines – Nahrung. Die Nahrung, nach der sie gieren, ist unsere Energie; unsere elektromagnetische Lebensenergie; die Energie in unseren Chakren und unserer Aura, die die Substanz unseres Licht- oder spirituellen Körpers ist.

Auf energetischer Ebene haben wir Menschen gewaltige Kraft im Kern unseres Wesens, ein regelrechtes Kraftwerk feinstofflicher Energie. Stellen Sie sich für einen Augenblick vor, Sie wären eine Glühbirne. Die meisten von uns werden als 60-Watt-Birne geboren, und wir geben nette, ruhige 60-Watt-Energie aus unserem inneren Kern ab, die sich hübsch in unserer Aura ausbreitet und dafür sorgt, daß wir kraftvoll und geschützt bleiben. Bleibt die Aura ganz und ist sie geschlossen, dann gehen wir ohne große Probleme durchs Leben. Sollte die Aura jedoch irgendwie beschädigt werden, so lassen wir allmählich unsere Energie in unsere Umgebung sickern, nicht nur in unsere Welt, sondern auch in andere Lichtdimensionen. Unser Schutzwall wird sozusagen brüchig, und wir laufen immer mehr aus und funktionieren auf einem ständig sinkenden Energieniveau.

Stellen Sie sich nun vor, Sie trügen einen Regenmantel, der Löcher hat, und dieser Regenmantel stellt Ihre Aura dar. In Ihrem Innersten leuchtet die 60-Watt-Birne, die Lichtstrahlen werden durch die Löcher entweichen, und Sie sehen aus wie ein Nachthimmel in Kriegszeiten, bei dem die Strahlen des Suchscheinwerfers in die Dunkelheit des Himmels hinausschießen. Im Reich der feinstofflichen Energien, in dem andere Wesen wohnen, werden Sie genau so wahrgenommen. Es handelt sich hierbei um Lichtwesen der einen oder anderen Frequenz, und sie wohnen auf den unteren Ebenen des Lichtreiches. In diesem Reich werden Ihre feinstoffliche Energie, Ihr innerstes Wesen und Ihre Chakren wahrgenommen. Ihre feinstoffliche Energie arbeitet im Reich des Lichtes und ist für alle und jeden dort draußen zu sehen.

Ist die Aura einmal beschädigt, entweicht Ihre Energie und verteilt sich überall hin. Jetzt brauchen wir, um das Bild vollständig zu machen, nur noch eine Wesenheit oder einen Astralvampir, der an einer anderen Person hängt und dann sieht, wie Ihre wunderbare Energie aus Ihrem System entweicht. Da diese Wesenheit ihrem derzeitigen Wirt aller Wahrscheinlichkeit nach eine bestimmte Menge Energie abgezogen hat, wird Ihre Energie viel heller strahlen, als die des anderen. Bevor Sie es sich versehen, ist die Wesenheit vom Energiesystem der anderen Person direkt in Ihr Energiesystem hineingesprungen. Je nachdem, wie groß und kräftig diese Wesenheit ist, spüren Sie das direkt als Kopfschmerz oder als Schmerz im Nacken oder in einem der Chakren. Vielleicht beginnt die Wesenheit aber auch, langsamer zu fressen, und das unangenehme Gefühl kriecht über etwa eine Stunde heran. Wenn Sie richtiges Pech haben, lähmt Sie sofort ein starker Schmerz, während die Wesenheit gleich beim Landen große Stücke aus Ihrer Aura oder Ihrem Kronenchakra beißt. Das kann ein Gefühl sein, als würde Ihnen jemand einen Baseballschläger auf den Kopf schlagen. Ich habe es miterlebt.

Eine Wesenheit hängt im Raum über der Ecke einer Türöffnung: ein idealer Platz, um die Energie des Kronenchakras anzugreifen. (Foto: Dinah Arnette)

Ein Mehr an Energie

Wenn Sie eine Reiki-Einstimmung erhalten, erhöhen Sie die Menge der Energie, die in Ihrem System fließt. Dadurch leuchten Sie nicht mehr wie die 60-Watt-Birne, die wir vorhin erwähnten. Sie leuchten jetzt wie eine 250-Watt-Birne und geben gegenüber ihrem früheren Selbst das Vielfache an Licht ab.

Die Reiki-Einstimmung öffnet anfangs die oberen vier Chakren – Kronen-, Stirn-, Kehlkopf- und Herzchakra –, und während der darauf folgenden Reinigungsphase von 21 Tagen (je mehr die Einstimmung durch das System dringt) kommen die anderen Chakren auf dieselbe Ebene. Die Energie, die in diese Zentren gelangt, ist also nach der Einstimmung erheblich erhöht. In manchen Fällen kann die Einstimmung das System durch den vermehrten Zustrom von Energie, die mit großer Kraft fließen kann, völlig überfordern. Wie schon gesagt: Es ist wichtig, klarzustellen, daß die Reiki-Energie mit Ihrer eigenen oder einer höheren Bewußtseinsform arbeitet und den Schüler nur in dem Maße öffnet, wie er es auf energetischer Ebene verkraften kann. Das heißt aber nicht, daß er sein Gleichgewicht behält!

Wenn die Energie in Ihr System eindringt, finden viele Veränderungen statt, die wir nicht vollständig verstehen. Wir können nur durch die Veränderungen, die in unserem System stattfinden, wahrnehmen, was geschieht. Da wir alle verschieden und in einem unterschiedlichen energetischen und spirituellen Zustand sind, gibt es für einen Reiki-Meister keine Möglichkeit, genau vorherzusagen, was mit dem Schüler nach der Einstimmung vor sich geht. Wir können noch nicht einmal vorhersagen, was mit uns als Schüler sein wird, sondern merken es erst, wenn es passiert.

Über die Jahre sind viele gute Bücher über Reiki geschrieben worden, aber alles Lesen wird nicht ausreichen, um Sie vorzubereiten. Reiki ist ein Erfahrungsphänomen. Sie müssen es erleben, um zu verstehen, was Ihnen andere darüber mitteilen wollen. Man kann sogar sagen, daß Reiki der Magie so nahe kommt wie nur irgend etwas, das Sie sich vorstellen können. Wenn Sie die Veränderungen erlebt haben, die mit Reiki einhergehen, und etwas davon verstehen, wie diese Veränderungen durch Reiki-Meister, Geistführer und Schüler zustande kommen, dann kann das aus der Perspektive des Laien nur als magische Weihe angesehen werden.

ZURÜCK ZU DEN ANFÄNGEN

Wir müssen noch einen anderen Punkt betrachten. Gehen Sie in Ihrer Vorstellung noch einmal zurück zur Geburt; Sie kommen als neues körperliches Wesen zur Welt, aber stellen Sie sich diesmal vor, Sie wären ein Radiogerät. Das Kronenchakra ist die Antenne, die uns mit dem Äther des kosmischen Bewußtseins verbindet – jenen unendlich vielen Informationskanälen, die im ganzen Universum ausgestrahlt werden. Da sind wir nun jedoch, wenn wir das ganze Universum betrachten, ein verschwindend kleines Wesen, hilflos – auf einem Gesteinsbrocken, in einem Sonnensystem, in einer spiralförmigen Galaxie irgendwo in einem Universum, und wir sind angeschlossen, wir empfangen Signale. Zu Beginn der Lebensreise können die meisten von uns nur einen Sender im Radio empfangen, eine Frequenz: die grundlegende Schwingung der menschlichen Lebenskraft – das Signal, das uns sagt, daß wir essen, schlafen, uns vermehren und überleben sollen. Wenn wir eine Reiki-

Einstimmung haben, können wir eine weitere Frequenz empfangen. Die Frequenz der Reiki-Energie bringt andere Schwingungen in unser Wesen und bietet Entfaltung auf einer anderen Ebene, die wir vorher nicht wahrgenommen haben. Wir können uns nun über die grundlegenden Funktionen der Lebenskraft des Daseins auf der körperlichen Ebene hinausbewegen. Jetzt haben wir also Zugang zu zwei Kanälen, und jedesmal, wenn wir eine Einstimmung erhalten, können wir zusätzliche Frequenzen empfangen. Das Spektrum der elektromagnetischen Frequenzen,

Zum Zeitpunkt ihrer Geburt empfangen die meisten Menschen nur einen Kanal.

Jede Einstimmung – jeder Sprung in der spirituellen Weiterentwicklung – läßt unser »Radio« mehr Kanäle empfangen.

die wir empfangen können, wird breiter, je mehr wir mit Energie arbeiten – nicht nur mit Heilenergie, sondern auch mit Erdenergie, übersinnliche Energien, Meditation, Gebet oder jeder anderen Form von feinstofflicher Energie. All das wird zusätzliche Verbindungen zu Energiekanälen mit sich bringen.

Beim Pranaheilen sprechen wir vom »spirituellen Kanal«, einem einzigen Kanal, der unsere Verbindung zum höheren Bewußtsein ist, und man kann seine Breite über dem Scheitel messen. Je mehr ein Mensch mit spiritueller Energie arbeitet, desto breiter wird dieser Energiestrahl. Bei vielen Menschen, die einige Zeit mit Reiki gearbeitet haben, geht ein Strahl spiritueller Energie mit einem Durchmesser von mehreren Zentimetern direkt durch den Körper, vom Kopf bis zu denFüßen und in beide Richtungen darüber hinaus: in die Erde hinein und zum Himmel hinauf. Mein eigener spiritueller Kanal hat bei geringster Ausdehnung einen Durchmesser von etwa einem Meter. Er ist wie ein Zylinder aus Licht, der einen umhüllt und in dessen Mitte man steht wie in einer durchsichtigen Glasröhre. Wenn ich mit Energie arbeite und sie kanalisiere, kann er an Durchmesser zunehmen. Beim gegenwärtigen Stand meiner spirituellen Entwicklung kann sich mein spiritueller Kanal bis zu einem maximalen Durchmesser von knapp sechs Metern ausdehnen, wenn ich angeschlossen bin und Heilarbeit leiste – das ist ein gewaltiges

Energiefeld. Oft brauche ich nicht einmal die Hände aufzulegen, weil der spirituelle Kanal so breit ist, daß er in seinem Durchmesser den Behandelten leicht mit einschließt. Die Energie in diesem Raum wirbelt und tanzt; Sie können sich das so vorstellen, daß es eine Art spirituelle Aura ist, die für die Dauer und die sehr notwendige Wirkung der Heilung besteht. Der Klient befindet sich innerhalb dieser Aura, er befindet sich in meiner Aura, und das allein genügt. Einzig in diesem Raum zu sein, bringt alle Heilenergie, die nötig ist. Ich muß nichts Besonderes tun, nur anwesend sein und gestatten, daß der Empfänger sich in dieser erstaunlichen Energie badet.

Natürlich ist es nicht jedesmal dasselbe. Wenn man mit spiritueller Energie arbeitet, wird das gegeben, was gebraucht wird, und überdies zeigen mir meine Geistführer, was ich sehen muß. Es kann sein, daß ich Kristalle, Schwingungsessenzen oder geistige Arbeit zum Einsatz bringen soll. Manchmal sind es vielleicht »gechannelte« Botschaften oder Mantren, die die Behandelten für sich selbst anwenden sollen. In diesen Fällen müssen sie sich nicht zwangsläufig in dem Strudel der Heilenergie befinden, den man als »spirituellen Kanal« bezeichnet (in einem solchen Fall ist er maximal geöffnet).

Es gibt unter uns Menschen, die von Geburt an schon mit vielen Energie- oder Lichtfrequenzen verbunden sind: geborene Heiler, geborene »Channeller«, Medien, Hellseher. Wenn wir als Kinder schon in der richtigen Umgebung aufwachsen würden – einer Umgebung, die Eingebung und Phantasie fördert und unterstützt –, würden wir automatisch als Bestandteil unseres natürlichen Wachstumsmusters den Zugang zu manchen dieser anderen Lichtfrequenzen entwickeln. Dabei würden wir mehr Geistführer anziehen und uns durch unsere Erfahrungen spirituell entwickeln.

Die Kulturen der Aborigines und der Indianer zeigen, daß eine gut entwickelte Intuition und Kommunikation auf höherer Ebene Menschen innewohnt, die in einer solchen fördernden Umgebung aufgewachsen sind.

Um diesen Punkt zu unterstreichen, erzähle ich Ihnen eine kurze Geschichte: Vor einigen Jahren traf mein Freund Jim einen Indianer, einen Jicarilla-Apachen, der mit zwei angesehenen Stammesältesten unterwegs war, um ihre Kulturgegenstände zu katalogisieren, die sich in verschiedenen Museen in ganz Amerika befanden. Jim begegnete dem Apachen auf einer Feuerleiter, und sie verstanden sich sofort. An den folgenden Abenden luden dieser Herr und seine Begleiter Jim zum

Abendessen ein; und darüber hinaus ließen sie ihn an Dingen teilhaben, die sie nie zuvor einem Weißen erzählt hatten. Der Apache war der Hüter der Kultur seines Volkes, und er verriet, daß er gerade versuche, sich einigen alten Bräuchen zu öffnen.

Ich kann Ihnen hier nichts Genaues über das erzählen, was zwischen ihnen ausgetauscht wurde, jedenfalls fand ich es sehr spannend, was Jim mir über diese seltsame Gemeinschaft und die spirituelle Verbindung erzählte, die sich aus jener zufälligen Begegnung auf der Feuerleiter ergab. Am Ende jenes Jahres sollten Jim und seine Frau Rita den Herrn besuchen und ihm auf seinem spirituellen Weg helfen. Es war geplant, ihn ins Reiki-Licht zu bringen, indem man ihm eine Einstimmung und weitere spirituelle Unterweisung gab.

Als die Zeit näherrückte, da sie in die Vereinigten Staaten aufbrechen sollten, erhielt ich eine Weisung, daß ich diesem Mann Medizinkarten schenken solle, mit je einem Vers versehen. Wenn ich eingestimmt bin, kann ich Verse von einer Seelenebene leicht channeln. In diesem Falle rang ich wochenlang darum und hatte, kurz bevor meine Freunde abflogen, erst zwei Verszeilen. Ich konnte es nicht glauben. Oft, sehr oft, erhalten wir die Antwort auf eine Frage durch Eingebung, aber wir können die Antwort nicht sehen, weil uns unser Intellekt und unser Bewußtsein in die Quere kommen. Schließlich dämmerte mir mit Hilfe von Jim und Rita, daß diese beiden unbedeutenden Zeilen alles waren, was außer Karten erforderlich war. Folgendermaßen geschah es, und ich schrieb es so auf:

»Lieber Freund,
Das ist eine Stimme, die du nicht kennst, aber die eines Geistes,
der ein Geschenk trägt von weit her, doch der Heimat nahe.
Es war meine Absicht, einen Vers zu schreiben als Beigabe
zu diesem Geschenk, doch wochenlang kamen mir keine Worte.
Dann, zwei Tage bevor das Geschenk mich verlassen sollte,
um seine lange Reise zu dir anzutreten,
kamen mir zwei Verszeilen in den Kopf.
Aufgeregt ließ ich mir ein Bad ein und legte mich mit Stift und
    Papier hinein,
um die Worte in entspannter Atmosphäre niederzuschreiben.
Doch leider kam nichts weiter, und ich rang mit anderen
Worten, die schlecht paßten und unbeholfen klangen.
Am nächsten Tag legte ich den Vers enttäuscht zur Seite.

Manchmal sind wir für die Wahrheit blind.
Manchmal können wir die Botschaft nicht sehen.
Und wir zweifeln alles an, was übersinnlich ist.
Ich sollte doch eigentlich gelernt haben, auf den Großen Geist zu vertrauen.
Es war im allerletzten Moment, als das Geschenk und ich uns trennten, für die nächste Etappe seiner Reise; da führten mich meine guten Freunde Jim und Rita ... und ich konnte sehen.

Ich erkannte mit ihrer Hilfe, daß die zwei Verszeilen
die einzige Botschaft waren, die dir geschickt werden sollten. Es ist möglich, daß
du mehr von ihnen verstehst als ich.
Die zwei Zeilen tragen alle Schönheit und alles Wissen, das du brauchen wirst, um deine Reise ins Licht anzutreten.
Nimm sie in dein Herz hinein, und sie werden dir gute Dienste leisten.

Und nun sage ich dir Lebewohl und lasse dich allein,
damit du über diese Worte nachdenken kannst:

›Wenn der Wind spricht, muß der Mensch zuhören.‹«

Ich erhielt ein Gegengeschenk und einen kurzen Brief. In dem Brief schrieb mein neuer Freund:

»... Es ist erstaunlich, daß du davon sprichst, dem Wind zuzuhören, da mein Großvater mit dem Wind sprechen konnte! Der Wind brachte ihm die sichere Botschaft von der Rückkehr seines Sohnes aus dem Zweiten Weltkrieg!
Ich habe dies von meiner letzten noch lebenden Tante erfahren und habe seither ein echtes Interesse daran, mit Mutter Erde zu kommunizieren, wie immer das möglich sein wird.«

Hier haben wir ein Beispiel dafür, wie die eingeborenen Kulturen die Kommunikation mit und durch die Naturelemente fördern. Sie wird anfangs durch die Gemeinschaft von Eltern und Kind herbeigeführt und dann im Laufe der Zeit durch eine höhere bewußte Verbindung und die Einstimmung der eigenen feinstofflichen Energien auf die Umwelt.

Außerdem trat dieser Mann in seine eigene spirituelle Erweckung ein, und da ich das wußte, versuchte ich, ihm einen Vers von großer Tiefe und grundlegender Bedeutung zu schicken, um ihm auf seiner Reise zu helfen. Doch obwohl ich ab und zu hervorragende Worte channeln kann, wurde mir beharrlich von oben mitgeteilt, daß dies nicht notwendig sei; allerdings konnte ich die Botschaft nicht erkennen.

Tatsächlich hätten die beiden Zeilen (die ich zu akzeptieren gezwungen war, da absolut nichts anderes zu mir durchdrang) nicht deutlicher formuliert sein können für jemanden, der seinen Weg der spirituellen Entfaltung beschritt. Mit dem Wind zu kommunizieren lag ihm ja im Blut, und um das zu bestärken, was seine Tante ihm als Führung gab, kam dieselbe Botschaft aus einer unbekannten Quelle von der anderen Seite der Welt zu ihm.

Wenn wir daher die Energie unserer Umgebung als Lehrmeister annehmen, werden uns viele Dinge enthüllt werden, und unsere Verbindung zu vielen Energien, die uns Hilfe, Führung und persönliche Kraft bringen können, wird wachsen. Reiki ist nur eine von diesen Energien, aber auch ein Schlüssel zu vielen anderen.

Leere und Ausgebranntsein

Da wir nun ein Bild von einigen Grundsätzen der Energie und des Zuganges zu Energie haben, wollen wir einen weiteren Blick insbesondere in die Welt des Reiki werfen. In der gegenwärtigen Reiki-Welt scheinen viele Reiki-Meisterinnen und -Meister eine völlige Verantwortungslosigkeit entwickelt zu haben. Ist das eine Kritik? Nein, ich glaube nicht. Es ist eine Feststellung. Ich glaube, diese Verantwortungslosigkeit entsteht durch fehlendes Wissen.

Viele Reiki-Meister nehmen Schüler an, die zu ihnen mit der Bitte um Einstimmung kommen. Ohne viel über sie zu wissen und ohne sie zu fragen, warum sie eine Einstimmung wünschen, stimmen sie sie durch die verschiedenen Grade hindurch viel schneller ein, als es für das Wohlergehen der Schüler gut ist. Manch vorsichtiger Reiki-Meister, der vielleicht einem Schüler empfohlen hat, daß er länger mit der Energie arbeiten solle, bevor er die nächste Stufe angehe, stellt fest, daß der Schüler dann zu einem anderen Reiki-Meister geht, von dem er schneller bekommt, was er will, und den guten Rat mißachtet hat. Schüler tun das aber nur, wenn sie nicht voll und ganz verstehen, worauf sie sich mit Reiki eingelassen haben, oder aber wenn die von ihnen wahrgenommene Kraft sie dazu drängt, weiterzugehen, und sie das über den Gedanken an Sicherheit und Erkenntnis stellen. Das weist auf ein energetisches Ungleichgewicht auf der Ego-Ebene hin, das als eine Lernaufgabe von der Reiki-Energie selbst aufgeboten wird, wenn sie in unser System eintritt. Es gibt heute sehr, sehr viele Reiki-Meister in der Welt draußen, die praktizieren und lehren, doch es gibt relativ wenige, die die nötigen Erfahrungen mit Energiearbeit haben, um Schüler zu beraten, wann sie ihren nächsten Schritt mit Reiki oder einer beliebigen anderen Form der Heilenergie gehen sollten.

Wenn Sie im Eiltempo durch Reiki hasten, lernen Sie absolut nichts über Energie: Was sie ist, was sie für Sie tut; was sie mit Ihnen tut, und wie sie zwischen Ihnen und der Person, an der sie gerade mit ihr arbeiten, in Wechselwirkung tritt. Wenn ein Lehrer einem Schüler gestattet, die Reiki-Grade zu schnell zu durchlaufen, verwehrt er dem Schüler seine Lehrzeit mit der feinstofflichen Energie. Und genau das sind alle Entwicklungsstufen bei Reiki. Sie sollten sich langsam aber beständig entfalten und sich Fähigkeiten und Fertigkeiten aneignen, die von den unterschiedlichen feinstofflichen Erfahrungen des Reiki ausgelöst werden, während Sie mit all den unterschiedlichen Stufen arbeiten.

Viele Schüler wissen, wann sie bereit sind, weiterzugehen, und es ist wunderbar, wenn man einen Schüler hat, der sagt: »Ich bin noch nicht so weit.« Dies zeigt einen hohen Grad der Reife in seiner inneren Einstimmung auf seine eigene Energie und seinen Ego-Zustand. Wenn ein Reiki-Meister das Energiesystem eines Schülers nicht lesen kann, hat er keine Ahnung, ob der Schüler bereit ist, den ersten oder nachfolgende Schritte in der Lichtarbeit zu tun.

Wenn ein Reiki-Meister nicht durch Hellsehen, Hellfühlen, Pendeln oder den Muskeltest den energetischen Zustand eines Schülers feststellen und auch keine Geistführer darüber befragen kann, sollte zwischen dem Ersten und Zweiten Grad eine lange Zeit verstreichen. Es obliegt jedem Reiki-Meister, festzustellen, wie lang diese Zeit für jeden und jede seiner Schüler ist, da das Wohlergehen dieser Schutzbefohlenen davon abhängt, daß der Reiki-Meister ihre Bereitschaft richtig ermittelt – sowohl für den Beginn des Reiki-Prozesses als auch für die Vorbereitung auf eine nächsthöhere Stufe. Wenn ich für mich selbst auf der Grundlage meiner umfangreichen Erfahrung aus mehrjähriger täglicher Vollzeitarbeit mit Energie spreche, empfehle ich zwischen dem Ersten und dem Zweiten Grad 12 bis 18 Monate. Wenn der Schüler nicht schon über beträchtliche Vorerfahrungen im Bereich der Heil- oder anderer Energiearbeit verfügt – zum Beispiel mit Health Kinesiologie, Intuitiver Akupunktur, Pendeln, Yoga, tantrischer Praxis oder ähnlichem –, ist sein Energiesystem kaum bereit dafür, daß eine hochfrequente Energie wie Reiki durch es hindurchgejagt wird. Man muß ihm ausreichend Zeit geben, damit es sich anpassen, ins Gleichgewicht kommen und sich kräftigen kann. Ich messe nicht nur das System des Schülers nach den oben beschriebenen Methoden, sondern befrage auch ihre Geistführer und meine eigenen Führer zum Thema. Geistführer sind bestrebt, den Menschen einzustimmen, uns alle in unserer Entwicklung voranschreiten zu lassen; sie wollen uns nicht aufhalten. Sie werden uns jedoch nicht ermutigen, weiterzugehen, wenn es irgend etwas gibt, das die Gesundheit oder die Fähigkeit des Schülers, sich sicher vorwärtszubewegen, beeinträchtigt.

Warum lange Zeiträume zwischen den Einstimmungen?

Lassen Sie uns noch einmal den Punkt betrachten, warum wir lange Zeiträume zwischen den Einstimmungen vergehen lassen sollten, wenn sich das energetische Bild gerade entfaltet. Das Problem bei der Arbeit mit Energie ist, daß die Energie selbst das Verlangen anheizt, wenn man sie in das System einbringt, und wir werden dieses Problem – diese Lernaufgabe – später genauer betrachten.

Viele Reiki-Meister sind der Ansicht, daß drei Monate Zeit zwischen Einstimmungen des Ersten und Zweiten Grades ausreichend seien. Zunächst einmal würde das bedeuten, daß wir alle gleich sind. Was aber die Energiearbeit angeht und die Art und Weise, wie sie auf uns wirkt, sind wir nicht alle gleich: Manche Menschen sind stark und stabil, haben eine energiereiche Aura sowie kraftvolle Chakren und relativ wenige Energiemuster, die freigesetzt werden müssen, damit diese Menschen sich entwickeln. Andere Menschen sind sehr empfindsam, haben eine schwache ätherische Aura und zarte Chakren, was ihre energetische Ausstattung anbelangt. Es gibt Menschen, die körperlich stark, und solche, die weniger stark sind; und das gilt auch für das feinstoffliche Energiesystem eines Menschen. Und: Wir alle entwickeln uns auf unsere ganz persönliche Weise durch unsere Erfahrungen in der Energiearbeit.

Nach einer ersten Einstimmung mögen sich manche Schüler auf einer Anfangsstufe sehr schnell, innerhalb weniger Monate, gereinigt und entfaltet haben. Andere wiederum sind noch viele Monate später im Entfaltungsprozeß. Nehmen wir diese beiden Szenarien und betrachten die Energiesysteme dieser Menschen genauer, dann stellen wir möglicherweise fest, daß beide Energiesysteme in Ordnung sind und hundertprozentig funktionieren. Wenn wir dann die Führer befragen, geschieht es vielleicht, daß der eine Mensch sich zwar noch in der Entfaltung befindet, die Führer jedoch sagen, daß sein System für den Schritt zur nächsten Stufe stark genug ist. Das bedeutet nicht, daß sie dazu raten; oftmals tun sie das nicht. Allerdings gibt es noch einen großen Unterschied, ob man »stark genug«, »ausgeglichen genug« und »weit genug entwickelt« ist, um voranzuschreiten, oder ob man sich in einem Zustand befindet, von dem die Führer sagen würden: »Der Schüler hat genügend wertvolle Erfahrungen auf dieser Energiestufe gesammelt.«

Wenn jemand stark genug ist, die Führer jedoch – aus welchem Grund auch immer – nicht zu der Einstimmung raten, stimme ich die Person nicht ein. Beschließt dieser Mensch nun, anderswohin zu gehen und den Ratschlag zu mißachten, dann ist das seine Entscheidung, und ich respektiere das. Wir alle haben einen freien Willen, und die Führer und ich können nur Ratschläge geben. Wenn die Zeit zwischen Erstem und Zweitem Grad weniger als zwölf Monate beträgt, der Betreffende bereit ist, was inneres Gleichgewicht und energetische Struktur anbelangt, und die Führer ihre Zustimmung und Erlaubnis geben, überlege ich es mir ... Der Schüler sollte sehr deutlich verstehen, daß ihm durch zu schnelles Voranschreiten wichtige Erfahrungen und das daraus gewonnene Wissen entgehen können.

Und ein weiterer Punkt muß bedacht sein: Hat der Schüler die Absicht, Reiki-Lehrer zu werden, dann ist es unbedingt erforderlich, daß er viele Antworten für seine eigenen Schüler hat. Wahre Antworten kommen aus der eigenen Erfahrung; eine andere Quelle können die eigenen Geistführer sein, wenn man mit ihnen gut genug verbunden ist, um diese Informationen zu empfangen. Hat ein Mensch seinen Reiki-Weg im Eiltempo genommen, so hat er nicht die notwendigen Erfahrungen, auf die er zurückgreifen kann, und ist daher auch nicht in der Lage, mit Sachverstand Ratschläge zu erteilen. Für einen Lehrer im Bereich »Energiearbeit« ist es von allergrößter Wichtigkeit, ausreichend Erfahrung zu haben.

Wo liegt heutzutage die Verantwortung von Reiki-Meistern? – Sie *müssen* Verantwortung für das Wohlergehen ihrer Schüler übernehmen. In der Energiearbeit wie Yoga, Meditation und Heilen, Feng Shui und vielen anderen Disziplinen wird dem Schüler üblicherweise ein Meister zugewiesen, oder der Meister wählt einen Schüler aus, und es liegt in der Verantwortung des Meisters, das Vorankommen des Schülers ständig einzuschätzen, gewöhnlich eine lange Zeit, wenn nicht sogar für die gesamte Lebenszeit des Meisters oder des Schülers – je nachdem, wer als erster geht. In all diesen Disziplinen ist der Meister genau das: ein Meister (ein Meister des Feng Shui, ein Meister des Krya-Yoga, ein buddhistischer Meister, ein Meister des Tantra usw.), und es hat diesen Meister viele Jahre harter Arbeit, Praxis und Erfahrung gekostet, um den Punkt zu erreichen, an dem man ihn »Meister« nennen kann. Er hat einen Punkt erreicht, wo er aufgrund eigener Erfahrung jede Frage beantworten kann, die der Schüler stellt. Sehr oft wurden Meister als solche geboren, weil sie in vorhergehenden Leben einen hohen Grad der Entwicklung erreicht und ihre karmischen Lektionen durchgearbeitet und geheilt haben.

Nur wenig oder überhaupt keine Verantwortung wird von vielen Meistern derzeit in Reiki-Kreisen übernommen, und noch einmal betone ich, daß dies nicht notwendigerweise eine Kritik an diesen Personen ist. Die Menschen kommen aus unterschiedlichen Umständen zu Reiki und wissen nichts über Energiearbeit und nur wenig oder nichts über Intuition.

INTUITION

Die Mehrheit der Seelen im Westen wurde in der typisch westlichen Gesellschaft aufgezogen, die eine äußerst begrenzte Sicht auf esoterische, spirituelle und intuitive Dinge hat. Meist ist es die Gemeinschaft, die unserem Leben die spirituelle Dimension nicht zugesteht. Wir lernen durch eine und leben in einer Gesellschaft, die der Ansicht ist, daß wir keine Intuition haben dürften, weil das unwissenschaftlich sei und nicht bewiesen werden könne. Ferner verspottet man uns, wenn wir andeuten, daß es andere Dimensionen geben könnte. Astrologie und Numerologie etwa sind sehr mächtige Werkzeuge, die dazu beitragen können, Ihnen Ihre Fertigkeiten und Begabungen oder Ihren Lebensweg und die Vielschichtigkeit Ihrer Persönlichkeit aufzuzeigen, so daß Sie sich selbst besser verstehen. Handlesen und Tarot sind sehr genaue Werkzeuge des Weissagens, die in den Händen eines erfahrenen, intuitiven Menschen wertvolle Führung bieten kann.

Wenn jemand in seinem Leben ein spirituelles oder mystisches Erlebnis hatte, so versuchen alle um ihn herum, dieses Erlebnis über einen der fünf Sinne »wegzuerklären«. Dr. Elisabeth Kübler-Ross sagt in ihrem Buch *Über den Tod und das Leben danach,* daß Ärzte in den Hunderten von Fällen, wo Menschen während medizinischer Operationen im Krankenhaus außerkörperliche Erlebnisse hatten, diese Erfahrungen auf zuviel Sauerstoff oder etwas Ähnliches schoben.

Die westliche Gesellschaft hat große Schwierigkeiten, Dinge oder Personen zu akzeptieren, die anders sind. Wir werden in einem System erzogen, das keine der intuitiven Funktionen der rechten Gehirnhälfte anerkennt, vielleicht mit Ausnahme von Kunst oder Musik. Bei uns in Großbritannien sind die meisten Lehrmethoden im Bildungsplan auf mit der linken Gehirnhälfte verbundene Tätigkeiten ausgerichtet – zum Beispiel Lesen, Schreiben und Rechnen –, was natürlich ein Ungleichgewicht in unserer Entwicklung hervorruft. Wird die Ausbildung der rechten Gehirnhälfte verhindert, so führt das zu einer Unterdrückung einer sehr notwendigen Facette unseres Wesens.

Mein Schulzeugnis von der Bury Church School, das meine Mutter unlängst für mich hervorholte, und auf das ich jetzt sehr stolz bin, obwohl ich wette, daß sie es nicht war, als ich es nach Hause brachte, enthält die Beurteilung des Direktors am Ende des ersten Jahres, in der es heißt: »Es gibt keinen Grund, warum er nicht bessere Arbeit leisten könnte; man kann nur annehmen, daß ihm der Wert der Bildung recht gleichgültig ist.« – Ich denke eher, daß ihr Bildungssystem recht gleichgültig und verständnislos gegenüber den Talenten und Begabungen dieses Jungen war!

Viele Kinder mit Lernproblemen, wie z. B. einer Leseschwäche, haben sehr starke und gut entwickelte Anlagen und Fähigkeiten, die mit der rechten Gehirnhälfte in Verbindung stehen. Ein Beispiel dafür ist mein Sohn Nick, der unter dem Bildungssystem in England schrecklich litt. Er wurde von Menschen, denen eigentlich berufsbedingt seine Interessen hätten am Herzen liegen müssen, schikaniert und gequält (emotionsgeladene Worte, ich weiß!). Man hätte es selbst erleben müssen, um es zu glauben. Die regionale Schulbehörde war nicht besser! Leider konnte ich ihm damals in seinem Kampf nicht beistehen, da mir das Wissen fehlte und ich fälschlicherweise mein Vertrauen in die Amtspersonen setzte. Viel zu spät erkannte ich, wie das System uns untergrub und die Wahrheit verdrehte, um diejenigen zu unterwerfen, die nicht in das Bildungsmodell paßten, das natürlich davon ausgeht, daß alle gleich sind.

Als ich eines Abends von der Arbeit nach Hause kam und in Nicks Zimmer ging, sah ich, daß dieser Siebenjährige mit Buntstiften eine *Ninja Turtle* auf die Tapete gezeichnet hatte (vielleicht erinnern Sie sich noch an diese Helden der Achtzigerjahre). Sie war größer als er, bedeckte eine ganze Wand, war etwa anderthalb Meter hoch und in ganz erstaunlicher Ansicht gezeichnet, fast dreidimensional – einfach vollkommen. Die meisten Eltern wären beim Anblick der bemalten Tapete verrückt geworden, aber für mich war sein Können erstaunlich. Ich hatte ihn nie zuvor etwas Ähnliches tun sehen. Bei anderer Gelegenheit, er war vielleicht zwölf oder dreizehn, gingen wir spazieren, und ich fragte ihn, ob er Auren spüren könne. Er sagte, »Ich weiß nicht«, und ich schlug vor, es mit dem nächsten Baum zu versuchen, an dem wir vorbeikämen. Er erspürte ganz richtig die Energie des Baumes und zeigte mir genau, bis wohin die Aura ging.

Diese Beispiele zeigen, daß viele Menschen mit sogenannten »Lernproblemen« wunderbare Begabungen besitzen, die unsere westliche Gesellschaft nicht anerkennt – und schon gar nicht wertschätzt. Für diese Menschen ist kein Platz in unserem Bildungssystem, denn es sorgt nicht für ihre natürlichen Fähigkeiten; vielmehr versucht es, ihnen eine Ausbildung aufzuzwingen, die für sie unnatürlich und schwierig ist. Das überaus Traurige daran ist, daß sehr viele Kinder an unseren Schulen in ihrem Kampf darum, die Regeln nicht befolgen zu müssen, seelischen Schaden erleiden. In den schlimmsten Fällen werden sie zu Außenseitern der Gesellschaft, weil das System ihnen eingeredet hat, daß sie genau das sind.

Skepsis gegenüber übersinnlichen oder intuitiven Fähigkeiten wird aus der Angst geboren; Angst davor, anzuerkennen, daß manche Menschen Begabungen haben, die andere nicht haben; oder Angst davor, etwas nicht zu verstehen. Menschen mit übersinnlicher oder intuitiver Begabung bekommen Angst, ihre Wahrheit vor Mitmenschen auszusprechen; und Angst davor, lächerlich gemacht und als Spinner gebrandmarkt zu werden. Diese Haltung ist durch und durch mit Angst verbunden!

Das sollten wir zu akzeptieren lernen: Wir müssen nicht alles wissenschaftlich verstehen; es muß nicht mit einem Etikett versehen eingepackt in einer Schublade liegen, wo wir es ab und zu herausnehmen und sagen können: »Aha, das ist also dies, und dort sind seine Grenzen; wir wissen das, weil wir sie ausgemessen haben.« Ja, das Universum und unser Bewußtsein haben keine bestimmbaren Grenzen, doch die meisten

Menschen haben Angst davor, die Beschränkungen umzuwerfen und mit ihrem Bewußtsein in neue Bereiche vorzustoßen. Anderen ist nicht bewußt, daß man lernen kann, das zu tun. In beiden Fällen sind die Menschen begrenzt; begrenzt durch ihre Angst davor, anders zu sein; begrenzt durch ihre bedingungslose Akzeptanz der Gleichförmigkeit, die überall um uns herum herrscht, was natürlich bequem und sicher ist. Man kann ihnen keinen Vorwurf machen, denn Gleichförmigkeit ist genau das, was uns unsere Gesellschaft ständig aufzwingt. Sie macht es sehr einfach, ein Volk zu regieren – alle sind angepaßt und alle funktionieren nach denselben Regeln in der Gesellschaft. Wir haben uns schon das Bildungssystem angesehen, das darauf ausgerichtet ist, alle Schüler angepaßt zu entlassen, mit Idealen, nach denen alle streben. Auch Wirtschaft und Handel müssen sich nach diesen Regeln und Vorschriften richten.

Derzeit tun die Regierungen in Europa, was sie können, um eine europaweite Gleichförmigkeit entstehen zu lassen: Währung, Steuerstrukturen, schnelle Einsatzkräfte, Maßeinheiten – jeder Mitgliedsstaat hat Angst, außen vor zu sein, also paßt man sich an, ob es einem nun gefällt oder nicht. So geht die Identität der einzelnen Nationen, Kulturen und Menschen verloren. Was liegt ihrer Angst zugrunde? Angst entsteht, wenn man kein Vertrauen in sich selbst und seine Fähigkeiten hat; keinen Mut, allein zu stehen, und schließlich keine Achtung davor, wer man eigentlich ist. Diese Angst zeigt sich besonders da, wo Einzelpersonen oder eine Gesellschaft keine spirituelle Verbundenheit fühlen. Lebt man Tag für Tag im Hier und Jetzt, so muß man keine Angst haben. Wir sehen also, daß Angst Begrenzung schafft.

Und: Wissenschaftler sind am begrenztesten. Sie werden von den fünf Sinnen begrenzt und den herrschenden Prinzipien, denen sich ihre Wissenschaft anpassen muß. Man erzählt uns, daß ihre gewagten Experimente an den Grenzen der wissenschaftlichen Entdeckung arbeiten. Oft ist es eher so, daß sie an den Grenzen des Unwissens arbeiten, denn was sie nicht kennen oder verstehen, davon wollen sie nichts wissen. Bevor sie nicht akzeptieren, daß es Aspekte des gesamten stofflichen Universums und von uns selbst als Wesen darin gibt, die sie mit ihren Instrumenten nicht messen und mit ihrer Herangehensweise nicht verstehen können, werden sie begrenzt bleiben. Denken Sie nur einmal daran, daß die Wissenschaft das Wesen des Bewußtseins nicht definieren kann; das Bewußtsein jedoch ist das Werkzeug, das sie einsetzen, um ihre Wissenschaft zu bewerten!

Kehren wir nun zum Ausgangspunkt zurück und stellen fest, daß Intuition ein mächtiges, verläßliches und wertvolles Werkzeug ist. Sie ist darüber hinaus ein sehr notwendiges Werkzeug für erfolgreiche Heiler und Energiearbeiter. Tatsächlich ist sie der Schlüssel zum Erfolg als Heiler und Lehrer. Wenn ein Reiki-Meister nicht von Natur aus Intuition oder eine übersinnliche Eigenschaft besitzt, wird er sehr viel Arbeit leisten müssen, um sich diese Fähigkeit anzueignen. Er muß mit Energie arbeiten und lernen, sich einzustimmen und wahrzunehmen. Erst im Lauf der Zeit und mit viel Praxis wird sich die Intuition entfalten und werden sich möglicherweise hellseherische Fähigkeiten entwickeln. Wenn wir daran denken, daß wir in einer Gesellschaft groß werden, die sich an der linken Gehirnhälfte ausrichtet, müssen die meisten von uns viel Arbeit investieren, um die Gaben der rechten Hälfte zu entwickeln. Durch die Arbeit mit Energie wird sich ein Mensch bis zu einem bestimmten Grad entfalten, doch er muß auch auf andere Weise an sich arbeiten, um die Energien der rechten Gehirnhälfte zu entwickeln, einzubeziehen und mit denen der linken in Einklang zu bringen. Bevor er diese Fähigkeiten nicht entwickelt, kann er nichts darüber wissen, was die Energien eigentlich während der Einstimmung eines Schülers in die Reiki-Energie tun.

Stimmt ein Reiki-Meister einen Schüler ein, so greift er in erster Linie auf das Energiesystem des Schüler zu und wirkt darauf ein, und zwar auf vielen Ebenen: der körperlichen, der mentalen, der emotionalen und der spirituellen. Man öffnet ein Tor, damit die Energie in das Chakrensystem einströmen kann. Aber die Frage ist: Ist das System des Schülers in der Lage, mit dieser Energie umzugehen? Ist das System überhaupt im Gleichgewicht und voll funktionstüchtig? Ist dieser Mensch bereit für Reiki? – Ich habe zwar erklärt, daß Reiki ein eigenes Bewußtsein trägt, wie das auch viele andere Reiki-Meister tun, aber es kann trotzdem etwas schiefgehen. Reiki ist ein Energiestrom, der in Ihr System hineinfließt. Ist Ihr System beschädigt oder funktioniert es auf einer Chakren- oder Aura-Ebene schlecht, so wird die Reiki-Energie das Problem nicht – ich wiederhole: nicht! – in Ordnung bringen und beheben. Sie wird durch das System schießen, das ist ihre Natur; sie wird dabei sicherlich das eine oder andere aus dem Weg räumen – aber sie ist *nicht* in der Lage, Schäden im Lichtkörper zu beheben. Das Wesen ihres Bewußtseins besteht darin, die Energie in Bereiche zu lenken, wo etwas nicht in Ordnung ist, auf welcher Ebene des Wesens auch immer das der Fall ist.

Man kann die Energie mit einem wilden Fluß vergleichen, der in einem Rohr fließt: Sie selbst sind das Rohr. Wenn das Rohr ein kleines Loch hat, kann man nicht erwarten, daß das Wasser es auf seinem Weg durch das Rohr vermeidet, durch das Loch zu entweichen. Wenn es durch das Loch dringt, wird dieses durch die Abnutzung noch größer. Nun stellen Sie sich vor, das Loch sei ein Chakra oder Ihre Aura: Die Wirkung ist dieselbe. Schießt die Energie durch das System, so kann sie keinen Schaden beheben, der schon vorhanden ist; sie geht nur hindurch und verstärkt das Problem, bis Sie schließlich einen noch ernsteren Schaden am Energiesystem haben.

Wenn jemand ein beschädigtes oder schlecht funktionierendes Energiesystem hat und man stimmt ihn in Reiki oder irgendeine andere Energie ein, nehmen seine Probleme und Symptome zu. Ich habe viele Situationen erlebt, in denen Schüler es wegen Problemen dieser Art nach der Einstimmung schwer hatten, mit der Energie klarzukommen. Manchmal litten sie monatelang, und das Problem wurde größer. Ihre Reiki-Meister sind oft nicht in der Lage, ihnen zu helfen, weil sie nicht verstehen, was vorgeht, und nicht sehen können, daß es vor der Einstimmung ein Problem mit dem Energiesystem der Schüler gab.

Oft versuchen die Reiki-Meister, mit einer Heilsitzung zu helfen oder mit der Empfehlung, mehr mit der Energie zu arbeiten. Wenn eine Beschädigung der Aura oder der Chakren vorliegt, wird eine Heilungssitzung sehr wenig zur Verbesserung der Situation beitragen; vielmehr mag sie sie noch verschlimmern, wie wir gesehen haben. Allenfalls kann man hoffen, daß die Heilungssitzung den Betreffenden etwas mehr ins Gleichgewicht bringen kann. Allerdings wird dieser Zustand nur von kurzer Dauer sein.

Wenn sie um Hilfe gebeten werden, habe ich es erlebt, daß viele Reiki-Meister zu ihren Schülern sagen, daß das alles zum Reinigungs- und Heilungsprozeß gehöre und alles gut werde oder daß Reiki sich darum kümmern werde. – Nun, ich fürchte, daß es sich keineswegs darum kümmern wird. Die Schüler werden für gewöhnlich an einem sich zunehmend verschlechternden Energiesystem leiden und sich in einem unausgeglichenen und zuweilen hoffnungslosen Zustand befinden, bis sie das Glück haben, jemanden zu finden, der ihnen helfen kann.

Ein weiteres Problemfeld sind Menschen, die auf mehreren Ebenen leiden – emotional, mental oder seelisch – und die glauben, daß Reiki ihnen helfen werde, ihre Probleme zu lösen. Ein noch größeres Problem sind die Reiki-Meister, die das auch glauben. Meister wollen solche Menschen gern einstimmen, weil sie denken, daß dies helfen werde, ihre Probleme zu lösen. Oft sind seelische Probleme nur deshalb vorhanden, weil die Aura beschädigt ist oder dieser Mensch einem übersinnlichen Angriff ausgesetzt ist und jede beliebige Energie, die in die Aura dieses Menschen eindringt, Panikattacken, Wahnvorstellungen und viele andere Zustände des Ungleichgewichts hervorrufen kann. Eine Reiki-Einstimmung verschlimmert das Problem, weil ein solcher Mensch sowieso schon Licht in andere Reiche abgibt. Die erhöhte Energie von Reiki verdoppelt die abgegebene Menge, und natürlich leuchtet sein gesamtes Wesen nun heller und bietet unerwünschten Besucher ein größeres Ziel.

Ein Beispiel
Ich erinnere mich an ein Reiki-Treffen, an dem ich vor vielen Jahren teilnahm, bevor ich meine derzeitigen Fähigkeiten und Kenntnisse entwickelt hatte. Ich saß neben einer jungen Frau von Anfang Dreißig und ihrer Mutter, die beide den Zweiten Reiki-Grad hatten. Die jüngere Frau brach den ganzen Abend über immer wieder in Tränen aus. Wir berichteten dem Reiki-Meister nacheinander über unsere Erfahrungen; in der Runde saßen ungefähr dreißig Schüler. Als die junge Frau an der Reihe war, schüttete sie ihr Herz aus in einem verzweifelten Versuch, Hilfe oder Trost von ihrem Reiki-Meister zu bekommen. Als sie fertig war, sagte dieser: »Danke, daß du das mit uns geteilt hast. Reiki wird sich darum kümmern.« Damals hatte ich nicht viele Antworten auf das, was mit Menschen geschah, aber ich war mir sicher, daß diese Frau ein ernstes Problem in der Aura oder den Chakren hatte.

Als die Reihe an mir war, nachdem die Mutter der jungen Frau gesprochen hatte, deutete ich dem Reiki-Meister an, was meiner Meinung nach das Problem sein könnte; ich sagte, daß ich glaubte, sie habe möglicherweise ernste Probleme mit der Rotation oder mit Blockaden in einigen Chakren, weshalb ihre Emotionen völlig unkontrollierbar seien. Ich deutete an, daß ihr vielleicht mit anderen Therapieformen geholfen werden könne und machte Vorschläge, wie das geschehen könne. Diese wurden vom Assistenten des Meisters heftig abgewehrt, und man sagte mir in eindeutigen Worten, daß es ihr bald wieder gut gehen werde und daß ... ja, Sie vermuten richtig ... Reiki sich darum kümmern werde.

Später sprach ich mit den Fraun und gab ihnen einige Telefonnummern von Leuten, die meiner Meinung nach helfen könnten. Ich war überrascht, als ich erfuhr, daß sich die junge Frau seit vier Monaten in diesem erregten Zustand befand, ohne Hilfe von ihrem Reiki-Meister zu erhalten und ohne zu wissen, an wen sie sich wenden könnte.

Es ist höchste Zeit für alle Reiki-Meisterinnen und -Meister, daß sie erfahren, was vor sich geht, und sie den Mut und den Anstand finden, verantwortlich zu handeln. Es ist keine Schande, ehrlich zu sagen: »Ich weiß nicht, wie ich Ihnen helfen kann.« Es ist eine Schande, fehlendes Wissen zu vertuschen. Am Ende wird das Ego jedem auf die Schliche kommen, der nicht aufrichtig ist. Wenn man mit höherer Macht arbeitet, ist kein Platz für Täuschung. Es ist nur Platz für die Wahrheit.

Und noch ein Beispiel
Vor kurzem hörte ich von einem jungen Mädchen, das eine Ausbildung in ganzheitlicher Behandlung machte. Sie machte Schreckliches durch, da sie bei der Ausbildung negative Energie von ihren Klienten in sich hineineinzog. Das passierte immer, wenn die Gruppe praktische Therapiearbeit mit anderen Schülern oder Außenstehenden ausführte. Ein wohlmeinender Reiki-Meister empfahl, daß sie den Ersten Reiki-Grad machen solle; das werde ihr helfen, mit dem Problem fertigzuwerden. In Wirklichkeit ist dies aber das Letzte, was das junge Mädchen hätte tun sollen. Offensichtlich ist ihr System weit geöffnet und hat in sich keinen Schutz vor den Energien anderer Menschen, ganz zu schweigen von den Energien mächtiger Räuber, wie zum Beispiel Wesenheiten. Der Reiki-Meister hatte vermutlich die falsche Vorstellung, daß die Energie das Mädchen schützen werde, und nahm die Einstimmung vor.

Nachdem das junge Mädchen die Reiki-Einstimmung erhalten hatte, war ihr System immer noch genauso offen wie zuvor, doch wegen der Einstimmung verarbeiteten ihre Chakren Energie nun viel schneller, ohne in der Lage zu sein, das, was mit der Reiki-Energie in ihr System gelangen konnte, zu filtern. Damit nicht genug, trug sie wegen der Einstimmung nun auch viel mehr Licht in sich und gab es aus ihrem System ab. Sie leuchtete wie ein ordentlicher Leuchtturm, und ihr Lichtkörper wartete nur darauf, zur Weide für irgendwelche Wesenheiten zu werden.

In dieser Situation hätte das Mädchen von jemandem unter die Fittiche genommen werden müssen, der das, was in ihren Chakren und ihrer Aura passierte, steuern konnte. Zuerst hätten die Chakren ausgeglichen und gereinigt, dann die Aura auf Beschädigung überprüft und, falls und wo nötig, ausgebessert werden müssen. Danach hätte man sie schließen müssen, damit keine Lichtenergie mehr aus ihrem System austreten kann. Die nächste Stufe wäre gewesen, jede Behandlung, die sie gab, zu beobachten, und sie regelmäßig zu untersuchen, bis sicher wäre, daß ihr System stabil und zum Schutz versiegelt ist. Auch andere Bereiche ihres Lebens hätte man untersuchen müssen. Man hätte vor allem verstehen müssen, weshalb dieses Mädchen das Problem hatte. Die Ernährungsweise ist für den energetischen Zustand der Aura sehr wichtig. Ob sie Medikamente einnahm, spielt auch eine wichtige Rolle, wenn man die Energie und die Stärke der Aura einschätzen will. Wenn das Mädchen schließlich etwa vier Monate gearbeitet hätte, ohne etwas Ungünstiges aufgelesen zu haben, wenn ihre Aura pulsieren und ihre Chakren ohne Hilfe im Gleichgewicht bleiben würden, erst dann wäre sie bereit für eine Einstimmung – vorausgesetzt, daß alle anderen Bereiche ihres Lebens sich ebenfalls in einem Zustand der Harmonie befänden. Wie kann jemand als Therapeut arbeiten, ohne die notwendige Ausgeglichenheit zu besitzen?

Der Reiki-Meister muß den gesamten Zustand eines Menschen betrachten, denn wenn man die Reiki-Energie in das System eines Menschen bringt, wird sie alles Disharmonische verstärken. Das kann positiv sein, weil die Energie das Problem zum Vorschein bringt, so daß man es angehen kann, aber man muß sich die Frage stellen, ob der Betreffende sich zu dem Zeitpunkt ausreichend im Gleichgewicht befindet, um sich mit der Situation überhaupt zu beschäftigen, oder ob man lieber warten sollte.

Das es Therapeuten gibt, die ihren Klienten Energie abziehen, ist leider kein Einzelfall. Ich habe bisher noch keine Schule erlebt, die die Probleme versteht, die sich bei der Energiearbeit von Mensch zu Mensch ergeben – ob es sich nun um Massage, Reflexologie, Aromatherapie oder um das Frisieren handelt. Schüler lernen nicht, sich zu schützen. Ich glaube, das liegt daran, daß die Mehrheit der Ausbilder nicht versteht, daß es tatsächlich Wesen gibt, die von einem Menschen auf einen anderen überspringen können, oder daß man negative Energien aufnehmen kann, die einen dann überwältigen. Weiterhin verstehen sie nicht, was zwischen zwei beliebigen Menschen bei einem Energieaustausch »von Mensch zu Mensch« geschieht oder daß negative Energien von einem Menschen aufgenommen werden und ihn überwältigen können.

Wir sehen, daß Intuition, Hellsichtigkeit und jede andere Methode, die wir besprochen haben, von grundlegender Bedeutung für Reiki-Meister und -Lehrer sind. Auf eine Methode zurückgreifen zu können, die Ihnen die Antworten für Ihre Schüler gibt und der Sie vertrauen können, ist überaus wichtig für Ihren Erfolg und für die Sicherheit der Schüler in Ihren Händen.

Zurück zum Thema »Eiltempo«

Der schnellste Weg bringt nicht immer sofort Probleme mit sich. Ein Lichtkörper, der zu schnell geöffnet wurde, kann Probleme jahrelang aufbewahren – und irgendwann beginnt dann plötzlich, das Energiesystem zu versagen, und die betreffende Person verliert ihre Energie völlig. Sie verliert die Unversehrtheit der Aura und wird weit geöffnet, ohne den Schutz gegen äußere Kräfte, den sie zuvor hatte. Sie wird sich dann im Aurabereich etwas einfangen, und das führt sofort zu einer Verwüstung der Aurastruktur und reißt häufig die Chakren auf, so daß das bißchen, was die Person an Energie oder Licht noch besitzt, auch noch entweicht.

Wenn man eine Gas-Entladungs-Visualisation (GDV) der Kirlianfotografie einsetzt, ein heute verfügbares System, das die Auraenergie per Foto- beziehungsweise Computerscan darstellt, so zeigt diese ganz deutlich die energetische Struktur der Aura um den Körper herum. Vor kurzem ließen mehrere Reiki-Heiler und -Meister, die ich kenne, solche Aufnahmen von sich machen, und es wurde ersichtlich, daß ihre Energiesysteme deutlich zu wenig Leistung zeigten und Löcher aufwiesen. Ihre Aufnahmen wurden mit zwei anderen verglichen. Die eine stammte von einem Mann, der wegen eines angebrochenen Ellbogens krankgeschrieben war, die andere von einem Mann, der in den letzten Jahren schwere gesundheitliche Probleme gehabt hatte, darunter eine Operation am offenen Herzen. Nun, ich vermute, Sie haben es schon erraten: Die beiden kranken Menschen hatten hervorragende Energiestrukturen im Vergleich zu den Heilern, die nach dem Zustand ihrer Aufnahmen eigentlich für sechs Monate in Kur hätten gehen müssen.

Die armen Heiler waren bestürzt, aber die Lektion ist einfach: Wenn wir das wieder mit unserem schon erwähnten Auto vergleichen, so bringt es nach dem »Tuning« eine wirksamere Leistung. Im Falle des Autos und der meisten anderen Dinge, die man feiner einstellen kann, werden die Toleranzen feiner und der getunte Zustand *muß* erhalten bleiben, sonst fällt die Leistung sehr schnell ab. Die Leistung des Autos würde nachlassen, bis sie unter der anfänglichen Leistungsstufe läge. So ist es auch mit dem Lichtkörper nach einer Reiki-Einstimmung. Ist man einmal eingestimmt, so wird die Leistung wirksamer, aber man kann sich auch viel leichter »verstimmen« oder Energie verlieren als vor der Einstimmung.

Es stimmt, daß wir, wenn wir eine Heilbehandlung mit einfachen Reiki-Techniken durchführen, Energie durch unser System kanalisieren und uns die Energie dadurch selbst zugute kommt. Manche sind sogar der Ansicht, daß wir in diesem Prozeß selbst eine vollständige Reiki-Behandlung erhalten, was natürlich nicht stimmt. Während einer Heilungssitzung sind wir besonders offen. Neben der Reiki-Energie, die durch uns hindurchfließt, schaffen wir um uns und unseren Klienten herum ein vollständiges Energiesystem, das auf vielen Ebenen arbeitet – oft helfen uns auch Geistführer, ohne daß wir es wissen. Dieses Energiesystem durchdringt die Auren des Heilers und des Klienten und kann uns merklich Energie abziehen, wenn wir uns dessen nicht bewußt sind, was geschieht.

Diese Heilungssituation tritt auf, wenn sich unsere Begabung zur Heilung erweitert und unsere Fähigkeit, Energie zu kanalisieren, wächst. Zusätzliche Heilungsführer werden zu Hilfe kommen, und sie sind es, die den Energiefluß anzapfen und zum Wohle des Klienten beeinflussen. Sie sorgen zudem dafür, daß man geschützt ist, während die Heilung stattfindet; danach jedoch obliegt es dem Heilenden selbst, dafür zu sorgen, daß er sich ausreichend schließt, damit keine weitere Energie abgezogen werden kann.

Die Schwingungsfrequenz jedes Reiki-Grades ist sehr unterschiedlich, und daher ist es nicht ratsam, daß man sehr bald nach Reiki I eine Einstimmung für Reiki II erhält. Die Schwingung von Reiki I ist sehr fein, und sie soll über eine bestimmte Zeit langsam und vorsichtig zur Entfaltung des Betreffenden beitragen. Im Vergleich dazu ist die Energie von Reiki II grober. Wenn jemand also die Einstimmungen innerhalb kurzer Zeit erhält, mit nur wenigen Monaten Abstand, so hat sein System nicht die nötige Zeit für eine richtige Entfaltung. Außerdem entgeht ihm die sehr notwendige Erfahrung der Schwingung des Ersten Grades vor der völlig anderen Schwingung des Zweiten Grades.

Wir müssen zudem in Betracht ziehen, was auf den verschiedenen Ebenen unseres Wesens geschieht. In bezug auf den ersten Reiki-Grad nehmen viele Reiki-Meister und -Schüler an, daß diese Einstimmung nur auf der körperlichen Ebene arbeitet. Das stimmt nicht. Die Energie nimmt Änderungen auf *allen* Ebenen unseres Wesens vor. Mit »allen

Ebenen« meine ich alle Ebenen des niederen Selbst: die stoffliche, die ätherische, die emotionale und die niedere mentale; und auch alle Ebenen im höheren Selbst: die höhere mentale, die intuitive und die atomare Ebene; das macht zusammen sieben Ebenen. Wenn wir uns daran erinnern, daß es nicht möglich ist, einen energetischen Zustand zu verändern, ohne daß dies Auswirkungen auf alle anderen energetischen Zustände innerhalb seines Daseinsbereiches hat, so erkennen wir, daß eine Reiki-I-Einstimmung durch alle anderen Ebenen unseres Wesens hindurchsickern muß. Wie wir schon bemerkt haben, sind wir alle verschieden, und manche von uns entfalten sich schneller als andere. Manche von uns sind empfindsamer, manche sind stärker und widerstandsfähiger, manche werden sich herumquälen, wenn die Energie Muster aus vielen Leben und dem derzeitigen Leben freizusetzen beginnt, andere werden spielend hindurchkommen, ohne sich nur einmal umzuschauen.

Ich habe Schüler des Ersten Reiki-Grades beobachtet, die alle Regeln der Reinigung befolgt haben und deren System sich selbst viele Monate, sogar mehr als ein Jahr später, immer noch einstellt. Erst wenn die Energie auf allen Ebenen unseres Wesens ihre Arbeit getan hat, kann sie sich wirklich entfalten. Wenn eine erste Einstimmung ihre Arbeit getan hat und alle Ebenen unseres Wesens in Einklang sind, können wir anfangen, mit der Energie in einem ausgeglichenen und zusammenhängenden Zustand zu arbeiten, um zu erfahren, was »Entfaltung« eigentlich bedeutet.

Noch schlimmer, als wenn man eine Einstimmung zu schnell nach der vorherigen erhält, ist es, wenn Schüler die Einstimmungen zum Ersten und zum Zweiten Grad zur selben Zeit oder am selben Wochenende empfangen. Sie werden nie die Entfaltung auf der ersten Schwingungsebene erleben, die das Universum aus einem bestimmten Grund so fein und sanft vorgesehen hat. Sie werden auch das Wissen nicht haben, das an ihre eigenen Schüler weiterzugeben. Öffnet man sich der Energie zu schnell, so entgeht einem ein ungeheures Maß an wichtigen Erfahrungen und daraus folgendem Wissen. Im Grunde entgehen einem die Lehrjahre mit der Energie. Man kann nicht einfach zurück und es wiederholen. Es ist wie mit dem ersten Fallschirmsprung: Man kann nicht aus dem Flugzeug steigen und dann erst überlegen, ob man dafür wirklich bereit ist und seinen Fallschirm überhaupt mitgebracht hat. Es gibt kein Zurück.

Ich wiederhole nochmals, daß es jedem Meister selbst obliegt, mit dem Schüler die beste Zeit für seine erste Einweihung oder sein weiteres

Voranschreiten durch die Reiki-Grade festzulegen. Wenn jetzt immer mehr Schüler mit schlechter Arbeit in Konflikt geraten und Energieprobleme erleben, ist es nur eine Frage der Zeit, bis jemand wirklich ärgerlich über den schlechten Rat und/oder die schlechte Einstimmung wird und die Sache vor einen Vertreter des Gesetzes bringt. Wo werden wir dann alle sein? Verantwortung ist das A und O für Reiki-Meister. Sie nehmen das Energiesystem von Schülern in ihre Hände und ändern es unter Verwendung eines spirituellen Mittels und einer Kraft, die – ich wiederhole es – wir nicht gänzlich verstehen. Wenn mit dem Schüler etwas schiefgeht, muß jemand dafür geradestehen. Schließlich stimmen sich die Schüler ja nicht selbst ein.

5
Die Reiki-Grade

»Wenn ein Mensch eine Arbeit tut, die von allen bewundert wird, sagen wir, daß dies wundervoll sei; doch wenn wir den Wechsel von Tag und Nacht sehen, die Sonne, den Mond und die Sterne am Himmel und die aufeinanderfolgenden Jahreszeiten auf der Erde, mit ihren reifenden Früchten, dann muß jeder erkennen: Das ist das Werk von jemandem, der größer ist als der Mensch.«
Chased-by-Bears (1843 - 1915; Santee-Yanktonai-Sioux)

Der Entfaltung mit Reiki nähert man sich durch drei Stufen, die »Grade« genannt werden. Wir bezeichnen diese Stufen manchmal als: Reiki I, Reiki II und Reiki III.

DER ERSTE GRAD

Der Erste Reiki-Grad öffnet bei vielen Menschen zum erstenmal im Leben die Chakren für Energie. Das nachfolgende Einströmen von Energie auf dieser ersten Stufe konzentriert sich auf das körperliche Wesen. Die Einstimmung des Ersten Grades ist speziell dafür vorgesehen, daß der stoffliche Körper von Giften und Energieblockaden gereinigt wird. Der Reinigungsprozeß ermöglicht es dem stofflichen Körper, auf einer höheren Frequenz zu schwingen. Wenn Schüler Monate nach ihrer Einstimmung zurückschauen, stellen sie oft fest, daß sich feine Veränderungen in ihrem Leben vollziehen: Vorlieben für Speisen und Getränke werden vielleicht aufgegeben, und man wendet sich einer ausgeglicheneren, nahrhafteren und vollwertigen Ernährung zu. Nicht selten geschieht es, daß jemand bestimmte Speisen nicht mehr mag oder sogar Vegetarier wird. So teilt sich der stoffliche Körper auf unterbewußter Ebene mit und sagt, daß sich etwas ändern muß, um die neue, höhere Schwingungsebene des körperlichen Wesens zu unterstützen. Raucher schränken in dieser ersten Phase der Reinigung und Entwicklung ihren Zigarettenkonsum ein oder hören ganz auf zu rauchen. Ich habe es erlebt, daß auf dieser frühen Stufe der Veränderung für viele Menschen Farben wichtiger werden. Vielleicht werden Zimmer neu eingerichtet und neue Kleidungsstücke mit lebendigeren Farben gekauft. Auch hier sendet das Unterbewußtsein die Botschaft, daß die Schwingungsenergie der Farbe eine mächtige und verändernde Verbündete im Prozeß der spirituellen Entwicklung ist.

Während Sie daran arbeiten, die Energie auf dieser ersten Stufe in das eigene System einzubringen, schreitet der körperliche Reinigungsprozeß unaufhörlich voran. Dieser Erste Grad des Reiki ist der bei weitem Wichtigste für Sie, und er wird von vielen Reiki-Meistern, -Lehrern und -Schülern sehr unterschätzt. Es ist die Stufe, auf der zum allerersten Male und auf sehr sanfte Weise Energie in Ihr System eingeschleust wird. Sollten Sie nicht weiter durch die Reiki-Grade gehen, so wird diese Stufe Sie ständig, aber sehr zart für immer feinere energetische Wahrnehmungen aufschließen, je mehr Sie mit dieser Stufe arbeiten. Das werden neue Wahrnehmungen sein, die Sie noch nie zuvor erlebt haben. Wie ich schon sagte: Es ist die wichtigste Stufe, für die man sich Zeit lassen sollte. Sie sollten bei der Energiearbeit nichts übereilen und sich selbst gestatten, sich peu à peu zu entfalten. Und: Seien Sie sich klar darüber, was mit Ihnen geschieht.

Ihr Reiki-Meister wird Ihnen eine Übung geben, die man »die Zwölf Positionen« nennt und die Sie täglich eine Stunde lang an sich selbst üben sollen. Das bringt die Energie kräftig in Ihr System ein und treibt die Entgiftung voran, die sich während des 21-tägigen Reinigungsprozesses durch Sie hindurchbewegt. Der Erste Grad bietet sehr nützliche Energie, mit der man vor allem an sich selbst arbeiten sollte. Sie sollten nicht erwägen, diese Energie an anderen anzuwenden, bevor Sie nicht in dieser Phase an sich selbst gearbeitet haben, da negative Energiemuster, die von Ihnen freigesetzt werden, an andere weitergegeben werden können. Besser ist es sogar, diese Zeit der Selbstheilung auf zwei oder drei Monate auszudehnen. Es gibt hier keine Richtlinien, aber Sie sollten die Bedeutung der Selbstreinigung und Vorbereitung, die es Ihnen ermöglicht, voranzuschreiten, nicht unterschätzen. Wenn Sie merken, daß Sie bereit sind, üben Sie Reiki mit anderen Reiki-Schülern oder an Familienmitgliedern oder sehr engen Freunden. Lassen Sie Ihre Fortschritte sanft und positiv sein und versuchen Sie, zu verstehen, was in jeder Heilungssitzung geschieht, an der Sie teilnehmen.

Sammeln Sie auf dieser ersten Stufe der Energiearbeit viele Erfahrungen. Wenn es regelmäßig ausgeübt wird, ist Reiki I sehr stark. Ich kenne

Schüler, die nur mit diesem Grad eine einfache Heilbehandlung geben können, die ebenso stark ist wie die eines Reiki-Meisters. Unterschätzen Sie sich nicht: Sie können viel erreichen, und Ihre Kraft wird zunehmen, je mehr Sie mit der Energie arbeiten.

DER ZWEITE GRAD

Mit dem Zweiten Grad wird die Energie viel kräftiger: Die meisten Lehrer sagen, daß sie sich mindestens vervierfacht, was ich nicht bestreiten würde. Die Energie auf dieser Stufe kann sehr kraftvoll in das System einströmen, da sie das Energieniveau in den Chakren öffnet und verstärkt. Der Zweite Grad hat hauptsächlich mit der Reinigung des Emotional- und Mentalkörpers zu tun. Während Sie die Entgiftung auf Stufe Eins hauptsächlich auf körperlicher Ebene erleben (womit man relativ leicht fertig werden kann), kann die Entgiftung auf emotionaler Ebene sehr anstrengend sein. Denken Sie daran, daß die Energie jetzt – volle Kraft voraus! – in das System hineinströmt. Sie müssen bereit sein, mit ungelösten mentalen und emotionalen Problemen fertigzuwerden, denn diese werden Ihnen zweifellos sehr deutlich werden.

Die emotionalen Probleme sind die bei weitem schmerzhafteren, und sie werden auf bewußter Ebene sichtbar. Gedanken und Muster wiederholen sich, bis Sie sie lösen; bevor Sie das nicht tun, werden sie ständig wiederkehren, um Ihren Entwicklungsprozeß zu behindern. Sie werden nicht verhindern, daß Sie sich spirituell oder als Heiler oder Energiearbeiter weiterentwickeln, aber sie werden Sie ständig sabotieren, indem sie immer wiederkehren und Ihr mentales oder emotionales Gleichgewicht aus dem Lot bringen. Denken Sie daran, daß natürlich Ihr Wesen, das jetzt auf einer höheren Schwingungsebene existiert, sich auch in einer empfindlicheren, verfeinerten Einstellung befindet. Die Probleme bringen Sie jetzt leichter aus dem Gleichgewicht, als wenn Sie Ihren Entwicklungsprozeß nicht begonnen hätten. Hätten Sie jedoch den Prozeß nicht begonnen, dann wären sie wahrscheinlich nicht als Probleme hochgekommen, die gelöst werden müssen. Bejahen und begrüßen Sie jedes Problem als eine Möglichkeit, sich selbst besser zu heilen oder zu verstehen. Denken Sie daran: Sie wählen den Weg, er wurde Ihnen nicht aufgezwungen ... oder?

Der Zweite Grad stellt Energie zur Verfügung, die Sie voranbringt und in ihrer Anwendung bei der Arbeit mit anderen sehr kraftvoll ist, besonders auf der mentalen und emotionalen Ebene. Die Einführung von Symbolen hilft Ihren Klienten, mit mentalen und emotionalen Problemen fertigzuwerden. Wenn man auf dieser höheren Ebene mit Symbolen arbeitet, ist es notwendig, sich vorab ein gutes Stück Heilungserfahrung erworben zu haben. Es kann passieren, daß noch während Sie mit ihnen arbeiten, bei Ihren Klientinnen und Klienten emotionale Blockaden gelöst werden, die diese in eine emotionale Krise stürzen. Sie müssen die Fähigkeit haben, sie beratend durch die Krise zu begleiten, und auf energetischer Ebene verstehen, was in ihrem Emotionalkörper vor sich geht. Sie sollten wissen, wie man diese Energien beruhigt und ausgleicht, damit das Trauma sich auflösen kann. Die Heilungssitzungen sollen zu einem erfolgreichen Abschluß gebracht werden. Sie können Ihren Klienten nicht in einem Zustand der Verzweiflung in die Welt hinausschicken und ihn den Problemen überlassen, die durch die Energie freigesetzt wurden, die Sie in ihn hineinkanalisiert haben.

DER DRITTE GRAD

Auf der Stufe des Dritten Grades ist die Energie eine äußerst feine Schwingung, die sich in die spirituelle Seite Ihres Wesens hineinbewegt. Viele Menschen glauben, da der Zweite Reiki-Grad ein gewaltiger Anstieg der Energie ist, würde der Dritte Grad ihnen einen ebenso großen Energieschub bringen. Das muß nicht unbedingt so sein. Wir beginnen mit Reiki auf der körperlichen Ebene, und wir entwickeln uns über die emotionale und mentale Ebene, und nun, beim Dritten Grad, stehen wir vor der Tür der spirituellen Ebene. Im Grunde haben wir uns durch die derbere, gröbere Schwingung der körperlichen Ebene und durch die feineren mentalen und emotionalen Schwingungen in der Aura hindurchbewegt, und kommen bei der sehr feinen Schwingung der spirituellen Ebene an, die unsere Wahrnehmung in völlig neue Bereiche unseres Wesens hinein erweitert. Da das Spirituelle so fein ist, spüren viele Menschen keinen Unterschied. Die spirituellen Seiten des Wesens entfalten sich nur sehr langsam ... über viele, viele Jahre ... und das nur dann, wenn man weiterhin mit dem Ziel, sich persönlich weiterzuentwickeln, am eigenen Selbst arbeitet, und zwar auf der körperlichen, der emotionalen, der mentalen und der spirituellen Ebene.

Das Wesen der Entwicklung

Wenn wir uns ganz allgemein entwickeln wollen, müssen wir ein gutes Stück an uns selbst arbeiten. Um sich auf spiritueller Ebene zu entfalten, muß diese Arbeit auf den niederen Ebenen geleistet werden. Man kann auf spiritueller Ebene nicht aufsteigen, wenn es Blockaden und einschränkende Muster auf den unteren Ebenen unseres Wesens gibt. Zum Beispiel ist auf körperlicher Ebene die Entgiftung während des 21-tägigen Reinigungsprozesses sehr kräftig und löst tatsächlich vieles auf. Wenn wir diese Techniken über die 21 Tage hinaus anwenden, wird die Reinigung in gewissem Maße immer dann weitergehen, wenn wir die Energie umsetzen. Auf der körperlichen Ebene können Blockaden mehr oder weniger einfach aufgelöst werden. Jedoch mögen es auf allen Ebenen sehr vielschichtige Phänomene sein, die man erkennen und bearbeiten kann.

In meiner Arbeit mit »geführter Schwingungsheilung« setze ich mit Hilfe von Geistführern hochenergetische »Schwingungswerkzeuge« ein. Unsere vordringlichste Aufgabe ist es, Blockaden auf einer Ebene feinstofflicher Energie zu beseitigen, das heißt, das Energiemuster zu beseitigen, nicht etwas Stoffliches. So wird dem Klienten in der Homöopathie ein Energiemuster gegeben, das er als Arznei einnehmen soll. Es kann das Energiemuster einer Pflanze, eines Kristalls, eines Giftes oder eines Virus sein – um welchen Stoff es sich handelt, ist egal; wichtig ist die Art der Verarbeitung. In der Homöopathie wird die elektromagnetische Lebensenergie oder atomare Energie einer Flüssigkeit oder Tablette aufgeprägt. Der eigentliche Stoff ist in der Arznei nicht enthalten, nur das Energiemuster. Ein Homöopath erkennt nun bei dem Patienten ein Problem und verschreibt ein Energiemuster, das die Energieblockade auflöst, die das Problem des Klienten verursacht.

Bei meiner »geführten Schwingungsheilung« tue ich etwas Ähnliches. Der Unterschied besteht darin, daß ich erstens das für die Veränderung erforderliche Energiemuster entweder auf dem Körper oder in der Aura plaziere, statt es als Arznei zur Einnahme in den Körper zu verschreiben. Zweitens legen meine Geistführer aufgrund ihres höheren Wissens über den Zustand aller Ebenen des Wesens einer Person die Reihenfolge der Dringlichkeit fest, in der die Energieblockaden bearbeitet werden sollen. Sie führen mich so, daß ich das Energiemuster einsetze, das gebraucht wird, um diese Hindernisse aufzulösen, damit Entwicklung oder Heilung möglich wird, was natürlich dasselbe ist. Sind wir geheilt, so entwickeln wir uns weiter, weil es im Bereich einschränkender Muster weniger gibt, was unseren Fortschritt aufhält. In manchen Fällen sind solche Blockaden in diesem Leben entstanden, in anderen in früheren Leben.

Energieblockaden aus früheren Leben

Bei Traumata oder Blockaden aus früheren Leben können die Energiemuster mentale, emotionale oder körperliche Probleme in das gegenwärtige Leben hineintragen. Ein Schaden, der auf körperlicher Ebene in einer früheren Inkarnation vorhanden war, kann ein Energiemuster erschaffen, das in der Lage ist, sich über unser ewiges spirituelles Sein in eine spätere Inkarnation zu verschieben und abermals körperliche Probleme zu verursachen, wenn es nicht erkannt und bearbeitet wird. Diese Prägung oder Aufzeichnung befindet sich häufig im Mental- oder Emotionalkörper oder im Energiefeld und entsteht infolge eines Schocks oder Traumas, der oder das auf die gesamte Persönlichkeitsstruktur wirkt. Catherine ist ein solcher Fall:

Als ich mit ihr arbeitete, merkte sie an, daß jemand ihr gesagt habe, sie solle mich fragen, ob sie einen Riß in ihrer Aura habe. Da wir schon zuvor miteinander gearbeitet hatten, wußte ich, daß sie keinen hatte, aber ich prüfte es trotzdem. Ich bat meine Führer, mir zu zeigen, weshalb diese Person wohl meine, daß Catherine einen Auraschaden habe. Sie zeigten mir eine große rotklaffende Wunde, die senkrecht an ihrem Rücken aufstieg, etwas rechts von der Mitte ihres Kopfes, wenn ich sie von vorn betrachtete. Ich konnte sofort erkennen, weshalb jemand glauben konnte, daß dies ein Riß war, denn es sah klar aus wie ein großer Riß im Gefüge ihres Lichtkörpers. Das war es jedoch nicht. Es war das Energiemuster eines Traumas, und Sie fragen sich vielleicht, weshalb ich es zuvor nicht gesehen hatte. Die Antwort liegt in der Dringlichkeit: Die Führer zeigen mir nur, was ich sehen muß, und das in der Reihenfolge, in der wir daran arbeiten sollen.

Catherine bat mich, mir den Schmerz anzuschauen, den sie über ihrer linken Brust hatte, wo sie zuvor einige Operationen gehabt hatte. Der Schmerz hatte ihr seit langem Probleme in diesem Bereich sowie nach oben durch den Hals bis in den Kopf hinein bereitet. Meine Führer ließen mich wissen, daß es etwas gebe, das wir tun könnten, um dieses Problem zu lindern, jedoch nicht jetzt. Wir müßten in der Reihenfolge der Dringlichkeit arbeiten. Bei diesem Besuch versuchten wir, bestimmte Energien zu beruhigen und auszugleichen, da Catherine ein wenig mit ihrer Heilungskrise zu kämpfen hatte, nachdem zuvor Energieblockaden aufgelöst worden waren. Jedoch beschlossen die Führer, mir während der Sitzung genauere Bilder davon zu zeigen, wie Catherines körperliche Probleme verursacht worden waren.

Ich konnte sie deutlich sehen: Sie trug ein langes Kleid in Grau und Weinrot und eine weiße Haube auf dem Kopf. Sie lief zwischen Toten und Verwundeten auf einem Schlachtfeld umher. Sie beugte sich hinab zu einem Mann in Uniform und Rüstung. Die Führer sagten: »Frankreich, die Zeit von Jeanne d'Arc.« Als sie sich hinabbeugte, sah ich deutlich seinen Helm. Offenbar sah ich durch Catherines Augen in jenem Moment. Er erhob ein riesiges Schwert und stieß es geradewegs durch sie hindurch. Es trat in der oberen linken Brust in sie ein und etwas rechts ihres linken Schulterblattes wieder aus. Dann riß er das Schwert nach oben und unten, so daß die Eintrittswunde zum Drehpunkt wurde und die Klinge am Rücken eine größere Wunde schnitt. Sie starb sofort.

Der Schock dieses Vorfalls richtete den größten Schaden an. Es geschah völlig unvorhergesehen, und die bloße Gewalt sowie der körperliche Schaden traumatisierten sie buchstäblich zu Tode. Da jene körperliche Inkarnation damit beendet war, hatte sie keine Gelegenheit, sich von ihren Verletzungen zu erholen oder das Trauma aufzuarbeiten. So wirkte es auf die Seelenebene ihrer Persönlichkeit ein. Als die Seele sich entschied, eine Persönlichkeitsstruktur in menschlicher Form zu werden, stand dieses Energiemuster ganz vorn und wartete darauf, daß man es an der einzig möglichen Stelle bearbeitete, nämlich im körperlichen Reich oder der Welt der Menschheit. Sobald die Persönlichkeitsstruktur in den neuen stofflichen Körper eintrat, wirkte sich die Energie auf diesen Körper aus, was Catherines heutigen Zustand zur Folge hatte.

Sie werden in der Abbildung erkennen, daß es im Hinblick auf das Körperliche nicht möglich wäre, eine derart riesige Wunde mit dem Schwertstoß hervorzurufen. Was jedoch die Energie anbelangt, so übertrug die Gewalt der Handlung eine riesige Menge Energie auf Catherines gesamtes Wesen, und das verursachte eine Wunde, die größer war als die, die das Schwert tatsächlich verursacht hatte.

Catherine erzählte mir, daß Schmerz ein ständiges Problem sei. Sie sagte, sie habe immer das Gefühl gehabt, wenn man ihre linke Schulter und den Arm abtrennte, würde das ihre Probleme lösen, und daß der Schmerz sich genauso anfühle, wie sich in ihrer Vorstellung ein Schwertstoß anfühlen müsse. Ich zeichnete ein Bild von dem Helm des

Soldaten, der etwas Besonderes hatte – ich konnte sogar die Nieten darauf erkennen –, und sie sagte, sie habe vor ihrem geistigen Auge genau denselben Helm gesehen, als ich die Szene beschrieb. Sie teilte mir außerdem mit, sie habe des öfteren Visionen und Träume, in denen sie über ein Schlachtfeld laufe, was für eine Frau ungewöhnlich erschien. Ich berührte die Stelle neben ihrem Schulterblatt, um zu zeigen, wo die Schwertwunde gewesen war, und zeichnete ein Bild vom Energiemuster der Wunde. Sie sagte, daß alle Einzelheiten sich für sie genau richtig anfühlten und ausgezeichnet zu dem paßten, was sie erlebte.

Das ist ein Beispiel dafür, wie das Energiemuster eines körperlichen Traumas sich in einer späteren Inkarnation auf körperlichem Wege zeigen kann. Natürlich gibt es in Catherines Fall auch Schaden auf der feinstofflichen Energieebene, wie die tiefe rote Blockade beweist, die sichtbar ist für jeden, der Hellsichtigkeit oder übersinnliche Sicht besitzt. So können Energieblockaden auf feinstofflicher Ebene sich ebenfalls in eine spätere Inkarnation übertragen. Das können die Energien von Dingen sein, mit denen die Menschen während ihres Lebens vielleicht gearbeitet haben oder mit denen sie nebenbei in Kontakt gekommen sind und die in ihr feinstoffliches Energiesystem eingezogen wurden. Beispiele dafür wären Muster von Giften, Viren, Krankheiten oder Energiemuster von kraftvollen Stoffen wie Pflanzenextrakten, Alkohol, Rauschmitteln usw.

Die Narbe in Catherines Aura von der Energie des Schwertstoßes.

Energieblockaden aus dem gegenwärtigen Leben

Blockaden können durch die Aufnahme irgendeines Stoffes hervorgerufen werden, mit dem wir in Berührung kommen. Es gibt Blockaden, die durch Impfstoffe im Kindesalter oder im späteren Leben hervorgerufen werden. Ein Impfstoff ist ein sehr kräftiges Energiemuster und kann Blockaden hervorrufen, sobald er in den Körper eingeführt wird. Mit Sicherheit ist eine Impfung der schlechteste Dienst, den wir einem Neugeborenen erweisen können, ebenso wie der Verzicht auf Muttermilch, die mit all den ganz besonderen Zutaten angereichert ist, die für den besten Start ins Leben gebraucht werden.

Ein beispielhafter Fall dafür findet sich bei mir selbst. In meiner Anfangszeit auf dem Gebiet des Pendelns und Rutengehens verwendete ich Ruten und arbeitete hauptsächlich im Bereich der Erdenergien. Als ich Fortschritte machte, stellte ich fest, daß ich kein Pendel verwenden konnte. Wie sehr ich es auch versuchte, es funktionierte einfach nicht. Schließlich suchte ich wegen dieses Problems einen Heiler auf. Er arbeitete auf einer hohen Schwingungsebene, so wie ich es jetzt tue. Ich wußte, daß ich die Reaktionsschwingungen beim Rutengehen in meinem Körper spüren konnte, aber auf der Ebene des Pendels traten sie nicht auf. Er diagnostizierte das Problem in wenigen Augenblicken: Ich hatte Energieblockaden, die davon herrührten, daß ich als Kind die Energiemuster von Nylon in mich hineingezogen hatte. Diese Blockaden saßen in meinen Oberarmen und stammten wahrscheinlich von Nylonhemden. Er setzte ein Schwingungs-Gegenmittel an meinen Armen ein, um das Energiemuster zu entfernen, das die Blockade verursachte. Es dauerte etwa eine Stunde, und seitdem funktioniert das Pendel bei mir einwandfrei. Die feinstoffliche Energie meines Körpers, das Chi, fließt jetzt an Stellen, wo es vorher nicht strömte.

Daran können Sie erkennen, daß wir uns Blockaden aus allen möglichen Quellen einfangen. Alles im Universum hat ein Energiemuster. Alles, was wir in unseren Körper hineintun oder was mit unserem Körper in Berührung kommt, hat ein feinstoffliches Energiemuster. Diese Energiemuster können aufgenommen werden und sich auf schädliche Weise auswirken, was die Funktion unserer Lebenskraft betrifft. Diese Muster befinden sich auf feinstofflicher Ebene, und wir werden oft ohne allzu große Probleme damit fertig. In einigen Fällen rufen sie Allergien oder Nahrungsmittelunverträglichkeiten hervor, aber normalerweise kommen wir damit klar und müssen nicht all zu tief gehen, um das Problem zu lösen. Versuchen wir aber, uns durch Energiearbeit oder Heilen weiterzuentwickeln, so arbeiten wir im Reich der feinstofflichen Energie und Energiemuster, und sie können zu etwas werden, das wir verstehen und bearbeiten sollten.

Wir müssen noch eine weitere Quelle für Blockaden betrachten. Wie wir bei Catherine gesehen haben, wurde das Energiemuster durch ein schwerwiegendes Lebenstrauma bewirkt. Eine Kombination mächtiger Faktoren prägte ihrem Wesen das Muster so ein, daß es sich übertrug und ihr heute lebenslange Probleme in diesem körperlichen Dasein verursacht. Es sind vermutlich Schock, Angst, Beklemmung, gewaltige Emotionen und geistige Erkenntnis, die gleichzeitig ablaufen – der Schock des Ereignisses; das blanke Entsetzen über das unerwartete Schwert, das ihren Körper durchdrang; die lähmende Angst der Unfähigkeit, etwas dagegen zu tun, mit der Erkenntnis, daß der Tod sie augenblicklich ereilt; dazu ein brennender, traumatischer Schmerz, der sich diesen letzten lebenden Sekunden ihres körperlichen Lebens einprägen.

Ein unerwarteter und gewaltsamer Tod kann für die Seele zu vielen Problemen führen, die z.B. oft als »verstorbene Seele« im stofflichen Reich umherirrt. Ganz sicher hat das Ereignis ein gewaltiges mentales und emotionales Muster geschaffen, wobei – im panischen Schrecken und Entsetzen jener letzten Augenblicke – die Zeit zum Ausgleich möglicherweise zu kurz war.

Emotionale und mentale Muster können Energieblockaden verursachen. Von der Zeit an, da wir im Mutterleib sind, wirken die Energiemuster unserer Mutter auf uns. Alles, was ihre Gefühle durcheinanderbringt, fühlen wir und halten es fest. Wenn es sich um ein schwerwiegendes Ärgernis handelt, kann es in uns ein schwerwiegendes Trauma hervorrufen, das sich im gegenwärtigen Leben zeigen mag, aber nicht muß. Vom Zeitpunkt unserer Geburt an und während der Jahre unserer kindlichen Entwicklung wirken auf uns alle möglichen mentalen und emotionalen Erfahrungen, während wir aufwachsen und lernen. Wir erleben viele Situationen, die uns nicht gefallen, und auf unterbewußter Ebene unterdrücken wir diese Informationen und behalten sie zurück. Diese Erfahrungen hinterlassen nun ein Energiemuster: die Energie einer negativen Erfahrung, ein mentales oder emotionales Muster. Denken Sie an Gedankenformen und die Macht des Gedanken und daran, daß die Energie dem Denken folgt. Auf einer bestimmten Stufe schalten wir unbewußt bestimmte Systeme ab, um uns selbst zu schützen. Geschieht das, so fließt die Lebensenergie nicht zu den betreffenden Stellen, was mein Problem mit dem Pendeln deutlich zeigte. Mentale und emotionale Muster werden innen erzeugt, nicht aufgenommen, können jedoch eine ebenso starke Wirkung haben.

ME (myalgische Enzephalomyelitis/chronisches Erschöpfungssyndrom) und MS (Multiple Sklerose) sind Krankheiten des ausgehenden 20. Jahrhunderts. Beide hängen mit der Körperenergie zusammen. Überlegen Sie nur einmal, wie viele Chemikalien seit Mitte des letzten Jahrhunderts eingeführt wurden, besonders in die Kette der Nahrungsmittelverarbeitung. Es sind buchstäblich Tausende, und sie enthalten neue, von der Wissenschaft entwickelte Energiemuster. Im Grunde sind es neue Moleküle, die zuvor auf der Erde so nicht vorhanden waren. Wir sind erst seit kurzer Zeit, innerhalb der letzten zwei Generationen, mit diesen Stoffen in Berührung. Ich weiß ganz sicher, daß manche Menschen, die unter ME leiden, durch Impfungen oder anderen Chemikalien mit einem bestimmten Muster zu tun hatten, und zwar unmittelbar bevor sie krank wurden. Gibt Ihnen das nicht zu denken?

Was auf einer energetischen Ebene des Daseins geschieht, wirkt sich auf die Leistungsfähigkeit auf einer anderen Ebene aus, ob wir nun von uns selbst als Menschen sprechen oder über andere Lebenssysteme im Universum. Wenn wir auf die Reinigung auf mentaler und emotionaler Ebene zurückkommen, so tauchen die Probleme immer wieder auf, und wie diejenigen bestätigen werden, die so etwas erlebt haben, ist es leicht, die Probleme zu sehen, wenn sie hochkommen – doch ist es sehr schwer, sie zu verarbeiten und sich mit ihnen zu befassen. Oft werden sie wieder zurückgedrängt, weil die Angst, sich dem Problem zu stellen, viel zu groß ist, als daß man sie aushalten könnte. Oft fordern diese Probleme von uns, daß wir lebenslange Haltungen ändern und andere Sicht- oder Verhaltensweisen erlernen müßten. Oberflächlich meinen wir oft, wir wären damit vorangekommen, aber dann müssen wir zusehen, wie sie von dort wieder auftauchen, wohin wir sie zurückgedrängt hatten.

Veränderungen in Ihrem Wesen können es erforderlich machen, daß sie sich immer wieder selbst analysieren und hinterfragen, und oft sind sie zu schmerzhaft, um sich auf sie einzulassen, oder zu trügerisch, um sie zu verstehen. Das Entscheidende ist hier, daß Sie viel Zeit auf die Arbeit an sich selbst verwenden können, um Blockaden aufzulösen, und dies ist das Wichtigste, was Sie tun können, um Ihre Weiterentwicklung zu unterstützen. Jede Blockade, die Sie entfernen, bedeutet für Ihr gesamtes Wesen, daß es auf einer höheren Ebene zu arbeiten beginnt, und die Beseitigung dieses Unrats wird später Ihre Weiterentwicklung ermöglichen. Ich bin in der glücklichen Lage, eine sehr gute Freundin zu haben, Anne, die über mehrere Jahre hinweg mit Health Kinesiologie an mir gearbeitet hat, um Blockaden aufzulösen.

Man kann diese Arbeit jedoch nicht übereilen. Jedesmal, wenn eine Blockade entfernt wurde, muß das Wesen auf allen Ebenen sein Gleichgewicht wiederherstellen. Das kann manchmal lange dauern. Diese kann nur über spirituelle Information oder Information aus einer höheren Quelle gemessen werden. Dazu kann man auf verschiedene Art gelangen. In der Kinesiologie fragt der Heilpraktiker die höhere Intelligenz des Körpers und erhält deren Antworten über die Muskelreaktion. Etwa so: Wann können wir mit dieser Person das nächste Mal arbeiten? In einer Woche, einem Monat, drei Monaten usw.? Ein erfahrener Kinesiologe, der auf einem hohen Niveau arbeitet, greift eigentlich wissentlich oder unwissentlich auf Antworten sowohl von einer spirituellen Ebene als auch vom höheren Selbst des Körpers oder Wesens zu. Diese Antworten können vom Lebensführer des Klienten kommen, von seinen eigenen Heilungsführern oder von anderen spirituellen Wesen, die vielleicht helfen möchten, aus welchem Grund auch immer. Durch Pendeln und Rutengehen kann man ebenfalls auf Information von einer höheren Quelle zugreifen. Mediale Arbeit, Hellsehen, Hellhören, Hellfühlen – all das sind Methoden, Botschaften von spirituellen Helfern zu empfangen, und es gibt Seminare für Menschen, die sich in diesen Techniken schulen möchten. Wenn wir Informationen von einer solch hohen und wissenden Quelle erhalten, können wir unser Vermögen, uns zu verändern, erhöhen.

Geistführern liegt unser Bestes am Herzen, und sie wissen, in welcher Reihenfolge wir die notwendige Arbeit ausführen sollten. Sie verstehen die Gesetze des Karma, oft als tugendhaftes Handeln ausgelegt, viel besser als wir. Und es kann sein, daß sie ihre eigenen Gründe haben, warum sie mit uns arbeiten, und daß sie ihre eigenen Ziele im Sinne ihrer karmischen Aufgabe verfolgen. Sie helfen uns also, anderen zu helfen, während sie sich gleichzeitig selbst helfen, indem sie für die Menschheit und auch für die Seele arbeiten. Es ist egal, welchen Grund sie haben. Beginnen Sie, darauf zu vertrauen, daß das Bewußtsein des Universums Ihnen bringen wird, was Sie brauchen, dann werden Sie die Hilfe erhalten, die für Sie zum gegenwärtigen Zeitpunkt am besten ist. In einer Heilungssitzung erzählen mir meine Geistführer manchmal, was gerade passiert und warum, und manchmal erzählen sie mir fast gar nichts. Manchmal sagen sie mir, daß ich es mit dem begrenzten Verständnis, das wir auf der Erde haben, nicht verstehen würde. Meine Klienten und ich müssen dem Prozeß einfach vertrauen. Im Grunde ist das spirituelle Heilung!

Nachdem ich nun etwas abgeschweift bin, um – wie ich hoffe – zur Erklärung beizutragen, kommen wir jetzt zurück zur spirituellen Ebene. Sie haben nun verstanden, daß es wichtig ist, zuerst auf der körperlichen, mentalen und emotionalen Ebene vorangekommen zu sein, bevor man auf dieser Ebene voranschreitet. Denken Sie an die Worte von C.W. Leadbeater in bezug auf die Erweckung der Kundalini-Energie: » ... es ist in der Tat besser, sie so schlafen zu lassen, bis der Mensch die erforderliche moralische Entwicklung vollzogen hat und bis sein Wille stark genug ist, sie zu kontrollieren, und seine Gedanken rein genug, um ihre Erweckung unverletzt zu erleben.« So wird uns in Erinnerung gerufen, daß wir uns mit Hilfe von Reiki einer Energie bedienen, die auf die Kundalini-Kanäle wirkt – allerdings nicht speziell darauf, die Kundalini-Energie zu erwecken. Die moralische Entwicklung und reine Gedanken sind ebenfalls von Bedeutung. Beim Arbeiten mit der Energie werden Probleme freigesetzt, mit denen wir uns befassen sollen. Das ist sicher. Bevor wir uns nicht mit ihnen auf den niederen Ebenen befaßt haben (besonders auf der emotionalen und mentalen), wird es Hindernisse bei unserem spirituellen Fortschreiten geben.

Die andere Seite, die betrachtet werden muß, wenn man den Dritten Grad erreicht hat, ist das Einstimmen anderer. Das geschieht nicht automatisch, denn es gibt ein bestimmtes Symbol, das es einer Person ermöglicht, Einweihungen durchzuführen; wir werden uns das noch im einzelnen ansehen.

Die Reiki-Ausbildung

Alle Reiki-Meisterinnen und -Meister sind unterschiedlich und üben ihre Kunst verschieden aus. Reiki wurde uns im Westen nicht mit einem strengen Verhaltens- oder Ausübungskodex weitergegeben, wie er für andere Heilanwendungen existiert, wie beispielsweise für die Bowen-Technik, für Kinesiologie oder Pranaheilen. Hier müssen die Lehrer äußerst hart arbeiten, um sich die notwendigen Fähigkeiten anzueignen und die Genehmigung ihrer Ausbilder oder Meister zu erhalten, Schüler lehren oder ihnen Kurse anbieten zu dürfen.

Um die Reiki-Ausbildung wird viel diskutiert, und es gibt viele Fragen, etwa warum manch eine Reiki-Ausbildung an einem Tag gemacht wird und andere Kurse über ein Wochenende gehen. Es gibt mehrere Gründe, warum das so sein kann. Manche Reiki-Meister geben die Einstimmung

»am Stück«, während andere die Einstimmung in vier »Portionen« aufteilen. Sie geben zwei Teile der Einstimmung am ersten Tag und zwei Teile am zweiten Tag. Auch hierfür kann es verschiedene Gründe geben. Manche dieser Reiki-MeisterInnen sind es so unterwiesen worden und geben es daher so weiter. Andere kennen verschiedene Arten, die Einstimmungen weiterzugeben; wenn sie jedoch keine Ausbildung in Energieübungen hatten, sind sie möglicherweise nicht in der Lage, die Energie so weit zu erhöhen, daß sie die Einstimmung auf einmal geben können. Eine Einstimmung zu geben, erfordert viel Energie vom Reiki-Meister, wenn sie wirksam ausgeführt werden soll.

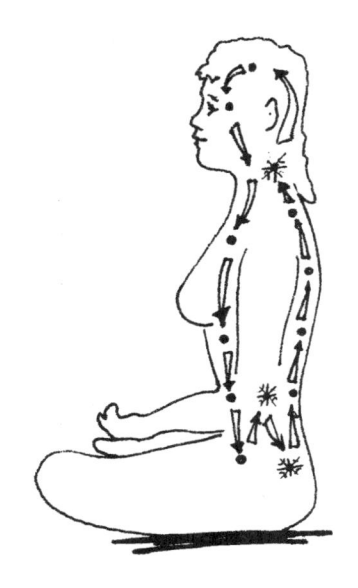

Im »Kleinen Kreislauf« wird Energie kreisförmig durch den Körper geführt.

Es gibt eine Reihe von Methoden, Energie im Lichtkörper und im körperlichen System zu erhöhen. Eine davon ist der »Kleine Kreislauf«, bei dem man Energie kreisförmig im Körper bewegen kann, was die Kraft Ihres inneren Wesens auf ein sehr hohes Niveau anhebt. Atemarbeit ist ebenfalls ein wichtiger Faktor bei der Erhöhung der Energie im eigentlichen Wesen. »Pranayama« ist das indische Wort für diese Praxis. Beim Pranaheilen werden ebenfalls Atemtechniken verwendet, um die Energie zu erhöhen. Wenn Reiki-Meister in der Lage sind, diese kontrollierten Techniken der Energieerhöhungen auszuführen, können sie in wenigen Augenblicken eine überaus kraftvolle Einstimmung geben. Das ist ein Grund dafür, daß eine Reiki-Ausbildung an einem Tag abgeschlossen werden kann.

Meine Art zu lehren

Ich gebe normalerweise eintägige Kurse; zum Teil deshalb, weil ich die Energie in der oben beschriebenen Weise erhöhen und daher die Einweihung in relativ kurzer Zeit geben kann, aber vor allem, weil ich das Kursmaterial einzig auf die Grundlagen beschränke. Wenn man Schüler in einem frühen Stadium zu viel zu lernen gibt, zerstreut sich ihre Aufmerksamkeit. Außerdem bin ich der Ansicht, daß es sehr wichtig ist, die Grundprinzipien der Energiearbeit zu begreifen, ohne diese mit mysteriösen oder mystischen Untertönen auszuschmücken. Wenn man richtig laufen lernen will, muß man mit dem Einfachen beginnen. Man hat dann immer noch viel Zeit, alles andere zu lernen. Ich möchte, daß meine Schüler mit einem grundsätzlichen Verständnis energetischer Prinzipien ausgerüstet sind. Das wird ihnen das Handwerkszeug an die Hand geben, Energie zu kanalisieren, kraftvoll und sicher.

Auch behandle ich das Thema »Reiki als Werkzeug der Selbst-Wandlung«, es kann nicht nur zur Heilung angewandt werden. Ich bin vor allem daran interessiert, meinen Schülern das Werkzeug Reiki als machtvolle Möglichkeit vorzustellen, Veränderungen in ihrem Leben zu bewirken. Ich möchte, daß sie die Begriffe »Licht« und »Lichtkörper« verstehen sowie die grenzenlose Macht, die uns für Veränderungen zur Verfügung steht. Ich möchte auch, daß sie wissen, wer und was sie im Hinblick auf Energie sind und wozu sie fähig sind. Gute Grundkenntnis energetischer Prinzipien zeigt, daß Reiki als mächtiger erster Schritt zur Selbstveränderung verwendet werden kann. Die Tatsache, daß wir diese Energie auch zum Heilen verwenden können, ist nur ein Nebenprodukt. Arbeitet man mit Energie, mit guten Kenntnissen und Achtung, dann wird man mit den äußerst machtvollen Gaben zum Heilen belohnt.

Das heißt nun nicht, daß ich den Heileigenschaften von Reiki keine Beachtung schenke. Ich behandle alle Grundlagen des Heilens, darunter wahrscheinlich viele Punkte, die andere auslassen oder nicht wahrnehmen. Dazu gehören: Meditation, Konzentration, Vorbereitung zum Gebrauch von Energie, grundlegende Handhaltungen und praktische Erfahrung an der Behandlungsliege, vollständige Heilungssitzungen und Aurareinigung. Jeder kommt auf der Behandlungsliege dran und kann die Energie seiner Mitschüler erfahren und dafür mit seinen neuen Fähigkeiten des Kanalisierens etwas geben. Das ergibt einen vollen Acht-Stunden-Tag mit harter Arbeit, und ich garantiere, daß am Ende jeder Auren spüren kann; und es findet soviel Veränderung statt, wenn man Energie zu erspüren vermag.

Lassen Sie mich meine Methoden mit denen einer guten Freundin vergleichen, die eine ausgezeichnete und sehr begabte Heilerin, Lehrerin und Reiki-Meisterin ist. Sie führt ihren Kurs für Reiki I über zwei Tage durch. Sie ist eine sehr kraftvolle Energiearbeiterin mit vielen unterschiedlichen Talenten, und sie kann die oben beschriebenen Übungen zur Energieerhöhung ausführen. Wie ich, gibt sie die Einstimmung in einem. Sie gibt ihren Schülern eine gute Grundlage mit für viele verschiedene Aspekte der Heilungstechniken, nicht allein Reiki. Ihre Schüler erhalten sehr viel mehr als nur eine Grundausbildung in Reiki, und das erfordert intensive Einzelunterweisung und Übung an der Behandlungsliege. Bei so viel Inhalt ist es besser, den Kurs über zwei Tage zu halten, so daß man nicht unter Zeitdruck steht (besser, als wenn man versuchen würde, zuviel in einen Tag zu packen).

Obwohl ein großer Teil der Art, wie wir Reiki lehren, in unserer beiden Methoden sich gleicht, ist das Gesamtbild unterschiedlich. Keine der beiden Methoden ist richtig oder falsch; wir haben jeder unseren eigenen besondern Schwerpunkt. Deshalb ist es wichtig, daß Schüler wissen, was sie von ihrem Lehrer bekommen. Für die Bedürfnisse und Wünsche eines bestimmten Schülers kann der Schwerpunkt des einen Lehrers geeigneter sein als der eines anderen.

Es kann viele persönliche Gründe dafür geben, daß manche Reiki-Meister die Ausbildung über zwei Tage durchführen und manche nur über einen. Dieses Beispiel kann als Richtschnur dafür gelten, was man erwarten sollte. Manche Meister füllen zwei Tage mit kaum mehr als den grundlegenden Reiki-Techniken und wiederholen diese immer wieder. Übung ist wichtig, aber wenn Sie einmal die Grundlagen kennen, dann können Sie das mit nach Hause nehmen und anfangen, an sich selbst zu arbeiten. Wenn Sie unsicher sind, können Sie in das Reiki-Material schauen, das alle guten Meister im Kurs verteilen.

Natürlich ist da auch noch das allgegenwärtige Problem der Wurzel allen Übels: Geld! Viele Menschen haben damit große Probleme. Schüler möchten wissen, wie sich der Preis rechtfertigt, und Lehrer haben verschiedene Arten der Rechtfertigung. Am Ende ist Geld nur eine Energieform, die wir fast universell verwenden können, um sie gegen etwas, das wir haben möchten, einzutauschen. Haben Sie das Gefühl, daß das Geben-und-Nehmen nicht ausgeglichen ist, dann sehen Sie davon ab. Finden Sie einen anderen Weg für sich. Sie tun auch gut daran, sich daran zu erinnern, daß man das bekommt, wofür man bezahlt. Jeder hat eine andere Beziehung zu Energie. Reiki-Meister sind da nicht anders. Schauen Sie hinter den Schleier und vertrauen Sie Ihrer Intuition.

Das Reiki-Material

Das Reiki-Material ist manchmal so geheimnisvoll und sagenumwoben wie das Einhorn. Manche Meister verteilen nur eine schmuddelige Fotokopie einiger grundlegender Handhaltungen oder Sinnbilder, andere stellen Meisterwerke her, die esoterisches Wissen der Geheimlehren und Wunder göttlicher Natur enthalten und 40 bis 50 Seiten umfassen. Mein eigenes Material für den Ersten Reiki-Grad ist etwa 25 Seiten lang.

Es ist wichtig für Schüler, daß sie etwas mit nach Hause nehmen können. In einem gut geplanten Kurs zum ersten Reiki-Grad gibt es viele Informationen, die aufgenommen werden müssen und die für viele völlig neu und sehr ungewöhnlich sind. Die Reiki-Einweihung ist eine Weihe in eine neue Lichtdimension und muß durch grundlegendes Wissen unterstützt werden, erstens über Reiki und zweitens über andere Seiten der Lichtarbeit. Es ist eine klare, jedoch kurz gefaßte Einführung nötig in das, was Reiki ist und wie man es verwendet, dazu einige Informationen über Auren und Chakren. Daß man diese Energiezentren versteht, ist Grundlage dessen, worum es bei Energiearbeit und dem Heilen eigentlich geht.

Auch die Entgiftung und der 21-tägige Reinigungsprozeß sind wichtig. Einzelheiten zu den »zwölf Reiki-Positionen« sind wesentlich. Wie man eine Reiki-Behandlung gibt, sollte als klare Anleitung dargelegt werden, damit man nachschlagen kann, wenn man eine bestimmte Vorgehensweise vergessen hat. Es sollte außerdem eine Einführung zu übersinnlichem Schutz und übersinnlichen Angriffen geben. Man würze das ganze mit ein wenig Geschichte und der Reiki-Linie des Schülers ... und siehe, die Schüler werden kaum irregehen. Wenn es Unsicherheiten oder Fragen der Auslegung gibt, sollte der Schüler die Möglichkeit haben, telefonisch mit dem Meister Kontakt aufzunehmen. Wesentlich ist jedoch, daß ihm an Material mitgegeben wird, so viel er braucht.

Ein solches Material ist auch für den Zweiten und Dritten Grad wichtig. Zur Einstimmung des Zweiten Grades gehören Symbole, mit denen sich zu beschäftigen einigen Menschen schwerer fällt als anderen. Als wir im Westen anfangs in Reiki unterrichtet wurden, zeigten viele Reiki-Meister den Schülern Abbildungen der Symbole und ließen sie die Symbole noch am selben Tag lernen. Die Schüler durften keine Kopie machen, da die Symbole als heilig galten. – Sie sind in der Tat heilig und mächtig und sollten geachtet sein. Doch wurden sie bis heute in einer Reihe von Büchern veröffentlicht und sind nicht mehr so geheim wie früher. Wichtig ist es, zu verstehen, daß das Symbol nutzlos für einen

Menschen ist, wenn es nicht durch einen Reiki-Meister in den Lichtkörper dieses Menschen hineingebracht wurde und somit in seinem Wesen aktiviert wurde. Ich selbst gebe meinen Schülern Kopien der Symbole mit, weil ich möchte, daß sie »es richtig machen« und sich nicht darum sorgen müssen, ob sie sich die Symbole richtig gemerkt haben. Allerdings bringe ich ihnen bei, welche Bedeutung Achtung hier hat. Letzten Endes werden die Menschen mit ihrem Karma Rechenschaft ablegen müssen, wenn sie das heilige Wissen nicht achten.

Das Material zum Dritten Grad sollte alles beinhalten, was für den Reiki-Meister wichtig ist, doch ist hier auch Raum, es auf andere Gebiete des Heilens und esoterischen Wissens auszudehnen, falls man das möchte.

Die Geschichte

Die Geschichte des Reiki war im ausgehenden 20. Jahrhundert eine heikle Angelegenheit. Die meisten Reiki-Meister und -Ausübenden im Westen führen ihre Linie auf die verstorbene Hawayo Takata aus Hawaii zurück, der wir alle zu großem Dank verpflichtet sind, oder auf die Reiki-Meister-Innen, die in den letzten Jahren ihres Lebens eingestimmt wurden. Im Licht der Informationen, die jetzt aus Japan kommen – durch Untersuchungen von Reiki-Meistern wie Frank Arjava Petter, Alan Sweeney, Simon Treselyan und William Lee Rand sowie anderen, die viel im Hintergrund getan haben, um diese Menschen zu unterstützen – erscheint wohl die ursprüngliche Geschichte, die uns allen erzählt wurde, mehr als nur ein wenig zweifelhaft.

Ich habe nicht vor, an dieser Stelle auf die Geschichte des Reiki einzugehen; dazu bin ich nicht berechtigt. Vielmehr möchte ich die Leserinnen und Leser auf die Werke der obengenannten Menschen verweisen, die aufgrund ihrer ausgedehnten Forschungen und großen Anstrengungen bei der Suche nach der Wahrheit viele Kenntnisse aus erster Hand haben. Besonders Arjava Petter, der mit seiner japanischen Frau in Japan lebt, ist japanischen Reiki-Meistern begegnet und hat viel Zeit auf die Arbeit an der Übersetzung des Originalmanuskriptes von Dr. Usui, dem Begründer des Reiki, verwendet, das ihm übergeben wurde, damit die Sache klargestellt werden kann. (Die deutsche Übersetzung liegt unter dem Titel *Original Reiki-Handbuch des Dr. Mikao Usui* vor.)

Hausaufgaben

Auf der Stufe des Ersten Reiki-Grades bestehen die Hausaufgaben vorrangig im 21-tägigen Reinigungsprozeß. Das wichtigste am Ersten Grad ist, anzufangen und Reiki so viel wie möglich einzusetzen, vor allem an sich selbst. Jedoch sind auch auf der Stufe des Zweiten Grades Hausaufgaben sehr wichtig. Leider stellen viele Reiki-Meister auf dieser Stufe nicht nur kein Material zur Verfügung, sondern geben auch keine Hausaufgaben.

Meine Lehrer für den Zweiten Grad waren ausgezeichnet und gaben uns sehr wichtige Hausaufgaben auf. Was Energie anbelangt, so sind diese Hausaufgaben höchst wichtig, um die Energie in den Mental- und Emotionalkörper zu bringen und auf sehr tiefer Ebene zu reinigen oder zu entgiften – nicht nur bis zur Geburt zurück, sondern darüber hinaus bis in den Mutterleib und durch die Schwangerschaft Ihrer Mutter hindurch. Wenn Sie sich in der Energiearbeit nicht gut auskennen, verstehen Sie die vielen Traumata nicht, die noch im Mutterleib entstehen können. Erleidet eine Mutter einen Schock oder ein Trauma, dann wird dies an das ungeborene Kind weitergegeben. Schon ein normales tägliches Leben hat seine Höhen und Tiefen. Wenn eine Mutter nun aber eine – wenn auch nur leichte – emotionale oder mentale Aufregung durchlebt, beeinflußt dies das Baby im Mutterleib auf einer feinstofflichen Ebene. Das wiederum führt normalerweise zu feinstofflichen Energieblockaden, wodurch wir unfähig werden, bestimmte Dinge zu verarbeiten. Blockaden dieser Art können beispielsweise zu Allergien oder Lernschwierigkeiten führen. – Eigentlich kann fast alles von einem Trauma im Mutterleib herrühren.

Der zweite Reiki-Grad stattet Sie mit den Werkzeugen aus, mit denen Sie einen Weg zurück bis zur Empfängnis und darüber hinaus erschaffen können, wenn Sie so weit zurückgehen wollen, wo dringend notwendige Heilung getan werden muß – ich wiederhole: muß! – damit Sie in Ihrer Entwicklung vorankommen. Ein großes Problem beim Heilen ist, daß die Menschen sich selbst einschränken, weil sie glauben, sie würden erst seit ihrer Geburt existieren. Oft erst, wenn Sie Lichtarbeit erleben und Ihre Erfahrungen sich zu erweitern beginnen, erscheint es Ihnen möglich, schon viele Leben gelebt zu haben. Das Heilen früherer Leben ist oft ebenso wichtig wie das Heilen dieser Lebenszeit; außerdem kann es oft Dinge in der gegenwärtigen Lebenszeit heilen. In Kapitel 7, »Übersinnliche Angriffe«, finden Sie unter »Und was geschah am anderen Ende?«

die Geschichte einer Frau, die im Zustand dämonischer Besessenheit in dieses Leben geboren wurde. Welche Art Leben hatte sie vor diesem – in Begleitung ihres Gastes? Diese Lebenszeit hatte ihr, was ihre Gesundheit anbelangt, sicher einiges zugemutet. Wieviel davon hatte mit den etwa dreißig Jahren zu tun, in denen sie eine schmarotzende dämonische Energie mit sich herumschleppte?

Das Wesen der Hausaufgaben besteht darin, in der Zeit zurückzureisen und dabei die Reiki-Symbole zu verwenden, um Zeit und Raum zu überschreiten. Auf der Reise räumen Sie mentale und emotionale Muster und Blockaden aus dem Weg, die auf irgendeiner Ebene – der bewußten, der unterbewußten oder sogar der höheren bewußten – Ihre Weiterentwicklung behindern. Das sollte sehr kontrolliert über einen Zeitraum von Monaten erfolgen, wobei Sie selbst jedes Mal ein Jahr weiter zurückgehen. Dieser Prozeß kann gewaltige emotionale Traumata lösen, mit denen man sich beschäftigen, durch die man sich hindurcharbeiten muß und die man nicht leichtnehmen sollte. Gewöhnlich erkennt man das emotionale Problem nicht, da reine Energie freigesetzt wird. Wird das unter Anleitung durch den Reiki-Meister ausgeführt, dann werden Sie befreit sein, so daß Sie sich in den kommenden Jahren kräftig vorwärtsbewegen können. Ich habe oft erlebt, daß Menschen die Ernsthaftigkeit, mit der man diesen Prozeß angehen sollte, unterschätzten. Sie durchliefen den Prozeß hastig und wurden fast lebensunfähig, da die freigesetzte Energie sie emotional und mental schwer belastete.

Heilungskrisen

Die Begriffe »Heilungskrise« oder »Heilungsprozeß« sind in Lichtarbeiterkreisen oft zu hören. Wenn wir oder andere an uns Heilarbeit leisten, setzen wir Energie frei. Wenn diese Energie freigesetzt wird, muß sie aus unserem Wesen hinausgehen – egal, ob auf körperlicher, emotionaler, mentaler oder spiritueller Ebene – und der Raum, den sie vorher ausfüllte, muß nun von etwas anderem besetzt werden. Wenn Menschen Sai Baba oder Mother Meera oder irgendeinen anderen der großen Yogis oder Gurus aufsuchen, machen sie ihre Reise vor allem, um Heilung für sich selbst zu erbitten. Sie mögen dabei noch nicht einmal ein Gespräch mit dem Guru haben, doch das macht nichts. Allein, wenn man in seiner Gegenwart ist, in der Aura dieses Menschen (die sich bei jemandem, der derart weit entwickelt ist, über große Entfernungen, Kontinente gar, nach außen verbreiten kann) weiß der Meister, daß man mit einer bestimmten Absicht da ist und still um Hilfe bei der Entwicklung bittet. Der Meister weiß auch, auf welcher Ebene man Hilfe benötigt.

Nachdem Menschen die Gegenwart eines Gurus erlebt haben, werden Blockaden entfernt, Muster aufgelöst, und in der Folge fällt ihr Leben oft auseinander. Sie werden zu emotionalen Wracks, nichts scheint für sie gut zu laufen, und sie finden es schwer, in dem Leben zu funktionieren, das sie vorher führten. Werden Energiemuster entfernt, so hinterläßt das eine Leere, und irgend etwas muß die Leere füllen. Der Stoff, der diese Leere füllt, ist Licht. Licht kommt in die Leere und erhöht die Schwingung des Wesens zusätzlich. Dies kann weitere Blockaden auflösen, weitere Entwicklung bringen, und so kann man in einen Kreislauf geraten, der viele Monate dauert, bevor die Dinge sich wieder beruhigen und ein angenehmeres emotionales und mentales Leben münden.

Heilung ist der Weg der spirituellen Kriegerinnen und Krieger. Wie ein Sprichwort treffend sagt: Ohne Fleiß kein Preis.

Einstimmungen

Ich habe nicht vor, in diesem Buch auf die speziellen Einzelheiten zu Einstimmungen einzugehen – es gibt andere gute Reiki-Bücher, die dieses Thema wunderbar behandeln, und ich möchte nichts ausführlich darlegen, was man leicht aus andere Quellen schöpfen kann.

Allerdings werde ich oft zur Einstimmung beim Dritten oder Meister-Grad befragt. Gewöhnlich folgt darauf die Frage, wieviel sie kostet. Ich nenne meinen Preis, der in etwa mit den Preisen vieler anderer Reiki-Meister übereinstimmt und den ich als Investition betrachte. Ich sage: »Wenn Sie Interesse haben, sollten wir einen Termin vereinbaren, um darüber zu sprechen.« Oft höre ich danach von den Betreffenden nie wieder etwas.

Weil ich vorsichtig bin, mich nicht gleich daraufstürze und denjenigen annehme, damit er an Ort und Stelle noch in derselben Woche seinen Meister »macht«, betrachtet man mich wahrscheinlich als jemanden, der eigentlich nicht daran interessiert ist. Das ist nicht der Fall. Ich nehme das Vorankommen meiner Schülerinnen und Schüler sehr ernst, vielleicht zu ernst – entscheiden Sie selbst. Für mich stimmt das aber, denn wenn man in Eile ist, ist man unachtsam, und auf die Unvorsichtigen warten Fallstricke. Wir müssen diesen Weg jedoch alle auf unsere eigene Weise gehen.

Es gibt aber Menschen, die verstehen, was ich damit eigentlich sage: »Wir müssen in einer ruhigen Umgebung zusammensein, damit ich mich in Sie einstimmen kann und Sie sich in mich, um zu sehen, ob es einen Einklang zwischen uns gibt. Wenn es diesen gibt, sollten wir fortfahren. Sie können meine Referenzen studieren und so viele Fragen stellen, wie Sie wollen, und mich nach meinen Antworten bewerten. Bin ich der Reiki-Meister, mit dem Sie diesen Schritt gehen wollen oder nicht?« Oder sind Sie vielleicht der Ansicht, daß es nicht von Bedeutung ist, bei wem Sie Ihre Einstimmungen erhalten? Ich kann verstehen, warum manche Schüler so denken. Sie kommen in einen Bereich, der neu, aufregend und verwirrend ist. Sie erkennen nicht, was im Augenblick der Einstimmung tatsächlich passiert und in wessen Händen sie sich befinden!

In der Stille und Gegenseitigkeit können wir uns anschauen, wie Ihre bisherige Entwicklung in der Energiearbeit aussah und wie Sie an diesem Punkt angekommen sind. Ich kann in Ihre Chakren hineinschauen und Ihre Probleme erkennen; sehen und spüren, wie Ihre Energie zur Zeit ist; ob Sie irgendwelche übersinnlichen Anhängsel oder negativen Energien haben, die der Aufmerksamkeit bedürfen, ob Ihr Lichtkörper sich im Gleichgewicht befindet oder neu eingestellt werden muß. Ich kann mit Ihren Geistführern kommunizieren, um ihre Meinung zu erfahren und ob allgemein alles soweit in Ordnung ist, daß wir fortfahren können. Ich kann meine Geistführer fragen, ob Sie bereit sind oder ob es irgend etwas gibt, das wir gemeinsam zur Vorbereitung tun können, damit Sie für Ihre Einstimmung wirklich bereit sind.

Fortwährende Unterstützung

Unterstützung ist für manche wichtig, für andere weniger. Manche werfen sich den Reiki-Umhang über und fliegen auf Nimmerwiedersehen davon. Andere brauchen, besonders beim Durcharbeiten der Hausaufgaben von Reiki II, manchmal Beratung, Hilfe und Unterstützung. Gelegentlich brauchen nicht nur Schüler, sondern auch Reiki-Meister Bestätigung oder Rückmeldungen zu etwas, das sie erlebt haben, oder einen Rat, wie sie ein Problem angehen sollen. Wir alle lernen unentwegt, und da sind Meister keine Ausnahme. Wie es so schön heißt: Je mehr man lernt, desto mehr weiß man, daß man nichts weiß. Reiki-Meister sollten für die eigenen Schüler verfügbar sein. Sie müssen Ihre Schüler nicht alle paar Wochen anrufen, um zu erfahren, wie sie vorankommen – es sei denn, Sie möchten das tun –, aber lassen Sie sie wissen, daß sie Sie anrufen können, wenn es nötig ist. Es gibt nichts Schlimmeres, als ein Wochenendseminar in einem anderen Teil des Landes mitzumachen und dann später festzustellen, daß es Dinge gibt, die man nicht versteht oder die der Klärung bedürfen, oder daß man Probleme hat und niemand da ist, an den man sich wenden kann.

Um dieses Problem zu lösen, sind offene Reiki-Abende eine gute Möglichkeit, alle ab und zu zusammenzubringen. Ein »offener Reiki-Abend« ist ein Treffen, bei dem Reiki-Schüler, -Praktizierende und -Meister – Männer wie Frauen – locker zusammenkommen, um Informationen und Erfahrungen auszutauschen und sich gegenseitig Reiki zu geben. Manche Reiki-Meister bieten das einmal im Monat an (was bewunderungswürdig ist), manche weniger häufig (dazu gehöre ich ... leider). Solche Abende stellen eine gute Möglichkeit dar, in Verbindung zu bleiben, und eine hervorragende Gelegenheit für die Schüler, Energie mit ihrem Meister und anderen Heilern auszutauschen.

Das Wichtigste ist, daß die Schüler wissen, wo sie ihren Meister erreichen, und daß dieser bei möglichen Probleme und Unsicherheiten zur Stelle ist.

6

Einen Reiki-Meister wählen

»Die Möwen, von denen du abstammst, kleben am Boden und zetern und streiten miteinander. Unendlich weit sind sie vom Himmel entfernt – und da glaubst du, du kannst ihnen von ihrem Standort aus den Himmel öffnen? Sie können doch nicht über ihre eigenen Flügelspitzen hinausblicken! Bleib bei uns, Jon. Hilf den Anfängern hier. Sie sind schon weiter, sie können erkennen, was du ihnen zeigen willst.«
Richard Bach, *Die Möwe Jonathan*

Sich eine Reiki-Meisterin oder einen Reiki-Meister auszuwählen, kann leicht oder schwer sein. Wie überall in der Natur gibt es Einfachheit und Vielschichtigkeit: Heben Sie einen Kiesel am Strand auf, und was haben Sie da? Sie haben einen einfachen Kiesel. Nun schauen Sie ihn sich genauer an. Normalerweise haben Sie da eine Mischung aus verschiedenen Materialien. Zunächst kann es eine von drei Gesteinsarten sein. – Es kann Eruptivgestein sein, geboren aus dem Feuer, das der geschmolzene Kern der Erde ausspie. Es kann metamorphes Gestein sein, geboren aus den wechselnden Temperaturen und dem wechselndem Druck in der sich über Jahrtausende hinweg bewegenden Erdkruste. Oder es kann Sedimentgestein sein, geboren aus Ablagerungen, die sich in Millionen Jahren langsam nach unten senkten, zusammengedrückt von der ständig wachsenden Materiallast und gebunden durch den Kalk sich zersetzender Meereslebewesen, die zum Meeresgrund sanken, um eines Tages durch die tektonischen Erdbewegungen über den Meeresspiegel hinausgehoben zu werden.

Sehen Sie noch einmal hin: Der Kiesel kann aus einer Reihe von Mineralien bestehen, von denen jedes sein ihm eigenes Muster atomarer Struktur hat, das in sich einzigartig ist und der Welt seinen Eindruck in Form der Schwingungsweise seiner Atome zeigt. Jedes hat quasi seinen eigenen Fingerabdruck. Nehmen Sie nun einen Kiesel, der daneben liegt, dann kann dieser in jeder Hinsicht völlig anders sein. Damit haben wir die Einfachheit des Kiesels auf der einen und die Vielschichtigkeit seiner Persönlichkeit auf der anderen Seite erfaßt.

Wir sehen daran, daß es ähnlich einfach und kompliziert sein kann, einen Reiki-Meister auszusuchen. Einerseits können wir intuitiv jemanden wählen, der für uns richtig ist. Andererseits können wir tief in viele Seiten seiner Persönlichkeit schauen und herausfinden, was in ihm vorgeht. Wir müssen da ein Gleichgewicht finden. Wir können die ästhetische Schönheit des Kiesels schätzen, sein Aussehen und wie er sich in unserer Hand anfühlt, und genauso können wir einen Reiki-Meister mit ein paar gut gewählten Fragen einschätzen und daraus, wie er sich für unser inneres Wissen, unsere Intuition anfühlt. So, wie wir im täglichen Leben Menschen treffen und sie entweder mögen oder nicht mögen.

REIKI – OPFER ODER SIEGER?

Reiki durchläuft seine Wandlung, während es sich über den ganzen Planeten ausbreitet, genauso wie seine Schüler ihre Wandlung durchlaufen. Leider entwickelt sich Reiki in mancherlei Hinsicht genau zum Gegenteil dessen, was es eigentlich sein sollte: ein Vermittler von Heilung, Gesundheit und Wandlung zum Besseren. In Wirklichkeit kann es stattdessen eine Wandlung in negative Egokraft herbeiführen. Reiki ist verführerisch. Es ist ein Verführer des Ego und daher des Selbst. Es geschieht sehr leicht, daß Schülerinnen und Schüler, denen Reiki neu ist, von dieser Macht verführt werden ... und noch beunruhigender ist vielleicht, daß Reiki-Meisterinnen und -Meister der Versuchung sogar noch leichter erliegen. Wir sollten wachsam bleiben und nicht blind gegenüber der Tatsache werden, daß Reiki-Schüler auf jeder Stufe Opfer ihres eigenen Erfolges werden können, ebenso wie die gesamte Praxis des Reiki in vielerlei Weise gerade Opfer ihres eigenen Erfolges wird.

Wie kann Reiki Opfer seines eigenen Erfolges werden? Ganz einfach: Weil Energie das Element »Macht« beinhaltet und wegen der Art, wie sie das Ego erreicht. Reiki-Gruppen und -Organisationen rund um den Globus haben sich wegen verschiedener Angelegenheiten zerstritten, die mit Reiki zu tun hatten. Einzelpersonen haben sich als angebliche Führer über das Ganze einzusetzen versucht und sich Titel wie »Großmeister« gegeben. Manche haben versucht, von anderen zu nehmen, indem sie die Bezeichnung »Reiki« und die Reiki-Praxis gesetzlich schützen lassen wollten. Manche haben absolute Kontrolle angestrebt (hier haben wir es mit einem ganz eigenen Thema zu tun!), um Menschen große Geldsummen zu entlocken, wenn diese den Titel »Reiki-Meister« tragen wollen. Andere haben neue Heilweisen entwickelt und sie mit der Bezeichnung »Reiki« verbunden. Schändlicherweise sind sogenannte Heiler sogar gerichtlich gegen andere Heiler vorgegangen.

Einige Reiki-Organisationen haben versucht, der Reiki-Praxis eine spezielle »Form« zu verleihen und zu beurteilen, wer die Reihen ihrer Mitglieder füllen darf und wer nicht. Und das alles, obwohl jeder, der auch nur irgend etwas über das Heilen weiß, versteht, daß wir alle Individuen sind und auf unsere ganz eigene Weise Farben sehen und Botschaften empfangen. Vor vielen Jahren kündigte ich meine Mitgliedschaft bei einer großen Heilerorganisation, weil die erlaubte Form des Praktizierens zu einschränkend und die Struktur zu politisch war. Wo kommen wir denn hin, wenn jemand aufgrund von Vorschriften seine natürlichen Talente nicht voll nutzen darf?

All das hat mit Macht zu tun! – All das hat mit Geld zu tun! Reiki ist in manchen Kreisen schmutzig geworden. Genauer gesagt hat es mit einer Macht des Ego zu tun, die herbeigeführt wird, wenn die Energie einer geringen Charakterstärke im einzelnen Menschen Nahrung gibt. Das Universum gibt uns Macht, und wir mißbrauchen sie; es gibt uns Macht, und wir mißgönnen sie anderen, die sie ebenfalls haben; es gibt uns Macht, und wir werden besitzgierig und herrschsüchtig. So fällt Reiki seinem eigenen Erfolg zum Opfer!

DAS EGO – DER INNERE MEISTER

Sie haben es alle schon einmal gehört, dieses mit stolz geschwellter Brust und mit der Erregung über das Erreichte in der Stimme hervorgebrachte: »Ich bin jetzt Reiki-Meister!« Diejenigen unter uns, die diese schwindelerregenden Höhen noch nicht erklommen haben, stehen mit offenem Mund da und sind von Bewunderung erfüllt, die von ein wenig Neid getrübt ist. Wir versprechen uns, daß wir uns auf nichts anderes konzentrieren werden, als eben dieses Ziel zu erreichen.

Wir wissen kaum etwas darüber, ob derjenige, der das eben aussprach, möglicherweise völlig hilflos und seiner selbst in seiner neuen Rolle völlig unsicher ist und sich fragt, was wohl als nächstes passiert? Oft fühlen sich solche Menschen verpflichtet, eilig Seminare anzubieten und andere einzustimmen. Oder schlimmer noch, manche haben den

Stand des Reiki-Meisters in Eile erreicht, besonders, um Geld aus dem Einstimmen anderer zu schlagen; und sie haben schreckliche Angst davor, daß die Einstimmungen vielleicht nicht wirken könnten, und wissen auch gar nicht, wie sie letztlich einschätzen sollen, ob sie überhaupt gewirkt haben. Mit großer Beklommenheit wagen die neuen Reiki-Meisterinnen und -Meister den Sprung in den Abgrund, versuchen, spirituell zu sein, beten um Hilfe und Führung und wissen nie, was passieren oder nicht passieren wird.

Ohne es wirklich zu hören, verbinden wir uns sehr kraftvoll und tief mit der Energie des »Ich Bin«. Es ist das persönliche Ego, das zu Ihnen über das »Ich-Bin« spricht. Hüten Sie sich vor der Verführung, die darin steckt ... das »Ich Bin wichtig«, das »Ich Bin Reiki-Meister«, das »Ich-Bin will einen höheren Status erreichen, als ich tatsächlich besitze« ...das »Ich-Bin meldet sich, um anerkannt zu werden« – und das hat Ego Angst, daß es nicht anerkannt wird. Am Ende bringen Sie Ihre Anbetung womöglich im Tempel des »Ich-Bin« dar, das Sie natürlich von den Massen abhebt. Denn »Ich-Bin« steht allein, in Angst vor und im Konkurrenzkampf mit den anderen Heilenden. Doch in Wirklichkeit werden Sie nicht allein sein, weil es schon unzählige »Ich-Bin« gibt, die im selben Schrein ihre Anbetung darbringen!

Energie ist Macht, und wir wissen: Macht korrumpiert, und absolute Macht korrumpiert absolut. Das trifft auf Reiki noch mehr zu als auf andere Gebiete des Lebens. Probleme der Macht und des Beherrschens sind mit der Energie mancher Reiki-Meister eng verknüpft. Man tappt schnell in die Falle, seine Reiki-Einstimmung aus den falschen Gründen und womöglich noch bei den falschen Meister erhalten zu wollen. Wie bei allen Dingen, die das Wechselspiel zwischen Menschen betreffen, gibt es oft ein verstecktes persönliches Programm, das sich sogar auf unterbewußter Ebene befinden kann. In manchen Fällen befindet es sich auf der bewußten Ebene, und der Praktizierende ist sich dessen möglicherweise bewußt, aber die Versuchung ist zu stark, als daß man ihr widerstehen könnte. Wenn starke Energien in das Chakrensystem eingebracht werden, haben sie auf alle Ebenen unseres Wesens einen mächtigen Einfluß.

Eine vermehrte energetische Tätigkeit auf der Ebene des Wurzel- und Sakralchakras erhöht die Erdungs- und sexuellen Funktionen; auf der Ebene des Solarplexus erhöht sie bestimmte Seiten der Wahrnehmung und die Energiemenge, die sich zu allen anderen Chakren hinbewegt; auf Herzebene kann sie Emotionen ausgleichen und die Selbstliebe erhöhen; bei Hals- und Stirnchakra erhöht sie das Feingefühl für inneres Sehen oder Hellsehen, und auf der Ebene des Kronenchakras schafft sie Platz für spirituelle Fertigkeiten. In der Wirklichkeit kann man sich mit den unteren Zentren, die in den körperlichen Funktionen verwurzelt sind und den Antrieb für unser Dasein und Überleben in der körperlichen Welt liefern, leichter identifizieren, ohne neue Fertigkeiten erlernen zu müssen. Es kann schnell schwieriger werden, Probleme der emotionalen Übertragung und der sexuellen Kontrolle zu beherrschen, wenn die Energie auf der Ebene des Wurzel- und des Sexualchakras in das System gelangt und das Begehren schürt.

Reiki *ist* Macht – selbst-umwandelnde Macht, mentale und emotionale Macht, heilende Macht, seelische Macht, mystische Macht, finanzielle Macht und persönliche Macht. Reiki sollte von denen, die schon eingestimmt sind, als Macht betrachtet und mit großem Respekt behandelt werden. Es sollte auch, und ganz besonders, von den Nicht-Eingestimmten als Macht betrachtet werden, und man sollte ganz deutlich begreifen, daß der Reiki-Meister diese Macht trägt und so viele Dinge beeinflussen kann, nicht zuletzt durch Gedanken und Übertragung. Skrupellose Reiki-Meister werden diese Macht einsetzen, um andere zu beherrschen – auch im Bereich der Sexualität.

Reiki steht für Lebensveränderung. Es ist auf einer feinstofflichen Ebene sofort lebensverändernd. Es kann auch auf einer körperlichen, emotionalen und mentalen Ebene fast sofort verändernd wirken. Der plötzliche Anstieg der Energie und die neuen Fähigkeiten, die einem durch den Einsatz der Reiki-Energie zufallen, sind mächtige Verführer des Ego.

Für diejenigen, die den ersten Reiki-Grad erreicht haben, kann der Titel »Reiki-Meister« sehr fern und furchteinflößend erscheinen. Der Schüler mag denken: »Wenn ich schon so viel Macht mit dem Ersten Grad habe, dann muß der Meister unglaublich mächtig sein.« Schüler stellen Meister auf ein Podest, und wer würde sich nicht wünschen, an dieser Stelle zu stehen, wenn wir mal völlig ehrlich sind? Es ist ein gutes Gefühl, wenn Menschen von unten zu einem aufschauen. Das nährt unser Ego. Die skrupellosen unter uns werden die Energie der Verehrung durch unsere Schüler kultivieren und sich davon nähren, statt die unsichtbare Robe des wahren Meisters und Lehrers zu tragen und die Schüler mit ihrer Energie, ihrem Wissen und ihrer Erfahrung zu nähren. Ein wahrer Meister jeder Kunst gibt von sich und seiner Energie. Bei Reiki sehen wir oft, daß das Gegenteil geschieht.

Reiki bringt einem Menschen einen mächtigen Auftrieb. Anfangs kann Unsicherheit da sein, aber wenn die Energie erst kräftiger durchströmt, werden die Schüler bald sicherer. Sie können ihre Hände gar nicht schnell genug auf andere Menschen legen, um diese mächtige Energie auszuprobieren, und wieder geraten sie in die Egofalle und denken, sie könnten jeden von allem heilen – von Bauchweh und steifen Gelenken über ME, selbst bis hin zu Krebs. Bei manchen Menschen wird das Ego durch die Energie derart ermuntert, daß ich fast sicher bin, selbst der Tod würde kein unüberwindbares Hindernis darstellen, so machtvoll durchzieht die neue Heilenergie ihr Wesen.

Viele Menschen durchlaufen diese Phase. Das ist verständlich und fast immer so; es zeigt, daß die Energie ihre Arbeit tut, und sie ist ein großartiger Gleichmacher für jene, die es als das sehen können, was es ist. Ein großartiger und begabter Naturheiler, der nicht weit von mir wohnt, beschreibt in seinem Buch eigene ähnliche Erfahrungen. Und obgleich er kein Reiki praktiziert, erzählt er, daß er zu einem bestimmten Zeitpunkt sogar glaubte, er sei die Wiederkehr des Herrn, so sehr sei er in Verzückung geraten. Hat jemand solche Macht und beginnt, die Kontrolle zu verlieren, je mehr die Energie das Ego nährt, dann kommt bald die mächtige Hand von oben, um ihm eine Lektion zu erteilen. Und so war es in diesem Fall. Eines Morgens waren seine Talente einfach verschwunden. Er hatte es nicht kommen sehen, und es *war* ein großer Gleichmacher. Man muß auf die Füße fallen und aus Lektionen ganz schnell lernen, wer hier das Sagen hat. Diese Energie ist uns nicht gegeben, damit wir sie gebrauchen, wie wir es wollen, ohne für Mißbrauch zu zahlen. Sie wird unter uns als verantwortungsvollen Wächtern und Förderern gesät, damit wir sie mit Bescheidenheit zum Wohle der Menschheit nutzen. Jene in sogenannten »Reiki-Machthaber« werden mit dem, was sie da tun, nicht einfach so davonkommen. Zu irgendeinem Zeitpunkt wird eine karmische Schuld abzuzahlen sein. Von allen Menschen sollten sie das am besten wissen.

Macht! Sie ist in manchen Fällen wie eine Achterbahn ohne Bremsen. Die Menschen wollen verständlicherweise mehr davon: »Heilende Macht ist gut; Macht beherrscht; Macht ist alles. Ich kann diese Macht verwenden, um die Welt zu heilen ... Gebt mir Reiki II!«

Auf eine weitere kleine Sache sollten Sie bei Ihrem Reiki-Meister achten, die mit dem Ego, mit Angst und Kontrolle zu tun hat und sich auf der Stufe des Dritten Grades zeigt. Die Einstimmung besteht eigentlich aus zwei Teilen. Es gibt die Einweihung in den Dritten Grad, die Sie auf einer spirituellen Ebene öffnet, und dann wird ein Symbol in Ihr Energiesystem eingebracht, das Sie befähigt, andere einzustimmen. Manche Reiki-Meister haben große Angst davor, andere Reiki-Meister hervorzubringen; sie sehen diese als Bedrohung oder Konkurrenz an. Sie nehmen gern Ihr Geld und führen Sie durch so viele der Grade, wie sie nur können, aber wenn es darum geht, jenes zusätzliche Symbol in Ihren Lichtkörper zu geben, können oder wollen sie das nicht tun. Das ist etwas, das sie für sich selbst behalten wollen, oder vielmehr, ihr Ego versucht, es zu behalten. Ihr Ego sagt, daß ihre Schüler, wenn sie Reiki-Meister werden, all ihre Geheimnisse kennen und dadurch ihre Macht verringern, und daß sie den geheimnisvollen Heiligenschein ablegen müssen, den sie so sehr zu pflegen und zu erhalten trachten. Jedoch leisten sie damit nur sich selbst einen schlechten Dienst. Es handelt sich hier um ein Angst- und Kontrollproblem. Die Reiki-Energie treibt das Ego bis zu einem Punkt, wo es in einen Zustand der Angst versetzt wird: Angst, loszulassen; Angst, die Gabe des Lichtes an andere weiterzugeben. Schließlich baut die Angst Kontrolle auf, die mit allen Mitteln zu verhindern versucht, daß sich der Mensch öffnet und mit anderen teilt. Das Universum, und besonders die Erde, braucht diese Energie gerade jetzt. – Je mehr Reiki-Meister es gibt, desto besser!

Einige Meister halten es so, daß sie die Schüler nur als Praktizierende in den Dritten Grad einweihen und das Symbol nicht weitergeben, das die Schüler dann befähigt, andere einzustimmen. Manche verfahren so und verlangen dann eine zusätzliche Gebühr, um den Schüler in den echten Stand des Reiki-Meisters beziehungsweise -Lehrers zu erheben. Andere geben dieses Symbol überhaupt nicht weiter. Achten Sie darauf, daß Sie genau wissen, was Ihnen angeboten wird.

Zum Glück sind nicht alle Reiki-Meister in ihrer Sicht so begrenzt. Manche zeigen deutlich, daß sie stolz auf die Zahl der Meister sind, die sie hervorgebracht haben. Sie tauschen sich mit ihnen aus und lehren sie weiter, solange diese den Kontakt aufrechterhalten möchten. Manches jedoch ... wird noch schlimmer!

Und es wird noch schlimmer

Ich höre das regelmäßig: »Der und der macht dieses Wochenende Reiki I und II und hat sich schon für seinen Meister ein paar Wochen später angemeldet. Zwei Wochen später hält er sein erstes Reiki-Seminar«

oder, noch schlimmer: »Die und die macht einen viertägigen Intensivkurs, alle Reiki-Grade in einem Ritt. Danach fängt sie dann an zu unterrichten.«

»Was unterrichten sie denn?« frage ich mich! Was werden diese neuen Reiki-Meister und -Lehrer ihren Schülern bieten können? Das reine Verstandeswissen, das sie sich während der vier Tage eines Seminars angeeignet haben? Seminare, die vielleicht von jemandem gehalten wurden, der selbst nur drei oder vier Tage Seminar hatte? Reiki-Meister dieser Art sind nicht einmal geeignet, jemandem beizubringen, wie man Tee zubereitet, geschweige denn, Menschen in die hochfrequente Schwingung einer lebensverändernden Energie wie Reiki einzustimmen. Wo bleibt die Erfahrung? Welches Hilfssystem haben sie für ihre Schüler? Nur, um das einmal festzuhalten – das Tollste, was mir bei solchen »Crashkursen« begegnet ist, war jemand, der alle Reiki-Grade an drei Wochenenden per Ferneinstimmung über den Atlantischen Ozean gab. Dann ist man dem Reiki-Meister noch nicht einmal begegnet!

Das sind keine erfundenen Einzelfälle. Es passiert überall um uns herum, und Schüler müssen die Fähigkeiten des Meisters ihrer Wahl oder seine nachweislichen Leistungen in anderen Bereichen der Energiearbeit kennen. Ich sage damit nicht, daß Sie nicht zu neu ausgebildeten Meistern gehen sollen, aber Sie müssen ganz bestimmt viel darüber wissen, wer oder was sie sind. Fragen Sie nach Referenzen und Namen anderer Schüler, wenn sie schon zuvor Einstimmungen gegeben haben. Bitten Sie um eine Einführungssitzung und achten Sie genau darauf, wie er vorgeht; stellen Sie sicher, daß noch andere dabei sind. Wenn Sie mit jemandem befreundet sind, der sich auskennt, bringen Sie ihn mit und lassen Sie sich Rückmeldungen von jemandem geben, der Ahnung hat.

DAS IST KEINE GEISTHEILUNG!

Nicht alle Reiki-Meister sind spirituelle Menschen; tatsächlich sind manche materialistisch und ziehen kaltblütig so viele Schüler in ihre Seminare, wie sie nur können, einzig wegen des finanziellen Gewinns.

Ein mir bekannter Vertreter besuchte uns eines Tages, und als er unsere riesige Auswahl an Kristallen im Arbeitszimmer sah, erzählte er mir von seiner Frau, die Kristalle verkaufe und auch mit »einer Sache« namens »Reiki« angefangen habe. Ich ließ mir berichten, daß sie etwa zwei Monate zuvor ihre erste Einstimmung erhalten habe. Er war ganz aus dem Häuschen darüber, wieviel Geld sie damit machen könnten, und erzählte mir, sie habe bereits eine Spende von 100 Britischen Pfund erhalten. Er sagte aufgeregt: »Das ist eine tolle Möglichkeit, Geld zu machen.« Ich weiß noch mehr über den Hintergrund solcher Leute, und ich kann meinen Leserinnen und Lesern versichern, daß man besser nicht zugegen sein sollte, wenn sie Reiki geben.

In einem anderen Fall rief mich ein Freund an, der uns mit wunderschönen handgemachten Kristallheilstäben belieferte, um mich davor zu warnen, ein bestimmtes Geschäft mit Kristallen zu beliefern, weil die beiden, die das Geschäft besaßen und führten, eine Reihe uns bekannter Lieferanten betrogen hätten, unter anderem ihn selbst. Er hatte ihnen in gutem Glauben ein paar wunderschöne Stücke geliefert, und sie hatten ihn nicht bezahlt. Sie erfanden alle möglichen Ausreden (Sie wissen schon: Ausreden, die wir alle schon gehört haben, wenn es darum ging, wo das Geld bliebe), doch er bekam das Geld nie. Er rief sie jeden Tag an, und man sagte ihm, das Geld wäre schon in der Post ...

Obwohl dieser Freund ein mächtiger Naturheiler und intuitiver Mensch ist, bewegt er sich nicht in großen Heilerkreisen, und eines Tages befragte er mich zu Reiki. Nachdem ich ihm ein paar grundlegende Informationen gegeben hatte, erzählte er mir, daß die beiden, die ihn um seine Bezahlung betrogen hätten, Reiki-Meister seien. Er hatte große Schwierigkeiten, sich mit der Vorstellung anzufreunden, daß Reiki eine gute Sache sei, wenn diese Betrüger und Scharlatane, die für ihre Reiki-Kurse in den üblichen spirituellen Zeitschriften warben, völlig vertrauensunwürdig waren und in ihrem Geschäftsgebaren weder Moral noch Ethik kannten.

Es gibt Reiki-Meister, die auf Messen im hinteren Raum eines Standes für wenig Geld Einstimmungen geben: keine Anleitung, kein Material, keine Unterstützung – und mit Sicherheit keine Verantwortung. Es gibt andere, die per Telefon einstimmen. Ich vermute mal, als nächstes wird es Masseneinstimmungen im Internet geben. (Inzwischen kann man Ferneinstimmungen in Reiki-Grade und Behandlungen im Internet tatsächlich schon bei *ebay* ersteigern. Anm. d. Übers.)

Auf anderem Wege bieten jetzt einige Institute in Großbritannien Reiki an. In einem Fall, den ich genauer kenne, bezahlte das Institut die Ausbildung der Reiki-Meisterin, und als diese dann abgeschlossen war, wollte es so viele Schüler wie nur möglich durch Reiki jagen. Die Absicht dahinter: mehr Gewinn – ohne jedoch den Schülern irgendeine

Art von Rückhalt oder Unterstützung anzubieten. Und so wollte man sie weitermachen lassen!

Die Reiki-Meisterin war in einer sehr schwierigen Lage und entsetzt über die Art und Weise, wie das Institut mit Reiki umzugehen gedachte. Wenn es Gebühren erhält, muß das Institut den Schülern gegenüber auch Verantwortung tragen. Reiki ist kein Gegenstand und kein Heilverfahren, das einfach irgendwer lehren kann, es ist ein selbst-umwandelnder feinstofflicher Energieprozeß, der von ausgebildeten und erfahrenen Reiki-Meister gelehrt werden muß. Diese müssen zum sehr notwendigen Wohle der Schüler völlige Kontrolle über den Reiki-Prozeß haben. In dieser fürchterlichen Zwangslage weigerte sich die Reiki-Meisterin schließlich, unter diesem »Regime« zu unterrichten, was in dieser schwierigen und bedrängenden Lage sehr für sie spricht.

DEN PASSENDEN REIKI-MEISTER FINDEN

Wir haben bereits in Kapitel 3, »Energie verstehen«, das Thema »Mitschwingen« behandelt. Wenn ein Gegenstand mit einem anderen schwingt, klingen sie gut zusammen, sie sind in Einklang. Im Grunde sind sie aufeinander eingestimmt; wie zwei Menschen der Wasser-Zeichen, beispielsweise Krebs und Skorpion, deren Energien zusammenfließen und sich miteinender vermischen, so daß in dieser Beziehung wenig Spannung entsteht. Bringt man jedoch ein Wasserzeichen mit einem Feuerzeichen zusammen, so gibt es auf irgendeiner Ebene ein Ungleichgewicht der Schwingungen. Das ist unvermeidbar.

Wenn Sie sich entschließen, den Reiki-Weg zu gehen, ist es wichtig, den für Sie passenden Meister zu finden; einen Reiki-Meister, der mit Ihnen im Einklang schwingt und mit dem Sie in Einklang schwingen. Ich meine damit nicht, daß Sie einen Reiki-Meister auswählen sollen, der astrologisch mit Ihnen in Einklang schwingt; damit will ich nur vergleichsweise darstellen, worauf ich mit dem Im-Einklang-Schwingen hinaus will und wieso wir uns mit manchen Menschen ganz natürlich in Einklang fühlen und mit anderen nicht. Schließlich planen Sie ja nicht, mit Ihrem Reiki-Meister eine langfristige persönliche Beziehung einzugehen, obwohl schon seltsamere Dinge passiert sind.

Wie wir gesehen haben, kann jeder Reiki-Meister sein, unabhängig von seinem Stand des Wissens, der Weisheit, der Erleuchtung, der Macht und – das ist das Wichtigste – der Erfahrung. Möglicherweise hat er den Titel des Meisters in nur einer Woche oder sogar in noch kürzerer Zeit erworben. Vielleicht hat er vorher keine Ausbildung in irgendeinem Heilverfahren gehabt oder in einer Disziplin, die spirituelle Erleuchtung oder Erweiterung der Sinne durch Schulung oder Energiearbeit fördert.

Der Titel »Reiki-Meister« steht nicht für bestimmte Kenntnisse, für keinen bestimmten Grad an Erfahrung oder Weisheit. Alles, was Sie diesem Titel entnehmen können, ist, daß die betreffende Person den Schlüssel dazu hat, in Ihrem Lichtkörper eine Tür zu öffnen, um auf höhere Energien zuzugreifen.

Der Titel »Reiki-Meister« bezeichnet keinerlei Eigenschaft spiritueller Art. Es gibt viele Meister – Frauen und Männer –, die nicht eine spirituelle Faser in ihrem Körper haben. Es kann sich um Lügner, Betrüger oder Scharlatane handeln. Sie können Ihnen sogar Kristalle verkaufen, die auf unehrliche Weise erworben wurden. Was ich damit sagen will: Finden Sie über diese Person heraus, soviel Sie können, wenn Sie sie nicht schon kennen oder sie durch Empfehlung eines vertrauenswürdigen Freundes zu Ihnen gekommen ist (was immer das beste ist, vorausgesetzt, der Freund weiß, wie man solche Angelegenheiten beurteilt). Unterhalten Sie sich ausführlich mit dem Meister, halten Sie dabei Geist und Herzen offen, und mit einer Prise gesundem Menschenverstand wird Ihnen das normalerweise sagen, ob es sich für Sie richtig anfühlt.

Und denken Sie daran ...

Ein wahrer Meister ist verfügbar und ermuntert Sie, über Ihre Motive und Gründe zu sprechen, warum Sie diese Form des Heilens und der spirituellen Weiterentwicklung gewählt haben.

Ein wahrer Meister wird Sie ermutigen, mit anderen Meistern zu sprechen, um ein breiteres Wissen über das Thema zu erlangen, was Ihnen bei der Entscheidung helfen wird.

Ein wahrer Meister wird nicht versuchen, Besitz von Ihnen zu ergreifen oder Ihnen einzureden, daß Sie an einem Kurs teilnehmen sollten, bevor Sie dafür bereit sind.

Ein wahrer Meister wird Sie ermutigen, verschiedene Reiki-Grade bei verschiedenen Meistern zu erwerben. Dadurch können Sie unterschiedliche Energien erleben und sich unterschiedliche Sichtweisen, Kenntnisse und Erfahrungen aneignen.

Ein wahrer Meister wird Sie ermutigen, sich bei Ihrer Entfaltung Zeit zu lassen, damit Sie sicher sind, daß Sie für die nächste Stufe bereit sind, und spüren, daß die Zeit gekommen ist.

Ein wahrer Meister wird da sein, um Sie zurückzuholen, wenn etwas schiefgeht.

Obwohl es im Westen schwierig ist, mit einem wahren Meister der traditionellen Art auf traditionelle Weise zu arbeiten – wegen der vielen Einschränkungen, die uns durch die Anforderungen unserer modernen Lebensweise auferlegt werden, und auch weil es nicht viele Orte gibt, an denen wir das tun können, ohne unglaublich viel Zeit dafür aufwenden zu müssen –, sollten Sie doch, so weit es Ihnen möglich ist, sicher sein, daß der von Ihnen gewählte Meister einem wahren Meister so nahe kommt wie nur möglich. Denken Sie daran, daß wir in einer Gesellschaft und einem Bildungssystem aufwachsen, die weder die spirituellen Seiten unseres Wesens fördern noch die intuitive Arbeitsweise der rechten Gehirnhälfte anerkennen.

Es liegt daher in Ihrer Verantwortung als Schülerin beziehungsweise Schüler, sich selbst der Qualitäten zu versichern, die Ihr künftiger Meister besitzt. Es kann von Nutzen sein, einen Reiki-Meister in Betracht zu ziehen, der im Heilbereich arbeitet oder eine eigene Praxis hat; jemanden, der ständig mit Energie arbeitet. Es ist an Ihnen, die Fragen zu stellen, die Antworten zu bewerten und zu entscheiden, ob Sie das Gefühl haben, sich in guten Händen zu befinden, die Sie durch jede Situation hindurch unterstützen, in der Sie sich dann möglicherweise befinden können, wenn Ihr Lichtkörper einmal geöffnet wurde.

Kehren wir nun zum Mitschwingen zurück. Kein Reiki-Meister allein hat alle Antworten. Seien Sie wachsam, nehmen Sie sich Zeit, und bewegen Sie sich in gleichmäßiger Geschwindigkeit ins Licht – mit Zuversicht und Sicherheit und mit einem Reiki-Meister, mit dem Sie sich in Einklang fühlen.

Es geschieht durch den Weg der Vielfalt, daß unsere Reise Erfahrung bringt.
Es geschieht durch den Weg der Erfahrung,
daß unsere Reise Wissen bringt.
Es geschieht durch den Weg des Wissens,
daß unsere Reise Wahrheit bringt.

Es geschieht durch den Weg der Wahrheit,
daß unsere Reise Weisheit bringt.
Es geschieht durch den Weg der Weisheit,
daß unsere Reise Ganzheit bringt.
Es geschieht durch den Weg der Ganzheit,
daß unsere Reise Licht bringt.

Heilende sollten nicht miteinander in Konkurrenz stehen. Sie sollten zusammenstehen und zum Gemeinwohl das Licht kanalisieren. Wer konkurrieren muß, der gestattet seinem Ego, herauszukommen und sich selbst darzustellen. Neid, Eifersucht und Angst erheben in der Tat von Zeit zu Zeit ihre häßlichen Köpfe. Als erstes ist beim eigenen Wachstum wichtig, sie zu erkennen, wenn sie sich zeigen. Als zweites ist wichtig, sie als Teil von sich selbst anzunehmen und zu versuchen, ihre Botschaft zu verstehen. Als drittes ist wichtig, zuzulassen, daß sich die Energie des Gefühls auflöst, damit Weiterentwicklung stattfinden kann.

7
Übersinnliche Angriffe

»›Lehrer, ich bitte dich, sieh nach meinem Sohn! Er ist mein einziges Kind. Ein böser Geist packt ihn, läßt ihn plötzlich aufschreien, zerrt ihn hin und her, bis er Schaum vor dem Mund hat, und läßt kaum wieder los; er richtet ihn noch zugrunde ...‹ Als der Junge kam, riß ihn der böse Geist zu Boden und zerrte ihn hin und her. Jesus sprach ein Machtwort zu dem bösen Geist, machte den Jungen gesund und gab ihn seinem Vater zurück. Da erschraken alle sehr über die Macht und Größe Gottes.«
Lukas 9,38 - 43

Es ist eine wunderbare Sache, daß so viele Menschen sich jetzt verändern und im Hinblick auf ihre eigene Energie, Weiterentwicklung, spirituelle Fertigkeiten und Verbundenheit aufsteigen. Da die sich ändernde Schwingung des Planeten uns Veränderung aufzwingt, fällt es denen, die dafür bereit sind, schwer, dem zu widerstehen. Es ist wunderbar, daß junge Menschen sich in den intuitiven und heilenden Künsten, Pendeln, Channeln, in alternativen und ergänzenden Behandlungsmethoden und Feng Shui ausbilden lassen. Es ist ebenfalls wunderbar, daß immer mehr Menschen neue energetische Hilfsmittel erschaffen wie beispielsweise Schwingungsessenzen, Blumen- und Baumarzneien, die von denen, die intuitive Behandlungen praktizieren, von Kinesiologen, Homöopathen und Heilern – wie etwa von mir in meiner »geführten Schwingungsheilung« – verwendet werden können.

Das Heilen ist eine wunderbare und sehr lohnenswerte Praktik. Es gibt mir gewaltigen Auftrieb, wenn Heiler mit einem großen Problem zu mir kommen, und ich es in ihren Chakren oder Auren sehen und für sie in Ordnung bringen kann. Manchmal sehe ich mich in der Rolle jenes altmodischen Technikers in einer Autowerkstatt auf dem Lande – in den Tagen, als das Autofahren noch mehr Spaß machte. Man kam wegen irgendeines Problems zu ihm, schwatzte mit ihm, während er den Motor reparierte, und im Handumdrehen war man schon wieder unterwegs. Zu meinen Aufgaben gehört es, Energiesysteme auszubessern, so daß

Sie Ihren Weg gehen und mehr Licht kanalisieren können, mit jenem gewachsenen Vertrauen, das entsteht, wenn man verstanden hat, was schiefgegangen ist. Wenn jemand Probleme im Energiesystem richtig beseitigt, tritt sehr oft sofort eine Wirkung ein, und dieser folgt eine bedeutende Änderung der Lebensqualität.

Heilen ist in jeder Spielart großartig, faszinierend, macht Spaß und lohnt sich ... kann aber auch vernichtend sein, wenn etwas schiefgeht. Und das kommt vor – sowohl beim Anfänger als auch beim erfahrenen Heiler. Oft stehen diese dann hilfesuchend vor der Tür ihres Reiki-Meisters, und häufig sind dort weder das gesammelte Wissen noch die Erfahrung vorhanden, um Hilfe zu bieten. Wenn sie sehr viel Glück haben, weiß jemand, wo sie Unterstützung oder »Erste Hilfe« für die Seele bekommen können, denn es gibt nicht viele Orte, an denen die Art der Hilfe verfügbar ist, die sie wirklich brauchen. Es stimmt zwar, daß es viele Menschen gibt, die mit manchen Arten übersinnlicher Angriffe fertigwerden können, jedoch gibt es nicht viele, die die Probleme lösen, die manchen unglücklichen Lichtarbeiter befallen können.

Meine Praxis ist immer voll. Mein Terminkalender ist normalerweise mehrere Wochen im voraus mit verschiedenen Arten von Arbeit gefüllt. Zum Beispiel habe ich Klienten, die zu mir kommen, um an ihrer spirituellen Entwicklung zu arbeiten. Arbeit mit Schwingungsenergie kann grundlegende Wandlung bringen, wenn das Wesen der betreffenden Person zur Veränderung bereit ist. Die »geführte Schwingungsheilung« soll Menschen auf energetischer Ebene voranbringen. Wenn also jemand eine Sitzung hat, löst diese einen Heilungsprozeß aus, durch den Energieblockaden oder dem Entwicklungsfortschritt entgegenstehende Barrieren beseitigt werden. Der Betreffende kann in den folgenden Monaten weitergehen. Während sein Energiesystem diese Veränderungen durchläuft, kann es keine weitere Arbeit leisten, bis der Lichtkörper sich gewandelt und eine neue Ebene erreicht hat. Hat der Lichtkörper sich entwickelt und auf einer höheren Ebene eingerichtet, so muß der stoffliche Körper einiges aufholen, und erst wenn diese hohe Ebene erreicht ist, können wir die Arbeit fortsetzen. Manchmal können mehrere Monate zwischen den Sitzungen liegen. Wenn, um ein anderes Beispiel zu nennen, Menschen mit ME zur Behandlung kommen, ist in manchen Fällen nur ein sanftes Ausgleichen möglich, da ihr Energiesystem so empfindlich ist. Dabei teilen mir die Führer mit, was und wieviel wir tun können. Oft wird mir gesagt, daß wir mit dieser Person mehrere Wochen oder sogar ein paar Monate lang nicht arbeiten können, während ihr System das

Erreichte verarbeitet. Viele meiner Klienten kommen zu mir und bitten um übersinnliche Erste Hilfe; es sind Menschen, die wissen, daß mit ihnen etwas sehr im argen liegt, die aber nicht benennen können, was es ist. Viele Heiler und Energielehrer kommen zu mir, weil sie einen Ausgleich des Energiesystems, Neuausrichtung, Chakrenreinigung oder Arbeit zur spirituellen Weiterentwicklung wollen. Neben meiner Heilarbeit beschäftige ich mich mit der Untersuchung von geopathischen Störungen oder ganzen Häusern. Mit dieser Arbeit habe ich ebensoviel zu tun wie mit dem Heilen, und sie beinhaltet oft vielerlei übersinnliche energetische Probleme, die einem Gebäude innewohnen oder in die Struktur des Gebäudes eingeschlossen sind. Oft ist das Gebäude der Grund für das gesamte Problem, das sich auf die Gesundheit und das Wohlbefinden eines Menschen auswirkt.

Manchmal erhalte ich in einer Woche mehrere Anrufe von erfahrenen Heilern oder allgemein Menschen, die Opfer übersinnlicher Angriffe sind. In manchen Fällen haben sie seit kurzer Zeit ein wenig gelitten; in anderen kann das Leben der Betreffenden viele Monate oder gar Jahre lang zerstört gewesen sein, bevor sie entdeckten, worin das Problem bestand. Sie kommen hilfesuchend mit vielen verschiedenen Problemen des Energiesystems: Das können Chakraschäden sein, die von leichter Fehlausrichtung über auslaufende, blockierte, aufgerissene, offenstehende, schlecht arbeitende, verdrehte Chakren oder solche mit Einschlüssen von Fremdenergie bis hin zu einer komplexen Kombination aus all diesen und weiteren Möglichkeiten reichen. Die Aura kann in bezug auf den stofflichen Körper eine völlige Fehlausrichtung haben. Die verschiedenen Ebenen des Äther-, des Emotional- und des niederen Mentalkörpers innerhalb der Aura können falsch liegen und im Verhältnis zueinander unausgeglichen sein. Vielleicht ist auch die äußere Substanz, das Gefüge der Aura aufgerissen oder durchlöchert, läßt Energie und Licht in andere Dimensionen oder Lichtreiche entweichen und zieht die einen oder anderen schwarzen und negativen Kräfte in das Wesen des Betroffenen hinein, wo sie das nichtsahnende Opfer auf mentaler oder emotionaler Ebene quälen und es in ein Dasein voller Schrecken treiben. Ich sehe oft Dinge, die mir noch nie zuvor begegnet sind.

Die Auswirkungen, die dies auf das Leben von Menschen haben kann, reichen von leichter Beunruhigung oder Schlaflosigkeit am einen Ende der Skala bis hin zu ständigen Alpträumen, wenn die Betreffenden dann überhaupt einmal Ruhe finden. Tritt eine Verschlimmerung ein, kann das Opfer in große Stimmungsschwankungen, Angst, Panikattacken,

Angstanfälle, Halluzinationen, Depressionen verfallen oder unter ernsteren psychischen Problemen bis hin zu Persönlichkeitsstörungen leiden. Ohne Hilfe oder einen gewaltigen, jedoch unwahrscheinlichen Glücksfall verschlechtert sich das Befinden immer mehr.

Man kann nicht von einem typischen Fall übersinnlicher Angriffe sprechen, obwohl in der Mehrzahl der Fälle stets ein ähnliches Muster auftreten kann. Es gibt viele Ebenen übersinnlicher Aktivitäten, und die Vorhersage dessen, was passieren wird, ist keine exakte Wissenschaft. Was ich jedoch sagen will, ist, daß sich das Problem, wenn es einmal begonnen hat, sehr selten von allein ohne Hilfe durch jemand anderen löst, der in dieser Sache gut bewandert und befähigt ist.

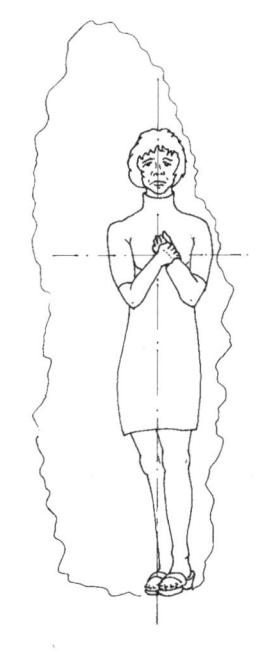

Der feinstoffliche Körper, die Aura, ist hier nicht am stofflichen Körper ausgerichtet.

Die ersten Anzeichen für übersinnliche Tätigkeit zu Hause oder um das eigene Selbst herum sind buchstäblich ein erster Vorstoß. Je weiter dieser Vorstoß geht, desto größer wird die übersinnliche Tätigkeit. Wir wollen nun einen Blick darauf werfen, wie übersinnliche Angriffe selbst bei den am besten geerdeten und erfahrensten Heilern und Behandlern vorkommen können, ganz abgesehen von unerfahrenen Reiki-Schülern oder normalen Menschen, die ihren täglichen Geschäften nachgehen.

ÜBERSINNLICHE ANGRIFFE ERKENNEN

Heiler und Behandler aller Arten sind genauso anfällig für übersinnliche Angriffe wie die Allgemeinheit. Friseure, Kosmetiker, Masseure oder Menschen, die sich bei ihrer täglichen Arbeit in großer Nähe zu anderen Menschen befinden (besonders jedoch alle, die direkten Körperkontakt haben), sind anfälliger als andere für die Risiken übersinnlicher Angriffe. Viele von ihnen erleiden schwächere Angriffe, ohne eigentlich zu wissen, was geschehen ist, und nach einer Weile zerstreuen sich diese Anzeichen in gewissem Maße und verschwinden nach mehreren Tagen völlig.

Häufig läuft es folgendermaßen ab: Nach der Behandlung eines oder vielleicht mehrerer Klienten stellen Sie fest, daß Sie sich unpäßlich fühlen. Vielleicht ist Ihnen leicht übel, oder Sie haben Kopfschmerzen. Die meisten Menschen schieben das auf die Arbeitsbelastung oder Erschöpfung; vielleicht ist es bei Ihnen in der vorhergehenden Nacht auch spät geworden ... In vielen Fällen ist der Grund dafür, daß Sie sich so fühlen, daß Sie negative Energie von einem oder mehreren Ihrer Klienten »aufgelesen« haben. Sie lesen nun in der Folge mit jedem Klienten, den Sie behandeln, mehr und mehr negative Energie auf. Wenn Sie wissen und verstehen, wie es sich anfühlt, wenn man negative Energie aufgelesen hat oder ein Opfer eines übersinnlichen Angriffs geworden ist, können Sie beides sofort erkennen:

Nehmen Sie sich als Heiler oder Behandler einen Moment Zeit, sich anzuschauen, wer Ihre Klienten sind. Es sind normalerweise Menschen, die sich auf die eine oder andere Weise unwohl fühlen, sonst würden sie keine Hilfe suchen. Es kann sein, daß diese Klienten einfach nur nicht in Form oder nicht ganz auf der Höhe sind. Manchmal werden sie offensichtliche körperliche Symptome oder Erschöpfung zeigen; in anderen Fällen ist es recht häufig so, daß sie sich unwohl fühlen, weil sie ein beträchtliches Maß an negativer Energie ganz unterschiedlicher Art mit sich herumtragen.

Reflexologie, Aromatherapie oder Massage sind gute Beispiele für Fälle dieser Art, weil diese Behandlungsarten in unserer westlichen Gesellschaft immer gebräuchlicher werden, immer mehr akzeptiert werden und weiter verbreitet und leichter zugänglich sind. Vorausschauende praktische Ärzte schlagen ihren Patienten diese Behandlungsarten sogar vor. Außerdem wachsen wegen dieser zunehmenden Verbreitung und Anerkennung die Probleme übersinnlicher Angriffe unter den Ausübenden an.

Ein typischer Tag in einer Kur- oder Heilklinik kann mit heiterer und unbeschwerter Stimmung des Behandelnden beginnen, wenn die ersten Klienten eintreffen. Nachdem eine Behandlung durchgeführt wurde, sagen die Klienten oft, wie prächtig sie sich jetzt fühlen. Sie erklären, daß sie sich fühlten, als seien sie drei Meter groß oder als wäre eine große Last von ihnen genommen worden. Letzteres stimmt im Sinne übersinnlicher Energie tatsächlich.

Diese große Last kann alles Mögliche sein. In der schwächsten Form kann es sich um eine Ansammlung negativer Energien handeln, im wahrsten Sinne des Wortes dunkle Energiewolken, die an der Aura des Klienten hafteten und ihn blockierten. Manchmal wird dies als »Auraschleim« oder »-nebel« bezeichnet, der sich während der Behandlung löst und dann ganz ablöst. Wenn das geschieht, wird er vom Behandelnden aufgenommen. Daher fühlen sich die Klienten prächtig und der Behandelnde fühlt sich mindestens niedergedrückt und erschöpft, schlimmstenfalls aber schrecklich, mit einer Reihe verschiedener Symptome.

Diese Art von Energie besitzt wie jede übersinnliche Energie magnetische Anziehungskraft. Hat man einmal ein wenig davon aufgenommen, kann sie sich von vielen Quellen und Orten her ansammeln. Arbeitet jemand in der Nähe von negativen Menschen, dann ist die Wahrscheinlichkeit groß, daß er etwas von dieser dunklen Energie in seine Aura aufnimmt. Negative Menschen lassen diese Energie auch in ihre Umgebung fließen, daher kann es allein schon schädlich sein, sich an einem negativen Ort aufzuhalten. Psychiatrische Einrichtungen, Gefängnisse, Polizeistationen und Krankenhäuser sind klassische Beispiele für solche Orte, an denen in großem Maße Energieaustausch auf menschlicher Ebene stattfindet. Ein Energieaustausch von Mensch zu Mensch – wenn etwa Ärztinnen oder Ärzte, Schwestern beziehungsweise Pfleger Patienten behandeln –, setzt mentale und emotionale Energie frei, die von anderen aufgenommen werden kann. Psychiatrische Einrichtungen etwa nehmen sehr kranke Menschen auf. Oft ist es so, daß bestimmte Seiten ihrer Krankheit dadurch bedingt sind, daß ihnen übersinnliche Kräfte anhaften. In anderen Situationen, beispielsweise im Polizeiwesen, müssen die Beamten sich mit einer Reihe sehr negativer Menschen beschäftigen. Wenn diese nun in Wechselwirkung treten, wird von den daran beteiligten Menschen Energie freigesetzt. Die Energie muß irgendwohin; sie verschwindet nicht einfach. Drogenabhängige sind beispielsweise oft von ernstzunehmenden Kräften, etwa »Drogenwesenheiten«, besessen, die ihre Persönlichkeit beeinflussen. Das können mächtige Wesen sein, und für Berater, Sozialarbeiter und andere, die mit diesen Menschen arbeiten, besteht das Risiko übersinnlicher Angriffe aus dieser Quelle. Man kann nicht im Umfeld negativer Menschen arbeiten und davon ausgehen, daß man nichts von ihrer Energie aufnimmt.

Jeder Behandelnde, der mit einem Klienten arbeitet, tritt damit in einen aktiven Energieaustausch. Sie arbeiten innerhalb der Aura oder des feinstofflichen Energiefeldes dieser Person, und die Person in Ihrem. Denken Sie daran, daß die Aura sich bis einige Meter vom Körper entfernt ausdehnen kann und aus einer Zusammensetzung mächtiger elektromagnetischer Energien besteht, die auf vielen Ebenen mit den gleichen Energien anderer Menschen in Wechselwirkung treten. So wie wir auf der negativen Seite Dinge aus der Aura einer anderen Person aufnehmen, die wir nicht haben wollen, können wir auch lernen, unsere Aura-Energien in einer Art zu nutzen, daß Dinge aufgenommen werden, die wir haben wollen.

Die Aura wirkt wie ein Schwamm, der Energie aufsaugt. Meine eigene Aura tut genau das, wenn ich die Energie eines anderen Menschen, eines Hauses, eines Büros oder einer Umgebung im Freien ablese. Ich sauge die Energie durch die äußeren Ebenen meiner Aura auf und wandle die Schwingungen durch meine ätherische Aura bis in das Gehirn um, das dann die Energien in Worte, Bilder und Wahrnehmungen übersetzt, auf die ich mich beziehen kann. Die Energie wird danach durch einen Gähnprozeß aus meinem körperlichen und feinstofflichen Energiesystem wieder herausgeschleust, und meine Energie bleibt sauber und kraftvoll. So liest auch ein Hellseher die Informationen in der Aura eines Menschen.

Dieser Gähnprozeß ist ein interessantes Phänomen. Viele Behandler werden feststellen, daß sie den Drang zum Gähnen haben, wenn sie eine Behandlung geben. Das ist bei Heil- und Energiearbeit wie Kinesiologie und Kraniosakral-Behandlungen öfter der Fall als bei einfacher Massage, Reflexologie, da der Therapeut in bezug auf feinstoffliche Energie auf einer tiefergehenden Ebene arbeitet. Ich sehe oft, wie Behandler versuchen, ein Gähnen zu unterdrücken: Das sollte man nicht tun. Es ist wichtig, daß man diesen Vorgang ungehindert geschehen läßt. Erklären Sie Ihrem Klienten, daß Gähnen eine automatische Reaktion des Bewußtseins Ihres Körpers ist, das Energie aus Ihrem System wandelt und freisetzt – Energie, die Sie in Folge der Wechselwirkung feinstofflicher Energie zwischen Ihnen beiden durch die Ausübung Ihrer Heilarbeit ständig aufnehmen.

Wenn dieses Gähnen bei Ihnen auftritt, nehmen Sie einfach einmal an, daß es nicht wie ein normales Gähnen ist, wenn Sie müde sind; es ist völlig anders. Ich nenne es »Energiegähnen«. Sie werden merken, daß es sehr tief und langanhaltend sein kann und sich manchmal anfühlt, als würde es Ihnen den Kiefer ausrenken, weil die Energiefreisetzung den

Mund so weit öffnet. Zudem wird es manchmal von stark tränenden Augen begleitet. Meine Freundin Anne gähnt ständig, wenn sie mit ihren Klienten arbeitet; ihre Augen tränen und ihre Nase läuft. Die Ärmste – sie hat beim Arbeiten stets eine Packung Taschentücher in Reichweite. Dieses Gähnen kann bei jedem auftreten, der besonders offene Chakren hat und in hohem Maße Energie aufnimmt. Eine meiner Schülerinnen berichtete, daß sie diese Art Energiegähnen schon immer gehabt und von den Lehrern in der Schule immer Ärger bekommen habe, weil sie gähnte. Sie sagt, daß sie nie müde gewesen sei; sie habe einfach dauernd gegähnt – und beschreibt ihr Gähnen als »fast zu groß für meinen Mund«. Sie ist ein solcher Fall, bei dem bestimmte Chakren besonders offen sind. Das ist nichts Schlechtes; ihr Energiesystem ist einfach so gestaltet. Jetzt, da sie den Vorgang versteht und den Grund, warum sie einfach gähnt, kann sie es mit ihrem Energiesystem und seiner Funktionsweise in Verbindung bringen.

Manchmal kommt diese Art der Energiefreisetzung tief aus Ihrem Inneren. Ich erlebe es gelegentlich, daß die Energie in einem großen Klumpen vom Zwerchfell aufsteigt und im Hals unter dem Adamsapfel steckenbleibt. Es bedarf dann eines Energiestoßes, um ihn freizusetzen, und es kann sich anfühlen, als würde man daran ersticken, falls man ihn nicht herausbekäme. Auch Anne hat diese sehr starke Energiefreisetzung und schreibt das der Tatsache zu, daß die Energie einer bestimmten Sache aus ihr herauszutreten versucht, während sie mit einem Klienten arbeitet. Die Schwingungen, die für den Klienten eingesetzt werden, sind immer auch für den Behandler geeignet. Ich kann dem zustimmen, wenn es bei mir auch öfter eher so ist, daß »Gähnen geschieht«, wenn ich mit Erdstrahlung arbeite, und weniger, wenn ich Klienten heile. Natürlich ist die Erdstrahlung viel kräftiger als Aura-Energie, und vielleicht bewegt sie deshalb einen ganzen Energieklumpen auf einmal. Es ist großartig zu wissen, daß Mutter Erde mir hilft, mich von etwas zu befreien, so wie ich versuche, giftige Energie aus ihr zu entlassen.

Sobald ich mich auf irgend etwas einstimme, gähne ich binnen Sekunden. Das ist immer ein gutes Zeichen, daß ich mich mit der Person oder Situation verbunden habe, die ich mir ansehen wollte. Wenn ich die Energie eines Hauses beurteile, beginnen die Bewohner, die mich von Raum zu Raum begleiten, oft zu gähnen, während mein Bewußtsein den Lebensraum durchdringt und Dinge freisetzt, die dann ihre Energie ändern. Gähnen ist zudem ein Zeichen für ein feinst abgestimmtes

Energiesystem und einen hohen Grad an Empfindsamkeit für feinstoffliche Energie. Für einen guten Behandler oder Heiler ist das grundlegend wichtig. Wenn ich zum Beispiel über eine gewöhnliche Überland-Telefonleitung telefoniere, gähne ich ständig.

Wir können also zusammenfassen, daß ein Behandler, der sich nach einer Kontaktbehandlung eines Klienten erschöpft oder ausgelaugt fühlt, normalerweise eine gewisse Menge der negativen Energie aufgenommen hat, die von der Person mitgeführt wird, die er behandelt. In der Folge kann sich der Behandler erschöpft oder ausgelaugt fühlen. Nachdem ein wenig Zeit vergangen ist, wird sich das für gewöhnlich von selbst verlieren, wenn der Behandler stark und gesund ist, eine kräftige Aura und ausgeglichene Chakren hat. Nimmt man jedoch nur eine kleine Energiemenge von jedem Klienten an, der im Laufe eines Tages durch die Tür kommt, dann fühlt man sich sehr ausgelaugt und kann Symptome wie Kopfschmerzen, Nacken- und Schulterschmerzen oder Erkältungssymptome entwickeln. Nimmt man auf diese Art andauernd Energie auf und sammelt sie, dann verschlimmert sich die Lage, und es wird schwieriger, die Energie zu vertreiben. In der Tat kann es den Behandelnden große Anstrengung kosten, diese zu entfernen. Vorausgesetzt natürlich, er kennt Verfahren, um sich selbst zu reinigen. Solche Verfahren werden wir in Kapitel 8, »Übersinnlicher Schutz« unter der Überschrift »Die feinstofflichen Körper reinigen und ausgleichen«, genauer betrachten.

Bedenken Sie einmal, was passieren könnte, wenn wir Energie aufgenommen haben und unser nächster Klient jemand ist, der schwächlich oder krank ist oder unter einer Störung des Energiesystems leidet, wie zum Beispiel ME oder CFS (Chronic Fatigue Syndrome/chronisches Erschöpfungssyndrom). Diese angesammelte Energie beim Behandler kann sich dann in die Aura des Klienten entladen und seinen ohnehin schon schwierigen Gesundheitszustand weiter verschlechtern. Bei Menschen, die unter ME leiden, habe ich Fälle erlebt, in denen Heilsitzungen dazu führten, daß der Klient ganze drei Wochen nach der Behandlung im Bett bleiben mußte, so groß waren die Zerstörung in seinen sehr zarten Energiesystemen, die natürlich wenig Chancen hatten, sich selbst wieder aufzuladen.

Hier noch etwas zum Nachdenken: Ich weiß, daß es bei Reflexologie- und Massagekursen manchmal so ist, daß Stammklienten, die zur Behandlung kommen, beinahe Kämpfe darum ausfechten, von einer ganz bestimmten Person behandelt zu werden, weil sie sich danach immer prächtig fühlen. Das geschieht normalerweise dann, wenn der Behandelnde auch natürliche Heilenergien ähnlich Reiki kanalisiert. Der Klient kommt also in den Kurs, um eine bestimmte Behandlung zu erhalten – und er bekommt noch eine Heilbehandlung dazu. Er weiß nicht, warum er sich bei genau diesem Behandler so gut fühlt, aber auf der Ebene feinstofflicher Energie nimmt er eine Menge positiver Energie auf, die Blockaden auflöst und das Energieniveau stark anhebt. Es kann aber auch sein, daß dieser Klient ein Energievampir ist, der nach Energie hungert. Solche Vampire können auf unterbewußter Ebene sehr gut erkennen, wer ihr Bedürfnis nach Energie stillen kann. Wenn ein solcher Mensch einen Behandler bekommt, der vielleicht nur ein wenig offen ist, wird er ihn in nur wenigen Minuten völlig aussaugen. Unlängst wurde ich auf eine junge Therapieschülerin mit genau diesem Problem aufmerksam. Das arme Mädchen wurde von ihren Klienten so schnell ausgesaugt, daß sie nur wenige Minuten nach Beginnn der Behandlung zum Fenster laufen und sich übergeben mußte. Sie erholte sich den ganzen Tag lang nicht.

Um Situationen wie diese zu verhindern, müssen wir etwas von übersinnlichem Schutz verstehen, um uns mit einem Schild gegen diese Art der Energieübertragung bei unserer Arbeit zu schützen. Wir sollten auch ein paar Techniken übersinnlicher Reinigung für uns selbst und unseren Behandlungsraum kennen und zwischen den einzelnen Behandlungen ausführen sowie Techniken zur Erdung erlernen, um sicherzustellen, daß unsere Energie wenigstens in eine Richtung ausgeglichen ist.

Die Arten übersinnlicher Angriffe

Es gibt zwei Hauptarten übersinnlicher Angriffe: passive und aktive Angriffe. Sie können zufällig oder bewußt geschehen. Bewußte Angriffe können bösartig oder nicht bösartig sein.

Passive übersinnliche Angriffe

Passiv bedeutet »ungerichtet«. In gewissem Sinne sind passive Angriffe keine richtigen Angriffe, weil sie nicht bewußt durch eine dritte Partei auf Sie gerichtet wurden. Wir behandeln sie hier jedoch als Angriffe, da sie im Grunde so wirken, wenn Sie sie in Ihr Energiesystem aufnehmen. Einfach gesagt, greift der negative Energiezustand eines anderen Wesens die normale Arbeitsweise Ihres eigenen ausgeglichenen Energiezustandes in Ihrer Aura und Ihrem Chakrensystem an.

Es ist ein passiver Angriff, wenn Sie negative Energie von irgendeiner Quelle aufnehmen – egal ob es sich dabei um eine Person, ein Gebäude oder einen Platz oder Ort handelt. Es gibt beispielsweise viele Menschen, die an heiligen Orten dunkle Künste ausführen und sehr üble Energien hinterlassen, die den Nichtsahnenden befallen. Meist jedoch kommt ein Angriff von einer anderen Person, mit der Sie in engen Kontakt gekommen sind. Diese Art Angriff nennt man »Energieübertragung«, weil sich die Energie buchstäblich von der anderen Person abreibt und an Ihnen haften bleibt. Denken Sie daran, daß sich die Aura mit Leichtigkeit bis zu vier Meter weit ausdehnen kann. Wenn wir unseren täglichen Geschäften nachgehen, gleitet unsere Aura durch die Auren vieler anderer Menschen hindurch, und genau dabei findet die Übertragung negativer Energie statt. Stellen Sie sich vor, Sie würden auf einer überfüllten Straße oder über einen Markt laufen. Bedenken Sie, wie verletzbar Sie sind, wenn Sie auf feinstofflicher Ebene offen sind. Sie gehen heute aber in einem weißen Anzug spazieren, und aus Versehen streifen Sie Menschen in schmutzigen Overalls. Es wird eine Übertragung des Schmutzes auf Ihre Kleidung geben – man kann es sehen. Genauso ist es, wenn Sie üble Energie von jemandem aufnehmen, der diese mit sich herumträgt. Wenn Sie ohne übersinnlichen Schutz nahe genug herankommen, so wird etwas davon aus dem anderen Energiesystem abgestreift und dringt in Ihre Aura ein. Bedenken Sie auch, daß Energie magnetische Anziehungskraft besitzt; wenn Sie also einmal nur ein wenig davon aufnehmen, erhöht das die Möglichkeit, daß Sie noch mehr aufnehmen – was dann das Ausmaß und die Kraft dessen, was Ihnen schon anhängt, verstärkt und damit Ihr Problem verschlimmert.

Aktive übersinnliche Angriffe

Um einen aktiven übersinnlichen Angriff handelt es sich dann, wenn die Energieform, die Sie angreift, eine eigene Lebenskraft besitzt. Das heißt, daß es eine Art Wesen ist, so wie Sie und ich Wesen sind. Es existiert jedoch in anderen Dimensionen als der körperlichen, die wir bewohnen. Wir wissen zum Beispiel, daß wir im stofflichen Reich existieren, unsere Aura sich jedoch auch in anderen Lichtdimensionen befindet. Die Wesen, von denen wir sprechen, können manchmal Dimensionen überschreiten und sogar zur selben Zeit in verschiedenen Dimensionen gleichzeitig gegenwärtig sein. Stellen Sie sich einen Bären vor, der sowohl auf dem Land als auch unter Wasser sein kann. Das bedeutet es, gleichzeitig gegenwärtig zu sein in verschiedenen Reichen oder Dimensionen.

Es gibt zudem bösartige übersinnliche Angriffe, die eine Person gegen eine andere richtet. Das kann mit aktiver oder mit passiver Energie geschehen und wird von Gedankenformen ausgelöst, die wiederum von Menschen geweckt werden, die über Wissen in bezug auf Energie verfügen, jedoch die Hilfe der dunklen Mächte für ihre Pläne heranziehen. Im passiven Energiezustand kann das besonders schwächend wirken, wenn die Gedankenformen in einem ungeschützten Augenblick in den Lichtkörper eintreten, das heißt, wenn jemand besonders offen ist. Voodoo mit Puppen kann als Angriff dieser Art eingeordnet werden. Manche Attacken können an Kraft gewinnen, wenn der Angreifer einen ständigen Energiestrom aufrechterhält.

Eine weitere Seite des oben Ausgeführten zeigt sich, wenn jemand die Fähigkeit besitzt, Wesen in anderen Dimensionen zu beeinflussen und sie auf Personen oder Orte »anzusetzen«. Das ähnelt der Arbeit, die ich bei geistigen Fernreinigungen leiste: Mit Unterstützung meiner Geistführer können wir Zeit und Raum überschreiten und Wesenheiten, Geister und bestimmte andere Daseinsformen aus der Ferne binnen Sekunden überall auf dem Planeten entfernen. Wenn ich das für jemanden tue, der unter ernsthaften Verfolgungen leidet, tritt die Wirkung sofort ein, und normalerweise ruft er am nächsten Morgen an, um zu erzählen, wie wunderbar die Veränderungen sind. Durch solche Rückmeldungen erfährt man, wie wirksam diese Techniken tatsächlich sind. Es gibt aber unter uns Menschen, die diese Fähigkeiten besitzen, jedoch mit der dunklen Seite arbeiten und Menschen angreifen, statt sie von ihrem Leiden zu befreien.

EINSTIMMUNGEN UND ÜBERSINNLICHE ANGRIFFE

Im Verlauf einer Einstimmung befindet sich der einzelne im Zustand der Einheit mit spirituellen Kräften auf der feinstofflichen Ebene. Mit anderen Worten: Spirituelle Wesen beeinflussen die Energiekanäle des Betreffenden und stellen sie ein. In diesen Augenblicken findet in den

Chakren und im feinstofflichen Energiesystem insgesamt eine Art »Operation« statt. Mischen sich äußere Energiequellen während dieses Vorganges ein, so kann dies das Gleichgewicht der Einstimmung durcheinanderbringen. Schlimmer noch: Das kann zur Schädigung des feinstofflichen Energiesystems des Betreffenden führen. Diese Schädigung kann dauerhaft bleiben, wenn derjenige nicht versteht, daß die Dinge nicht so sind, wie sie sein sollten, und zudem in der Lage ist, jemanden zu finden, der übersinnliche Hilfe und Reparatur leisten kann.

Während der Einstimmung sollte dem Ritual große Achtung und Ehrfurcht entgegengebracht werden, und der Reiki-Meister sollte den anwesenden spirituellen Wesen ehrlich danken. Körperliche Bewegungen sollten ausgeglichen und fließend sein, und nichts sollte übereilt werden. Man muß sich bei jedem Schüler Zeit nehmen, bevor und nachdem die Symbole weitergegeben wurden. Während der Einstimmung sind die Auren weit geöffnet, wenn der Reiki-Meister seine Aura mit der des Schülers verbindet. Die spirituelle Essenz Dritter mischt sich harmonisch hinein. Nehmen Sie das, was auf einer höheren Ebene geschieht, so gut Sie können, wahr, und geben Sie ihm die nötige Zeit und den nötigen Raum, um den Vorgang zu beenden.

Wenn eine Einstimmung nicht zufriedenstellend abgeschlossen wird oder die Verbindung während der Einstimmung unterbrochen wird, so daß eine Unausgewogenheit entsteht, wird das Kanalisieren von Reiki oder eine Reiki-Heilung das Problem nicht lösen. Schäden an den Chakren oder der Aura sind eine Aufgabe für Fachleute, die nur von sehr wenigen erfolgreich ausgeführt werden kann. Beschreiten Sie den Pfad des Lichtarbeiters, dann sorgen Sie dafür, daß Sie die Telefonnummer von jemandem haben, an den Sie sich wenden können, wenn Sie merken, daß Ihre Energie sich nicht richtig anfühlt. Es sollte jemand sein, den Sie schnell erreichen können, oder jemand, der die Fähigkeit besitzt, aus der Ferne mit Führern zu arbeiten, um den Schaden zu beheben.

Während der Einstimmung wird die körperliche Energie des Reiki-Meisters von den Geistführern wie eine Art Batterie verwendet, die es ihnen erlaubt, leichter in der körperlichen Dimension zu wirken. Tritt der Reiki-Meister nicht richtig in den Vorgang ein, so können unsere spirituellen Geschwister ihren Teil der Arbeit auch nicht richtig ausführen.

Ich kann von vielen Fälle berichten, in denen aus dem einen oder anderen Grund jemand keine richtige Einstimmung erhalten hat.

Manchmal ist nur ein wenig Arbeit notwendig, um denjenigen richtig zu verbinden; in anderen Fällen liegt eine schwere Beschädigung oder Blockade der Chakren und der Aura vor. Manchmal wird der Betreffende nicht von einem Reiki-Führer begleitet, wie das eigentlich nach jeder erfolgreichen Einstimmung der Fall sein sollte.

Es kann sich um ein Versehen oder eine kleine Unsicherheit seitens des Meisters handeln, besonders bei Reiki-Meistern, die, was die Heilkunst anbelangt, noch am Anfang stehen und im Verfahren unsicher sind. In anderen Fällen handelt es sich um Fahrlässigkeit oder gar großes Unvermögen, doch am Ende ist es der Schüler, der darunter leidet. Es ist der Schüler, dem eine schlechte Einstimmung bleibt, die nicht richtig oder überhaupt nicht funktioniert. Schlimmstenfalls kann der Schüler durch die Erfahrung auf Lichtkörperebene schweren Schaden erleiden und in einem ungeschützten Zustand verbleiben.

Es ist an der Zeit, daß Schüler, die mit dem, was ihnen geschah, nicht glücklich sind, von ihrem Reiki-Meister eine Rückzahlung des Geldes verlangen. Ich kenne in der Tat Meister, die das empfehlen, wenn Reiki-Schüler mit Problemen dieser Art zu ihnen kommen und um Hilfe oder nochmalige Einstimmung bitten. Vielleicht sollten sie auch Rückerstattung und Kostenerstattung für die Behandlung zum Beheben des Schadens verlangen, dazu noch die Kosten für die Teilnahme an einem Seminar eines fähigen Reiki-Meisters, der die notwendige Erfahrung besitzt, um die Sicherheit der Schüler zu garantieren.

Es gibt nichts, was jemanden davon abhalten könnte, Reiki-Meister, -Lehrer oder -Praktizierender zu werden, daher liegt es an jedem von uns, nach hohen Maßstäben zu streben. Kein Hochschulstudium und keine Qualifikation kann Ihnen die Entwicklung der Intuition garantieren, Sie auf die Arbeit mit Geistführern vorbereiten oder darauf, jemand zu sein, der mit spirituellen Kräften für andere gewinnbringend arbeitet. Einzig Hingabe, Ausdauer und Erfahrung bringen Sie dem Wissen darüber, was geschieht, näher. Ich kann es nicht oft genug sagen: Die Auflösung des Ego ist ausschlaggebend dafür, ob auf einer höheren Ebene die Vereinigung erreicht wird. Fragen Sie jene, die den Verlust ihrer spirituellen Verbindung – oder Macht, wenn Sie so wollen – erlebt haben, ob das in dem Augenblick geschah, als sie hochmütig wurden. Es ist eine große Ernüchterung, wenn man an eine Heilbehandlung herangeht und nichts passiert. Man erkennt dann schnell, woher die Macht kommt und zu welchen Bedingungen sie einem gegeben wird.

Ein Fallbeispiel
Es rief mich eine Frau an, um sich nach den Kosten für die Einstimmung in den ersten Reiki-Grad zu erkundigen. Ich sprach eingehend mit ihr und erklärte meine Methoden, ermutigte sie, mit anderen Reiki-Meistern zu sprechen und schlug ihr Fragen vor, die sie stellen konnte, um ein gutes Gefühl bei dem zu bekommen, worauf sie sich einließ. Sie erzählte mir, daß sie im März desselben Jahres schon eine Einstimmung erhalten habe. Jetzt war es September, und sie hatte sich seit der Einstimmung nicht mehr wohlgefühlt.

Ich befragte sie zu ihrer Einstimmung, und sie erzählte mir, daß sie sich während des Vorganges in einem Zustand tiefer Meditation befunden habe ... als plötzlich das Telefon, das neben ihr auf einem Tisch stand, klingelte. Das habe sie dermaßen erschreckt, daß sie unter Schock gestanden sei. Seit dieser Zeit sei sie aus dem Gleichgewicht geraten und spüre, daß etwas mit der Einstimmung nicht stimme. Ihre Freunde hatten ihr geraten, sie nochmals durchführen zu lassen, und sie hatte mit mehreren Reiki-MeisterInnen wegen einer Wiederholungseinstimmung gesprochen. Und genau aus diesem Grund hatte sie mich angerufen.

Sie war zu dem Schluß gekommen, daß viele der Reiki-Meister, mit denen sie gesprochen hatte, den Weg des Ego gingen und ihre Schüler zu beherrschen trachteten; eine Ansicht, zu der man kommen kann, wenn man manche Reiki-Meister befragt. Sie war sehr unsicher, von wem sie die neue Einstimmung erhalten sollte.

Ich erklärte, daß sie, bevor sie überhaupt eine Wiederholungseinstimmung in Betracht zog, zunächst auf eine Beschädigung des Energiesystems hin untersucht werden müsse und daß ich dies mit meiner Fähigkeit des Hellfühlens jetzt am Telefon für sie tun könne.

Ich nahm mir ein paar Minuten, um mich einzustimmen, schickte meine Führer zu der Frau und pendelte dann ihr Energiesystem aus. Ich stimmte meine Sinne in ihren Körper ein, so daß ich fühlen konnte, was sie fühlte, und sagte ihr, daß sie Schäden am Solarplexus-, Herz- und Halschakra hatte. Mein Gespür sagte mir zwar, daß sie den Schaden am Solarplexuschakra nicht merken konnte, doch konnte ich Empfindungen links vom Herzchakra und direkt in der Mitte des Halschakras fühlen. Die Beschädigung war hier so groß, daß ich sicher war, sie müsse Unwohlsein verspüren. Sie bestätigte, daß dies der Fall sei und daß sie tatsächlich spüre, daß in diesen Bereichen etwas nicht in Ordnung sei.

Zwar ist es so, daß man sich während einer Reiki-Einstimmung hauptsächlich dem Kronen-, Stirn-, Hals- und Herzchakra widmet und diese beeinflußt, aber die übrigen Chakren müssen ebenfalls so eingestellt werden, daß sie den erhöhten Energiefluß aufnehmen können. Man kann ein Musikinstrument nicht zur Hälfte stimmen und erwarten, daß es schön klingt. So müssen bei einer Reiki-Einstimmung alle Chakren auf die richtige Schwingungshöhe eingestimmt werden. Die Veränderungen geschehen anfangs zum größten Teil in den oberen vier Chakren; die anderen werden dann auf der richtigen Schwingungshöhe in Übereinstimmung gebracht, so daß der gesamte Lichtkörper in der richtigen Stimmung schwingt.

Ich pendelte aus, daß der Schock, als das Telefon klingelte, ihre Verbindung zu spirituellen Kräften während der Einstimmung unterbrochen hatte, und daß sie danach nicht wieder ins Gleichgewicht gebracht worden war. Die Einstimmung war jedoch zu 70 Prozent in Ordnung, und sie kanalisierte die Reiki-Energien. Ich pendelte aus, daß sie ihr Reiki an sich selbst und sogar an anderen anwenden konnte, wenn sie dies wünschte, ohne dabei ihre Lage zu verschlimmern. Jedoch empfahl ich ihr, so lange nicht mit anderen Menschen zu arbeiten, bis der Schaden behoben worden sei, der ihrem feinstofflichen Energiesystem zugefügt worden war.

In mancherlei Hinsicht hatte diese Frau noch Glück, da sie keine Beschädigung der Aura erlitten hatte, die noch heil und gesund war. Sie hatte also eine sehr kräftige Aura, was sie vielleicht vor noch Schlimmerem bewahrt hatte. Sie hätte nach der Einstimmung auch weit geöffnet bleiben und damit anfällig für alle Arten übersinnlicher Angriffe sein können.

Sie erzählte mir, daß ich der erste Mensch sei, der in einer Form über die verschiedenen Vorgänge gesprochen habe, die für sie in ihrer Lage plausibel klinge. Und ich sagte ihr, sie möge sich etwas Zeit nehmen, über das, was ich gesagt hatte, nachzudenken, und mich dann, wenn es ihr richtig erscheine, wieder anzurufen, so daß wir es weiterführen könnten. Es ist wichtig, den Menschen Zeit zu geben, die Dinge zu überdenken und dabei alle Erfahrungen einzuschließen, die sie bislang gemacht haben. Wenn alles so ist, wie es sein soll, werden sie wissen, wohin sie sich wenden sollen, ohne daß jemand Druck auf sie ausübt und versucht, sie zu beeinflussen.

Machen Sie sich klar, daß es kein unglücklicher Zufall ist, wenn Sie nach einer Einstimmung offen sind oder in einem geöffneten Zustand bleiben, und übersinnlich angegriffen werden: Sie werden *mit Sicherheit* von irgendeiner Art übersinnlicher Substanz angegriffen werden. Das kann passive negative Energie sein wie Auraschleim, der gern einmal an Ihnen haften bleibt, oder eine aktive Energie, wie etwa Wesenheiten oder Seelen. Es ist nur eine Frage der Zeit, bis irgend etwas in dieser Art Sie befällt.

Diese Klientin hatte, wie gesagt, Glück, daß ihre Chakren nicht offen geblieben waren und sie in der Aura besonders kräftig war, vielleicht aufgrund der Tatsache, daß sie sich sehr gut ernährte, das heißt energiereiche, kraftvolle Nahrung zu sich zu nehmen pflegte. Ist jedoch das feinstoffliche Energiesystem beschädigt (selbst bei jemandem, der sich ansonsten zur Unterstützung seines Systems völlig richtig verhält), dann wird es auf einer bestimmten Ebene nicht optimal arbeiten. Die Aura wird nicht von all den feinstofflichen Energien aus den Chakren genährt, und früher oder später wird ihre Kraft gefährdet.

In diesem speziellen Fall rief meine Klientin am nächsten Tag zurück und vereinbarte einen Termin. Sie wollte wegen einer Behandlung zur übersinnlichen Hilfe vorbeikommen. Während des Reparaturvorganges an ihren Chakren bestätigte sich, daß ihre Einstimmung recht gut funktionierte und sie die Reiki-Energien erfolgreich kanalisierte. Es dauerte etwa anderthalb Stunden, bis der Chakraschaden behoben war, und gleichzeitig vollendeten die Reiki-Führer die Einstimmung, wodurch es dieser Frau erspart blieb, den gesamten Prozeß mit zusätzlichem Zeit- und Kostenaufwand noch einmal zu durchlaufen.

Und noch ein Beispiel

Um noch einen weiteren Fall darzustellen: Ich hatte einmal eine Klientin, die durch sechs Wesenheiten und eine schwer beschädigte Aura belastet war. Das ist an sich Alltagsarbeit für mich – nichts Ungewöhnliches. Sie war Ende Dreißig und hatte seit der Pubertät unter verschiedenen Arten übersinnlicher Angriffe zu leiden gehabt. Die Pubertät kann bei jungen Mädchen eine schwierige Zeit im Hinblick auf übersinnliche Angriffe sein. Die emotionalen Veränderungen, die stattfinden, wenn das Drüsensystem sich zur Reife wandelt, senden durch die Aura kräftige emotionale Signale aus. Wer eine schwache oder beschädigte Aura hat, nimmt sehr leicht Wesenheiten auf. Noch öfter zieht diese Form der energetischen Veränderung jedoch Seelen um einen herum an. Es ist auch interessant, daß diese besondere Zeit in der Entwicklung bei jungen Mädchen zu ME führen kann, wenn der Schlafplatz sich in der Nähe von Erdstrahlung und elektromagnetischer Strahlung befindet.

Diese Frau hatte den ersten Reiki-Grad durchlaufen und dann drei Monate später den Zweiten Grad erhalten, ein paar Jahre später den Dritten Grad. Sie erzählte mir, sie habe nie das Gefühl gehabt, daß mit ihrem Reiki alles in Ordnung sei. Nachdem ich sie von den Wesenheiten befreit und ihre Aura ausgebessert hatte (was etwa anderthalb Stunden dauerte), stimmte ich mich in ihre Chakren ein und pendelte die Einstimmungen aus. Alle drei Einstimmungen waren von den verschiedenen Meistern richtig ausgeführt worden, aber ich entdeckte ein ernstes Problem, das zum Zeitpunkt der Einstimmung in den Zweiten Grad aufgetreten war. Der Reiki-Meister hatte nichts falsch gemacht, und das Problem war auch nicht während der eigentlichen Einstimmung aufgetreten, jedoch in einer Zeit, in der die Aura noch geöffnet war.

Ich sagte der Betroffenen, daß alle Einstimmungen richtig ausgeführt worden seien, das Problem aber an dem Tag begonnen habe, an dem die Reiki-II-Einstimmung durchgeführt worden sei. Sie erzählte mir daraufhin, daß sie nach dieser Einstimmung gewußt habe, daß etwas nicht in Ordnung sei, und daß sie daraufhin bei einem anderen Meister gewesen sei, um sich nochmals in Reiki II einstimmen zu lassen, doch das habe ihr Problem nicht gelöst.

Zufällig ließ sie den Namen des Reiki-Meisters fallen. Ich kenne diesen Menschen und habe große Achtung vor seinen Fähigkeiten und seiner Rechtschaffenheit, und ich konnte schwer glauben, daß mit seiner Einstimmung irgend etwas nicht stimmen sollte. Als ich die Einstimmung überprüfte, fand ich heraus, daß alles in Ordnung gewesen war. Meine Führer berichteten, daß alles bestens gewesen sei, genauso wie alle anderen Einstimmungen, die sie von anderen Quellen erhalten habe.

Als ich mich auf eine tiefere Ebene einstimmte, konnte ich sehen, daß das Problem mit Gedankenformen zu tun hatte. Ich konnte die Reiki-Symbole sehen, die sich fest in ihrem Solarplexuschakra befanden. Sie erschienen mir wie jene kleinen Geduldsspiele aus Metall, die man in Weihnachtsgeschenksets für Kinder und Erwachsene findet und deren unglaubliche Formen man entwirren muß, damit man sie auseinandernehmen kann. Es handelte sich hier um einen übersinnlichen Angriff in Form von Gedanken, der vom Neid einer Mitschülerin herrührte.

Neid ist ein gefährliches grünäugiges Monster, das in den spirituellen Bereichen unseres Lebens ebenso umherschleicht wie in den stofflichen. Die Menschen können sehr neidisch auf die Energie oder die Fähigkeiten eines anderen werden: neidisch auf das Licht, das der andere trägt. Ich bin sicher, daß die Person in diesem speziellen Fall ihrer Mitschülerin nicht mutwillig Leid zufügen wollte, doch da sie nicht wußte, wie verletzlich ein Mensch in dem Moment ist, wenn seine Aura für die Einstimmung geöffnet wird, hatte sie ihren Neid auf sehr kraftvolle Weise kundgetan, und die Gedankenformen waren in den Lichtkörper des Opfers ihres Neides eingetreten und verursachten bei ihm fünf Jahre voller Herzschmerzen und Unsicherheit.

Die Abwehr der Aura dieser Frau war so schwach, daß die kräftigen Gedankenformen sie von innen in ihre Gewalt bekommen hatten und ihr Energiesystem blockierten, wodurch die Einstimmung nicht funktionstüchtig in ihr Wesen eintreten konnte. Die Symbole hatten sich festgesetzt und auf ungewöhnliche Weise wirr ineinander verflochten. Sie steckten alle im Solarplexuschakra und waren in keinem anderen Chakra vorhanden, wo sie hätten sein sollen.

Das zeigt, wie anfällig unser Lichtkörper im Augenblick der Einstimmung und kurz danach sein kann. Es ist daher unbedingt erforderlich, daß er die Einstimmung in einem »geschützten Raum« erhalten, festigen und verarbeiten kann. Es ist außerdem unumgänglich, daß die Umgebung in Licht gehüllt und versiegelt ist und der Ort der Handlung sich in Liebe, Licht und Harmonie befindet.

Ein klassischer Fehler der Heiler

Wenn man unter einem übersinnlichen Angriff leidet, weiß man verständlicherweise, daß etwas nicht in Ordnung ist. Oft kann man es nicht genau benennen, man merkt nur, daß mit einem einfach »etwas nicht stimmt«. In dieser Lage wird jeder versuchen, sich helfen zu lassen, entweder durch befreundete Heiler oder durch seinen Reiki-Meister.

Manchmal, wenn die Situation anhält und alle heilende Hilfe das Befinden nicht verbessert hat, geht man vielleicht sogar zum Arzt. Das kann völlig andere Probleme hervorrufen, denn Mediziner erkennen im allgemeinen andere Reiche des Daseins nicht an und wissen nichts über Angriffe übersinnlicher Art. Daher erscheinen diese nicht auf ihrer »Liste der Krankheiten« und können nicht diagnostiziert werden. Selbst wenn sie das Problem als übersinnlichen Angriff wahrnehmen könnten, wären sie mit großer Wahrscheinlichkeit nicht in der Lage, den Schaden zu beheben.

In manchen Fällen ist der Betroffene vielleicht kein Heiler oder hat keine Freunde, die Heiler sind, und so führt ihn sein erster Weg zum Arzt. So war es bei einer Krankenschwester, die mich mit einem schweren Problem der Besessenheit durch Wesenheiten aufsuchte. Nur weil ihr Ehemann durch Zufall bei jemandem zu Hause eines meiner Faltblätter mit einer Beschreibung der Symptome übersinnlicher Angriffe gesehen hatte, erkannte er, daß seine Frau in den letzten Monaten genau darüber geklagt hatte.

Ein Arzt wird normalerweise irgendeine Art Tablette verschreiben, wie es bei der Krankenschwester der Fall war. Es gibt nirgends eine Tablette, die gegen übersinnliche Angriffe wirksam ist. Das ist genauso dumm, als würde man sagen: »Nimm ein paar Aspirin, dann werden deine störenden Nachbarn schon verschwinden.«

Was passiert, wenn ein Heiler, unabhängig von der Heilweise, in einer Kontaktbehandlung Energie für jemanden kanalisiert, der Opfer eines übersinnlichen Angriffs ist, dessen Ursache Wesenheiten oder anhaftende Seelen sind, und diese sich noch im Energiesystem befinden? Die Heilenergie wird sicherlich das Energiesystem des Klienten ankurbeln und ein gewisses Maß an Gleichgewicht bringen, während sie dringend benötigte Hilfe leistet. Das wird jedoch nur so sein, solange die Behandlung stattfindet. Diese unmittelbaren Nutzwirkungen werden nur von kurzer Dauer sein.

Heilenergie oder elektromagnetische Energie ist genau die Nahrungsquelle, die Wesenheiten und Seelen benötigen, um ihr eigenes Energieniveau anzuheben. So befindet sich dann binnen sehr kurzer Zeit nach dem Heilen (manchmal binnen Stunden, aber ganz sicherlich innerhalb von einigen Tagen), das Opfer des übersinnlichen Angriffs wieder in der gleichen Lage wie vor dem Heilen – möglicherweise sogar in einer noch schlimmeren.

Wenn Wesenheiten an der Aura des Opfers haften, werden diese mit Sicherheit stärker. Dieses Mehr an Energie, das sie an Bord nehmen, kann sie viel kräftiger machen. Manche nutzen diese zusätzliche Stärke, um sich noch gieriger zu nähren, und wieder andere werden, da sie schon genährt sind, weniger aktiv sein, bis sie wieder Nahrung brauchen.

Wird die äußere Umhüllung der Aura verletzt, so schafft das eine noch gefährlichere Situation für die leidende Person. Füllt der Lichtkörper sich mit Heilenergie oder Lichtenergie und vibriert er, dann strahlt er noch heller. Seine Leuchtkraft strahlt wie ein Leuchtturm in das All hinaus und zieht noch mehr Wesenheiten in das Energiesystem der ahnungslosen Person, die sich dann an diesem wunderbaren Bankett laben, das aus Versehen aufgetischt und vor ihnen ausgebreitet wurde.

Wenn Geister (Seelen) beteiligt sind, kann die Sache unterschiedlich ausgehen. Manche Geister sind still und ruhig und bürden dem Leben ihrer »Wirte« gar nicht viel auf, sondern nehmen sich nur ab und zu ein wenig Energie (normalerweise dann, wenn der Betreffende schläft). Danach ziehen sie sich zu einem ruhigen Stammplatz im Haus zurück, bis sie in der darauffolgenden Nacht wieder Nahrung brauchen.

Wenn jedoch ein Geist an der Aura hängt, der genug Kraft gewinnen will, um Dinge zu tun, die seinem eigenen Plan entsprechen, kann das ernste Folgen für den Betroffenen haben. Einige Geister können so stark werden, daß sie versuchen, ihren Wirt zu übernehmen, seinen Mental- und Emotionalkörper zu beeinflussen und ihn ihrem Willen zu unterwerfen, so daß der Geist mit der Energie des Opfers seine eigenen Wünsche ausleben kann.

Dies ist gemeint, wenn man von »Besessenheit durch Geister« spricht. Wenn diese Art der Besessenheit sehr stark ist, kann sie die Persönlichkeit eines Menschen völlig verändern. Wo es sich um einen Geist handelt, der nicht allzu stark ist, erlebt derjenige, daß er seltsame Dinge tut, die nicht zu ihm passen. Er steht sich dann verwundert selbst gegenüber und fragt sich: »Warum habe ich das getan? Das sieht mir überhaupt nicht ähnlich.« Geschieht das zu Hause, wo noch andere Menschen leben, die vielleicht zum engen Familienkreis gehören, dann werden die anderen im Haushalt dieses »befremdliche« Benehmen bemerken und normalerweise etwas dazu sagen.

Übersinnliche Angriffe, an denen aktive Wesen beteiligt sind, die sich an das Energiesystem eines Menschen gehängt haben, sind für die Behandlung eine ernste Sache. Wir sehen hier, daß diese Wesen sich genau von der Energie ernähren, welche die meisten Heiler, die es gut meinen, anwenden würden, um zu versuchen, einem unter Unwohlsein leidenden Menschen Erleichterung zu verschaffen. Unsere psychiatrischen Anstalten sind voll von Geistern und Wesenheiten, die an Menschen hängen und deren Persönlichkeit auf die oben beschriebene Weise beeinflussen. Wie die Patienten hier behandelt werden, bietet einen idealen Lebensraum für Geister und Astralvampire.

Ich erwähnte oben, daß manche Menschen, wenn sie nicht verstehen, was mit ihnen geschieht, vielleicht bei einem Arzt Hilfe suchen. Die Beschreibung der Symptome, die man einem Arzt geben würde, könnten in die Kategorie »Angstzustände« passen, und daher würde dieser gewöhnlich eine Art Beruhigungsmittel verschreiben. In Wirklichkeit vermag dies das Problem nur zu verschlimmern: Erstens wird das Beruhigungsmittel weder eine Wesenheit oder einen Geist entfernen noch gar ein Chakra oder eine Aura mit Beschädigung reparieren. Zweitens können Beruhigungsmittel die elektromagnetische Energie innerhalb der Aura schwächen und in einigen Fällen tatsächlich Schaden an einer Aura verursachen, die ansonsten »gesund« ist. Wir haben uns bisher die häufigsten Formen passiver negativer Energien und aktiver negativer Energien angesehen. Am anderen Ende der Skala haben wir die Besessenheit durch Dämonen, eine sehr ernste Form manipulativer Angriffe, die äußerst Zerstörerisches leisten kann.

Andere Dimensionen

Es sollte klar sein, daß alle Formen der Energiearbeit das Öffnen von Türen in andere Reiche einschließen. Wir wissen wenig oder nichts über das Wesen oder die Anzahl dieser Dimensionen. In diesen anderen Dimensionen, die wir die »Reiche des Lichts« nennen, wohnen andere Wesen, zum Beispiel Geister, Wesenheiten, Astralvampire und andere. Man sollte es nur mit ausreichend übersinnlichem Schutz versehen wagen, Geist oder Bewußtsein in diese Reiche einzulassen. Das sollte man nur versuchen, wenn man sich der Absicht und Zusammenarbeit seiner Geistführer ganz sicher und sich voll bewußt ist, daß die Führung eigens dafür geleistet wird, daß man diesen Raum betreten kann.

Öffnet man sich, um Heilenergie zu kanalisieren, so ist es oft der Fall, daß einem Botschaften eingegeben werden, was man tun oder wohin man die Hände legen soll. Diese Information kann von Geistführern oder von anderen kommen – woher, das ist nicht von Belang. Hier ist die Hauptsache, daß die Information über andere Dimensionen hinweg in unseren bewußten Geist gelangt. Wenn der Geist offen ist, etwas aus einer anderen Dimension zu empfangen, kann er auch etwas in dieselbe Dimension übermitteln. Oder, anders herum: Wenn ich mein Bewußtsein über eine Entfernung hinweg schicke, um zu sehen, was in einem Fall eines übersinnlichen Angriffes auf einen unglücklichen Menschen geschieht, schaue ich vielleicht direkt auf einen Geist oder eine Wesenheit. Sobald mein Bewußtsein dieses Wesen berührt, kann nicht nur ich es sehen – es kann mich ebenfalls sehen.

Im selben Augenblick, da mein Bewußtsein das Wesen berührt, das ich suche, kann nichts dieses Wesen daran hindern, statt seines gegenwärtigen Wirtes mich anzugreifen und in mein Energiesystem einzudringen – nichts, außer mein übersinnlicher Schutz. Geister oder alle anderen Lichtwesen können sich mit Gedankengeschwindigkeit über jede Entfernung bewegen. Ich entdeckte das, als ich ernste Probleme mit Geistern in einem Haus in etwa fünfzig Meilen Entfernung untersuchte und dabei am Telefon mit dem sehr beunruhigten Bewohner sprach. Als ich auflegte, gewahrte ich einen Geist, der neben mir stand, wobei seine Energie alarmierende Signale an meiner Wirbelsäule beziehungsweise genauer gesagt meinem Zentralnervensystem hinauf- und hinunterschickte, während er mit meiner Energie in Wechselwirkung trat.

Die Reiche des Lichts durchdringen alles und gehen durch alles hindurch. Wir wissen, daß die Schwingung oder Lichtfrequenz, die wir als Röntgenstrahlen kennen, in den Körper eintritt und durch ihn hindurchgeht. Die Schwingungen, die die Dimensionen des Lichtes darstellen, sind im Vergleich noch höher. Wie viele verschiedene Dimensionen es gibt, können wir mit unserer begrenzten Wahrnehmung als Menschen nicht erkennen: Es mögen Millionen eigener Lebensformen sein.

Die Reiche des Lichts durchdringen jeden Aspekt unseres Wesens. Der stoffliche Körper ist keine Grenze für die Frequenzen anderer Dimensionen oder Wesen, die in ihnen wohnen. Deshalb sehen wir einen Geist durch eine feste Wand gehen: Seine Schwingung ist so hoch, daß stoffliche Substanz sein Hindurchtreten nicht verhindern kann. Er wird durch die feste Wand hindurchgehen, ohne nur ein einziges Molekül zu stören. Stellen Sie sich vor, Sie würden Ihre Hand durch eine Luftblase hindurchführen, ohne sie zu bewegen oder irgendwie auf sie einzuwirken.

Die Aura ist unser Schutzschild gegen alles, was sich auf diesen Straßen des Lichts bewegt; sie hält es davon ab, in unser eigentliches Wesen einzudringen. Die Reiche dieser anderen Wesen durchdringen unsere dichte, stoffliche Welt. Unser Lichtkörper, die Aura – die vielen von uns nicht bewußt ist, bis sie sich zu entfalten beginnt und wir genug Feingefühl entwickeln, um sie zu sehen, zu spüren und wahrzunehmen – entspricht diesen hochfrequent schwingenden Daseinsebenen. Deshalb kann man die Aura eines Menschen durch eine feste Wand hindurch spüren und messen. Unser stofflicher Körper unterliegt den Naturgesetzen; unser Lichtkörper, der unser eigentliches Wesen ist, mag wohl im stofflichen Körper verankert sein, während wir leben, um uns zu schützen; er verhält sich aber den Gesetzen hochfrequenten Lichts gemäß. Das heißt, er kann durch etwas hindurchtreten, das als feste Masse erscheint.

Eine weitere Form übersinnlicher Angriffe ist die Übertragung von Gedanken auf oder in uns durch andere Menschen. Voodoo, Schwarze Magie und viele Arten der Hexerei werden auf der ganzen Welt ausgeübt. Und da die Welt immer kosmopolitischer wird, verbreiten sich die ethnischen Praktiken solcher Formen der übersinnlichen Einmischung in westlichen Ländern immer mehr. Ich hatte in ethnischen Gruppen viele Opfer von Hexerei und Schwarzer Magie zu behandeln, und weil die Menschen dieser Gruppen in ihrer Kunst sehr geübt sind, sind es häufig sehr mächtige Formen übersinnlicher Angriffe. Da diese Art des Angriffs in einigen Kulturen gängige Praxis und im allgemeinen Gedankengut dieser ethnischen Gruppen anerkannt und akzeptiert ist, sind diese Menschen in ihrem Geist offener dafür, den Angriff zuzulassen, anstatt ihn zu vereiteln. Ebenso wie die negative Seite dieser Vorgänge gibt es eine positive: Die meisten Menschen kennen einen »Medizinmann«, der ihnen helfen kann, sie zu bewältigen.

Wesenheiten und Geister sind die eine Sache und dabei erst der Anfang. Als ich einmal versuchte, eine bestimmte Energiequelle aus meinem eigenen Wesen zu lösen, entdeckte ich, daß wir mit Dingen in Berührung kommen können, die außerhalb unseres begrenzten Verständnisses liegen (und mein Verständnis ist durch diese Arbeit wahrscheinlich breiter als das der meisten Menschen). Es gibt Wesen, die zur selben Zeit in mehreren Dimensionen sein und jeden Teil des Wesens unseres Daseins durchdringen können (entweder harmlos oder unter großen Qualen für uns).

Wenn diese Energiewesen in der Aura sind, können sie ungehindert jede Energieebene und die stofflichen Ebenen durchdringen. Sie sind nur wie eine neblige Substanz, die das Bewußtsein selbst ist und durch jede Zelle dringen kann, ohne sie zu stören. Haben sie sich erst einmal Zugang verschafft, gibt nichts, was diese Energieebenen in unserem niederen Schwingungswesen nicht tun können.

Wesenheiten

Die Wesenheit ist ein Wesen fast wie Sie und ich, und zwar insofern, als es ein lebendes Wesen ist. Ebenso, wie wir Billionen von Zellen in unserem

Körper haben, die eine Lebenskraft haben und eine Aufgabe für uns erfüllen, die wir jedoch nicht sehen, hat auch die Wesenheit eine Lebensform, die wir nicht sehen können; sie existiert jedoch in einer Dimension mit höherer Frequenz. Wenn Sie sich vorstellen, Sie würden nur als Aura existieren, ähnelt das dem Dasein einer Wesenheit. Sie ist ein elektromagnetisches Wesen ohne die Belastung eines stofflichen Körpers.

Die Wesenheit kann eine Reihe verschiedener Formen annehmen. Sie steht am einen Ende der Entwicklungsskala, die sich nur ernährt; sie hat eine Bewußtseinsform und kaum mehr, und ich stelle sie mir einfach als Energieball vor: stachlig und schädlich, ein bißchen wie die kleinen Kletten, die auf dem Feld wachsen und mit denen wir uns als Kinder bewarfen, die mit ihren kleinen Widerhaken an unserer Kleidung hängenblieben. Diese Wesenheiten, meist von der Größe eines Tennisballs, hängen sich an Ihre Aura, um sich von Ihrer Energie zu ernähren. Ein allgemeiner Begriff dafür ist »Astralvampir«, denn genau das sind sie – nur daß sie Ihnen statt Blut Energie aussaugen.

Diese Energieform ist mehr oder weniger ein Parasit oder eine Art Aasgeier; sie hat ein Bewußtsein, das ihr mitteilt, daß sie sich ernähren muß, um zu existieren, und genau das tut sie dann auch, ohne genau zu wissen oder darüber nachzudenken, wo oder auf wem sie es tut, und ganz bestimmt ohne sich dessen bewußt zu sein, daß sie den Menschen schadet, von denen sie sich nährt. Wie Bandwürmer oder Leberegel im Körper, so existiert diese Energie als Parasit, ernährt sich und überlebt, ohne wirklich zu verstehen, welchen Schaden sie bei ihrem Wirt anrichtet.

Die nächste Stufe der Wesenheit hat Bewußtsein und Wahrnehmung ähnlich dem Bewußtsein und der Wahrnehmung, die wir haben. Sie wissen, was sie tun, und auch, wem sie es antun. Sie haben ein gewisses Maß an Intellekt, das heißt, sie sind intelligent und können ihre Spielchen mit uns spielen, um zu bekommen, was sie wollen, ohne erwischt zu werden. Solche Wesenheiten können machtvoll sein, listig und schlau. In Kapitel 9, »Fallstudien«, werden Sie eine Geschichte über eine Wesenheit lesen, die wußte, daß ihre Wirtin auf dem Wege war, sich von ihrer Anwesenheit zu befreien, und sich, um zu das vermeiden, in zwei Hälften spaltete. So glaubten jene, die die Reinigung durchführten, daß die Wesenheit fort sei; als jedoch das arme Opfer wieder ins Auto stieg, um nach Hause zu fahren, sprang die Wesenheit es direkt an, und zwar mit einer noch stärkeren Präsenz als zuvor.

Aurabruchstücke

Wenn wir sterben, kann die Energie in unserer Aura noch viele Jahre lang in einem zusammenhängenden oder halb zusammenhängenden Zustand bestehenbleiben, bis sie sich langsam auflöst oder von Lichtarbeitern abgebaut wird. Es kommt vor, daß jemand eine besonders böse und negative Energie von dieser Quelle aufnimmt, die sich dann in der Aura einbindet. In Abhängigkeit von der Menge des emotionalen und mentalen Restgehalts, der sich noch in dem Aurabruchstück befindet, kann das eine starke Wirkung auf die geistige Stabilität oder das emotionale Gleichgewicht der Person haben, an die es sich hängt. Bei Heilern, die Kontaktbehandlungen durchführen, kann es leicht passieren, daß sie diese Art Energie beim Klienten lösen und selbst aufnehmen, wenn sie nicht ausreichend in energetischen Reinigungstechniken und übersinnlichem Schutz ausgebildet sind.

Der Geist und eingeschlossene Geister

Das Thema »übersinnlicher Angriff« ist ein weites Feld, und man könnte allein darüber ein ganzes Buch schreiben und dabei viele Fallbeispiele anführen. In einer guten Woche habe ich am Ende die Seelen von bis zu dreißig Geistern aus verschiedenen Örtlichkeiten erlöst. Diese wanderten vielleicht in Wohnhäusern umher oder lebten enger bei ihren Wirten, indem sie ihnen folgten, wenn sie ihren täglichen Geschäften nachgingen, oder sich sogar an ihre Aura hängten. In einigen Fällen gibt es viele Geister in einem einzigen Haus.

Werden wir in die körperliche Welt wiedergeboren, so kommt unser Geist, unsere Seele, in diese Dimension, um einen stofflichen Körper zu bewohnen und damit eine Reise zu unternehmen, deren beabsichtigtes Ziel oder Preis spiritueller Fortschritt ist, durch die Lektionen nämlich, die wir lernen können, während wir hier sind. Manchmal sterben wir und unser Geist, unsere Persönlichkeitsstruktur, bleibt in der körperlichen Welt gefangen oder stecken, statt zur Quelle in den spirituellen Reichen zurückzukehren, von wo er herkam. Ich bin sicher, daß es dafür ausreichend Gründe geben mag, und nur durch viele Erfahrungen kann man Hypothesen darüber aufstellen, was geschieht und warum die Geister, die manchmal auch »Diskarnierte« genannt werden, hier steckenbleiben.

Wir müssen uns auch klar darüber sein, was wir mit »spirituell« und »stofflich« beziehungsweise »körperlich« meinen, wenn wir uns auf die Reiche beziehen, damit wir verstehen, wo der eingeschlossene Geist sich im Verhältnis zu anderen Dimensionen befindet. Und man muß wissen, daß ein gefangener Geist, auch »verlorene Seele« genannt, nicht dasselbe ist wie ein Geistführer. Das stoffliche Reich ist der Ort, an dem alle Dinge in stofflicher Form schwingen – eine relativ langsame Schwingung im Vergleich zur Schwingung der spirituellen Reiche. Die Erde ist unser stofflicher Planet, und alles, was sich darauf befindet, einschließlich unserer Körper, ist stoffliche Substanz. Wir existieren in einem stofflichen Universum. Jedoch sind die anderen Dimensionen, von denen wir sprechen, beispielsweise die spirituellen Reiche, Orte, die neben dem stofflichen Reich vorhanden sind – in irgendeiner Form, die wir an diesem Punkt unserer Entwicklung nicht ausmachen können. Obwohl sie da sind, haben die meisten von uns ausgesprochene Schwierigkeiten, Zugang zu ihnen zu finden. Der Unterschied zwischen diesen Reichen gleicht dem Unterschied zwischen Meer und Luft. Vögel können nicht vom Reich der Luft ins Reich des Wassers wechseln (jedenfalls die meisten nicht, und kommen Sie mir jetzt nicht mit Pinguinen!), ebensowenig wie ein Hai sich in die Lüfte aufschwingen kann (obwohl eine ganze Menge davon auf der Erde wandeln). In gleicher Weise können wir in unserer stofflichen Form nicht in die spirituellen Reiche überwechseln.

Wenn die verlorene Seele im stofflichen Reich gefangen bleibt, kommt es nur darauf an, ihr zu helfen, über eine Grenze hinwegzukommen, was sie aus dem einen oder anderen Grunde selbst nicht schafft.

Ich erinnere mich sehr deutlich, wie ich mich als Junge fragte, wie es wohl sei, ein Erwachsener zu sein. Ich hatte den Eindruck, daß Erwachsene eine völlig andere Art von Lebewesen seien. Als ich meine Teenagerjahre durchlief und dann Anfang Zwanzig war, faszinierte es mich, daß meine Gedanken und mein Bewußtsein, die Grundsubstanz dessen, der ich war, die gleiche blieb und keine seltsame Verwandlung zu jenem anderen Wesen durchmachte, das ich immer als Erwachsenen betrachtet hatte. Natürlich bin ich ein Junge geblieben. Ich weiß nicht, ob das gut oder schlecht ist. Mein Sohn, der jetzt siebzehn ist, sagte vor einigen Jahren etwas Ähnliches über dieses Phänomen zu mir. Ich frage mich, ob sonst noch jemand dieselbe Erfahrung gemacht hat? Und ebenso, wie der Junge zum Mann wird, aber dasselbe grundlegende Selbst behält, behält der Geist dieselbe Persönlichkeit in ihrer Einheit, wenn der stoffliche

Körper scheidet. Vermutlich bedeutet das, daß ich eine Reihe von Inkarnationen lang eben dieser Junge bleiben werde, wenn es das Wesen meiner Grundsubstanz ist!

Ein Geist ist genau dasselbe wie Sie und ich, nur hat er seinen Körper verloren. Wenn Sie sterben müßten, wären Ihr Bewußtsein und Ihre Gedanken dieselben, die sie jetzt sind. Abgesehen davon, daß sie ihre körperliche Hülle verlieren, ist der einzige weitere echte Unterschied die Zeit, da der Geist zeitlos ist. Da die Zeit in den spirituellen Reichen keine Bedeutung hat, ist es kaum wichtig, wie lange der Geist hier gefangen bleibt. Eine Minute oder hundert Jahre – egal. Der Geist ist zeitlos.

Wenn ein Geist hier gefangen bleibt, hat er eine andere Form als das, was wir als »Geistführer« bezeichnen, obgleich gefangene Geister Menschen helfen können, wenn sie eine Möglichkeit finden, sich zu verständigen. Der Geistführer ist eine viel feinere Schwingung und hat nicht unbedingt eine Inkarnation in einen irdischen stofflichen Körper gehabt. Manchmal geschieht es, daß der Geist eines geliebten Menschen in die Astralreiche hinüberwechselt und nach einer »Einsatzbesprechung« in das stoffliche Reich zurückkehrt, um einen Menschen als Helfer oder Schutzengel zu begleiten. Das ist dann kein gefangener Geist, denn er ist freiwillig oder mit Erlaubnis in einem feineren Schwingungszustand zurückgekehrt und kann nach eigenem Willen über viele verschiedene Dimensionen oder Welten hinweg kommen und gehen.

Der gefangene Geist behält eine viel gröbere Schwingung bei, die jeder, der für diese Energien empfindlich ist, sehr stark spüren kann; aber auch viele andere, die nicht so empfindlich sind, können sie wahrnehmen. Die Energie eines Geistes spiegelt die des menschlichen Gegenstückes wider, das seine Verkörperung war, als er inkarniert war. Die Persönlichkeit bleibt dieselbe. Der niedere Mentalkörper und der Emotionalkörper sind noch intakt, und wir können von ihnen Informationen auffangen und uns auf der Ebene der Telepathie verständigen. Der Geist wird weiter sein emotionales Selbst ausleben, wie es von seinem Bewußtsein bestimmt ist.

Die telepathische Verständigung ist einfach, wenn der Geist, was die Energie anbelangt, die er trägt, stark und kräftig ist oder die Person in seiner Nähe sich in einem entspannten Bewußtseinszustand oder vielleicht in einem meditativen Zustand befindet. Deshalb merken es Menschen oft, wenn etwas Unsichtbares nachts ins Schlafzimmer kommt. Hinzu kommt, daß die Yin-Energie der Nacht viel ruhiger ist als die Yang-Energie des Tages, was auf die wechselnde Position der Erde innerhalb der Van-Allen-Gürtel und die entsprechende Entlastung vom elektromagnetischen Druck des Tages zurückzuführen ist. Diese Yin-Energie bietet einen guten Hintergrund, vor dem man jede Veränderung oder Bewegung einer feinstofflichen Energiequelle erfassen kann, etwa die eines Geistes.

Geister unterscheiden sich wie Menschen sehr stark. Wenn der Mensch im Leben sehr verstört und oft ärgerlich war, wird der Geist dieses Menschen genauso sein, da es sein Wesen war, als er auf Erden weilte. War der Mensch im Leben heiter und fröhlich, dann wird der Geist genauso sein.

Wie und warum Geister bei uns einziehen

Geister treten aus zwei Gründen in das Leben eines Menschen ein. Sie werden entweder zur Energie eines Menschen oder zur Energie eines Ortes hingezogen. Oft werden verlorene Seelen versuchen, die Energie von etwas zu finden, mit dem sie sich identifizieren und wohlfühlen können. Daher werden sie versuchen, einen Menschen zu finden, dessen Energie der eines Partners oder engen Gefährten aus ihren Lebzeiten ähnlich ist. Die Alternative dazu ist, ein Haus zu finden, dessen Energie ähnlich der des Zuhauses ist, in dem sie früher lebten.

Oft kommen Geister auf diese Weise zu Ihnen nach Hause. Sie können mit einem Menschen mitgehen, der Sie besucht, oder an ihm haften. Während des Besuches merkt der Geist vielleicht, daß ihm die Energie Ihres Hauses besser gefällt als die seines derzeitigen Wirtes, und wenn Ihr Gast geht, bleibt der Geist da. Oder der Geist gibt Ihrer Energie vor der seines derzeitigen Wirtes den Vorzug und entscheidet sich deshalb, zu bleiben. Es kann aber auch gut sein, daß der Geist oder die Geister schon in Ihrem Haus waren, bevor Sie einzogen.

So beginnt der Ärger

Geister können sich auf sehr ähnliche Weise verhalten wie die Astralvampire, von denen zuvor die Rede war. Wenn der Geist kräftig ist und viel Energie braucht, um sich zu ernähren, wird er nahe bei seinem Wirt bleiben. Er wird sich öfter nähren, und so wird die Energie des Wirtes immer schwächer, wobei dieser Mensch normalerweise immer erschöpfter und entkräfteter ist und morgens oft aufsteht und sich fühlt, als hätte er überhaupt nicht geschlafen. Hungert der Geist nach mehr Energie, dann hängt er sich an Ihre Aura, womit er ständig Verbindung zu seiner Nahrungsquelle hat (das ist natürlich Ihre elektromagnetische Energie).

Durchbricht das ständige Fressen den Schutz der Aura und wird Ihr austretendes Licht in anderen Dimensionen sichtbar, so sind Sie allen Arten übersinnlicher Angriffe ausgesetzt. Wie schon in den einführenden Abschnitten zu diesem Thema ausgeführt, löst dieser anfängliche Schaden für gewöhnlich Panikattacken aus, die zunehmend schlimmer werden. Der Streß dieses Lebens am Rande des Erträglichen führt Sie immer tiefer in psychische Traumata und Unsicherheit hinein, während er gleichzeitig die Ressourcen im feinstofflichen Energiesystem noch weiter leert.

Wie schon gesagt wurde – aber man kann es gut wiederholen –, wirkt die Energie von Geist oder Wesenheit wie ein Magnet auf ähnliche Energien. Gleiches zieht im Falle übersinnlicher Energie Gleiches an. Zuallererst wird eine Wesenheit zu Ihrer Energie hingezogen und springt im Normalfall von einem anderen Menschen aus in Ihre Aura hinein. Sie nehmen sie mit nach Hause, und dort wohnt sie dann. Manchmal wohnen Wesenheiten im Haus und nähren sich nachts von Ihnen, wenn Sie schlafen, oder sie nähren sich von anderen Familienmitgliedern. Ein Kollege von mir sah einmal, wie eine Wesenheit aus einer Person heraussprang, durch das Haus rannte und auf ein Baby sprang, was dem Kind sofort Qualen bereitete. In anderen Fällen hängen sie ständig an Ihrer Aura und ernähren sich, wann immer sie der Hunger plagt. In wieder anderen Situationen sind sie direkt in ein Chakra gesprungen und haben sich dort eingenistet. In diesem Fall kann sie, abgesehen von Hilfe durch übersinnliche Rettungsmaßnahmen, nur wenig dazu bringen, zu fliehen, und sie verursachen ein Trauma. In gewissem Maße wird das Verhalten der Wesenheiten auch davon bestimmt, wer noch im Haus lebt. Wenn Sie Haustiere haben, fangen sie vielleicht an, sich von den Haustieren zu nähren. Katzen und Hunde sind besonders empfindsam für alle Arten übersinnlicher Energie. Hatten Sie eine Reiki-Einstimmung, so werden Sie merken, daß diese Lebewesen anders auf Sie reagieren, wenn sich Ihre Energie verändert.

Katzen werden von Energie verscheucht. Ich gebe durch meine Aura eine Menge Energie ab, wenn ich sie verwende, um Atmosphären und Umgebungen zu spüren. Meine Sinne dringen in die Atmosphäre eines Raumes ein, wenn ich sie untersuche. Katzen springen dann oft sehr erschrocken auf und laufen erst einmal davon, bis ihre Neugier die Oberhand gewinnt und sie dann zu mir zurückkommen, um die Sache zu untersuchen; im anderen Fall rennen sie eine Meile weit und lassen sich nicht mehr blicken, so lange ich im Haus bin. Sie spüren jegliche Energie sehr deutlich, und wenn es sich um eine Energie handelt, die sie nicht kennen (was bei Reiki oft der Fall ist), reagieren sie sofort darauf. Entweder lieben sie sie, oder sie erschrecken zutiefst davor.

Einmal untersuchte ich ein Haus auf geopathische Störungen. Ich war etwa zehn Minuten im Haus, saß beim Tee und besprach den Fall mit den Hauseigentümern, als ihre Katze hereinkam. Sie kam direkt zu mir, sprang auf meinen Schoß und rieb ihren Kopf an meinem Kinn, indem sie sich in dieser typischen Katzenhaltung der Zuneigung auf den Pfoten streckte. Danach kletterte sie auf meine Schulter und legte sich quer über meinen Nacken, wobei sie die Pfoten zu beiden Seiten ausstreckte. Die Besitzer waren sehr erstaunt; sie erzählten mir, daß die Katze sich in ihrem ganzen Leben zuvor nie einem Fremden genähert habe, lieber für sich allein gewesen sei und sich meistens nicht einmal um die Familie gekümmert habe.

Wenn Wesenheiten in ein Haus oder eine Wohnung Einzug halten, werden besonders Katzen sehr unruhig, und ihr Verhalten ändert sich auffallend: Sie verbringen mehr Zeit draußen und mögen oft nicht wieder ins Haus zurückkommen. In einigen Fällen versuchen sie, ein Versteck zu finden, oder sie verbringen mehr Zeit als sonst im Schlaf. Es ist, als versuchten sie, sich durch Schlafen vor der Energie zu verstecken. Wenn Geister im Haus sind, sind die Veränderungen im Verhalten der Katze noch drastischer.

Die Aktivität der Geister
Jede Aktivität von Geistern zieht Ihnen Energie ab. Wenn in Ihrem Zuhause ein Geist lebt, unterstützen Sie ihn auf einer bestimmten Stufe mit Ihrer Energie. Manche Geister sind sehr sanfte, zarte Wesen und brauchen nur ein wenig Energie, und andere sind sehr kräftig und benötigen eine Menge Energie, um ihr Dasein zu erhalten. Andererseits begnügen sich manche nicht damit zu existieren, sondern haben ihre eigenen Pläne. Obwohl sie aus dem stofflichen Körper herausgegangen sind, gelüstet es sie nach einem Leben, und sie können viel Kraft entwickeln, um das Leben ihres Wirtes so zu beeinflussen, daß es ihnen bringt, was sie brauchen. Wie ein Drogenabhängiger dringend einen Schuß braucht, so sind manche Geister abhängig von den Lebensgrundlagen eines Menschen. Sie werden sich so viel Energie nehmen, wie sie können, um Sie unter Druck zu setzen, damit Sie auf ihre Bedürfnisse reagieren.

War der Geist im Leben alkohol- oder drogensüchtig, zucker- oder schokoladensüchtig, so wird er versuchen, seinen Wirt so zu beeinflussen, daß er ihm das Objekt seiner Begierden oder Gelüste herschafft (Bier und Zigaretten zum Beispiel).

Wenn sich ein Geist an Sie hängt, beeinflußt er Ihre Persönlichkeit durch seinen Emotional- und Mentalkörper, die beide noch intakt und kräftig sind. Er überlagert Ihren Emotional- und Mentalkörper mit seinem und zwingt Ihrem feinstofflichen Energiesystem seine eigene Energie auf. Auf der einen Seite merken Sie vielleicht, daß Sie plötzlich aus dem Stegreif etwas tun oder sagen, das Ihnen normalerweise nicht entspricht, oder daß Sie Verlangen oder Begierde nach etwas haben, nach dem es Sie nie zuvor verlangt hat. Sie werden belustigt darauf reagieren und sich fragen, warum Sie das taten oder sagten.

Normalerweise werden Sie es vergessen, wenn dieses leicht »unpassende« Verhalten nicht öfter vorkommt – bis zu dem Punkt, da Sie es regelmäßig feststellen und beginnen, sich damit unwohl zu fühlen. Wenn der Geist stärker wird und Sie merken, daß Sie oft unpassend handeln und Dinge tun, die für Sie vielleicht sehr unangenehm geworden sind, Sie dem aber nicht widerstehen können. Diese unpassenden Handlungen sind nicht steuerbar, weil sie Ihrem Wesen nicht entsprechen. Sie werden so gelenkt, daß Geist bekommt, wonach er verlangt.

Das mag zu leicht unpassenden Handlungen wie oben beschrieben, zu einem völligen Wandel oder Störungen der Persönlichkeit oder zu ernstlicher Besessenheit führen. Man muß bewußt zwischen Besessenheit und Anhaften unterscheiden. Echte Besessenheit liegt vor, wenn ein Wesen in Ihre Aura hineingelangt. Wesen können auf unterschiedliche Art anhaften. Wesenheiten können sogar in Ihre Chakren gelangen; das ist jedoch keine Besessenheit. Die Aura hat einen Schild, eine Wand, durch die die meisten größeren Dinge abgehalten werden, selbst wenn sie ein wenig beschädigt ist. Echte Besessenheit ist viel seltener als übersinnlicher Angriff, doch wenn sie auftritt, ist es sehr ernst. Wenn ein Wesen sich in der Aura eines Menschen eingenistet hat, kann es in seinem Leben ein völliges Chaos anrichten, und es hat normalerweise einen bösen Plan. Im Falle einer schweren Besessenheit ist der Geist so mächtig, daß er Ihr Bewußtsein fast völlig übernimmt, wenn er das wünscht (was nicht ständig der Fall ist, nur wenn er etwas will). Dann schaltet er jeglichen freien Willen aus.

Multiple Persönlichkeit oder Besessenheit?
Es gibt viele dokumentierte und nachgewiesene Fälle von multiplen Persönlichkeitsstörungen, die in manchen Fällen klar auf Besessenheit

von einem Geist zurückzuführen sind. Ein Fall, der mir dabei gerade einfällt, ist der eines jungen Studenten, der in Untersuchungshaft genommen wurde und unter schwerer Anklage vor Gericht kam. Nachdem man ihn für schuldig befunden hatte, wurde er in ein psychiatrisches Krankenhaus überstellt, damit ihm geholfen werde. Über ihn ist ein Buch mit dem Titel *Das Leben des Billy Milligan* geschrieben worden.

In einem einfachen Fall einer multiplen Persönlichkeit kann der Betreffende sich in verschiedene Persönlichkeiten und wieder zurückverwandeln, ohne daß er weiß, wen er gerade darstellt. Innerhalb dieser Persönlichkeiten kann er jedoch keine Fähigkeiten oder Fertigkeiten aufweisen, die außerhalb der Erfahrung seines Lebens liegen. In einem Fall der Besessenheit kann er das.

Der erwähnte junge Mann wurde eingehender Untersuchungen durch berühmte Psychiater unterzogen, die sich alle darin einig waren, daß er tatsächlich multiple Persönlichkeiten aufwies; was sie jedoch wegen der Grenzen ihrer eigenen Erfahrungen und ihres Glaubenssystems nicht erklären oder anerkennen konnten, war, daß Billy Fähigkeiten und Fertigkeiten besaß, die er in seinem Leben ganz und gar nicht hatte. Eine von Billys Persönlichkeiten war Arthur, der fließend Arabisch sprechen und schreiben konnte; Billy beherrschte diese Sprache normalerweise nicht. Eine andere war Reagan, ein Serbokroate, der mit einem sehr gebrochenen amerikanischen Akzent und einer Stimme sprach, die völlig anders war als Billys eigene.

Wenn die Psychiater sich überwinden könnten, anzuerkennen, daß tatsächlich mächtige übersinnliche Kräfte in der Welt am Werk sind, und daß Besessenheit durch einen Geist nicht nur im Reich der Hollywoodfilme vorkommt, könnten wir vielleicht erleben, daß vielen Menschen sehr geholfen würde und sie geheilt und befreit würden von dem quälenden Zustand, in dem Teile ihres Lebens von anderen lebenden Wesen kontrolliert werden, über die sie keine ausreichende oder überhaupt keine Kenntnis oder Macht haben.

Dämonen

Bei allen Heilern oder feinstofflichen Energiearbeitern, die beständig mit feinstofflicher Energie arbeiten, wachsen normalerweise Vitalität, Kraft und Wahrnehmungen innerhalb der feinstofflichen Reiche. Das Universum bringt dann immer mehr anspruchsvolle Arbeit hervor, die getan werden muß. Dämonen stehen auf der Energieleiter noch eine Stufe über den Geistern. Wann immer ich etwas tun muß, das mit Dämonen zu tun hat, habe ich ein paar Geistführer mehr dabei. Solche Arbeit steht auch in der Welt der Geistführer ganz klar eine Stufe höher, und das »Sondereinsatzkommando« wird herangezogen, um die Mannschaft zu unterstützen.

Als ich einmal an einem Haus in Essex eine Reinigung durchführte, fand ich eine Reihe von Geistern und dazu einen bösartigen Dämonen. Das Wesen war eine Art Hund, er sah aus wie ein Vorstehhund, in der Farbe etwa bräunlich und schwefelgelb und etwa so groß wie ein kleiner Whippet. Er schien damit zufrieden, im Haus herumzuschleichen und sowohl den anderen Geistern als auch den Bewohnern soviel Unbehagen zu bereiten, wie er konnte, indem er nachts mit Kommoden und Schränken Krach machte und von unten gegen das Bett schlug, was die Bewohner mehr als irritierte. Als ich diese Geschichte einige Zeit später einer Freundin erzählte, bat sie mich, das Wesen zu beschreiben. Sie erzählte mir, daß ein hellsichtiger Freund ihr beschrieben habe, wie er genau diese Biester über die mit Patienten belegten Betten in einem Krankenhaus habe schleichen sehen.

Ich hatte auch schon Fälle, in denen der Dämon sozusagen den Tatort verlassen hatte, vielleicht schon viele Jahre zuvor, die Energie jedoch immer noch bei der Person oder in dem Haus weilte. Dämonische Energie kann eine sehr starke übersinnliche Kraft sein, die andere negative Kräfte in ihren dunklen Strudel hineinzieht, um dem unschuldigen Opfer oder dem unbedachten Heiler immer noch mehr Probleme zu bereiten.

Dämonen kommen häufig vor und haben viele Erscheinungsformen und unterschiedlich viel Kraft beziehungsweise Macht. Die meisten der Dämonen, mit denen ich konfrontiert war, waren eher lästig als dämonisch, aber ich bin sicher, da ich dies jetzt geschrieben habe, werden bald ein paar böse daherkommen. (Ich habe das 1999 geschrieben, und sie sind tatsächlich erschienen.) Ich bin auf die Energie sehr mächtiger Dämonenarten getroffen, die sich an einem Ort einnisteten, nachdem das Energiesystem eines Menschen durch ihre Anwesenheit geschwächt worden war. Ihre Energie ist viel dichter und böser als die eines Geistes oder einer Wesenheit, wie ich es etwa bei einer jungen Frau erlebte, die furchtbar gelitten hatte. Ihre Ärzte vermuteten, daß sie von irgendeiner Kraft besessen sei, die sie nur als »dämonische Besessenheit« beschreiben konnte, und konnten ihr nicht helfen – so wurde sie in eine Nervenheilanstalt eingewiesen. Viele Jahre später kreuzten ihre Eltern meinen Weg, als sie mich baten, eine Untersuchung auf geopathische Störungen an ihrem Haus durchzuführen. Während dieser Arbeit erwähnten sie ihre Tochter und fragten mich, ob meine Art der Heilarbeit ihr helfen könne. Zu dieser Zeit hatten sie mir die Geschichte der dämonischen Besessenheit noch nicht erzählt, nur, daß es ihr seit vielen Jahren nicht gut gehe.

Ein paar Tage später, als es die Zeit erlaubte, stimmte ich mich auf das Mädchen ein und entdeckte eine Reihe von Dingen, darunter eine schreckliche dämonische Energie in ihrem Brustbereich, obwohl der Dämon sie längst verlassen hatte. Die Energie war so stark, daß meine Führer rieten, ich solle mich lieber aus der Ferne damit befassen als vor Ort. Erst nach einer übersinnlichen »Ersten Hilfe« durfte ich sie zu einer Heilungssitzung besuchen.

Außerirdische
Dieses Thema im Gespräch mit einem normalen Menschen anzuschneiden, ist schwierig, aus dem einfachen Grunde, weil die Allgemeinheit hier sofort einen Strich ziehen wird und andere mich schnell als völlig übergeschnappt abstempeln werden. Nun, lassen Sie mich Ihnen versichern, daß ich mit beiden Beinen fest auf der Erde stehe und nicht zum Objekt einer Entführung durch Außeriridische geworden bin – noch nicht!

Wenn man wie ich auf dem Gebiet der Untersuchung feinstofflicher Energien arbeitet, stößt man auf Energien, die einem, mangels besserer Beschreibung, völlig ungewohnt sind. Wesenheiten haben eine bestimmte Schwingung und vermitteln ein ganz bestimmtes Gefühl, und wenn man so viele Reinigungen durchgeführt hat wie ich, kennt man die Schwingung. Geister kann man leicht erkennen und sich mit ihnen auf intuitiver und telepathischer Ebene verständigen. Ich habe einige Energien von Dämonen erlebt und einige ihrer Formen gesehen. Wesen aus der Unterwelt bin ich nur wenigen begegnet, aber ich wußte auch ohne vorherige Kenntnisse, wer sie waren.

Dann gibt es noch andere Energien, die eine Lebenskraft mit Bewußtsein und Wahrnehmung besitzen, auf die keine der Beschreibungen, Schwingungen und vermittelten Gefühle passen, die wir bisher behandelt haben. Wie sehr ich auch versuche, sie durch mein Pendeln oder Einstimmen zu erkennen – sie sind nicht von dieser oder von irgendeiner anderen Welt, die wir uns bisher angesehen haben. Diese Wesen verständigen sich mit großer Leichtigkeit und Kraft telepathisch, die Schwingung ist stark und klar, gezielt und dennoch sanft, doch mit einer Absicht und im Wissen, daß ich ihrer Anwesenheit gewahr bin. Manchmal stehen sie sozusagen auf Abruf bereit und respektieren meinen freien Willen, still zu bleiben. Sie wissen, daß ich weiß, daß ich beobachtet werde; sie wissen, daß ich über viele Kenntnisse und Erfahrungen mit Lichtwesen verfüge und leicht darauf schließen konnte, was sie sind.

Ich nehme sie von meinem Arbeitsplatz aus wahr, der durch meinen Kreis von Geistführern geschützt wird, und erkenne ihre Anwesenheit mit Dankbarkeit, Liebe und Licht an, denn ich weiß: Sie sind Wesen, keine Geister, und sie verständigen sich. Sie wohnen in anderen Reichen. Da sie nicht von der Erde stammen, sind sie außerirdisch, und als solche erkenne ich sie.

Zum erstenmal nahm ich diese Art Wesen bei einer Heilungssitzung wahr, als ich eine Erscheinung hinter mir spürte, die über meine Schulter auf meine Klientin sah. Ich wußte sofort, was es war, obwohl ich diese Energieform noch nie erlebt hatte. Im Geiste sagte ich zu mir selbst: »Hier ist ein Alien.« Sehr schnell empfing ich in einer fürsorglichen und liebevollen Energie die telepathischen Worte: »Ich bin ein Bruder.« Bis zum heutigen Tage achte ich sehr darauf, das Wort *Alien*, das im Englischen für »Fremde, Ausländer oder Außerirdische« steht, nicht als Beschreibung irgendeiner anderen Lebensform zu verwenden.

Wir führten ein angeregtes Gespräch, in dem seine Antworten mich zum Teil erreichten, noch bevor sich meine Fragen überhaupt als Gedanken gezeigt hatten. Er näherte sich mir und zeigte mir, wie er sich in die Aura eines Menschen hüllen und sich ausdehnen oder zusammenziehen konnte, um dessen körperliche Größe zu erreichen. Er erzählte mir, daß er sich um die Frau kümmere, die ich gerade behandelte, und daß sie vor ungefähr dreihundert Jahren in einer Erdinkarnation zusammengewesen seien.

Einige Zeit später fragte ich die Frau: »Nehmen Sie irgendwelche Führer wahr, die möglicherweise um Sie sind?«

Sie sagte: »Nein, aber viele Leute sagen, daß sie manchmal einen Fremden in meinem Gesicht sehen können.«

Er hatte mir natürlich gerade gezeigt, wie er das anstellte. Ich fragte: »Ist er jetzt hier?«

Sie sagte: »Das weiß ich nicht, aber ich habe ihn gerufen.«

Er erzählte mir in kurzer Zeit vieles und bot mir seine Hilfe an, falls ich sie einmal brauchte. Das Zusammentreffen hatte eine solche Tiefe gehabt, daß ich oft durch das Universum nach ihm rief, wenn ich nachts betete, doch ohne Erfolg. Allerdings hatte ich ein Jahr später einen Fall, bei dem ich ein Lichtwesen, einen »Bruder«, vorfand, dem es nicht gut ging und der Hilfe brauchte, um in seine Dimension zurückzufinden. Meine Führer sagten, ich solle nach unserem Freund rufen, und binnen Minuten kam er und half uns, die Sache zu lösen.

Die meisten Menschen stellen sich vor, daß alle Außerirdischen eine körperliche Form haben und in Raumschiffen ankommen müssen. Wieso sollte das so sein? Wenn es so viele Dimensionen gibt, die wir nicht verstehen oder begreifen, wieso sollte es nicht auch Reiche geben, die andere Zivilisationen und Wesen beherbergen, welche weiter entwickelt sind als wir?

Seit dieser ersten Begegnung hatte ich noch einige andere. Manche habe ich gerettet, wie ich auch die Seele eines gefangenen Geistes retten würde. Manche kamen zu Besuch, nannten mir ihren Namen und boten mir ihre Hilfe bei meiner Arbeit an. Ich habe diese Hilfe sogar herbeigerufen, und sie kam, was durch den Erfolg der aktuellen Arbeit bewiesen wurde.

Ich könnte jetzt sagen: »Bewerten Sie nun selbst, ob ich zurechnungsfähig bin«, aber da ich es vorziehe, in allen Bereichen des Daseins wertungsfrei zu bleiben, würde ich eher sagen: »Bleiben Sie im Geiste offen, damit auch Sie die Möglichkeit haben, so etwas zu erfahren.« Denn bei offenem Geist können Dinge in unser Bewußtsein und unsere Erfahrung eintreten, bei verschlossenem Geist nimmt man gewöhnlich nur sehr beschränkt wahr.

Meine Erfahrung mit einer beschädigten Aura

»Bittet und ihr werdet bekommen« (Mt. 7,7). Wir haben gelernt, daß sich diese biblische Botschaft auf spirituelle Bestrebungen bezieht. Wenn Sie spirituellen Fortschritt ehrlich ersehnen, werden Sie geführt und erhalten Hilfe in den Bereichen, die am besten zu Ihrer Energie passen. Nun, wie bereits zuvor besprochen, ist es so, daß man manchmal bekommt, ohne daß man darum gebetet hat, besonders dann, wenn »die da oben« es für richtig halten, daß man eine Lernaufgabe bekommt. Mir wurden im Laufe der Jahre eine Reihe von Lektionen erteilt, aber als ich dieses Kapitel über übersinnliche Angriffe schrieb, erhielt ich eine persönliche Erfahrung von einer Art, wie ich sie nie zuvor gehabt hatte. Es war, als ob die Führer sagten: »Du brauchst diese Erfahrung, damit die Leser sehen können, daß selbst so etwas Einfaches wie eine Fernheilungssitzung Türen öffnen kann, die niemand vorhersehen konnte.« –

Es sah zuerst wie ein vollkommenes und klassisches Beispiel für einen übersinnlichen Angriff aus. In Wirklichkeit aber war es viel interessanter und aufschlußreicher:

Es war etwa 23 Uhr 30 an einem Sonntagabend. Denise und ich waren gerade zu Bett gegangen, als sie zu mir sagte: »Oh, ich habe vergessen, daß ich Kate eine Fernbehandlung schicken sollte.« Weil Denise sehr müde war, sagte ich, daß ich es für sie tun würde. Ich ließ mich nieder, und obwohl ich nicht immer die Reiki-Symbole für Fernheilung verwende, spürte ich, daß ich es jetzt tun sollte. Ich verbrachte einige Zeit damit, mich einzustimmen und Energie durch mein Kronenchakra nach unten und in das Chakrensystem zu bringen, und konzentrierte mich dann auf einen Energiekanal, der herunterkam und mich umgab. Als die Energie ausreichend floß, verwendete ich die Reiki-Symbole, um einen direkten Kanal zu Kate zu öffnen. Es war eine wunderbare Sitzung, mein Bewußtsein war fast »in den Sternen«. Denise holte mich wieder zurück. Ich gab der Energie ein paar Anweisungen, so daß sie so lange anhielt, wie es für Kate in Ordnung war, und verschloß mich wieder.

Es war eine einfache Fernheilungssitzung, und es war nichts Außergewöhnliches erforderlich gewesen. Ich hatte mich nur mit den Reiki-Symbolen geöffnet, die Energie an ihr Ziel geschickt und mich wieder verschlossen. Das hatte ich schon hundertmal getan. Ich drehte mich auf die Seite, um einzuschlafen, und nach ein paar Minuten wurde ich sehr unruhig.

Ich wälzte mich hin und her und merkte langsam, daß etwas nicht in Ordnung war. Ich begann, Energien zu entdecken, die in mein System eintraten und die ich nicht spüren würde, wenn meine Aura in Ordnung wäre. Stechende Angst schlich sich ein und wuchs schnell an bis hin zu starken Panikattacken. Im halbbewußten Zustand zwischen Schlaf und Wachsein versuchte mein Verstand, herauszufinden, was nicht stimmte, während ich zwischen Angst- und benebelten Traumzuständen schwankte.

Ich begriff bald, daß meine Aura beschädigt worden war. Ich pendelte eine Reihe von Fragen im Geist aus, um dies zu bestätigen, und wurde ruhiger, da ich nun wußte, daß der Angstzustand eigentlich Energie war, die durch den Riß oder das Loch, das in die äußere Hülle meines Energiefeldes gebrochen worden war, in mein Zentralnervensystem hineinschoß. Ich bat die Führer um Schutz und machte sozusagen »alle Luken dicht«, um den Sturm der bevorstehenden Nacht auszuhalten.

Am nächsten Morgen beim Frühstück erzählte ich Denise, daß etwas nicht stimme, daß ich völlig verstört sei. Sie pendelte es aus und bestätigte, daß meine Aura beschädigt war. Ich rief meine Führer herbei und erhielt Informationen darüber, welche Edelsteine ich verwenden sollte, um den Schaden zu beheben. Ich legte mich auf das Bett, Denise legte die Edelsteine in einem geeigneten Muster aus und ließ mich dann schmoren, während die Führer die Ausbesserungsarbeiten vornahmen.

An jenem Morgen hatte ich einen Termin mit einem Klienten, war jedoch nicht in einem Zustand, wo ich Heilarbeit leisten konnte. Denise rief ihn an, sagte ab und erklärte mir, ich müsse im Bett bleiben, um meine Energien wiederzugewinnen. Mich hält es nicht lange im Bett, wenn ich krank bin, doch bei der Energiearbeit muß man hundertprozentig präsent sein, und so tat ich wie geheißen.

Wir schlossen die Aurareparatur ab, und ich entkleidete mich wieder und ging zurück ins Bett. Der Vorfall hatte mich so erschöpft, daß ich den ganzen Tag schlief. Es dauerte noch weitere zwei Tage, bis ich meine Kraft und Energien so weit zurückgewonnen hatte, daß ich erneut Energiearbeit ausführen konnte. Bedenken Sie nun, daß ich das Problem mehr oder weniger sofort erkannte und wir die Reparatur innerhalb weniger Stunden nach dem Ereignis ausführten, und es mich trotzdem für einen Tag flachlegte und drei Tage lang handlungsunfähig machte. Stellen Sie sich vor, wie es für jemanden sein kann, der vielleicht mehrere Wochen oder in manchen Fällen mehrere Jahre lang nicht herausfindet, was das Problem ist. Es mag in einem solchen Fall sehr lange dauern, das seelische Gleichgewicht wiederzufinden und die Furcht zu überwinden, die zuschlägt, wenn man glaubt, daß man gleich von einem Angstanfall beziehungsweise einer Panikattacke getroffen wird.

Als zweiter sehr wichtiger Punkt ist zu bedenken – und das ist der Grund, warum mir diese Lernaufgabe damals geschickt wurde –, daß es kein übersinnlicher Angriff von einer Wesenheit oder einem Geist gewesen ist; es ist eine Beschädigung der Aura gewesen, die durch reine Energie hervorgerufen worden war. Im Buch haben wir nur ernste Schäden durch Angriffe von aktiven energetischen Kräften besprochen, nicht von passiven. Das zeigt, daß allein das Kanalisieren von Heilenergie diese vernichtenden Auswirkungen haben kann.

Wir führten noch etwas Pendelarbeit durch, weil es eine wirklich seltsame Situation war, wenn auch auf den ersten Blick überhaupt nicht außergewöhnlich. In der Nacht hatte Denise eine Erscheinung im

Zimmer gespürt, ich stimmte mich darauf ein und konnte sie gleich sehen. Ich sagte: »Es scheint, daß sie auf dir saß und mich nur ansah.« Denise sagte: »Sie wußte, daß ich sie wahrnahm, aber sie schien mich zu unterdrücken, weil sie nicht wollte, daß ich mich bewegte oder dich störte. Du machtest seltsame Geräusche, als würdest du kämpfen, wie in der vorhergehenden Nacht, als die Geistarbeiter dich aufsuchten und in deinen Körper eintraten. Ich wollte dich wecken, aber der Besucher ließ nicht zu, daß ich mich bewegte, um dir zu helfen.«

Wir pendelten mit den Führern und stellten fest, daß der Besucher ein sehr hohes Wesen war; er wurde uns als Argon vorgestellt. Er war ein Reiki-Führer. Er arbeitete eigentlich schon seit dem 7. September 1999 mit mir, etwa vier Monate. Er hatte vorher, ungefähr vor 3600 Jahren, eine Inkarnation auf der Erde gehabt. Ich befragte alle Führer durch Pendeln (das spart Energie). Wenn ich mich einstimme, um Botschaften direkt zu empfangen, kann das ermüdend sein. Beim Pendeln ist es so, als würde ich die Führer auf der Mitte des Weges treffen. Manchmal geht es auch viel schneller. Hier ein Beispiel für die Fragetechnik, die ich anwende:

»Habe ich die Symbole richtig verwendet?« »*Ja.*«

»Habe ich Energien mit Reiki vermischt, die sich nicht damit vertragen?« »*Nein.*«

»Warum hat Argon uns besucht; versuchte er, die Aurabeschädigung zu verhindern?« »*Nein.*«

»Versuchte er, sie auszubessern?« »*Nein.*«

»War er bei mir, bevor die Beschädigung entstand?« »*Ja.*« »Hätte er die Beschädigung verhindern können?« »*Nein.*«

»Wurde das Problem durch etwas verursacht, das mit der Energie geschah?« »*Ja.*«

»War es allein die Reiki-Energie, die die Beschädigung verursachte?« »*Nein.*«

»War es etwas, das auf oder in der Energie mitgeführt wurde?« »*Ja.*«

»War es in der Energie?« »*Ja.*«

Je stärker meine Einstimmung während des Pendelns wird, desto enger wird natürlich die Verbindung mit den Führern, und langsam dringen Botschaften direkt durch, ohne daß es mich erschöpft. Sie geben mir gewöhnlich ein Wort, ein Bild oder ein Gefühl, die ich interpretiere und über das Pendeln bestätige (durch Fragen wie »Ist dieses Bild richtig?« oder »Habe ich das richtig gesehen?«). Wenn wir fortfahren, wird die Verbindung noch stärker, und sie können mir ganze Sätze schicken. Die Geschwindigkeit nimmt zu, und manchmal geben sie mir die Antworten, noch bevor ich die Frage formuliert habe. (So hoch ist die Dichte der Gedanken!) Ich kann an einer Tastatur sitzen und tippen, während sie mir die Botschaften schicken.

»War irgend etwas mit einer Lebenskraft beteiligt?« »*Ja.*«

»Waren es Wesenheiten, Geister oder Dämonen?« »*Nein.*«

»War es etwas, das wir als ›außerirdische Lebensform‹ betrachten?« »*Ja.*« (Ich spüre schon die männliche Energie unseres Besuchers, doch stelle ich immer die Fragen, um sicherzugehen. Prüfen, prüfen und nochmals prüfen. Man kann gar nicht genug prüfen, wenn man mit Energie arbeitet.)

»Hat es ein Geschlecht?« »*Ja.*« »Ist es männlich?« »*Ja. Er heißt Corman.*«

»Arbeitet er mit Geistführern?« »*Ja.*« »Mit Engeln?« »*Nein.*«

»Arbeitet er für die Mächte des Lichts?« »*Ja. Er versucht, dir zu helfen, weil er dankbar dafür ist, daß du neulich einem seiner Freunde geholfen hast, nach Hause in seine Dimension zu kommen. Du weißt, wer das ist.*«

»Hat er mir den Schaden zugefügt?« »*Ja.*«

»Geschah das aus Versehen?« »*Ja. Er versuchte, etwas mit der Energie zu tun. Er versuchte, die Energie durch dich hindurch zu beschleunigen.*«

»War das, nachdem die Energie durch mich hindurchgegangen war?« »*Nein. Es war, bevor die Energie in dich eintrat.*«

»Gelang es ihm, die Energie zu beschleunigen?« »*Ja.*«

»Versuchte er, die Energiemenge im Verhältnis zum Durchmesser zu erhöhen?« »*Nein.*«

Obwohl ich aus Erfahrung viele der Antworten auf Energiefragen kenne, ist es stets vernünftig, auch die grundlegendsten Fragen zu stellen. Gehen Sie nicht davon aus, daß Sie die Antworten kennen, denn mit Energie zu arbeiten ist keine Sache, die man klar definieren kann. Wir kennen nicht alle universellen Gesetze, durch die die Energie arbeitet. Zur Lösung von Situationen, die ähnlich erscheinen, können oft ganz unterschiedliche Methoden erforderlich sein. Es gibt immer eine unbekannte Anzahl an Variablen.

»Wenn ich die Reiki-Energie aktiviere, bringt das automatisch andere Frequenzen spiritueller Energie ins Spiel?« »*Ja.*«

»Ist das immer der Fall?« »*Ja.*«

»Ist das immer der Fall bei jedem, der die Reiki-Energie kanalisiert?« »*Ja.*«

Sie zeigen mir ein Bild von Seidenfasern oder Fasern wie in einem Glasfaserkabel. Das ist die Reiki-Energie, die mit hoher Geschwindigkeit fließt, sehr gerichtet, aus einem großen Energiepool abgezogen, als würde sie von oben durch einen Kegel oder Trichter kanalisiert und in einen feinen Fluß mit festem Durchmesser verwandelt und in den Scheitelpunkt der Person hineingezogen werden. Während sie mit hoher Geschwindigkeit fließt, sammelt sie an ihren Seiten allein durch die Geschwindigkeit ihres Flusses andere Fasern unterschiedlicher Frequenzen spiritueller Energie ein, die von ihr aufgenommen werden und mitfließen.

»Ist es möglich, alle anderen Frequenzen herauszunehmen?« *»Ja.«*

»Heißt das, daß die Reiki-Energie dann eingezogen wird und alle anderen spirituellen Energien ausgeschlossen werden?« *»Ja, wenn du einen Filter erschaffst und verwendest, um sie herauszufiltern.«*

»Wenn das so ist, ist es dann möglich, nur die Reiki-Energie zu kanalisieren?« *»Nein. Die Reiki-Energie wird beim Fließen* **immer** *andere Energien einsammeln und du mußt die anderen Frequenzen herausfiltern.«*

(Hier prüfe ich nach.) »Bringt die Reiki-Energie *immer* andere Energien mit sich herein?« *»Ja, wenn sie nicht herausgefiltert werden.«*

»Was sind das für Energien?« Sie zeigen mir eine Vision der Reiki-Energie in Hochgeschwindigkeit, wie sie vorher war, doch diesmal sammelt sie Wolken dunstartiger Energien ein und zieht sie mit sich. Ich sehe den Reiki-Fluß durch den Scheitel eintreten, und die Wolken werden weggefegt, als sie auf die Aura der Person treffen, die Reiki kanalisiert. Ich sehe auch Funken und höre Knistern, als würde durch das Hindurchgehen von Reiki in Hochgeschwindigkeit ein großer elektrischer Sturm entfacht.

»Wenn die Aura beschädigt ist, würden diese Wolken dann in das Energiesystem der Person, die Reiki kanalisiert, eintreten?« *»Ja.«*

»Würden diese Wolken durch den, der kanalisiert, hindurch in das Ziel der Energie gelangen?« *»Ja.«*

»Wäre das auch bei Fernbehandlungen der Fall?« *»Ja.«*

»Stehen die Wolken für negatives Material?« *»Ja.«*

»Habe ich es völlig richtig verstanden, daß diese Wolken negative Energien sind, die durch die Geschwindigkeit des Reiki-Flusses in diesen hineingezogen wurden, und daß sie bei jemandem in das Energiesystem eintreten können, dessen Aura beschädigt ist, aber auch direkt durch denjenigen hindurch, der Reiki kanalisiert, in den Empfänger der Reiki-Heilenergie gelangen können?« *»Ja.«*

»Wenn der Kanalisierende eine ›gesunde‹ Aura hat, würden diese Energien dann durch ihn zum Empfänger der Reiki-Energie hindurchgehen?« »*Nein.*«

»Verursacht Reiki diesen Sturm der Energiefreisetzung, den ihr mir gezeigt habt?« »*Nein.*«

»Sagt mir, was es ist.« »*Der große Sturm, den du siehst, ist ein Schöpfungszentrum. Nicht das Zentrum der Schöpfung wie im Geiste Gottes, der der Schöpfer aller Dinge ist, sondern ein Zentrum, in dem viele Energien geschaffen werden. Energien, die von der Menschheit genutzt werden können. Die Reiki-Energie ist nur eine von vielen Energien, die an diesem großartigen Ort der Umwälzung geboren werden. Wir sehen deinen Geist, und du hast das richtig gesehen, es ist buchstäblich wie ein großer Sturm, wie man ihn auf der Erde erleben kann, nur daß er sich in einer anderen Dimension befindet und von Dingen verursacht und entfacht wird, die du nicht erfahren kannst, daher zeigen wir es dir in Bildern, die du verstehst. Dieser Ort ist großartig. Es ist eine große Kraft, ähnlich der Kraft, die ein Universum erschaffen würde. Das ist ein Universum der Energie, aus dem die Menschen den Reiki-Fluß anzapfen können.*

Was du gesehen hast an der Stelle, wo der Reiki-Fluß mit Funken durchsetzt ist, sind andere Energieformen, die mit Reiki wandern. Es sind positive Kräfte, aber keine Heilenergien und keine spirituellen Energien. Es ist einfach Energie. Diese hat positive Auswirkungen auf dich, wenn sie durch dein Wesen hindurchgeht, wenn sie dir auch nicht direkt beim Heilen hilft. Es ist eine andere Energieart, sie baut Kraft auf, und auf indirekte Weise hilft sie beim Heilen.

Es war diese Energie, die deine Aura zerstörte, als Reiki hindurchfloß. Dein Freund Corman versuchte, sie durch dich hindurchzutreiben, um dir bei der Entfaltung zu helfen. Er meinte es gut, und wir konnten seine leicht fehlgeleitete Begeisterung nicht unterbinden, aus der dann der Schaden in deiner Aura entstand. Argon kam und saß bei dir, um für dich zu beten und zu beobachten, was passiert war. Er hatte keine Macht, zu helfen, bis du herausfandest, was zu tun war, und ihm das Werkzeug an die Hand gabst, um dir zu helfen. Du warst in guten Händen und wurdest sicher vor jeder Art Angriff bewahrt.«

»Sagt mir, warum mein Schutz versagte.« »*Dein Schutz versagte nicht. Dein Schutz ist kräftig, du bist nur nicht bereit dafür, mit Energien zu arbeiten, die so mächtig sind wie jene, die Corman durch dich hindurchtrieb.*«

»Wie kam es, daß er so mit mir umgehen durfte?« »*Corman ist ein hohes Wesen. In der Hierarchie sind wir ihm gleichgestellt, aber es gibt eine*

Zeit, da wir unsere Kräfte bündeln und miteinander teilen müssen. Wir erkannten Corman und sein Geschenk der Entfaltung an dich an, und obwohl wir wußten, daß du dafür noch nicht bereit warst, konnten wir nicht verhindern, daß er es versuchte. Er war überzeugt von unserer Energiearbeit, aber er kannte sich nicht gut darin aus. Er hat große Kenntnisse in der kraftvollen Arbeit mit großen Energien, aber nicht mit solch feinstofflichen, wie wir sie derzeit in unserer Heilarbeit einsetzen. Die Energien, mit denen er vertraut ist, sind groß und mächtig und in der Lage, Planeten zu verschieben, und er wollte, daß du vom Blitz dieser Energien erfüllt würdest. Das sind Blitz und Funken, die du gesehen hast, wie sie mit der Reiki-Energie eingesammelt und kanalisiert wurden.«

»Richtet ihm aus, daß ich ihm dankbar bin und ihm das kleine Unwohlsein verzeihe, das ich im Namen seines Geschenkes künftiger Kraft erfuhr, und bittet ihn, wiederzukommen und uns zu beobachten und zu helfen, wenn er es wünscht.«

Was geschah am anderen Ende?

Am anderen Ende dieser Fernbehandlungskatastrophe gab es eine gleichermaßen faszinierende Sache zu studieren. Als ich auszupendeln begann, was geschehen war, stellte ich meine üblichen ersten Fragen, um herauszufinden, wer oder was daran beteiligt gewesen war. In jener ersten Sitzung entdeckte ich einen Dämon; der Dämon hatte jedoch nichts mit dem Problem zu tun, das sich mir gestellt hatte. Vielmehr befand er sich in Kates Wesen. Zuerst hatte ich das Gefühl, daß die Energie, die ich aus der Ferne geschickt hatte, auf etwas aufgeschlagen und zurückgeprallt war und daß mir dies die Probleme bereitet hatte. Es fühlte sich an wie ein Rückstoß, als hätte ich so viel Energie geschickt, daß die Empfängerin

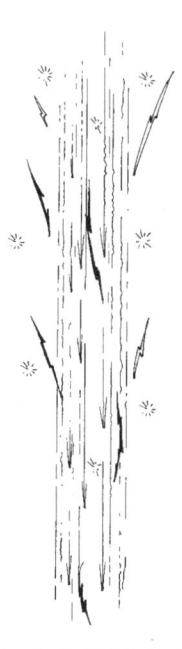

Die hohe Geschwindigkeit der Reiki-Energie sammelt andere Frequenzen spiritueller Energie und Wolken von negativer Energie ein.

nicht in der Lage gewesen war, sie aufzunehmen, und sie zu mir zurückgeflogen kam. Im Licht dessen, was wir herausfanden, war dieser erste Eindruck nicht weit gefehlt. Es hatte ganz sicher mit Energie zu tun, die zu kraftvoll war. Als ich den Dämon fand, dachte ich, er habe mir die Energie zurückgeschickt und mein Schutz habe versagt.

Nun mußte ich den Kurs wechseln – ich versuchte nicht mehr, herauszufinden, was mit mir geschehen war, sondern wollte entdecken, was mit Kate geschah. Kate ist eine Frau in den Dreißigern, und der Dämon war anscheinend schon seit der Zeit bei ihr, als sie noch im Mutterleib gewesen war. Noch interessanter war allerdings die Tatsache, daß sie diese Besessenheit von einer früheren Inkarnation auf der Erde übernommen hatte. In jener Inkarnation war sie 1876 geboren worden, starb 1933 und hatte in Belgien gelebt. Sie hatte nichts mit okkulten Praktiken zu tun gehabt, doch 1924 hatte ihre Besessenheit begonnen.

Ich wußte, daß der Dämon nicht sehr aktiv war. Ich sage »er«, weil ich die männliche Energie sofort auffing. Später habe ich ihn gesehen; er war eine ekelhafte Riesenschlange und wohnte in ihrem Lichtkörper, im Bereich des oberen Darms, quer über dem Nabel. Er bewegte sich nicht sehr viel und hielt eine Art stille Wache, während der er sich nach und nach die Lebensenergie nahm. Selbstverständlich litt Kate in diesem Leben unter furchtbaren körperlichen Krankheiten, die sie aufzehrten, und sicher war der Dämon verantwortlich für ihr Ableben in ihrer vergangenen Inkarnation.

Wie konnte es geschehen, daß sie mit einem Dämon in sich in diese Welt geboren wurde? Hätte die Arbeit zur Entfernung dieser Bestie nicht nach ihrem vorherigen Erdentod von ihrer geistigen Substanz geleistet werden können? Die Antwort lautete Nein. Es wurde mir ein Bild von den drei Sphären des Daseins ähnlich der Erde gezeigt. Einfach ausgedrückt war links die »Hölle«, in der Mitte die Erde und rechts der Himmel. Mir wurde mitgeteilt, daß die Hölle der Ort sei, an den der Dämon gehöre, und die Erde der Ort, wo er unter den Menschen zu wohnen wünschte, um sich zu ernähren. Im sogenannten »Himmel« sei es unmöglich gewesen, mit dem Dämon fertigzuwerden. Mir wurde gesagt, daß es bestimmte andere Dimensionen gebe, in denen man mit dem Dämon fertigwerden könne, aber aus irgendeinem Grunde sei es als notwendig erachtet worden, Kate wieder auf die Erde zu schicken, damit man sich hier mit ihm befasse.

Es wird noch interessanter: Es wollte scheinen, als ob Kates Mutter schwanger gewesen war, und daß dann drei Monate vor der Geburt die

Seele aus dem Fötus genommen und durch die Seele ersetzt wurde, die Kate ist. Ich fragte, wie das geschehen konnte und man sagte mir: »Durch eine höhere Autorität wurde die Seele entfernt.« Manchmal erklärt man mir Dinge sehr ausführlich, manchmal teilt man mir anscheinend nur das Nötigste mit, was ich wissen muß. Dieser Fall war einer von der Kategorie »Das muß man einfach wissen.«

Sie sehen, daß die Arbeit eines übersinnlichen Ermittlers nicht immer so einfach ist. Wer hätte sich denn vorstellen können, daß eine einfache Ausführung einer fünfzehnminütigen Fernbehandlung zu einer solchen Menge Arbeit, Schmerzen und Leiden führen könnte? Es gibt immer etwas Neues und sehr Schwieriges herauszuarbeiten. Meiner Natur nach bin ich manchmal etwas träge beim Herausarbeiten der Einzelheiten eines Falles. Für mich ist folgendes wichtig: »Was geht hier vor sich, und wie können wir es beheben?« Ich möchte nicht alle Einzelheiten wissen, das beansprucht zuviel Zeit und Energie, aber ab und zu bekomme ich eine Aufgabe, die dazu dienen soll, mich in meiner Entwicklung und meinem Verständnis nach oben zu bringen, und ich muß daran arbeiten. Dies war eine solche Aufgabe.

Nie zuvor hatte ich durch meine Arbeit eine beschädigte Aura gehabt, und es schien zu passen, daß es mir genau dann passierte, als ich dieses Buch schrieb: So dient es einfach als geeignete Erfahrung, die ich mit Ihnen teilen kann. Ich hatte schon einmal – etwa zwanzig Jahre zuvor und lange bevor ich mit dieser Art Arbeit zu tun hatte – eine beschädigte Aura gehabt. Damals war mir aber nicht klar gewesen, worin das Problem bestand. Ich hatte ungefähr fünf Jahre darunter gelitten, bevor ich langsam genas (das Problem wurde durch die verschriebenen Medikamente, die mir helfen sollten, immer weiter verlängert). Diese frühe Erfahrung hatte ich klar vor Augen, als Menschen mit Auraschaden mir ihre Symptome beschrieben.

Die Zeit, die ich brauchte, um all das herauszufinden, betrug wahrscheinlich etwas um die vier Stunden (über mehrere Tage verteilt und mit viel Nachdenken zwischendurch). Man braucht viel Energie zum Einstimmen und Channeln, doch es muß getan werden, damit wir herausfinden, was wir tun können, und so unser Wissen mehren.

Angriff durch die Energie eines Ortes
Jeder Ort hat seine ganz eigene Energie. Jedes Gebäude, jedes Stück Land hat seine persönliche Kennung, die im Wesen seines energetischen Gepräges oder in den Energien liegt, die sich durch den Ort hindurchbewegen.

Das grundlegende Wesen eines Menschenschlages wird zum Teil durch die Energie, die an diesem Ort von der Erde ausgestrahlt wird, in einem Muster festgelegt. Man betrachte einmal den Unterschied zwischen den Latinos in Südamerika und den Russen. Diejenigen unter Ihnen, die Heilsteine kennen oder verwenden, werden sehen, daß ein Quarzstein von einem dieser Orte jeweils eine energetische Schwingung besitzt, die den Menschen sehr ähnelt. Der russische Quarz hat eine Energie, die dunkel und kräftig ist, und der brasilianische Quarz hat etwas Leichtes, Tanzendes an sich.

Vor kurzem suchten Denise und ich nach einem neuen Veranstaltungsort für unsere Workshops. Die Energie muß genau passen, besonders für die Reiki-Ausbildung. Denise war völlig begeistert von einem Gemeindehaus am Ort, das sie gefunden hatte. Es hatte alles, was wir brauchten, und lag vor unserer Haustür. Es war ein modernes Gebäude, nicht mehr als vielleicht zehn Jahre alt, war zum Teil mit ehrenamtlichen Mitarbeitern besetzt und wurde als Gemeindezentrum genutzt. Der Schwerpunkt der Aufmerksamkeit lag auf der Hilfe für Menschen mit geistigen und emotionalen Schwierigkeiten. Hier sollte Menschen geholfen werden, die zum Teil in der Vergangenheit als Patienten in stationärer oder ambulanter Behandlung des örtlichen psychiatrischen Krankenhauses gewesen waren. Ein wunderbarer Ort, an dem wunderbare Arbeit für Bedürftige geleistet wurde.

Die beiden Heilungs- und Massageräume waren hübsch und sehr individuell ausgeschmückt und mit modernen hydraulischen Liegen und Duftlämpchen für die Aromatherapie ausgestattet. Im gesamten Gebäude fanden sich Wandmalereien, die positive Haltungen und Gedanken darstellten. Es war mit Sicherheit ein Ort, an dem es Hilfe gab für Menschen, die sie brauchten; diese Unterstützung wurde in vielen Fällen von Freiwilligen geleistet, denen es ein echtes Anliegen war, Menschen mit seelischen Störungen zu helfen.

Alles, was wir für unsere Workshops brauchten, war vorhanden: ein großer Versammlungsraum mit Sofas zur Entspannung, abgeteilte Speiseräume; ein Raum für den Workshop, auch dieser sehr hübsch mit einem ägyptischen Motiv ausgeschmückt; Küchen, Toiletten, Heilungsräume. Es schien vollkommen.

Von dem Augenblick an, als wir durch die Tür schritten, fühlte ich mich unwohl. Wir warteten etwa zehn Minuten auf einen Mitarbeiter, dann sagte man uns, daß sich der Betreffende, der mit uns hätte sprechen sollen, verspäten würde. Man ließ uns wissen, daß wir uns selbst umsehen könnten und man die übrigen Einzelheiten telefonisch mit uns klären werde.

Als wir herumgingen, nahm mein Unbehagen zu, aber ich versuchte, mein Interesse aufrechtzuerhalten, um Denises Gefühle nicht zu verletzen. Sie hüpfte fast vor Begeisterung, als sie mir zeigte, wie vollkommen die Gegebenheiten auf unsere Bedürfnisse zugeschnitten waren. Ich zog mich immer mehr in mich selbst zurück, versuchte angestrengt, sachlich und begeistert zu sein, doch meine Sinne versuchten verzweifelt, mich zu schließen.

Wir hatten unseren Rundgang nach etwa zehn Minuten abgeschlossen und gingen. Als wir zu unserem Auto zurückgingen, sagte Denise zu mir: »Du magst den Ort nicht, stimmt's?« Sie war sehr enttäuscht über meine Reaktion, die schwer zu verbergen war, und verletzt, weil ich ihre Begeisterung für das, was sie für einen passenden Veranstaltungsort gehalten hatte, nicht teilte.

Ich konnte nicht darüber sprechen. Ich war immer noch in meiner Muschelschale eingeschlossen. Wir trennten uns und gingen unseren jeweiligen täglichen Verpflichtungen nach. Als ich ungefähr eine halbe Stunde später im Büro ankam, war ich ein emotionales Wrack. Ich brach fast in Tränen aus, mir drehte sich der Magen um und in meinem Kopf drehte sich alles. Mir war richtig übel.

Das alles war an einem Morgen im Frühsommer geschehen. Wir hatten Hand in Hand unser Haus verlassen und uns darauf gefreut, einen Ort voller Fürsorge, Mitgefühl, Heilung und Kreativität zu besichtigen, an dem Menschen arbeiteten, die voller Fürsorge für ihre hilfebedürftige Mitmenschen waren.

Analyse
Dies ist ein klassisches Beispiel dafür, wie die Energie, die vom Gefüge eines Gebäudes aufgenommen wird, Menschen beeinträchtigen kann. Ich war derart aufgewühlt, daß es eine Stunde dauerte, bis ich erkannte, was vor sich ging. Oft, wenn Emotionen aufgewühlt werden, wird man von seinen inneren Gefühlen so in Anspruch genommen, daß man nicht vernünftig erklären kann, was einen dazu gebracht hat, so zu fühlen. Hier übernimmt die rechte Gehirnhälfte die Kontrolle und erlaubt nicht, daß man die analytischen Prozesse einschaltet.

Obwohl das Gebäude neu war, hatte es dennoch viele Schwingungen der geistigen und emotionalen Traumata der Menschen aufgenommen, die dorthin kamen, um Hilfe zu suchen. Sobald ich durch die Eingangstür gegangen war, traf es mich. Obwohl ich mich automatisch geschlossen und in mich selbst zurückgezogen hatte – als Reaktion des Selbstschutzes, eine Reaktion, mit der wir alle ausgestattet sind –, nahm ich durch meine sehr empfindsame Aura noch genug von den sehr kräftigen übersinnlichen Energien auf, die im Gefüge jenes Gebäudes gespeichert worden waren.

Als meine geistigen Fähigkeiten über der stürmischen See meiner Emotionen wieder an die Oberfläche gelangt waren, konnte ich erkennen, daß ich die stark gestörten Muster der emotionalen und mentalen Traumata aus dem atomaren Gefüge des Gebäudes aufgenommen hatte. Selbst jetzt mit all meiner Erfahrung werde ich immer noch von Energie überrascht, die mich in so hohem Maße trifft. Sie schlägt so hart und tief zu, daß ich nicht sofort erkenne, was geschieht. Genau in den Augenblicken, wenn man am entspanntesten, offensten und glücklichsten ist und fröhlich ohne Sorgen durch das Leben treibt, erwischt es einen.

Wenn ich auf das Erspüren von Energie vorbereitet und eingestimmt bin, alle Grenzen errichtet sind und ich mich mit meinem übersinnlichen Schutz ausgerüstet habe, damit nur soviel Energie hindurchgelangt, daß ich spüren kann, was an einem Ort vor sich geht, gibt es kein Problem. Ich tue meine Arbeit und bleibe neutral.

Ich saß an meinem Schreibtisch und begann damit, in meinem Solarplexuschakra eine emotional reinigende Energie zu erzeugen; dann brachte ich sie von meinem inneren Wesen nach außen durch meine Aura, wobei ich gleichzeitig Energie durch mein Kronenchakra hereinfließen ließ, um mein System wieder aufzuladen. Auf diese Weise erlangte ich mein Gleichgewicht in einigen Stunden zurück.

Später an diesem Tag konnte ich die ganze Situation vernünftig betrachten und sehen, daß das Gebäude einer sehr intensiven übersinnlichen Reinigung und Raumsäuberung bedurfte, und dann, ja, dann würde es für unsere Workshops wundervoll geeignet sein.

Und was ist mit den Menschen, die dort arbeiten?
Verwenden Sie nun einmal einen Gedanken auf die Menschen, die an diesem Ort arbeiten. Ich war insgesamt etwa zwanzig Minuten in dem Gebäude, und während dieser Zeit war ich gut verschlossen und schützte mich, nachdem der erste Angriff mich getroffen hatte. Die Menschen, die in diesem Raum arbeiten, sind diesen Energien täglich mehrere Stunden lang ausgesetzt, und sie werden sicherlich in irgendeinem Maße von den sehr kräftigen Energien beeinträchtigt, die

vom Gebäude ausgestrahlt werden – von den Menschen ganz zu schweigen!

Auf der Ebene feinstofflicher Energie werden sie diese Energie aufnehmen, und ihr System muß damit fertigwerden, sie verarbeiten. Auf einer gewissen Ebene wird das tagaus, tagein an ihren Kräften zehren. Denken Sie nun einmal an die Folgen auf mentaler und emotionaler Ebene.

Nachdem ich meine Fassung wiedererlangt und erkannt hatte, warum es mir so schlecht ging, reinigte ich mich von den üblen Energien. Für diejenigen, die in einer Umgebung dieser Art arbeiten, und die nicht so empfindsam oder wissend sind wie ich, liegt die Sache ganz anders:

Sie werden vermutlich im Laufe des Tages rasch müde werden. Möglicherweise sind sie gereizt und reagieren unsachlich. Vielleicht wundern sie sich sogar, warum sie sich so kraftlos fühlen. Bei Frauen kann es schlimmer sein als bei Männern, da ihr Drüsensystem viel feiner eingestellt ist und es von den sie umgebenden Energien beeinflußt wird. So ist es in einem Haus mit geopathische Störungen meist die Frau, die zuerst krank wird. Männer wie Frauen sind für das Aufnehmen von Energie empfindsam, aber das weibliche Energiesystem ist feiner, und so kann es sein, daß die Frau emotional leichter aus dem Gleichgewicht gerät. Der Mann, dessen Schwerpunkt in der linken Gehirnhälfte liegt, wird gewöhnlich eher müde als emotional. Wenn die Einwirkung längere Zeit anhält, können beide sehr niedergeschlagen und psychisch gestört sein.

Das ist eine Art übersinnlicher Angriff. Sie werden von der gespeicherten übersinnlichen Energie im Gebäude angegriffen. Darüber hinaus werden sie anfällig für die Energie von den Menschen, die sie im Zentrum treffen. In einem schlimmeren Fall könnten sie auch von Wesenheiten angegriffen werden, da diese bei Menschen mit psychischen und emotionalen Problemen sehr verbreitet sind.

Hierbei handelt es sich um eine nicht-bösartige Form des übersinnlichen Angriffs: Übersinnliche Energie wird passiv aufgenommen. Das führt normalerweise zu Kopfschmerzen, allgemeiner Kraftlosigkeit und Müdigkeit oder zu Übelkeit. Hat man sich dann an einen Ort positiver Energie begeben, so erholt man sich sehr schnell. Im obigen Fall habe ich über die Energie eines Ortes gesprochen, die als Ursache wirken kann. Es reicht jedoch auch aus, einfach mit Menschen auf der Straße, beim Einkaufen oder bei der Arbeit in Berührung zu kommen, um unliebsame Energien in die Aura einzubringen. Die Menschen geben diese unbewußt weiter wie eine unliebsame Krankheit, und in gewisser Weise ist es genau das, was offenbar wird.

Gefährliche Verbindungen

Wir haben uns kurz einige Bereiche angesehen, in denen man durch ein Wechselspiel mit übersinnlichen und spirituellen Kräften einem Risiko ausgesetzt ist, daher wollen wir nun dieses Kapitel über übersinnliche Angriffe abschließen, indem wir alles in das richtige Licht rücken:

Bestimmte Orte werden mehr von Geistern und Wesenheiten aufgesucht als andere. Wenn man bedenkt, daß die Gesellschaft der gefangenen Geister ein Ebenbild unserer Gesellschaft ist, ist es klar, daß man im Hinblick auf Energie die üblere an übleren Orten findet. Kneipen sind ein guter Ort, Geister aufzulesen (nein, nicht die des Whisky, des Gin oder des Wodka!), die gern die Auswirkungen des Alkohols spüren. Anders ausgedrückt, sie sind der ideale Ort, sich einen im Alkohol gefangenen Geist, eine verlorene Seele, einzufangen. Häufig findet man, daß ein Mensch, der alkoholsüchtig ist, einen Geist oder ein Anhängsel wie etwa eine Wesenheit mit sich herumträgt, die nach dem Gefühl giert, das sie bekommt, wenn ein Mensch trinkt.

Jeder Ort, an dem Drogen erhältlich sind, ist ein weiterer großer Gefahrenpunkt. Wer Drogen nimmt, wird eher von Wesenheiten als von Geistern befallen, und diese Drogenwesenheiten können sehr mächtig sein und einen Menschen beherrschen. Sie können insofern sehr bösartig und dämonisch sein, als sie den Widerstand eines Menschen gegen die Sucht völlig zerstören. Entgiftungs- und Drogenentzugskliniken sind Orte, an denen man eine große Chance hat, sich unliebsame Passagiere dieser Art aufzulesen, die das Leben von Menschen sehr machtvoll negativ beeinflussen.

Denken Sie bei den beiden genannten Situationen nun einmal an diejenigen, die in betreuenden oder unterstützenden Tätigkeiten arbeiten. In all diesen Situationen leben diese, ob sie es nun wissen oder nicht, ein Leben auf Messers Schneide und können jederzeit Opfer übersinnlicher Angriffe werden. Ein Freund von mir, ein begabter Hellfühler und Heiler, der als Berater und Unterstützer arbeitet, erzählt mir von Kollegen, die »nicht wissen, was vorgeht«, nämlich unter der Oberfläche bei ihren Klienten. Außerdem sind übersinnliche Angriffe keine Sache, über die man mit jedem sprechen kann, da unsere Gesellschaft andere Dimensionen des Daseins nicht anerkennt. Mein Freund sagt: »Jeden Abend kämpfe ich mit diesen Elementen«; »Jeden Abend nehme ich diese Probleme, die Menschen in sich haben, in Angriff«. Er schaut in seinen Klienten hinein und spricht die Wesenheit an. Der Klient weiß nicht, daß er eine bestimmte Ebene seines Bewußtseins umgeht, um zum Kern des Problems zu gelangen. Er führt also buchstäblich ohne deren Wissen eine Art Geisteraustreibung bei seinen Klienten durch, und gleichzeitig eine Reinigung des Hilfszentrums um der anderen Betreuer willen. Würden diese Themen nur mehr ans Licht gebracht werden, dann wären alle Menschen, die energetisch mit anderen arbeiten, besser informiert und somit besser geschützt.

Die Berater stehen oft an vorderster Front und bekämpfen einen Feind, von dem die meisten noch nie etwas gehört haben und praktisch alle nicht wissen, wie sie mit ihm fertig werden sollen. Ein Beratungszentrum sollte eine Art Raum für Geisteraustreibung haben, in dem die Klienten genauestens auf Wesenheiten oder negative energetische Anhängsel untersucht werden, bevor die Therapeuten ihnen gegenübertreten dürfen. Auch Klient und Berater sitzen sich häufig direkt gegenüber, was als aufmerksamste Form der Kommunikation gilt. Das ist ideal für eine Verbindung von Chakra zu Chakra, wobei negative Energie aufgenommen und dem Berater positive Energie abgezogen werden kann. Ich habe vielen Beratern empfohlen, sich so zu setzen, daß ihre Körper nicht direkt vis-à-vis sind, damit sich die Chakren nicht verbinden.

Wir haben Krankenhäuser kurz erwähnt. Kliniken sind ebenfalls ein großes Problem: Wenn Menschen krank sind, mag es sein, daß sie einen Geist oder eine Wesenheit haben, die zu den Symptomen ihrer Krankheit beitragen. Da die Menschen im Krankenhaus so schnell kommen und gehen (einschließlich derer, die zu Besuch kommen), gibt es reichlich Gelegenheiten für Wesenheiten und Geister, ins Krankenhaus oder aus dem Krankenhaus heraus mitgenommen zu werden und von einem Menschen zum anderen zu springen. Wo Menschen krank sind, ist natürlich ihr Schutz gering, und sie können ein leichtes Ziel für Angriffe durch Geister oder Wesenheiten werden.

Wir müssen auch daran denken, daß Menschen im Krankenhaus sterben, so daß hier auf natürliche Weise Seelen aus dem körperlichen Reich entlassen werden. Viele Seelen oder Geister finden ihren Weg in die astralen Reiche, doch noch mehr bleiben in unserem körperlichen Reich gefangen. Diese Wesen wandern nun umher; versuchen, sich an Verwandte zu hängen, oder, wenn sie allein waren, einfach an irgendwen, der sich auf energetischer Ebene gut für sie anfühlt. Das Trauma eines Unfallopfers, das bald nach dem Ereignis stirbt, hinterläßt den Geist oft in Aufruhr. Er merkt nicht, daß er tot ist und stellt nicht die richtigen Verbindungen für den Übergang her, da er verzweifelt versucht, wieder in seinen stofflichen Körper zu gelangen, was ihm natürlich nicht gelingt, weil die lebenserhaltenden Mechanismen des Körpers erloschen sind. Sie alle müssen etwas finden, wohin sie gehen, oder jemanden, bei dem sie sein können.

Über all diese Situationen hinaus haben wir zusätzlich die Probleme passiver übersinnlicher Energie, die von Aura zu Aura weitergegeben wird, wenn Menschen an diesen Durchgangsorten kommen und gehen. Krankenhäuser sind wie eine Bushaltestelle für Energie. Erinnern Sie sich bitte an den hellfühlenden Herrn, der Dämonen als Hunde auf den Stationen hatte herumschleichen und über die Menschen laufen sehen, wo sie sich offensichtlich von der Energie der Kranken und Verletzten ernährten (siehe unter der Überschrift »Dämonen« in diesem Kapitel).

In manchen alternativen Praxen oder dort, wo das Personal von den Problemen übersinnlicher Angriffe weiß und sie versteht, wird täglich eine Reinigung durchgeführt. Viele Therapeuten, die mit feinstofflichen Energien vertraut sind, führen jedesmal eine Reinigung durch, wenn ein Patient die Räumlichkeiten verlassen hat, und eine »Endreinigung« am Ende des Tages.

Ich werde mich nicht länger mit den einzelnen öffentlichen Orten aufhalten, an denen wir diese Energien antreffen können. Ich glaube, sie als Leserinnen und Leser haben jetzt die richtige Vorstellung gewonnen. Lassen Sie uns aber noch eine andere Seite der Gesellschaft als Ganzes betrachten. Denken Sie einmal an die weniger glücklichen Mitglieder unserer Gesellschaft, die vielleicht in sehr heruntergekommenen Wohngegenden leben. Ich hatte Gelegenheit, Häuser zur Freisetzung von übersinnlicher und Geistenergie sowie zur Reinigung zu besuchen, und während ich die Straße entlangging, wurde ich, als ich vorüberging, von Wesenheiten überwältigt, die in den Häusern lebten. Sobald in dieser Situation eine Reinigung abgeschlossen ist, kann eine erneute »Ansteckung« mit den benachbarten Problemen binnen Tagen erfolgen, falls man nicht weiß, wie man den Ort schützt.

Die Menschen, die unter diesen Umständen leben müssen, nehmen oft die übersinnlichen Kräfte, die ihr Dasein beherrschen, nicht wahr. Sie bemerken nur, daß das gesellschaftliche Netz um sie herum mürbe und ihre Toleranz und Moral im Pfuhl seelischen Unglücks zersetzt wird.

Für mich besteht kein Zweifel daran, daß dunkle und böse Kräfte am Werk sind, um die Menschheit auf jede ihnen nur mögliche Weise in die Knie zu zwingen. Wir müssen alle wachsam sein und verstehen, was auf energetischer Ebene um uns herum vorgeht. Es mag nicht bösartig sein, aber es wird Sie dennoch schwächen.

Wenn ich mit einem Fall beschäftigt bin, leiste ich soviel Reinigungsarbeit, wie ich als nötig erachte, doch ich bin nur ein kleiner Lichtschimmer, der in einem Meer der Dunkelheit arbeitet. Ich hoffe, daß einige meiner Leserinnen und Leser so weit eingestimmt werden, daß sie sehen können, was um sie herum geschieht, und lernen, wie man mit der Zunahme an Negativem unter uns fertig wird. Ich bitte Sie nochmals, sich zu verdeutlichen, daß wir um so eher von den Kräften der Dunkelheit ins Visier genommen werden, je mehr Lichtarbeit wir leisten. Seien Sie jedoch versichert, daß das Universum Ihnen nie eine Aufgabe schickt, die Sie nicht ausführen können. Sie tragen genügend Licht, um alles, was Ihnen begegnet, lösen zu können.

Lernen Sie, zu schauen; nicht nur, Menschen anzusschauen, sondern in ihnen und um sie herum nach unsichtbaren Kräften Ausschau zu halten, und seien Sie stets auf der Hut.

8
Übersinnlicher Schutz

»Vater, du bist gerecht. Die Welt hat dich nicht erkannt; aber ich kenne dich, und diese hier haben erkannt, daß du mich gesandt hast. Ich habe ihnen gezeigt, wer du bist, und werde es weiter tun. So wird die Liebe, die du zu mir hast, auch sie erfüllen und ich werde in ihnen leben.«
Johannes 17, 25 - 26

Auf unserer bisherigen »Reise durch die Reiche der Energie« haben wir uns unsere Energiestruktur, insbesondere die Chakren und die Aura angeschaut, und betrachtet, was geschieht, wenn wir beginnen, zusätzlich Energie in sie hineinzubringen. Wir haben gesehen, was schiefgehen kann und welche Auswirkung das auf uns hat. Wir wollen nun untersuchen, was wir tun können, damit solche unglücklichen Umstände nicht allzuoft in unserem Leben auftauchen.

Wenn Sie beginnen, mit Energie zu arbeiten, öffnen Sie sich, um hohe Lichtfrequenzen in sich hinein und durch sich hindurch zu kanalisieren. Kanalisieren Sie Licht, so ziehen Sie die Aufmerksamkeit von Geistführern auf sich, die mit Ihnen arbeiten und dabei helfen wollen, die Heil- oder Energiearbeit zu entwickeln, die für Ihr spezielles Energiesystem am besten geeignet ist. Denken Sie daran: Sie selbst wählen selten Ihren Weg, wenn es um reine Energiearbeit geht. Die Führer und das universelle Bewußtsein als Ganzes werden Ihnen die Aufgaben bringen, für deren Ausführung Sie am besten ausgerüstet sind, vorausgesetzt, Sie sind offen genug, es geschehen zu lassen. Natürlich haben Sie immer die Wahl.

Je mehr Sie in den Lichtfrequenzen arbeiten, desto mehr Licht können Sie kanalisieren und in Ihrem Wesen behalten. Während Sie sich entwickeln, werden Sie nicht merken, wieviel mehr an Licht Sie kanalisieren oder in sich tragen, da alles sehr sanft geschieht. Während dieses Prozesses arbeiten Sie tiefer und kommen immer besser voran in Verbindung mit den Kräften des Lichts – mit den Mächten der Schöpfung. Oder, wenn Sie so wollen, arbeiten Sie für Ihren und mit Ihrem Gott, wen oder was auch immer das Wort »Gott« für Sie beinhaltet. Während Sie nun Ihre Fähigkeiten zum Heilen entwickeln und Ihre Intuition sich zu entfalten beginnt, müssen Sie außer auf Ihre Geistführer auch auf andere Kräfte achten, die ebenfalls ein Interesse an Ihnen gewonnen haben.

Wir befinden uns in einem Dasein der Dualität: Wo es Yin gibt, gibt es auch Yang; wo Weibliches ist, ist auch Männliches; wo Licht ist, ist auch Dunkelheit, und, am allerwichtigsten – wo Gutes ist, ist auch Böses. Mit anderen Worten: Sie können nicht Licht kanalisieren, ohne die Aufmerksamkeit der Mächte der Finsternis zu erregen.

Wenn wir uns auf unsere wunderbare Reise als Lichtarbeiter begeben und die Energie durch uns zu fließen beginnt und uns mit erregter Freude über die neuen Empfindungen und Möglichkeiten erfüllt, können wir uns wegen der schrittweisen Entfaltung oft nicht völlig mit dem identifizieren, zu was und wem wir werden. Wir ziehen neue Menschen an und werden ebenso zu neuen Menschen hingezogen, während unsere Energie sich ändert und die Energie um uns herum sich verändert. Neue Energiefrequenzen bringen neue Einsichten und Wünsche hervor, und unser Leben beginnt sich positiv zu wandeln. Schauen wir über die Monate zurück, so können wir einen Unterschied sehen zwischen dem Menschen, der wir einmal waren, und dem, der wir jetzt sind. Das bedeutet: Wir werden zu einem Mitglied von Gottes kleinem Heer der Lichtarbeiter, bringen zusätzliche Sonnenstrahlen in die Welt und scheinen wie ein winziger Stern am Firmament der Nacht. Wenn Sie über die Monate und Jahre in Ihrer Kraft leben, wird Ihr Stern wachsen und heller scheinen; er wird eine zunehmend mächtigere magnetische Kraft erschaffen, die am Ende so hell strahlt, daß die Mächte der Finsternis sie nicht länger ignorieren können.

Die Aufmerksamkeit, die Sie erregen, steht für gewöhnlich im direkten Verhältnis zu der Stufe, auf der Sie arbeiten. Wenn Sie auf einer Stufe arbeiten, auf der Sie Kontaktbehandlungen und ein wenig Aurareinigung praktizieren, werden Sie sich wahrscheinlich nicht mehr zuziehen als gelegentlich eine Wesenheit, einen Geist oder eine Wolke negativer Energie, die an der erhöhten magnetischen Anziehungskraft Ihrer Aura hängenbleibt. Wenn Sie auf der anderen Seite von Besetzungen befreien, übersinnliche Energie entfernen oder sich mit dämonischen Energien befassen, ist die Gefahr groß, daß Sie von einer Macht angegriffen werden, die Sie völlig aus dem Lot bringen, lähmen oder sogar töten kann. Der Unterschied zwischen diesen Entwicklungsstufen besteht darin, daß die Lichtarbeiter am unteren Ende des Spektrums sich mehr oder weniger aus Versehen etwas auflesen oder – im Falle eines Angriffes durch eine Wesenheit oder einen Geist – durch eine unglückliche Fügung. Die Wesenheit hält Ausschau nach einer guten Mahlzeit, und jeder, der mit der richtigen Energie und fehlendem übersinnlichen Schutz daherkommt, liefert ihr diese Mahlzeit. Falls Sie ein Arbeiter auf höherer Stufe sind, halten die finsteren Mächte womöglich nach Ihnen Ausschau und warten, daß Sie einen Fehler machen ... und dann werden sie über Sie herfallen.

Lassen Sie sich nun nicht durch die Begriffe »niedere und »höhere Stufe« verwirren. Es sind nur Begriffe, die ich verwendet habe, um die unterschiedlichen Abstufungen von Licht dazustellen, die ein bestimmter Mensch in sich tragen kann. Wir alle fangen mehr oder weniger von derselben Grundstufe aus an, wenn wir beginnen, uns auf unserer Reise der spirituellen und energetischen Entwicklung zu entfalten. Je mehr wir mit dem Licht arbeiten, desto mehr Dinge kommen hoch, mit denen wir uns beschäftigen sollen, und desto mehr nimmt es alte Muster weg, und wir können weitergehen. Ich will niemanden klein machen, der auf den Stufen arbeitet, die ich als »niedere oder »frühe Entwicklungsstufen« bezeichnet habe. Wir fangen alle an diesem Punkt an, und Lichtarbeit auf dieser Stufe ist ebensowichtig wie Lichtarbeit auf einer höheren Stufe (die man auch nur »andere« Stufe nennen kann). Wie schnell wir uns entfalten, wird von vielen Faktoren bestimmt, von denen manche durch unsere Taten in vorhergehenden Inkarnationen bestimmt werden, andere durch die Menge an Arbeit und die Entschlossenheit, die wir in dieser Inkarnation für uns in Anspruch nehmen. Wieviel karmische Schuld wir gutmachen oder wieviel Unrat wir loswerden müssen, ob nun in diesem Leben oder in einem vorherigen gesammelt, sind jedoch zwei der bestimmenden Faktoren.

Nehmen Sie einmal folgendes Szene: Ein Heiler, der mit Kontaktbehandlungen arbeitet, gibt vier Menschen an einem Tag eine wertvolle und stark wirkende Behandlung. Ein anderer erlöst ein halbes Dutzend gefangener Seelen aus einem elektromagnetischen Strudel in der Erde und befreit einen Besessenen von einem Dämon. Die jeweiligen Anstrengungen sind möglicherweise vom menschlichen Standpunkt aus genau die gleichen, und auch die Ergebnisse dieser beiden Darstellungen können auf einer meßbaren Skala der vollbrachten Arbeit gleich sein. Wieviel Licht oder Energie wir einsetzen, kann jedoch sehr unterschiedlich sein, abhängig davon, wieviel Licht wir in uns tragen oder kanalisieren. Wir alle werden gebraucht, und das Universum wird jedem von uns die Arbeit schicken, die wir zufriedenstellend ausführen können.

Hören wir auf die Mitteilungen unserer Führer – die als Eingebung, Stimme, Vision oder Gefühl kommen kann –, dann sagen sie uns genau, was wir tun und auf welcher Stufe wir arbeiten sollen. Wir alle sind auf unserer Stufe der Arbeit wichtig. Wir alle tun die Arbeit, die das universelle Bewußtsein von uns verlangt. Sie werden so geführt, daß Sie tun, was nach den gegenwärtigen Fähigkeiten Ihres sich ständig verändernden Energiesystems das beste ist.

Kommen wir nun zu der Tatsache zurück, daß man von der dunklen Seite ins Visier genommen wird. Sie werden sich vielleicht fragen, ob es ein Gleichgewicht der Macht der hellen und der dunklen Seite gibt. Ich weiß es nicht. Gleicht sich am Ende alles aus? Ich weiß es nicht. Ich weiß nur, daß Sie sich jederzeit bewußt sein müssen, daß Sie von beiden Seiten gesehen werden können, und je mehr Aufmerksamkeit Ihnen von den Guten zuteil wird, desto leichter werden Sie von den Bösen gesehen.

Wenn Sie mit der Heilarbeit beginnen, sind Sie nur ein kleiner Fisch im unendlich großen Energieteich des Universums, und als solcher erzeugen Sie keine großen Wellen auf der Wasseroberfläche. Die Mächte der Finsternis nehmen keine große Notiz von Ihnen. Sie können ihre Soldaten nicht wirklich verletzen. Diejenigen unter Ihnen jedoch, die eine Anlage zum Heilen haben, die normalerweise aus der Entwicklung in einer früheren Inkarnation stammt, werden sich sehr rasch entfalten und in sehr kurzer Zeit immer größere Mengen an Lichtenergie kanalisieren – also viele Wellen auf der Wasseroberfläche erzeugen. Energiestörungen auf dieser Stufe, wo starke Mächte des Lichtes am Wirken sind, werden von den Mächten der Finsternis nicht lange unbemerkt bleiben. Am Anfang werden sie Sie erst einmal nur im Auge behalten. Sie werden beobachten, was geschieht, wie gut Sie mit den Mächten des Lichtes verbunden sind und wie viele Führer und Engel mit Ihnen arbeiten. Manche Menschen arbeiten sogar mit der Energie von Erzengeln und Jesus. Andere haben vielleicht gar Jesus bei sich, wenn sie arbeiten. Am Ende werden die dunklen Mächte etwas unternehmen, um Sie von Ihrer erhabenen Stellung herunterzubringen. Schließlich ist das ihre Aufgabe: Chaos ins Gleichgewicht, Finsternis ins Licht zu bringen.

Menschen, die ein solch hohe Niveau schon in vorhergehenden Inkarnationen erreicht hatten und sich schnell entfalten, können sich solchen Situationen normalerweise entziehen; entweder durch Einsicht, da ihr Geist die Türen der Erinnerung öffnet und die Antworten schnell hervorbringt, oder durch Beistand von oben – gewöhnlich von einer ansehnlichen Gruppe von Geistführern, die sie im Auge behalten. Diejenigen aber, die das Licht mit Macht in sich hinein- und durch sich hindurchbringen, weil sie ihre Entfaltung beschleunigen und erzwingen wollen, müssen auf der Hut sein, denn sie haben normalerweise nichts, worauf sie zu ihrer Verteidigung zurückgreifen können, weder im Hinblick auf das, was sie in vorhergehenden Inkarnationen durch den Entwicklungsprozeß erreicht haben noch durch höhere Verbindungen in dieser Inkarnation. Denken Sie nun noch einmal an das Thema »Reiki im Eiltempo«! Und denken Sie im Lichte dessen, was Sie jetzt wissen, über den Titel dieses Buches nach und was er eigentlich bedeutet. – Wir wollen uns nun ansehen, wie wir uns schützen können.

VORAUSSETZUNGEN FÜR ÜBERSINNLICHEN SCHUTZ

Übersinnlicher Schutz ist für den Anfänger nicht leicht zu verstehen oder auszuführen, zumal er vielleicht noch keinen Kontakt mit den Disziplinen oder bewußtseinserweiternden Techniken des Yoga, der Meditation, der Visualisierung, mit den Energieprinzipien der Kampfkünste oder einfach nur der Entspannungsbehandlung hatte, ja, mit allem, das mit der Veränderung des Bewußtseins oder den Prinzipien feinstofflicher Energie zu tun hat. Es gibt ein paar grundlegende Voraussetzungen für übersinnlichen Schutz.Das sind:

Visualisierung und Absicht
Die feinstofflichen Körper
Das Reinigen und Ausgleichen
Eine Kraftbasis aufbauen

Visualisierung und Absicht

Visualisierung und Absicht stehen in dieser Liste der Voraussetzung an erster Stelle, weil diese wirkungsvollen Techniken in den anderen beiden Hautbereichen des übersinnlichen Schutzes sehr hilfreich sind. Vorstellungskraft ist ein sehr mächtiges Werkzeug für Heiler, spirituelle Anwärter und Energiearbeiter gleichermaßen, wie wir in Kapitel 2 schon besprochen haben. Ich möchte im vorliegenden Zusammenhang Ihr Gedächtnis auffrischen: Energie folgt dem Denken.

Wir haben Gedankenformen besprochen und die Macht, die sie über jemanden auf feinstofflicher Ebene haben können. Hexerei, Voodoo und viele andere Formen der dunklen Kunst werden in Ländern auf der ganzen Welt ausgeübt. In vielen dieser Praktiken werden Gedankenformen eingesetzt, um die feinstofflichen Energiefelder des beabsichtigten Opfers anzugreifen und zu zerrütten, wodurch das Opfer geschwächt und für gewöhnlich Visionen und Halluzinationen ausgesetzt wird. Wenn das Energiefeld der anvisierten Person bereits verletzt ist, kann der Angreifer visuelle dämonische Formen hineinschicken, um das Opfer zu quälen, bis es verrückt wird. Wer in diese Praktiken Einblick genommen hat, kann an ihrer Wirkung nicht mehr zweifeln. In der Tat gibt es viele Unterlagen, die den okkulten Praktiker in den dunklen Künsten anleiten. Setzt man seine Vorstellungskraft mit Absicht ein, um jemandem zu schaden, so wird man mit ein wenig Übung und Kenntnissen auf dem Gebiet des Okkultismus Erfolg haben.

Lassen Sie uns das Wort »okkult« einmal betrachten. Die meisten Menschen bringen es heutzutage mit schlechten Dingen, Teufelsanbetung, Hexensabbat und Ähnlichem in Verbindung. Das Wort *okkult* bedeutet eigentlich »unsichtbar« oder »ungesehen«. Wenn ich den Begriff »okkultes Wissen« verwende, dann meine ich also Wissen über das Unsichtbare. Unsichtbare Mächte können für gute wie für böse Absichten eingesetzt werden. Während wir Bände voller Arbeiten über den dunklen, finsteren Gebrauch oder den Mißbrauch von okkultem Wissen haben, weil diese Tradition über Tausende von Jahren zurückreicht, ist der lichte, helle Gebrauch, dieser Mächte weniger gut dokumentiert. Wir Heiler und Behandler verwenden genau dieselbe Verbindung zu Energie und Kraft für unsere Zwecke der Lichtarbeit, wie sie Ausübende der dunklen Arbeit verwenden.

Wie ich vorher schon sagte: Wenn Sie sich vorstellen, daß Sie eine Situation beeinflussen können, geben Sie die Energie des Gedanken in diese Situation. Was mit ein wenig Vorstellungskraft beginnt, baut über den Gedanken einen Energiefluß auf. Praktizieren Sie das über Jahre, so bauen Sie sich eine gute Verbindung auf und werden zu einem Experten, der Heilung allein durch Gedanken und den Geist zu bewirken vermag.

Mit Hilfe dieser Techniken kann ich Chakren sehen und Energie durch das gesamte Chakrasystem eines Menschen schicken, um dieses zu reinigen und auszugleichen. Manchmal, wenn ich in einer schwierigen

Situation bin und vielleicht meine »Heilungswerkzeuge« nicht dabeihabe, kann das eine sehr schnelle und wirksame Möglichkeit sein, jemanden auszugleichen, dessen Aura falsch ausgerichtet ist. Eine andere Art, diese Technik sehr wirksam einzusetzen, ist für mich die Fernbehandlung. Ich kann die Chakren eines Menschen am anderen Ende der Welt über das Telefon ablesen, so leicht, als würde derjenige vor mir sitzen. Ich kann das auch, ohne mich mit der Person zu verbinden, indem ich einzig meinen Geist in das universelle Bewußtsein versetze und um eine Verbindung zu dem betreffenden Menschen bitte. Um diese Technik zu üben, bitten Sie einen Freund, Ihnen den Namen von jemandem zu geben, den er kennt, der Ihnen aber unbekannt ist. Versuchen Sie, sich einzustimmen und dessen Persönlichkeit zu beschreiben. Ihr Freund wird Ihnen sagen können, ob Sie nahe dran sind oder nicht. Und: Übung macht auch hier den Meister. Denken Sie daran: Energie folgt dem Denken. – Denken Sie es, dann können Sie es tun. In vielen Fällen übersinnlicher Erster Hilfe ist das die einzige Methode, um Dinge zum Guten zu wenden. Es mag sein, daß es aus dem einen oder anderen Grund nicht möglich ist, sich der Person zu nähern, die einem Angriff ausgesetzt ist, sie kann sich sogar auf einem anderen Kontinent befinden. Ich habe das oft mit großem Erfolg praktiziert. »Visualisierung« bedeutet also, sich eine Szene vorzustellen, sich ein sichtbares Bild im Geiste aufzubauen, und dabei Absicht in die Vorstellung hineinzugeben. Sobald Sie Ihr Bild im Geist haben, können Sie anfangen, die Energie um das Bild herum zu beeinflussen, um das gewünschte Ergebnis zu erreichen. Vertrauen Sie dem, was Sie als Wahrheit sehen.

Bevor wir mit der Praxis der Visualisierung beginnen, sollten wir am besten eine gewisse Kontrolle über unsere Sinne erlangen. Wie in Kapitel 5, »Die Reiki-Grade«, unter »Die Reiki-Ausbildung« bereits besprochen wurde, ist Atemarbeit eine altbewährte Weise, mit deren Hilfe man Zugang zu Energie bekommt. Suchen Sie sich zuerst einen bequemen und friedlichen Platz. Lassen Sie ruhige Musik laufen, wenn Sie mögen. Als nächstes sollten Sie sich darauf konzentrieren, was der Atem tut, und ihn dann sehr sanft beeinflussen: Atmen Sie ein wenig tiefer als gewöhnlich. – Atmen Sie ein ... und halten Sie den Atem zwei Sekunden lang an; atmen Sie dann aus ... und halten Sie den Atem wieder zwei Sekunden lang an. Durch diese Technik bringen Sie den Atem unter Ihre Kontrolle und werden nicht mehr selbst vom Nervensystem kontrolliert. Sie lernen dabei, Ihr Bewußtsein auf persönliche Kraft und Wachstum auszurichten.

Wenn Sie sich ausgeglichen fühlen, beginnen Sie Ihre Visualisierung. Eine gute Übung für den Anfang ist die folgende: Stellen Sie sich einen Strahl aus weißem, reinigenden Licht vor, der beim Einatmen in Ihren Körper eintritt ... und wie beim Ausatmen graue Negativität oder Verbrauchtes Ihren Körper verläßt. Tun Sie das sehr rhythmisch, und sehen Sie das weiße Licht, wie es in den Körper eintritt ... und zuerst die Lungen durchdringt. Versuchen Sie, nach mehreren Atemzügen zu spüren, wie der Reinigungsprozeß zu greifen beginnt. Wenn Sie merken, daß Sie bereit sind, weiterzugehen, lassen Sie den Atem über die Lungen hinaus in die Organe fließen ... und später Schritt für Schritt in jede Zelle und jeden DNA-Strang des Körpers, bis Sie sich vollkommen gereinigt und energiegeladen fühlen ... Wenn Sie schließlich gereinigt sind, bitten Sie darum, daß das goldene Licht der Kraft der gesamten Schöpfung Sie durchdringen möge.

Des weiteren können Sie folgende Visualisierung ausführen, bei der Sie daran arbeiten, das weiße, goldene Licht durch jedes der Chakren einzuatmen, um es zu reinigen. Stellen Sie sich vor, daß Ihre Chakren wie Lungen ein- und ausatmen, was sie tatsächlich auch tun. Zuerst drehen sie sich in die eine Richtung, während sie die Energie nach innen bringen, und dann in die andere, während sie die Energie nach außen wirbeln. Stellen Sie sich auch hier vor, wie die reinigende Energie nach innen gebracht und die negative Energie ausgestoßen wird. Beginnen Sie mit dem Wurzelchakra und reinigen Sie Ihre Verbindung zur Erde. Wandern Sie dann Chakra für Chakra nach oben, bis Sie das Kronenchakra erreichen ... Wenn Sie das Kronenchakra gereinigt haben, nehmen Sie wahr, wie es sich nach oben ausdehnt und sich fest mit dem universellen Bewußtsein verbindet. Wenn dieser Prozeß der Reinigung abgeschlossen ist, kehren Sie zum Wurzelchakra zurück und durchlaufen den gesamten Prozeß noch einmal – konzentrieren Sie sich diesmal jedoch darauf, wie die Farben sie beleben. Stellen Sie sich helles, schillerndes Licht der entsprechenden Farbe für jedes Chakra vor, das es mit einer beinahe elektrischen Schwingung erfüllt. Gehen Sie nochmals alle Chakren durch, aber füllen Sie sie diesmal mit Kraft. Nehmen Sie wahr, wie sie immer kräftiger und mächtiger und mit großem Feingefühl erfüllt werden. Erbitten Sie zum Schluß Führung oder Hilfe von den Geistführern dabei, Ihre Chakren für Sie passend einzustellen. Bitten Sie auch darum, daß das Wurzelchakra gut mit der Erde verbunden ist, damit Sie gut geerdet sind, und daß das Kronenchakra stark mit Ihrem höheren Selbst und dem Gottesbewußtsein verbunden sei, um Ihnen Intuition zu bringen.

205

Unterschätzen Sie die Kraft dieser Übungen nicht: Im Laufe der Zeit und mit zunehmender Praxis bringen sie Sie stark in Kontakt mit Energien und Wesen einer sehr hohen Quelle. Hier ein Beispiel: Während ich heute hier sitze und all das aufschreibe, erhole ich mich gerade von einem Bandscheibenvorfall, den ich vor ein paar Tagen erlitt. Am ersten Tag konnte ich nicht aus dem Bett aufstehen. Am zweiten Tag versuchte ich, ein wenig an diesem Buch zu arbeiten, doch die Schmerzen waren so groß, daß ich nicht länger als fünfzehn Minuten am Computer sitzen konnte, ohne mich zwischendurch wieder hinzulegen, um den Druck von meinem Körper zu nehmen. Zu diesem Zeitpunkt beschloß ich, um Hilfe von oben zu bitten. Ich verband mich mit einer hohen Quelle, einer Erzengelquelle, die den genauen stofflichen Entwurf meines Körpers liefern kann. Ich bat um eine Übung, die mein Problem auflösen sollte, und unterwarf mich dem Bewußtsein der Quelle, und es übernahm die Bewegungen meines Körpers und leitete mich durch eine Übung, die mich ohne jegliche Schmerzen in merkwürdige Stellungen bewegte. Als diese Übung abgeschlossen war, hatte sich viel von dem Druck gelöst, die Muskelkrämpfe hatten nachgelassen und ein großer Teil der Schmerzen war verflogen.

Am dritten Tag fühlte ich mich geistig viel munterer und bat wieder um Hilfe durch eine Übung, die dazu beitragen sollte, die Bandscheibe wieder an ihren Platz zu bringen. Ich stimmte mich ein und verband mich mit der Erzengelquelle, und binnen Sekunden begann mein Körper, hin- und herzuschwanken und sich dann zu unglaublich erstaunlichen Stellungen zu verrenken. Sie bewegte meine Arme wie beim Taiji und beugte mich nach unten, bis ich meine Zehen berührte. Sie verdrehte mich über meine linke Seite, so weit, daß ich fast nach hinten schaute, während meine Füße immer noch nach vorn wiesen. – Wie konnte das sein, wo ich doch aus eigener Kraft in meinen Bewegungen und vor Schmerz stark eingeschränkt war? Die Quelle weiß jedoch genau, wie sie mich ohne Schmerzen und auf sehr dynamische und fließende Weise bewegen kann. Es ist faszinierend, das zu erleben oder auch nur zu beobachten.

Diese Übungen dauerten jeweils zehn Minuten. Nach der ersten war ich viel besser aufgerichtet, und ein großer Teil der Schmerzen war verschwunden. Während der zweiten spürte ich, wie die Bandscheibe sich wieder etwas in Richtung ihrer richtigen Lage bewegte, und die dritte war der ersten insofern ähnlich, als sie den Zustand verbesserte, obwohl sich die Bandscheibe diesmal nicht zu bewegen schien. In der Nacht schlief ich gut, und am folgenden Morgen war mein Körper, der zuvor verdreht und verrenkt gewesen war, viel gerader. Nach ein paar weiteren Übungen am folgenden Tag saß die Bandscheibe wieder an ihrem Platz.

Diese Darstellung beschreibt die Verbindung zu einer hohen Quelle. Diese Verbindung wurde erreicht, indem ich mit einfacher Visualisierung und Chakraübungen wie den oben beschriebenen begann, Energie anzuregen und zu beeinflussen. Als Schüler war ich einige Jahre lang nicht besonders gut im Visualisieren gewesen, daher bin ich sicher, daß Sie mit ein wenig Übung und der Hilfe der Geistführer erreichen können, was ich kann.

Bei der Meditation handelt es sich darum, mit dem eigenen Bewußtsein andere Orte zu erreichen. Viele Meditationstechniken setzen Atemarbeit zum Erreichen der Ziele ein. Meditation und Visualisierung sind in der Energiearbeit sehr enge Freunde. Es gibt nicht viel, was sie trennen könnte, außer unterschiedlichen geistigen Richtungen. Bei der Meditation versucht man, den Geist zur Ruhe zu bringen, um dem Bewußtsein zu erlauben, aufzusteigen und sich nach außerhalb zu bewegen. Bei der Visualisierung versucht man, sich zu konzentrieren und eine Vision zu erschaffen, die man verwenden kann.

Absicht ist der wichtigste Antrieb bei diesen Techniken. Wenden Sie sich an die höhere Quelle, was diese auch immer für Sie sein mag. Wenn Sie engagiert und in Ihrem Wunsch, das Licht in Ihr Wesen hineinzubringen, reinen Herzens sind, wird es Ihnen gegeben werden. Richten Sie Ihre Absicht aus, so gut Sie können. Legen Sie nach Ihrem Vermögen alle Kraft hinein, indem Sie das Licht einatmen und es mit Ihrer gezielten Absicht wieder aussenden. Absicht ist alles. Ohne Absicht sind Sie wie ein Boot ohne Antrieb und ohne Ruder, das außer Kontrolle in der Bucht umhertreibt. Mit der Absicht jedoch haben Sie ein Ruder, um die Richtung vorzugeben, und einen Motor, der Sie durch das Wasser vorwärtstreibt.

Nachdem wir uns nun Visualisierung, Meditation und Absicht angesehen haben, wofür werden wir sie einsetzen? Wir werden sie für übersinnlichen Schutz einsetzen!

In der Praxis ...
Als ich zum ersten Mal versuchte, Schutz zu visualisieren, konnte ich überhaupt kein Bild in meinem Geist sehen. Ich bemühte mich sehr, aber es war aussichtslos. Ich versuchte immer und immer wieder, alle möglichen Dinge zu sehen, was mir nicht gelang, und das ging einige

Jahre so. Meine erste richtige Vision hatte ich an einem Freitagabend, als ich mit ein paar Freunden Health Kinesiologie praktizierte. Wir trafen uns damals regelmäßig, und Anne ließ uns gewöhnlich eine Visualisierung zum Schutz durchführen. Weil ich das nicht gut beherrschte, saß ich immer nur still in einer Art Meditation und bat um Schutz. Am fraglichen Abend nun bekam ich in dieser Situation eine klare, äußerst ungewöhnliche Vision – ganz bestimmt keine, um die ich je gebeten oder die ich je angewendet hätte.

Wer von Ihnen die Batman-Filme der späten Achtziger gesehen hat, erinnert sich vielleicht, daß Batman ein ganz erstaunliches Auto hatte, das die Fähigkeit besaß, sich in eine Art geschuppten Panzer zu hüllen, wie ein urzeitliches Reptil, das auf ein modernes Techno-Modehaus gestoßen war. Wenn sie aktiviert wurde, erschien diese Rüstung wie durch Zauberhand und legte sich schnell, Stück für Stück, um das Auto, das dann einem Wesen mit Schuppen glich. Wie dieses Auto sich selbst einhüllte, das war im Film sehr aufregend dargestellt, und ich erinnere mich, daß ich von den Effekten sehr beeindruckt war.

Nun ja, Sie haben es schon erraten – als meine Visualisierung schließlich eintrat, war es kein goldener oder violetter Umhang und auch kein silbrigweißes Kraftfeld um mich herum; es war eine Rüstung wie die von Batmans Auto. Sie begann an meinen Füßen und bewegte sich Stück für Stück rasch nach oben, bis ich völlig umhüllt war – mit Ausnahme meines Gesichtes, das unbedeckt blieb, damit ich atmen konnte. Diese Vorstellung war so stark, weil sie nicht von meinem bewußten Denken oder Wünschen angetrieben wurde, sondern mir von irgendwo im Unterbewußten oder von einer höheren Quelle als etwas gegeben wurde, mit dem ich eins werden konnte und das mir in meiner Alltagswelt etwas sagte. Manchmal, wenn diese Dinge kommen, wirft einen die Einfachheit und Direktheit des Bildes hast um, und selbst heute noch erhalte ich von Führern Botschaften in visueller Form, und ich verbanne sie wieder aus meinem Geist, weil sie so verrückt erscheinen. Kehren sie jedoch immer wieder, dann weiß ich, daß es sich um Botschaften handelt. Die Botschaft kann so direkt und zutreffend sein, daß ich einen diplomatischen Weg finden muß, um das Thema mit dem Klienten anzugehen. Wenn Sie so wollen, ist es eine Art Bestätigung, daß das Bild nicht nur ein Produkt meiner Phantasie ist.

Was bekommt man also, wenn man anfängt, Visualisierung zu praktizieren? – Nun, niemand von uns weiß das jetzt, doch wir können zwei Techniken einsetzen, um es herauszufinden. <u>Auch Sie können in</u>

meditativem Zustand ruhig sitzen und um Schutz bitten und schauen, was schließlich für Sie kommt. Wir haben aus der obigen Beschreibung gesehen, daß das, was kommt, für Sie sehr geeignet ist und Ihnen etwas sagt, mit dem Sie sich identifizieren können. Möglicherweise werden Sie jedoch einige Zeit darauf warten. Selbst hier ist die eigentliche Vision weniger wichtig als die Absicht!

Kommen wir nun auf meine Vision zurück: Ob ich diese Vision empfangen hatte oder nicht, ist unwichtig. Wichtig ist, daß ich meditierte, mit der Absicht, geschützt zu werden. Wenn Sie tatsächlich eine Vision empfangen, ist das großartig; und es ist ein weiterer Schritt nach oben auf Ihrer Leiter der spirituellen und intuitiven Entwicklung, eine weitere Verbindung auf feinstofflicher Ebene und etwas Neues, das Sie erfahren und erreicht haben. Diese wahren, kraftvollen Erfahrungen sind etwas, das man Ihnen nicht nehmen kann und was überdies niemand anderem gezeigt werden kann. Es sind Ihre Wahrheiten, Ihre Erfahrungen, Ihre Grundlagen, auf denen Sie aufbauen können.

Die zweite Technik besteht darin, sich darin zu üben, ein spezielles Bild zu sehen. Stellen Sie sich vor, ein Umhang würde um Ihre Schultern gelegt – ein Schutzmantel. Setzen Sie die Absicht ein, daß dieser Umhang eigens dafür da ist: Er wird Sie vor jeder Art übersinnlicher Kraft schützen. Farbe ist ein mächtiges Hilfsmittel zum Heilen, und die Energie der Farben kann auch zum Schutz eingesetzt werden. Häufig stellen sich die Menschen ihren Umhang in strahlenden Farben vor. Weinrot und Gold sind wirkungsvolle Farben, denn Weinrot oder Violett wird dem Kronenchakra zugeordnet, und das Kronenchakra ist der Eintritts- und Austrittspunkt des höheren Bewußtseins.

Licht ist ein weiteres wirksames Hilfsmittel zum Heilen und Visualisieren. Silbernes und goldenes Licht wird der Strahlung einer höheren Quelle zugeordnet: dem Christuslicht oder der Gottesessenz. Diese kann durch Ihr Kronenchakra in Ihren stofflichen Körper heruntergebracht werden. Grünem Licht wird Heilenergie zugeordnet, und Sie können es ebenfalls verwenden, um sich darin einzuhüllen. So können Sie sich einen strahlenden Umhang vorstellen, der um Ihre Schultern gelegt und um Sie geschlagen wird, so daß überhaupt nichts hindurchgelangen kann. Sie können dann einen Dunst aus Licht um die Außenseite des Umhanges herum wahrnehmen, der in einer wirbelnden Bewegung reinigend wirkt, wie ein Strudel oder Wirbel um Sie herum. Als nächstes können Sie das Licht des Schöpfers in Ihr gesamtes Wesen herunterbringen.

Stellen Sie sich vor, wie ein Gedankenstrom von Ihrem Bewußtsein ausgeht, der von Ihrem Kronenchakra aufsteigt und durch die Wolken und den Himmel darüber dringt; immer höher, über den dunklen Nachthimmel und die Sterne hinaus, in das Reich des spirituellen Bewußtseins. Bitten Sie um eine Verbindung zu den hohen spirituellen Kräften, den Engeln, den Erzengeln, Christus, dem Heiler, dem alles durchdringenden und allmächtigen Schöpfergeist. Es gibt keine Grenze für das, worum Sie bitten können. Denken Sie daran, daß Ihre Vorstellungskraft der einzige einschränkende Faktor ist. Ohne Einschränkung kann Ihr Bewußtsein überallhin gelangen.

Es kommt nur auf Ihre Absicht an. Wenn Sie sich Gott als einen astralen Straßenfeger vorstellen, der allen Unrat beseitigt, den die menschliche Rasse erzeugt, bitten Sie um eine Verbindung mit dieser Vorstellung. Sehen Sie sich die Begriffe »Vorstellung« und »Vorstellungskraft« einmal an: Sie stellen sich etwas Eigenes vor, nichts von jemand anderem. Stellen Sie sich etwas vor, das Ihnen leichtfällt, dann erhalten Sie eine bessere Verbindung, als wenn Sie sich etwas vorzustellen oder zu visualisieren versuchen, das Ihnen schwer zu ertragen, fremd oder unangenehm erscheint. Ich habe oft seltsame und komische Dinge in verschiedenen Leidenssituationen gesehen. Es sind Abbilder meines inneren Wesens, meiner Persönlichkeit, die oft die komische Seite in Unglück und Trauma sieht – sowohl in meinem eigenen Leben, als auch in dem anderer Menschen. Es wäre falsch, diese Visionen als etwas wegzuschieben, das in dieser Situation unpassend ist, denn so arbeiten eben mein Geist und meine Vorstellungskraft und so stellen sie Verbindung her, damit ich Energie bewegen kann. Meine Geistführer können meinen Geist sehen, und sie geben mir Bilder, von denen sie wissen, daß sie mir etwas sagen. Das ist eine Lektion zum Thema »Annehmen«: sich selbst so anzunehmen, wie man ist, und anzunehmen, daß genau das die »richtige« Art und Weise ist, wie man etwas verändern kann. Nehmen Sie bereitwillig an, daß Ihre eigenen Vorstellungen genau die richtigen für Sie sind. Wenn Sie sich in Liebe einstimmen und der Menschheit wahrhaftig helfen wollen, dann ist alles, was Sie empfangen, richtig für Sie – was es auch sei. Verstecken Sie es nicht, und schämen Sie sich nicht dafür, wenn es nicht in das Bild dessen paßt, was wir als »heilig« oder »gut« ansehen. Nehmen Sie es bereitwillig als einen Aspekt Gottes an, der in Ihnen und durch Sie wirkt. Und denken Sie daran: Die Mächte Gottes sind vollkommen, sie müssen nicht verbessert werden.

Wenn Sie Ihre Verbindung nach oben hergestellt haben, bitten Sie darum, daß das Licht in Ihr Wesen hinabgebracht werde. Stellen Sie sich vor, wie das Licht durch Ihr Kronenchakra hinunterströmt und Ihre Lungen füllt, während Sie einatmen. Verbinden Sie sich mit dieser Lichtquelle, und atmen Sie sie mit jedem Atemzug ein. Wenn Ihre Lungen voll sind, stellen Sie sich vor, wie das Licht aus Ihren Lungen hinausströmt, um jeden anderen Teil Ihres stofflichen Körpers zu füllen. Wenn Ihr stofflicher Körper gefüllt ist, sehen Sie, wie das Licht aus jeder Pore Ihrer Haut hervorsprudelt und Ihre Aura füllt und wie es dann darüber hinausgeht und aus Ihnen herausstrahlt ... so weit Sie wollen.

Sie können auch eine andere Technik anwenden, bei der Sie sich in ein Ei, eine Kugel oder Blase hineindenken: Stellen Sie sich vor, Sie würden in einer dieser Formen schweben, und es sei ein Kraftfeld, das von außen undurchdringbar ist. Und nun erfüllen Sie es mit Licht, um es aufzuladen – das Ei, die Blase oder was auch immer es sei. Die Außenhaut ist elektrisch geladen, so daß alles, was die Außenseite berührt, einen solchen Schlag bekommt, daß es das Zeitliche segnet. Beschäftigen Sie sich nun mit dem Raum zwischen Ihnen und der Außenschale Ihrer Blase, und erfüllen Sie sie mit farbigem Licht. Sie können so viele Schutzebenen hinzufügen, wie Sie wollen (und je öfter Sie das üben, desto leichter wird es).

Um es noch einmal deutlich zu sagen: Mit der Absicht fangen Sie an. Legen Sie Ihr Herz, die Mitte Ihres Universums, in Ihre Absicht, und der Rest kommt von allein.

Und noch ein paar andere Techniken
Wenn wir daran denken, daß wir alle Einzelwesen sind und mit Energie jeweils auf unsere eigene Weise in Bezug stehen, wäre es auch hier wieder rücksichtslos von mir, Ihnen meine eigenen Techniken und Anleitungen zu geben, ohne Ihnen die von anderen vorzustellen, um das Bild auszugleichen. Daher führe ich eine Reihe von Techniken aus anderen Quellen an, die Sie vielleicht interessant finden oder denen Sie sich auf persönlicher Ebene anschließen können.

Als erstes sei hier eine Visualisierung aus Dr. Lori M. Poes Buch *Mystic Wisdom for Richer Living* (deutsch: Mystische Weisheit für ein reicheres Leben) angeführt, die »Das Geheimnis Ihres mystischen Lichtes« heißt:

»Suchen Sie sich einen ruhigen Ort, an dem Sie ungestört üben können. Setzen Sie sich bequem in Ihren Sessel, stellen Sie die Füße parallel flach auf den Boden, lassen Sie die Hände im Schoß ruhen.

Schließen Sie die Augen, und stellen Sie sich das Christuslicht in Form des Himmelblauen Feuers als große Zunge (eine Flammenzunge) vor, die silberweiß leuchtet und auf Ihren Kopf herabkommt. Nun sehen Sie, wie sie sich in weißen Nebel auflöst, der sich spiralförmig nach unten zu bewegen beginnt.

Nehmen Sie wahr, wie dieser Nebel Ihren Kopf füllt; jeden Teil Ihres Gehirns. Sehen Sie, wie sein Kristall-Licht hell aus Ihrer Seele leuchtet. Indem Sie Ihren Willen lenken, sehen Sie, wie er nach unten durch Ihr Wesen dringt und dabei jeden Teil von Ihnen mit Göttlichem Licht füllt. Und wenn er Ihre Füße erreicht, lenken Sie seinen Fluß einen Meter unter sich in den Boden. Nun schauen Sie zu, wie er wieder nach oben fließt, Ihre äußere Form einschließt und Ihre Schultern mit Seinem Umhang einhüllt.

Schicken Sie diese ursprüngliche Kraft im Geiste drei Mal los, so daß sie wirbelt, sich ausbreitet und Ihren Körper umschließt. Wenn Sie beim dritten Mal Ihren Kopf erreichen, erheben Sie sie wieder über Ihren Kopf; betrachten Sie, wie sie sich wieder in die Flamme verwandelt und wie ihr bläulichweißer Nebel wieder in Gott aufgeht, von dem er ausging.«

Dr. Poe sagt: »Diese Technik sollte man drei Tage lang jeweils zur gleichen Zeit üben, obgleich einmal ausreichend ist. Ich möchte aber, daß Sie die heilenden Wirkungen verspüren, die sie an Ihrem Körper und Ihrem Geist hinterläßt, und daß Sie sich an die Kraft gewöhnen, die Sie in Ihrer Aura wahrnehmen werden.«

Die zweite Schutzhandlung stammt von der verstorbenen Dion Fortune aus ihrem Buch *Psychic Self-Defence* (Deutsche Ausgabe: *Selbstverteidigung mit PSI*), hier wird ein magischer Kreis erschaffen. Es sollte betont werden, daß dies hauptsächlich geschieht, um sich gegen einen direkten und beabsichtigten übersinnlichen Angriff durch eine andere Person zu verteidigen, die möglicherweise mit der Arbeit der dunklen Seite zu tun hat. Das ist in vielen Kulturen auf der ganzen Welt gängige Praxis, wo die Menschen noch jenen verfluchen und verhexen, von dem sie sich bedroht fühlen. Als Heiler und Energiearbeiter ist es eher wahrscheinlich, daß wir von Geistern, Wesenheiten oder vielleicht nur irgendeiner Art negativer Energie angegriffen werden, denen gewöhnlich nicht diese beabsichtigte Bösartigkeit anhängt. Dion sagt:

»Die hier angebotene Formel ist für alle gewöhnlichen Umstände wirksam. Außergewöhnliche Umstände können nur von einer Person behandelt werden, die schon Erfahrung hat ...
 Zum Errichten des magischen Kreises steht der Ausführende aufrecht nach Osten gewandt. Er wendet sich nach Osten, weil der magnetische Strom, auf dem er zu arbeiten gedenkt, von Ost nach West verläuft. Als erstes muß er seine Schwingungen festigen und die seiner Aura reinigen. Um das zu tun, schlägt er das kabbalistische Kreuz auf Brust und Stirn. Er sagt:

(seine Stirn berührend)	›Dein, oh Gott,
(den Solarplexus berührend)	ist das Reich
(die rechte Schulter berührend)	und die Kraft
(die linke Schulter berührend)	und die Herrlichkeit
(die Hände faltend)	in Ewigkeit. Amen‹

Mit diesen Formeln bestätigt der Ausführende die Macht Gottes als alleiniger Schöpfer und oberstes Gesetz des Universums, dem sich alles beugen muß, und er befestigt sie magnetisch in seiner Aura, indem er auf sich selbst das Zeichen des Kreuzes schlägt. Dieses Zeichen ist nicht ausschließlich ein christliches Symbol und kann ebensogut vom Juden wie vom Kirchenmann verwendet werden, denn es ist das gleichschenklige Kreuz der Natur, das verwendet wird, nicht das Kreuz von Golgatha, dessen Stamm doppelt so lang ist wie sein Querbalken, und das das Symbol des Opfers ist. Das gleichschenklige Kreuz bezieht sich auf die vier Weltenden und die vier Elemente, und die mit ihm verbundene Formel erklärt die Herrschaft Gottes über diese und legt dadurch magisch Sein Reich innerhalb der Sphäre des Ausführenden fest.

Nun stellt sich der Ausführende vor, er umklammere mit der rechten Hand ein großes Schwert mit Kreuzgriff, wie es in Bildern von Kreuzrittern abgebildet ist. Er hält es mit der Spitze nach oben und sagt: ›Im Namen Gottes nehme ich das Schwert der Macht in die Hand zur Verteidigung gegen Böses und Aggression‹, und stellt sich vor, er würde zweimal so groß werden wie er eigentlich ist – eine gewaltige bewaffnete und gepanzerte Gestalt, die mit der

Macht Gottes schwingt, mit der er durch die obige Formulierung aufgeladen wurde.

Er beginnt nun, mit der Spitze des Schwertes den Magischen Kreis auf den Boden zu zeichnen, und er sollte in seiner Vorstellung eine Linie aus Flammen sehen, die der Schwertspitze folgt und aus kleinen Flammen besteht, die dem Aufflackern bei verschüttetem und angezündetem Brennspiritus ähnelt, nur blaßgolden in der Farbe. Der Kreis sollte immer ›deosil‹ gezeichnet werden, das heißt, von Ost nach Süd, nach West, nach Nord, so wie die Zeiger einer Uhr laufen würden, wenn man die Uhr mit dem Zifferblatt nach oben auf den Boden legen würde. Die entgegengesetzte Richtung ist ›widdershin‹, so, wie die Hexen am Hexensabbat tanzten. Die Deosil-Bewegung bestätigt die Herrschaft von Gottes Gesetz in der Natur, denn sie ist der Weg der Sonne; die Widdershin-Bewegung erkennt Gottes Gesetz in der Natur nicht an, indem sie gegen die Sonne läuft. Beim Widerstand gegen einen okkulten Angriff sollte die gesamte Abfolge auf den Grundton eingestimmt sein, Gottes Herrschaft über alle Existenz zu behaupten, wobei es das Ziel des Ausführenden ist, sich mit dem Kosmischen Gesetz zu verbinden und die Macht Gottes zu veranlassen, sich mit der Störung zu befassen.

Wenn der Kreis erstellt ist und der Ausführende aufhört, das Schwert zu visualisieren, jedoch weiterhin den Kreis visualisiert, faltet er seine Hände zum Gebet und betet, während er sie über seinen Kopf gen Osten erhebt: ›Der mächtige Erzengel Raphael schütze mich vor allem Bösen, das sich aus dem Osten nähert.‹ Gen Süden gewandt wiederholt er dieselbe Formel im Gebet zu Gabriel. Gen Westen gewandt ruft er Michael und gen Norden gewandt Uriel an. Wieder gen Osten gewandt, und damit zum Abschluß des Kreises, wiederholt er die Formel des kabbalistischen Kreuzes.

Diese Erstellung des magischen Kreises ist besonders wertvoll für den Schutz des Schlafplatzes, wo der Kreis um das Bett gezogen wird. Es ist nicht notwendig, sich im Raum zu bewegen oder die Möbel zu verrücken, um den Kreis zu ziehen. Er wird dort erstellt, wo man ihn sich vorstellt. Man muß diesen Kreis immer neu schaffen, wenn die Gezeiten wechseln; das heißt, ein nach Sonnenuntergang eingerichteter Kreis hält bis Sonnenaufgang und ein nach Sonnenaufgang eingerichteter Kreis behält seine Wirkung bis

Sonnenuntergang. Nachdem der Kreis viele Male am selben Ort bestätigt wurde, hält sein Einfluß für eine beträchtliche Zeit an.«

Zusätzlich zu all diesen Methoden ist ein einfaches Gebet, insbesondere das Vaterunser, ein sehr mächtiger Verbündeter in Zeiten übersinnlicher Belastung. Noch einmal erwähne ich hier den wichtigsten Aspekt für jede Form von Schutz, und das ist: Absicht! Wenn Sie etwas beabsichtigen – und Ihr Herz ist in seinem Wunsch rein und Ihre Absicht dient dem Wohle von allem im Universum, besonders dem Wohl der Menschheit –, werden Sie erhört, und die Mächte des Guten werden für Sie tun, was sie können. Die Absicht lange aufrechtzuerhalten, kräftigt die Verbindungen mit jenen, die Ihnen aus den anderen Reichen zuhören.

Die feinstofflichen Körper reinigen und ausgleichen

Jeder, der in irgendeiner Weise Energiearbeit leistet, muß eine gesunde und widerstandsfähige Aura besitzen. Wenn Sie nicht wissen, ob das bei Ihnen der Fall ist oder nicht, sollten Sie die Hilfe eines erfahrenen Heilers suchen, der sich in solchen Dingen auskennt. Wieder lohnt es, sich an die Analogie des getunten Motors zu erinnern. Was nun Chakren und Auren anbelangt, so muß man sich um Energiearbeiter meist mehr kümmern als um Menschen, die keine Energiearbeit machen. Wir Energiearbeiter sind diejenigen mit dem getunten, dem fein eingestellten System, und daher müssen wir diese hohe Stufe der Einstellung beibehalten. Energetische Reinigung und energetischer Ausgleich sind wichtig, wenn Sie sich um Ihre Aura und Ihre Chakren kümmern. Beide sollten ihre Einstellung behalten, sonst geraten Sie aus dem Gleichgewicht, sammeln negative Energie an und Ihre Chakren werden blockiert.

Wenn Sie als Heiler arbeiten, sollten Sie regelmäßig eine Behandlung durch einen anderen Heiler erhalten, der Ihnen energetisch mindestens gleichwertig ist. Davon, wieviel Sie mit Energie arbeiten, hängt es ab, wie oft Sie eine Behandlung erhalten sollten, aber es sollte sicherlich mindestens einmal aller drei Monate sein. Viel besser ist es, wenn Sie jemanden finden, der erfahrener ist als Sie und auf einer höheren Schwingung arbeitet. Beim Arbeiten glauben wir vielleicht, daß wir voll funktionsfähig sind und unser Energiesystem in Ordnung ist. In Wirklichkeit lesen wir oft kleine Stückchen von diesem und jenem auf, die fest in unserem System sitzen, nämlich in der Aura und den Chakren, und die Vollkommenheit unserer Schwingung und unsere Wirksamkeit mindern. Überdies können wir, ohne es zu wissen, diese Energien an unsere Klienten weitergeben, wenn wir uns unserer Lage nicht bewußt sind. Ein guter Berater wird ständig von einem »Aufsichtsgremium« oder einem anderen Berater überwacht, das oder der sicherstellt, daß er auf der richtigen Bahn bleibt und nicht von der Tiefe verschlungen oder in sie hineingezogen wird, in der er mit dem Klienten arbeitet. Also sucht auch ein Heiler einen anderen Heiler wegen einer Reinigungs- und Ausgleichsbehandlung auf – weil er weiß, daß er nicht immer erkennen kann, was in seinem eigenen Energiesystem geschieht. So aber findet er die Wahrheit über seine Energie heraus. Ein guter Heiler reinigt Ihre Aura gründlich, viel besser, als Sie es selbst können, wenn Sie nur über wenig Praxis und Wissen verfügen. Außerdem ist es wunderbar, sich zu entspannen und einmal an sich arbeiten zu lassen. – Wir wollen uns nun ein paar Dinge ansehen, die hervorragend dabei helfen, Sie sauber und im Gleichgewicht zu erhalten.

Bäume: Im Wald spazierengehen und von Bäumen umgeben sein ist ein sehr wirksamer Reinigungsprozeß. Die Aura eines Baumes ist normalerweise einige Meter breit, und wenn man sich in diesem Bereich aufhält und sich auf den Baum einstimmt, kann das für die eigene Energie Wunder wirken. Viele von uns verstehen heute die Kraft von Aromatherapie und Homöopathie. Diese beiden sehr wirkungsvollen Therapien setzen die Kraft ein, die in der feinstofflichen Grundsubstanz von Pflanzen und Bäumen enthalten ist. Eine Methode, mit einem Baum Energie auszutauschen und Reinigung und Heilung von ihm zu erhalten, ist die folgende:

Stellen Sie sich etwa anderthalb Meter vom Baum entfernt auf, die Arme an den Seiten, jedoch mit etwas Abstand vom Körper, um einen freien Energiefluß zu gewähren; mit ein wenig angewinkelten Ellbogen und auf den Baum gerichteten Handflächen. Schließen Sie die Augen und holen Sie mehrmals tief Atem; konzentrieren Sie sich dabei darauf, weißes Licht und Heilenergie durch das Kronenchakra nach innen einzuatmen. Beugen Sie leicht die Beine, um Energieblockaden in den Knien zu vermeiden, nehmen Sie Verbindung mit der Energie der Erde auf und lassen Sie diese nach oben durch die Beine und das Wurzelchakra aufsteigen. Bringen Sie die beiden Energiequellen fest in Ihr Wesen ein, so daß Sie im Herzzentrum mit Himmel und Erde verbunden werden.

Visualisieren Sie, wie sich Ihre Aura mit diesem Zustrom von Energie ausdehnt. Lassen Sie diese Heilenergie durch Ihre Aura und die Handflächen zum Baum hinfließen. Nehmen Sie Ihren Atem bewußt wahr und versetzen Sie sich in einen ruhigen, meditativen und besinnlichen Zustand. Versuchen Sie, in Ihrem Geist einen ruhigen, spirituellen Ort zu erreichen.

Wenn Sie merken, daß Sie bereit und verbunden sind, bitten Sie um Erlaubnis, mit dem Naturgeist des Baumes zu sprechen. Es ist nicht von Belang, ob Sie den Geist wahrnehmen können oder nicht; Ihre Absicht wird einen Kommunikationskanal öffnen. Sagen Sie dem Geist des Baumes, daß Sie ihm zu seinem Wohl Heilenergie als Gabe bringen, und sprechen Sie ihm Anerkennung und Dank für das aus, was er unaufhörlich für die Welt und die Menschheit tut. Lassen Sie die Heilenergie einige Zeit zum Baum fließen und bitten Sie dann den Geist des Baumes um Hilfe für Ihre eigene Heilung und Reinigung. Bitten Sie darum, in die große Heilkraft seiner Energie aufgenommen zu werden; bitten Sie für ein paar Augenblicke mit dem Baum eins zu sein. Sie werden möglicherweise eine Erhöhung des Energieflusses spüren, wenn der Baum auf Ihre Gabe und Ihre Bitte reagiert. Oft kann man spüren, wie die Energie aus der Erde heraus anwächst, wenn der Baum Energie durch einen hindurch in sich hineineinzieht. Bleiben Sie bei diesem Baum, bis Sie merken, daß der Vorgang abgeschlossen ist, und vergessen Sie nicht, ihm zu danken, bevor Sie die Verbindung abbrechen. Wenn Sie das tun, machen Sie es so, wie Sie es in einer Heilungssituation tun würden – langsam und mit Dank und Achtung für die Mächte, die Ihnen für Ihren Zweck zur Seite standen.

Achten Sie darauf, diesen Austausch während der Stunden mit Sonnenlicht auszuführen, da der Baum am Abend seine Polarität ändert ebenso wie seine Aufgabe. Denken Sie daran, daß Bäume die Lungen der Erde sind, die tagsüber Kohlendioxid in Sauerstoff umwandeln. Ohne sie könnten wir nicht atmen. Der Baum ist herrlich und stattlich, und wie alle Naturgeister kann er auf unsere kommunikativen Bemühungen reagieren, wenn wir versuchen, eine Verbindung zum Austauschen zu finden. Übrigens war einer der Baumgeister, die ich traf, als ich auf der Insel Tresco »Deva-Essenzen« herstellte, mehr als 24 Meter groß. Auf diesem Planeten mit mehr als 6 Milliarden Seelen nimmt sich nur ein winziger Bruchteil der Bevölkerung überhaupt Zeit, mit den Bäumen in Kontakt zu treten – doch ohne sie würden wir alle sterben.

Die Natur in all ihren Formen kann wundervoll reinigen und ausgleichen. Wir wissen das, wenn wir auch vielleicht die Dinge, die wir sagen, auf der bewußten Ebene nicht wirklich anerkennen. Vor dreißig Jahren hatte eine Freundin von mir eines jener Vorkriegsplakate an der Wand hängen, auf denen für Ferien an der See geworben wird. In meiner Erinnerung stand darauf etwas wie »Besuchen Sie Skegness ... es ist einfach erfrischend«, dazu das Bild eines Mannes, der von der starken, frischen Brise an der See entlanggeblasen wird. Die See ist schon immer ein vollkommener Ort für Reinigung gewesen, wenn auch für die meisten von uns auf den Britischen Inseln die meiste Zeit des Jahres über zu kalt.

In der okkulten Praxis war das Element Salz schon immer eine mächtige Waffe gegen übersinnliche Angriffe. Es nimmt schlechten und negativen Magnetismus sowie Ausstrahlungen von Dingen, Menschen und Orten auf. Es saugt Schwingungen buchstäblich auf, wie ein Schwamm Wasser aufsaugt. Salz wird oft bei der Reinigung von Kristallen angewendet. Das Element Wasser kann Negativität aus einem Menschen oder Gegenstand herausziehen. Wenn man den Gegenstand in einen Strom fließenden Wassers eintaucht, verändert sich die Energie völlig: Versuchen Sie einmal, Ihre Hände unter fließendes Wasser zu halten, einen Bergbach, einen Wasserhahn oder Gartenschlauch. Sie werden die aufbauende Wirkung spüren, wenn es die positiven Ionen in Ihrem Körper in negative umwandelt, was eine kraftvolle Wirkung auf Ihr Bewußtsein hat. Bringen Sie Wasser und Salz zusammen ... und Sie haben das Meer. Salzwasser gehört zu den mächtigsten Kräften gegen Negativität. Verbinden Sie diese Salzwasserenergie mit einem Spaziergang am Meer bei starkem Wind, und die Natur wird Sie von den Spinnweben befreien und diese dann fortwehen.

Salzbäder: Wenn es zu kalt oder nur unter großen Umständen möglich ist, im Meer zu baden, wie das ja für die meisten von uns der Fall ist, wenn wir nicht gerade am Strand von Malibu wohnen, können wir zu Hause unser eigenes Meer im Bad erschaffen. Ein Salzbad ist sehr heilend und sehr reinigend. Das beste Salz hierfür ist Steinsalz aus großen Tiefen. Leider sind die Meere unseres wundervollen blauen Planeten heute so mit Schwermetallen und anderen Stoffen belastet, daß man Meersalz nicht in Betracht ziehen sollte.

Streuen Sie das Salz ins Wasser, während Sie dieses in die Wanne einlaufen lassen, und lösen Sie soviel wie möglich darin auf. Manche Steinsalze haben große Brocken, und es kann schwierig sein, eine völlige

Auflösung zu erreichen. Das Schlimmste daran ist, daß man auf Salzkristallen liegen muß, die – das können Sie mir glauben – zuweilen so scharf sind wie ein Nagelbrett. Nehmen Sie mindestens eine Tasse voll, wenn Sie können, und liegen Sie eine gute halbe Stunde lang im Wasser. Das Salz zieht negative Energie sowohl ganz tief aus dem stofflichen Körper als auch aus Ihrer Aura.

Hautbürsten: Die Haut ist das größte Organ des Körpers, und in vielen Fällen sind Hautprobleme nur ein Prozeß, bei dem der Körper versucht, Gifte zu beseitigen, die nicht in den Schwingungsfeldern des Körpers mitschwingen. Wenn wir die Haut anregen, leitet sie einen Prozeß der Entgiftung ein, was nur gut sein kann.

Nehmen Sie eine weiche, aber feste Bürste, deren Borsten so beschaffen sind, daß sie Ihre Haut nicht aufkratzen, und fangen Sie an, von den Gliedmaßen zum Herzen hin zu bürsten. Beginnen Sie mit den Füßen, von dort nach oben über Knöchel, Waden, Knie, Oberschenkel bis zum Oberkörper. Danach sind Hände, Arme und Schultern an der Reihe. Bürsten Sie zum Schluß den Oberkörper: von der Lendengegend zum Herzen hin in einer Aufwärtsbewegung, und von den Schultern zum Herzen abwärts. Lassen Sie sich von jemandem den Rücken bürsten.

Wenn Sie das wöchentlich mehrmals tun, wird die Haut angeregt und beginnt, eingeschlossene Gifte freizusetzen. Wischen Sie danach mit einem sauberen Flanelltuch über die Haut, so werden Sie bald den freigesetzten Unrat zu riechen beginnen. Suchen Sie sich ein gutes Körperpeeling-Produkt, das man in Schönheitssalons bekommt, und probieren Sie es aus. Ihre Haut wird zu strahlen beginnen und sich wunderbar samtig anfühlen.

Denken Sie daran, daß stets Nebenwirkungen auftreten können, wenn man eine Entgiftungssituation auf einer beliebigen Ebene seines Wesens herbeiführt. Bereiten Sie sich also darauf vor, diese zu erkennen und langsam vorzugehen, bis Sie wissen, welche Wirkungen das Hautbürsten bei Ihnen hat.

In den Bergen: Auch die Berge sind ein großartiger natürlicher Reinigungsort. Hier können Sie die fantastische Energie kristallreichen, lebendig schwingenden Gesteins spüren, dazu reine Höhenluft mit frischen, kühlen Temperaturen und einer Brise, die Sie in den Frühlingsmonaten kräftig durchpustet. Belebend! In den Sommermonaten sind die Energien völlig anders: Der lebendige Stein bäckt in der aufladenden

Energie der Sonne, und gleichzeitig kommt uns das Wesen der Sonne zugute, die direkt auf uns herunterstrahlt und unser körperliches System anreichert, unsere Aura reinigt und unseren Schutz ankurbelt.

Sonnenlicht: Ich war einmal in einem Haus, das voller negativer übersinnlicher Ausstrahlung und Erdstrahlung war. Die arme Frau, die dort wohnte, war in einem schrecklichen Zustand und konnte sich nicht erklären, warum es ihr so schlecht ging. Nicht lange nachdem ich in diesem Haus war, konnte ich, obwohl ich gut geschützt war, die Auswirkungen der übersinnlichen Energie spüren, die mir Kraft entzog. Ich spürte ein starkes Bedürfnis, nach draußen zu gehen und mich in die Sonne zu stellen, was ich auch tat. Nach einer kurzen Zeit der Einstimmung in die kraftvolle reinigende Schwingung der Sonne wandelte ihre Energie meinen Energiezustand völlig. Ich ging zurück ins Haus, um meine Arbeit zu vollenden. Ich überzeugte die Frau schließlich davon, daß sie umziehen müsse, und es ist großartig, ihre Wandlung zu sehen, seitdem sie jenen Ort verlassen hatte. Es war nicht nur das Haus, das man natürlich von allen geopathischen und übersinnlichen Energien hätte reinigen können. Die gesamte Umgebung war jedoch negativ, und natürlich waren viele der Einheimischen um sie herum auch davon betroffen.

Atmen Sie die Sonne ein, wie Sie weißes Licht in einer Visualisierung einatmen würden. Bringen Sie sie kräftig in alle Chakren hinein, und spüren Sie, wie die Strahlen jede Zelle Ihres Körpers füllen und sie reinigen. Leben Sie in einem Land, wo die Sonne sich nicht so gern zeigt, so versäumen Sie keine Gelegenheit, sich für ein paar Augenblicke von ihren Strahlen streicheln zu lassen, wenn sie zum Spielen herauskommt.

Ernährung: Der allerwichtigste Reinigungsprozeß besteht darin, daß wir darüber nachdenken, was wir essen und trinken. Viele tausend Bücher sind über Ernährung schon geschrieben worden, und daher habe ich nicht die Absicht, hier Richtlinien aufzustellen. Vielmehr möchte ich vom spirituellen und schwingungsmedizinischen Standpunkt her ein wenig Anleitung geben. Ein Sprichwort sagt: »Du bist, was du ißt«, und das trifft in großem Maße auch zu. Daher sollten wir uns gut überlegen, was wir sein wollen. In den letzten fünfzig Jahren hat sich unsere Nahrung mehr verändert als in den vorangehenden 50 000 Jahren. Heutzutage kaufen wir Nahrungsmittel meist im Supermarkt, und ein Großteil dieser Nahrungsmittel wurde in irgendeiner Weise verarbeitet, bevor er zu uns gelangte. Das einfache Gemüse wurde mit einer Unmenge giftiger von Menschen gemachter Chemikalien bearbeitet, um es vor räuberischen Insekten zu bewahren, und in manchen Fällen, damit es besser aussieht und länger im Regal liegenbleiben kann.

Wir müssen über diesen Prozeß wissen, daß die Wissenschaft in den vergangenen etwa fünfzig Jahren neue Stoffe geschaffen hat, die aus Molekülen bestehen, die es vorher auf dem Planeten Erde so nicht gab. Diese Chemikalien sind neue Energiemuster und werden als solche durch die Codierung in unserer gegenwärtigen Energiestruktur – unserem genetischen Code, der DNA, Zellmechanismen und feinstofflichen Energiesystemen – nicht erkannt. Viele dieser Chemikalien sind hochgradig giftig. Tatsächlich sind die meisten von ihnen dazu bestimmt, etwas zu töten, seien es auch nur Insekten oder Krankheiten. Jedoch töten sie – selbst wenn man sie richtig und nur in geringer Dosis anwendet – auch Menschen.

Diese Energiemuster können sich im menschlichen Energiesystem festsetzen und verhindern, das Energie so fließt, wie sie nach dem großen Plan fließen sollte. Das ist mit dem Begriff »Blockade« gemeint. Und das ist es, was die Schwingungsmedizin aus dem Menschen entfernen will. Ich gebe Ihnen hier ein Beispiel: Denise litt seit einigen Monaten an immer wiederkehrenden Ausbrüchen eines schweren Hautausschlages, der auf ihrem Gesicht erschien. Wir setzten uns einmal zum Auspendeln hin und kamen zu der Antwort, daß sie zu viel Wasser trank. Ich pendelte das Maximum dessen aus, was sie pro Tag zu sich nehmen durfte, sie beschränkte sich darauf, und das Problem ließ nach. Es kehrte jedoch nach einigen Wochen wieder, und da wir sehr viel zu tun hatten, stimmten wir uns nicht ein und pendelten es nicht aus, sondern dachten uns, daß es noch etwas anderes geben müsse, und versuchten über mehrere Wochen herauszufinden, worum es eigentlich ging. Nachdem wir jedoch eine Woche lang im Urlaub gewesen waren, wurde Denises Haut völlig rein. Kaum waren wir einige Tage zu Hause, kehrte das Problem zurück. Denise pendelte aus, daß es wieder das Wasser war. Jedoch wurde das Problem nicht von der Menge, sondern vom Inhalt verursacht. Sie stieg auf abgefülltes Mineralwasser um, und das Problem verschwand innerhalb von zwei Tagen. Natürlich war die Antwort, die ich beim ersten Pendeln erhielt, bezogen auf meine Frage völlig richtig gewesen. Ich hatte gefragt: »Trinkt sie zu viel Wasser?« *Ja.* Jedoch verursachte nicht das Wasser selbst das Problem, sondern die Chemikalien, die im Wasser gelöst waren. Hätte ich gefragt, ob es etwas im Wasser sei, dann hätten wir schon beim ersten Mal die Lösung erhalten. Als nächstes muß man sich an die zuständige Behörde wenden, um herauszufinden, welche Chemikalien das Wasser enthält, und diese auspendeln, um die giftige Chemikalie zu finden, die Ärger macht.

Wasser ist die Grundlage unseres Wesens. Wenn unser Wasser mit Chemikalien verunreinigt ist, welche Chance haben wir dann? In Denises Fall waren die Symptome deutlich sichtbar, doch es bedurfte einiger Arbeit, die Ursache zu finden, da wir natürlich nicht erwarten, daß das Trinkwasser so verunreinigt ist und derartige Probleme verursacht. Bedenken Sie aber, wie viele Menschen mit anderen Organen Probleme haben, die versuchen, die Gifte aus dem Körper auszuscheiden. Hier sind die Symptome vielleicht schwieriger wahrzunehmen: Blase, Nieren, Leber usw. In Denises Fall handelt es sich einfach um chemische Vergiftung, und der Körper reagierte mehr oder weniger sofort, er wollte diese Gifte loswerden. Er versuchte, sie über die Haut auszuscheiden. Wenn wir die Ursache kennen, ist die Antwort leicht; aber stellen Sie sich nur einmal vor, daß man zum Arzt geht, um dieses Problem zu klären. Die einzige Antwort in unserem derzeitigen medizinischen Modell wäre der Versuch, die Haut mit E45-Creme, Hydrocortison oder ähnlichem zu behandeln. Sie können sofort erkennen, welches Problem das mit sich bringt. Man hat immer noch die giftigen im Wasser vorhandenen Chemikalien in seinem System; dazu kommt dann noch, daß man weitere Gifte in sein System einbringt – in Form von Cremes, die eigentlich helfen sollten. Der Körper wird auch diese so schnell wie möglich loszuwerden versuchen. Ergebnis: Überlastung mit Giftstoffen.

Viele landwirtschaftliche Nutztiere werden heutzutage ständig mit einem Cocktail aus Wachstumshormonen und Antibiotika versorgt, um die Entwicklung von Krankheiten zu verhindern. Milch ist beispielsweise nicht für den menschlichen Körper gedacht, sondern für den von Kälbern. Milchkühe werden ständig in einer künstlichen Mutterschaft gehalten, damit sie Milch geben. Milch ist oft durch Antibiotika, Blut und durch Euterentzündung infiziertes Material verunreinigt. Informationen der Regierung haben uns immer glauben lassen, daß Milch für unseren Kalziumbedarf wichtig sei (wo doch unser System eigentlich das Kalzium aus Blattgemüse viel leichter aufnimmt).

Man muß nicht lange nachdenken, um zu erkennen, daß bei Tieren Antibiotika und Wachstumshormone im gesamten Biosystem vorkommen, wenn sie diese eine Zeit lang zugeführt bekommen. Wenn also das

Fleisch verzehrt und die Milch getrunken wird, nehmen wir damit alles auf, was das Tier in seinem System verarbeitet hat.

Was Fleisch betrifft, so gilt alles oben Gesagte, dazu kommen aber zusätzlich noch die Hormonausschüttungen zu dem Zeitpunkt, da das Tier getötet wird. Als junger Mann arbeitete ich in einem Hotel und wurde oft zum Schlachthaus geschickt, um Fleisch für die Küche zu holen. Ich habe gesehen, wie Tiere an diesen Orten sterben, und wer behauptet, sie würden nicht leiden oder hätten keine Gefühle, liegt völlig falsch. Sie können die Angst und den Tod der anderen Tiere spüren, und diese Angst durchdringt ihr gesamtes lebendes Gewebe. Wenn ein Mensch Fleisch verzehrt, nimmt er gleichzeitig eine gewaltige Menge an Aufregung, Angst und Trauma zu sich.

Alkoholfreie Getränke sind ein Chemikaliencocktail. Es gibt viele Beweise, die belegen, daß Kinder, die mit Erfrischungsgetränken aus Dosen aufwachsen, mit großer Wahrscheinlichkeit Gewichtsprobleme entwickeln. Eine der gefährlichsten Chemikalien in Lebensmitteln ist *Aspartame*, das man zum Süßen verwendet. Aspartame ist der bei weitem gefährlichste Stoff, der Lebensmitteln zugesetzt wird. Es ist für mehr als 75 Prozent der gesundheitlich nachteiligen Reaktionen auf Zusatzstoffe in Lebensmitteln verantwortlich, die der *US Food and Drug Administration* (*FDA*; Verbraucherschutzbehörde der USA für Nahrungsmittel und Medikamente) gemeldet wurden. Viele dieser Reaktionen sind sehr schwerwiegend, bis hin zu Anfällen und Tod, wie in einem Bericht des *Department of Health and Human Services* (Gesundheitsministerium der USA) vom Februar 1994 bekanntgegeben wird. Hier sind einige der neunzig dokumentierten unterschiedlichen Symptome, die in dem Bericht als von Aspartame hervorgerufen aufgeführt werden: Anfälle, Übelkeit, Muskelkrämpfe, Gewichtszunahme, Ausschläge, Depression, Erschöpfung, Herzrasen, Sehprobleme, Herzklopfen, Angstanfälle und Gedächtnisverlust.

Forschern und Ärzten zufolge, die die ungünstigen Wirkungen von Aspartame untersuchen, können die folgenden chronischen Krankheiten durch die Aufnahme von Aspartame ausgelöst oder verschlimmert werden: Gehirntumore, Multiple Sklerose, Epilepsie, chronisches Erschöpfungssyndrom, Parkinson, Alzheimer, geistige Unterentwicklung, Lymphom, Geburtsfehler, Fibromyalgie und Diabetes.

Der Stoff besteht aus drei Chemikalien: Asparginsäure, Phenylalanin und Methanol. In *Prescription for Nutritional Healing* (deutsch: Rezept für die Heilung durch Ernährung) von James und Phyllis Balch wird es in der Kategorie »Chemische Gifte« aufgeführt.

Es gibt bergeweise Forschungen zu Aspartame, wenn man sich damit beschäftigen möchte. Das ist ein kleines Beispiel für nur einen chemischen Zusatzstoff in Nahrungsmitteln. Es gibt noch Tausende, von denen wir nichts oder wenig wissen. Das läßt Sie ahnen, wie sehr man auf der Hut sein muß, wenn man versucht, den Körper von Giften zu reinigen.

Alles, was wir in uns hineinstecken, gibt dem Körper etwas zu tun. Jeder, der es mit spiritueller Entwicklung ernst meint, sollte sich unter dem Gesichtspunkt der Energie und der Gifte sehr genau ansehen, was er ißt. Je sauberer Sie Ihr System halten, desto besser wird es auf einer hohen Schwingungsebene funktionieren und umso größer wird die Empfindsamkeit sein, die es gegenüber feinstofflichen Schwingungen entwickelt. Es stehen heute viele Informationen über Nahrungsmittel und Nahrungsmittelzusätze zur Verfügung, und es wird Ihnen sehr helfen, wenn Sie sich informieren.

Heute kaufte ich mir eine Zeitung, was selten vorkommt, doch mich zog die Schlagzeile auf dem Titelblatt an. Die neue *Food Standards Agency* der britischen Regierung (Behörde zur Überwachung der Lebensmittelsicherheit) berichtet ... **Biologische Nahrungsmittel »sind Geldverschwendung«.** Der Leiter der Behörde, Professor Sir John Krebs sagte: »Organische Nahrungsmittel sind weder sicherer noch nahrhafter als herkömmlich angebaute Nahrungsmittel«, und immer so weiter.

Ich möchte betonen, daß ich keiner besonderen politischen Richtung anhänge, da ich neutral bin und skeptisch, daß irgendeiner Regierung tatsächlich die Interessen ihrer Bürger am Herzen liegt. Die obige Aussage aus dem *Independent* stammt von einer Regierung, die verzweifelt versucht, genetisch veränderte Nahrungsmittel zu fördern und die »chemisierte Landwirtschaft« durchzusetzen. Was in dem Artikel nicht gesagt wird, ist, daß die Menschen nicht biologisch-organische Lebensmittel zu sich nehmen, weil diese vielleicht nahrhafter sind, sondern weil sie keine chemischen Pestizide oder andere künstlich veränderten Molekülstrukturen aufnehmen wollen. Das ist der Hauptgrund, warum gut informierte Menschen biologische Nahrungsmittel kaufen.

Zwei Dinge muß man allerdings wissen: Zum einen wurde quasi allen landwirtschaftlichen Flächen in den letzten fünfzig Jahren die erstaunlichste Menge und Vielfalt an Chemikalien zugeführt. Die Erde braucht lange, um sich von einer solchen Überflutung zu erholen. Daher ist es unvermeidlich, daß biologische Nahrungsmittel einen kleinen Rest von Pestiziden von früheren Anbaumethoden in sich tragen. Es ist jedoch wichtig, daß wir diejenigen unterstützen, die versuchen, allen schlechten Aussichten zum Trotz die Methoden der Nahrungsmittelproduktion zu verbessern. Es ist schon interessant, daß in Großbritannien für Landwirte im biologisch-organischen Bereich im Grunde keine Fördermittel zur Verfügung stehen, während ihre Gegenspieler in der »chemisierten Landwirtschaft« sich auf eine große Menge finanzieller Anreize stützen können. Nebenbei bemerkt, sehen es professionelle Rutengänger, die für andere Menschen Wasser suchen, als nicht sinnvoll an, in weniger als hundert Metern Tiefe zu suchen, weil die Erde derart mit Chemikalien verseucht ist.

Wenn ich geopathische Störungen untersuche, finde ich größere Erdströmungen oder Ley-Linien, die wegen der Verseuchung des Erdreichs giftige Schwingungen tragen. Geht eine solche Linie durch eine Wohnstätte hindurch, dann ist eine eigentlich wunderbare und harmonische Schwingung der Natur, die das Leben in seiner Vielfalt unterstützen sollte, zu einer Schwingung geworden, die das Biosystem vieler Lebewesen und auch das der Menschen unter Streß setzt.

Die zweite Sache ist der Nährwert – ein immer größer werdendes Problem. Viele Menschen glauben tatsächlich, daß biologische Lebensmittel nahrhafter seien. Das ist oft nicht der Fall, weil dem Boden durch intensive Anbaumethoden in den letzten hundert Jahren die natürlichen Nährstoffe derart entzogen wurden, daß die Nahrung, die auf diesem Boden angebaut wird, eher nährstoffarm ist. Daher müssen wir Ergänzungsmittel in unserer heutigen Ernährung ernsthaft in Betracht ziehen. Wenn Sie das Pendeln erlernen und sich eine Liste der Vitamine und Mineralstoffe besorgen, können Sie herausfinden, woran es Ihnen mangelt, und das Gleichgewicht wiederherstellen.

Im *Positive Health Magazine*, in der Ausgabe 54 vom Juli 2000, gibt es einen Beitrag mit dem Titel »Überlastung durch giftige Chemikalien«. Im einführenden Abschnitt wird festgestellt: »Ein Fall aus jüngster Vergangenheit, der durch die Zeitungen ging, zeigte, daß in einer einzigen Fettzelle einer heute in Großbritannien lebenden anscheinend gesunden weiblichen Person fünfhundert gefährliche vom Menschen hergestellte Chemikalien vorhanden sind. Im Vergleich dazu enthielt eine Zelle einer ägyptischen Mumie keine.«

Ich werde hier einen Punkt machen, weil das ein zu umfangreiches Thema ist. Ich denke, Sie verstehen schon ... Das Wichtigste ist, die Augen offen zu halten und zu sehen, was einem serviert wird, und hinter die Verkleidung zu schauen. Sie kennen jetzt die Regeln; Regierungen werden von den Leuten mit der finanziellen Macht gelenkt. Will die finanzielle Macht ihr neuestes chemisches oder genetisch verändertes Produkt auf dem Markt durchsetzen, so hat sie die Macht dazu, den gesamten Brennpunkt der Aufmerksamkeit zu manipulieren. Wir glauben natürlich, was unsere Volksvertreter uns erzählen. Schließlich sollen sie doch in unserem Interesse handeln, oder? Aus dem gleichen Grund beschäftigen Nahrungsmittelhersteller, wenn sie der Öffentlichkeit ihre neueste Schöpfung verkaufen wollen, ein Marketingunternehmen, das uns über dessen Eigenschaften und Nutzen informiert. Oft stellen sie irgendeine vorgeschobene wissenschaftliche Verbindung her, um uns zu beeindrucken, oder erfinden einen wissenschaftlich wohlklingenden Namen, um dem Produkt Glaubwürdigkeit zu verleihen (unabhängig davon, ob es diese wirklich besitzt oder nicht). Wenn man weiß, was man ißt, muß man nur noch eine weitere Sache bedenken: den Gehalt an Lebensenergie. Wer jeden Tag Ei und Pommes ißt, dessen Energie ist kraftlos.

Noch eine kleine Geschichte: Mein altes Idol John Lennon ernährte sich gerade makrobiotisch, als er starb ... mein Freund Malcolm behauptet steif und fest, daß die Kugeln sein vorzeitiges Dahinscheiden verursachten. Ich bin da nicht so sicher. (Ein Scherz!)

Bachblüten: Dr. Edward Bach gehörte zu den wenigen historischen Persönlichkeiten, die unsere Sicht auf das Befinden des Menschen revolutionierten. Hippokrates, Paracelsus, Hahnemann und andere hatten eigene Denkweisen zum Tragen gebracht; und Bach gehört in die Reihe dieser großen Persönlichkeiten.

Dr. Bach war hochqualifiziert und ein sehr geachteter Arzt und Chirurg, der in mehreren Londoner Krankenhäusern arbeitete. Er forschte viel, sowohl auf dem Gebiet der Schulmedizin als auch auf dem der Homöopathie, doch heute kennt man ihn vor allem wegen der einfachen und durch und durch natürlichen Blütenmittel, die er aufgrund seines feinen Empfindens für die Natur, seiner Menschenbeobachtung und seiner Theorie der Menschen-Typen entwickelte.

Dr. Bach verbrannte vor seinem Tod seine gesamten Forschungen und hinterließ nur eine Handvoll Notizen zur Herstellung und Anwendung seiner Bachblüten. Er war der Ansicht, daß die Menschen innerhalb ihrer eigenen Gemeinschaften in der Lage sein sollten, zu behandeln und zu heilen, ohne auf das Wissen und die Komplexität der Medizin zurückgreifen zu müssen. Würde er seine Forschungen hinterlassen, so glaubte er, dann würde die Wissenschaft sie hernehmen und versuchen, sie in etwas zu Kompliziertes umzuformulieren.

Die Philosophie der Bachblüten ist einfach: Werden negative Emotionen ausgeglichen, so heilt der Körper sich selbst von dem Streß, der damit aus dem Energiesystem des Betreffenden entfernt wurde. Bach schrieb, daß diese Arzneien die Erhöhung unserer Schwingungen und die Öffnung unserer Kanäle bewirken, damit wir für unser spirituelles Selbst empfänglich sind. Sie durchfluten uns mit bestimmten benötigten Qualitäten und schwemmen die Fehler aus, die Schaden anrichten.

Diese Arzneien sind wunderbar einfach zu handhaben. Für Therapeuten, die mit Bachblüten arbeiten, ist es wichtig, daß sie dem Klienten beibringen, wie er selbst die Blütentropfen auswählen und anwenden kann, und so die Macht des Heilens wieder an die Gemeinschaft zurückgeben. Die Bachblüten können für angehende Energiearbeiter auf vielen Ebenen reinigend wirken, und daher sollten sie in Ihrem »Erste-Hilfe-Koffer« für die »Selbst-Verbesserung« und »Selbst-Aktivierung« auf keinen Fall fehlen.

Heutzutage gibt es überall auf der Welt eine ganze Reihe von Herstellern von Schwingungsessenzen, die wunderbare eigene Essenzen für Therapeuten oder für die Anwendung zu Hause entwickeln – für alle, die die einfachen Nutzanwendungen dieser energetischen Hilfsmittel im Bereich »Gesundheit und Wohlbefinden« verstehen. Manche dieser Hersteller erzeugen ihre Essenzen nach Dr. Bachs »Sonnenmethode«; andere haben ihre eigenen Methoden entwickelt, um einen energetischen »Abdruck« aus der Natur nutzbar zu machen.

Meine eigenen Schwingungsessenzen heißen *The Devic Essences* – »Deva-Essenzen«. Das sind dreiundzwanzig Blütenessenzen, die an heiligen Stätten von den dort wachsenden Bäumen und Blüten gesammelt wurden, zum Beispiel an Steinkreisen, Menhiren, Cromlechs und Dolmen. Sie wurden durch spirituelle Führung ausgewählt, und die Energiemuster oder »Abdrücke« wurden von den Naturgeistern oder Devas dieser Plätze dargeboten. Ich bitte im besonderen um Energien, die die Menschheit zu dieser Zeit benötigt, und um Energien, die die Menschen brauchen, die zu mir kommen, um Hilfe bei ihrer Heilung oder spirituellen Entwicklung zu erhalten. Die Palette reicht von geomantischen Essenzen für die Geomantie (Erdheilung ist die Fähigkeit, mit der Natur zu kommunizieren), für Heilung, Reinigung und Entgiftung, übersinnlichen

Schutz, spirituelle Wandlung und schließlich Kommunikation auf vielen verschiedenen Ebenen innerhalb der Natur und des Universums. Hierzu finden Sie weitere Informationen am Ende des Buches unter »Nützliche Informationen«.

Eine Kraftbasis aufbauen

Die beiden bisher beschriebenen Voraussetzungen für übersinnlichen Schutz, Visualisierung und Absicht sowie Reinigung und Ausgleich gehören zum Aufbau einer Kraftbasis dazu. Ohne diese Disziplinen würden wir durch alles andere, was wir tun, nur teilweise Sicherheit und Wirksamkeit in der Energiearbeit erreichen. Die Dinge werden sich nicht von selbst regeln! Wir müssen uns bewußt darum bemühen, Energie in unser System einzubringen, die uns bei der Arbeit, die wir tun, unterstützt. Es gibt eine Reihe von Techniken, die uns dabei helfen, und beim Aufbauen einer Kraftbasis geht es darum, die Energie in der Aura zu erhöhen, um so viel natürlichen Schutz zu bieten wie möglich.

Kristalle: Trägt man Kristalle oder arbeitet man mit ihnen, so kann man Energie in die Aura bringen und den eigenen Schutz verstärken. Wir haben in Kapitel 2, »Die Chakren und feinstofflichen Körper«, schon das Thema »Kristalle« berührt, und die dort aufgeführten Techniken sind auch von Bedeutung, wenn wir eine Kraftbasis aufbauen wollen. Zusätzlich zu diesen Methoden sollte man erwägen, ständig Steine bei sich oder am Körper zu tragen.

Es gibt viele ausgezeichnete Nachschlagewerke über Kristalle, und ich möchte hier keine in die Tiefe gehende Abhandlung dazu schreiben; allerdings werde ich das Wichtigste zu ein paar elementaren, aber wichtigen Steinen darstellen, die Sie für Ihre »Schutzausrüstung« bereitstellen sollten.

Eine Auswahl verschiedener Edelsteine und anderer Steine ist ein Muß für jeden Energiearbeiter, doch gibt es einige Steine, die sehr wirksam Energie übertragen und andere, deren hervorragende Eigenschaften verhindern, daß sich negative Energie ansammelt. In ihrem Buch *Botschaft der Kristalle* nennt Katrina Raphaell die folgenden als die wichtigsten Kraftsteine (und ich kann bestätigen und ihr zustimmen, daß dies so ist):

Selenit
Kyanit
Calzit
Hämatit

Dazu kommen noch alle Arten von Quarz, die sehr kraftvoll sind, besonders russischer Quarz aus dem subpolaren Ural, wo es hervorragende natürliche Zitrine und Rauchquarze gibt. Mineralogen und Bergarbeiter nennen sie »tea crystals«, da ihre Farbe ein tiefes bräunliches Gelb ist, wie Tee. Man findet den russischen Quarz nicht so einfach, weil es schwierig ist, ihn aus dem Land zu bringen. Wir haben jedoch eine sehr gute Bezugsadresse für diesen Schatz und bei *Deva Crystals* in Manchester stets eine hervorragende Auswahl zur Verfügung. Quarz aus Madagaskar besitzt eine wunderbare ruhige Reinheit, und brasilianischer Quarz tanzt ständig Fandango. Der letzte Kraftstein, den ich hier erwähnen möchte, ist der Apophylit aus Indien, ein stark unterschätzter Energieüberträger und Heilstein.

Die Kraftsteine

Selenit: Ich nenne ihn einen »sich selbst aktivierenden Kristall«. Die Energie erscheint ohne weiteres – man muß sie nicht erst durch das Bewußtsein wecken. Die Energie fließt klar aus ihm heraus und ist großartig, wenn man sie in den Bereich von Wirbelsäule und Zentralnervensystem einbringen will.

Kyanit: Dieser Kristall speichert keine negative Energie. Ich trage ihn seit einigen Jahren, seitdem ich eines Nachts im Schlaf eine mächtige spirituelle Botschaft empfing. Katrina Raphael sagt, er verbinde die Energielinien des Lichtkörpers mit dem kausale Reich des ätherischen Geistes. Das eröffnet Möglichkeiten, wenn die Energie einen mit den höchsten Schwingungen verbindet.

Calzit: Dieser Stein ist meiner Erfahrung nach ein Energieverdoppler. Wann immer man ihn mit einem anderen Kristall oder Stein verwendet, erhöht er die Energie mindestens auf das Doppelte. Er ist ein kräftiges Energieübertragungsmedium.

Hämatit: Er erdet stark und bringt die Energie aus der Aura sofort zur Erde. Wenn jemand einen zeitweiligen Energieverlust erlitten oder Energie aufgenommen hat, die ihn aus dem Gleichgewicht gebracht hat, verwurzelt der Hämatit seine Energie wieder in der Erde und versetzt den Betreffenden in einen zentrierten Zustand.

Zitrin: Natürlicher Zitrin – nicht erhitzter Amethyst, der bei diesem Vorgang gelb und oft als Zitrin verkauft wird – ist ein kraftvoller Kristall, der wie Kyanit keine negative Energie speichert. Wenn Sie einen natürlichen Rauchquarz bekommen können, ist das noch besser, denn er bringt Ihnen Kraft, Reinigung und erdende Wirkung. Er ist einer der besten Kristalle, den man haben kann.

Blauer Obsidian: Dieser Stein ist toll. Wenn ich ihn bei der Heilarbeit verwende, verhält er sich wie eine richtige Kettensäge. Wie mit einem Reißverschluß öffnet er die Aura, damit die Heilenergien eindringen können. Nutzt man ihn mit anderen Kristallen, so treibt er deren Energien tief in die Ebenen des Bewußtseins hinein, die der Aufmerksamkeit bedürfen. Großartig!

Apophylit: Der Apophylit (zur Gruppe der Zeoliten gehörig) wird stark unterschätzt. Man kennt ihn auch als »Reiki-Stein«, und er wirkt auf viele wunderbare Arten. Verwendet man ihn beim Heilen oder mit den Reiki-Energien, dann aktiviert er, indem er einen grünen Strahl gleichzeitig in das Herzchakra des Heilers und des Klienten richtet. Das führt dazu, daß der Klient in einen tieferen Zustand gerät, wodurch er die Heilenergie auf einer tieferen Ebene empfangen kann. Der Heilende bekommt mehr Abstand zu seinen bewußten Heilungshandlungen, so daß die Energie auf eine Weise fließen kann, die weniger vom menschlichen Bewußtsein behindert wird. Verwendet man ihn als Übertragungsmedium für Schwingungsenergie, um Energie in eine Umgebung wie ein Wohnzimmer zu bringen, gibt der Apophylit wie eine Wunderkerze Tausende leuchtender Funken ab, welche die Atmosphäre durchdringen, damit die Energie strahlend und lebendig bleibt.

Mehr zu den »Chakrasteinen«

Wo immer Sie hingehen und was Sie auch lesen, Sie werden feststellen, daß einem bestimmten Chakra verschiedene Steine zugeordnet werden. Das ist in den meisten Fällen nicht falsch, da die Schwingung vieler verschiedener Edelsteine und Mineralien mit einem bestimmten Chakra in Einklang schwingt. So können Karneol, Tigerauge, Rotes Tigerauge, Hämatit, Schwarzer Obsidian und Herkimerdiamant und noch andere für das Wurzelchakra verwendet werden. Außerdem kann es sein, daß ein bestimmtes Chakra eine bestimmte Schwingung braucht, damit Energie freigesetzt und Veränderung bewirkt werden kann. Erst gestern pendelte ich Kyanit für das Herzchakra einer jungen Frau aus. Ich konnte klar in ihr Chakra hineinsehen und die dort vorhandenen Energieblockaden erkennen, obwohl ich ihr noch nie begegnet war und sie sich zweihundert Meilen von mir entfernt befand. Sie wird diese Energie nur etwa zwei Wochen lang brauchen, dann müßte das Problem verschwunden sein. Es ist dann möglich, etwas anderes auszupendeln, damit sie in ihrer Heilung voranschreiten kann. Meine untenstehende Auswahl der Steine für die Hauptchakren gründet auf eigenen Erfahrungen und auf Informationen, die mir meine Geistführer gaben:

Chakra	Mantra	Eigenschaft	Stein	Farbe
Krone	Ich bin	spirituell	Amethyst	Violett
Stirn	Ich nehme wahr	Intuition	Sodalith	Indigo
Kehlkopf	Ich spreche	Kommunikation	Blauer Topas	Blau
Herz	Ich liebe	Liebe	Septarin	Grün
Solarplexus	Ich weiß	Wissen	Zitrin	Gelb
Sakral	Ich erschaffe	Schöpfung	Calzit	Orange
Wurzel	Ich lebe	Lebenskraft	Rotes Tigerauge	Rot

Chakrasteine anwenden

Die Verwendung der Chakrasteine ist sehr einfach. Machen Sie sich zunächst mit der Lage der Chakren in Ihrem stofflichen Körper vertraut. Denken Sie daran, daß sie sich abhängig von Ihrem energetischen Zustand normalerweise einen bis mehrere Meter in die Aura hinein erstrecken können; dies hat jedoch keinen Einfluß auf das, was wir tun werden.

Nehmen Sie sich eine kleine Auszeit, in der Sie meditative Musik oder eine Meditationskassette hören. Suchen Sie sich einen bequemen Platz, an dem Sie sich auf den Boden legen können, wählen Sie die Chakrasteine und stellen Sie fest, welche Farbe oder welcher Stein zu welchem Chakra gehört. Legen Sie die Steine für die Dauer Ihrer Entspannung oder Meditation auf Ihren stofflichen Körper. Der Stein für das Wurzelchakra kann auf den Körper oder zwischen die Beine gelegt werden, etwa 15 Zentimeter vom Ansatz der Wirbelsäule entfernt. Der Stein für das Kronenchakra sollte etwa 15 Zentimeter über dem Kopf auf den Boden gelegt werden.

Hier noch ein Wort zum Thema »Vorsicht«: Stirn- und Kronenchakra können empfindlich sein, und Sie müssen mit diesen Chakren sehr vorsichtig sein. Benutzen Sie zum Beispiel einen Azurit für das Stirnchakra, der ein sehr kräftig wirkender Stein ist, dann kann es unangenehm sein, wenn man ihn direkt auf das Chakra legt. Wenn es nicht angenehm ist, legen Sie sich diesen speziellen Stein nicht auf, sondern plazieren Sie ihn mit dem Stein für das Kronenchakra auf dem Boden, oder verwenden Sie ihn nach der Meditation, indem Sie ihn für einige Zeit mit der Hand über das Chakra halten. Brechen Sie stets ab, wenn Sie ein unangenehmes Gefühl haben, denn dies bedeutet, daß Sie entweder zu diesem Zeitpunkt zu empfindlich sind, oder daß es ein kleines Chakrenproblem gibt, das oft von allein verschwindet. Wenn die Empfindlichkeit anhält oder Sie sich nicht sicher sind, suchen Sie einen Heiler auf, der Ihnen sagen kann, ob Sie ein Problem haben oder nur sehr empfindlich gegenüber diesen speziellen Frequenzen sind.

Es gibt keine Schnellrezepte für Chakrasteine; haben Sie also keine Angst und seien Sie flexibel. Nutzen Sie Ihre Intuition, und warten Sie ab, wie es sich anfühlt. Wenn Sie pendeln können, werden Sie feststellen, daß es viele verschiedene Steine gibt, die mit einem bestimmten Chakra in Einklang schwingen. Denken Sie daran, daß Ihr Energiesystem fließend und dynamisch ist und sich ständig verändert. Das bedeutet: Was Sie an einem Tag brauchen, kann am nächsten schon überflüssig sein (da es die Energie lieferte, die in einem bestimmten Augenblick notwendig war, und damit seine Aufgabe erfüllt hat).

Wenn Sie eine Auswahl anderer Steine gesammelt haben, können Sie auspendeln, was Sie an jedem Tag für einen bestimmten Zweck bei sich tragen müssen. (Fragen Sie zum Beispiel: »Welche Energie brauche ich heute zum Ausgleich oder für meinen Schutz?«) Es ist gut, das zur Gewohnheit werden zu lassen. Täglich ein wenig in dieser Richtung zu arbeiten, hält alles in Bewegung, bewegt es in die richtige Richtung und verhindert Stillstand.

Es ist außerdem wichtig, daß Sie Ihre Steine reinigen und aufladen. Die Reinigung sollte regelmäßig durchgeführt werden, mindestens einmal pro Woche, wenn Sie die Steine ständig verwenden, oder nach jeder Sitzung, wenn Sie richtig damit arbeiten. Es reicht aus, sie mit der festen Absicht der übersinnlichen Reinigung ein paar Minuten lang unter fließendes kaltes Wasser zu halten. Um sie aufzuladen oder zu aktivieren, sollte man die Steine etwa eine Stunde lang auf einen großen Quarzkristall legen oder auf ein Kristallgitter – das aus verschiedenen Kristallen besteht, die wie die Speichen eines Rades ausgelegt werden und auf einen Mittelpunkt zulaufen. Ihr »Arbeitsstein« wird hier in dieser Mitte plaziert. Eine weitere Methode ist die Verwendung der Pyramidenkraft.

Es sind viele Bücher geschrieben worden über die Kraft, die unter einer Pyramide erzeugt wird, und viele dokumentierte Versuche belegen die erstaunlichen Ergebnisse, die man aus dieser Quelle erhielt. Eine der besten Methoden ist schließlich, Ihre Kristalle in reines Sonnenlicht zu legen (was allerdings von manchen Steinheilkundlern vehement bestritten wird! Anm.d.Verlages). Obwohl das länger dauert, gibt es doch nichts Besseres als Sonnenlicht, wenn man irgend etwas aufladen möchte. Mit einem Gerät, das man »Lichtpyramide« nennt, kann man die Energie der Sonne mit der Kraft der Pyramide verbinden. Das sind wunderbare Pyramiden, die von Pauline Knight aus farbigem Glas geschaffen werden. Die für die Herstellung der Pyramiden notwendigen Informationen und Maße wurden Pauline gechannelt. Legt man einen Kristall in eine dieser Pyramiden, so strahlt er binnen kurzer Zeit. Man kann die Pyramiden auch verwenden, um anderes aufzuladen, etwa Essenzen (Einzelheiten am Ende des Buches unter »Nützliche Adressen«). Denken Sie daran: Die Sonne ist Lebensspenderin für den gesamten Planeten.

Die Wirkung, die Kristalle auf die Aura haben, ist beeindruckend. Wenn Sie Auren sehen können oder lernen, Auren zu spüren oder zu fühlen, was relativ einfach ist, können Sie die kräftige und unmittelbare Wirkung einschätzen, die Kristalle auf das feinstoffliche Energiefeld haben.

Wenn Sie die folgende Anleitung genau befolgen, werden Sie Auren fühlen können:

Arbeiten Sie mit einem Partner. Bringen Sie Ihr Bewußtsein in die Fingerspitzen und sensibilisieren Sie diese, indem Sie die Hände aneinander reiben. Stimulieren Sie nun das Chakra in Ihrer Handfläche, indem Sie mit dem Daumen der einen Hand die Mitte der anderen Handfläche in einer kreisförmigen Bewegung reiben.

Stehen Sie sich im rechten Winkel zum Partner (nicht direkt vis-à-vis), und strecken Sie eine Hand so aus, daß sich Ihre Handfläche

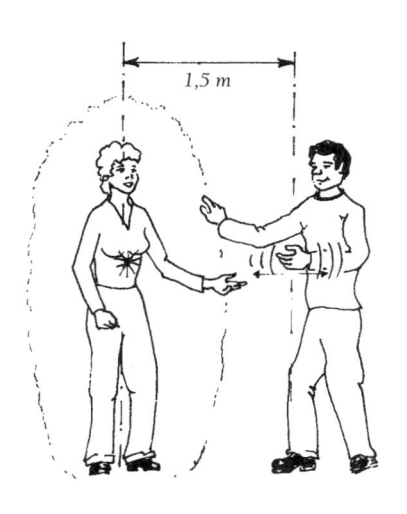

Abtasten, um die Aura über dem Solarplexuschakra zu spüren.

über seinem Solarplaxuschakra befindet. Wir haben normalerweise eine Hand, die führt oder feinfühliger ist; wenn Sie sich also am Anfang sehr anstrengen müssen, um etwas zu fühlen, probieren Sie das Nachspüren mit der anderen Hand.

Lassen Sie die Hand auf dieser Höhe und auf einer Linie mit dem Solarplexuschakra und bewegen Sie sich auf geradem Wege weg von Ihrem Partner, bis zu einer Entfernung von etwa anderthalb Metern.

Beginnen Sie aus dieser Position mit dem Abtasten, indem Sie Ihre Hand langsam und sanft in einer ständigen Bewegung ein paar Zentimeter weit nach vorn und zurück führen. Bewegen Sie sich, während Sie diese Abtasttechnik anwenden, langsam jeweils einige Zentimeter weit auf Ihren Partner zu. Im Bereich von etwa einem Meter Abstand von seinem stofflichen Körper werden Sie eine Veränderung zu spüren beginnen: die Energie in der energetischen Abgrenzung nennen wir »ätherische Aura«.

Wir versuchen, verschiedenen Stufen oder Intensitäten unseres elektromagnetischen Feldes – der Aura – zu entdecken. Da wir alle verschieden sind, nehmen wir Energie jeweils anders wahr. Die meisten Menschen fühlen Energie auf eine von drei Arten. Die erste Art, Energie wahrzunehmen, ist ein kribbelndes Gefühl wie bei Elektrizität; die zweite ist ein Druckgefühl, als würde man gegen etwas drücken, und die dritte ist eine Temperaturveränderung, wobei man einen deutlichen Unterschied in der Temperatur zwischen einer Stufe und einer anderen fühlt. Behalten Sie also diese Möglichkeiten im Kopf, bis Sie entdecken, auf welche Weise Sie Energie wahrnehmen: Kribbeln, Druck oder Temperatur – manchen Menschen sind alle drei Arten der Wahrnehmung möglich.

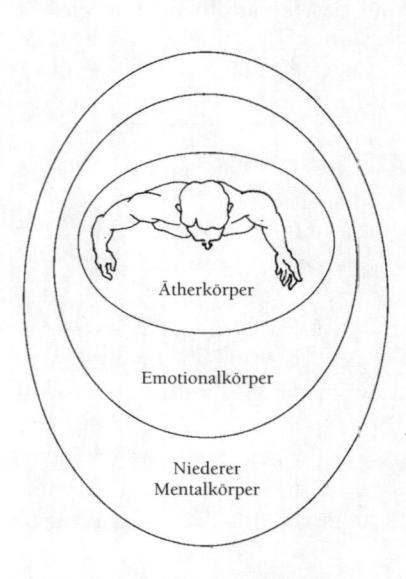

Die Schichten der Aura im niederen Selbst.

Ätherkörper

Emotionalkörper

Niederer Mentalkörper

Die verschiedenen Abstufungen der Aura zwischen Äther-,

Emotional- und niederem Mentalkörper sind durch Energieschichten getrennt, die intensiver oder dichter sind als die sie umgebende Energie. Die Dicke der Schichten kann irgendwo zwischen 2,5 und 30 Zentimetern oder mehr liegen. Die Aura eines Menschen ist ebenso unverwechselbar und persönlich, wie ein Fingerabdruck einzigartig ist. Wenn Sie diese Technik üben, werden Sie in der Lage sein, die Energien sehr leicht wahrzunehmen. Ich kann normalerweise jeden in etwa zehn Minuten lehren, Auren zu spüren. Hat Ihnen einmal jemand gezeigt, wie es gemacht wird, so haben Sie diese Fähigkeit ein Leben lang; Sie brauchen nur noch Übung, um sie zu vervollkommnen.

Die Energieschicht, welche die äußere Grenze der ätherischen Aura zum stofflichen Körper hin darstellt, liegt zwischen 45 und 60 Zentimetern. Der Emotionalkörper erstreckt sich gewöhnlich knapp 2 bis 2,5 Meter darüber hinaus, und die Grenze des niederen Mentalkörpers ist etwa 0,5 bis fast 1,5 Meter vom Emotionalkörper entfernt. In dem Energiekörper oder Raum zwischen den dichteren Schichten findet man oft weitere dünne Schichten hoher Energie, aber der Unterschied zwischen diesen und der äußeren Grenze eines bestimmten Körpers ist gewöhnlich sehr klar.

Sie können die unterschiedlichen Energiefelder auch auf eine andere Art erfahren: mit Hilfe von zwei Winkelruten. Wenn Sie diese Methode verwenden, nähern Sie sich der Person von vorn aus einer Entfernung von etwa zwei Metern und bitten die Ruten, sich zu kreuzen, wenn die Spitzen die ätherische Aura berühren.

Die Kraft der Kristalle
Jetzt, da Sie die Technik der Auraerkennung gemeistert haben (das haben Sie doch, oder etwa nicht?), wollen wir ein Experiment versuchen: Ihr Partner stellt sich an einen Punkt, und Sie spüren mit den Händen oder den Ruten, bis wohin seine ätherische Aura sich erstreckt. Markieren Sie den Punkt der äußeren Begrenzung der ätherischen Aura mit einem Stück Papier auf dem Boden. Geben Sie Ihrem Gegenüber nun einen kleinen Kristall, den es halten soll. Fast jeder Kristall eignet sich, Quarz oder Calzit jedoch besonders. Wiederholen Sie das ganze nun noch einmal, und Sie werden feststellen, daß die ätherische Grenze sich ungefähr auf das Doppelte ausgedehnt hat. Markieren Sie das ebenfalls auf dem Boden.

Einen Kristall in das Energiefeld zu bringen, hat eine mehr oder weniger sofortige Wirkung auf die Aura. Unter dem Einfluß von Kristallenergie, besonders der von Quarz, dehnt sich die Aura gewöhnlich zum Zweifachen ihrer Größe aus, beziehungsweise zur doppelten Entfernung vom stofflichen Körper. Es ist, als würde man plötzlich einen Fußball zu seiner doppelten Größe aufblasen. So groß ist die Kraft, die aus einem kleinen Kristall fließt.

Grundsätzlich gibt die Kristallenergie, wenn sie in der Aura plaziert wird (beispielsweise in einem Beutel um den Hals oder in der Hosentasche), den feinstofflichen Energien der Aura Kraft, und die Aura reagiert darauf, indem sie sich ausdehnt, um diesem Zufluß positiver Energie Raum zu geben. Wenn Sie nun die in der Aura aufgetretene Ausdehnung bis zu einer Stunde lang beobachten, dann werden Sie feststellen, daß die Aura langsam in ihre ursprüngliche Position zurückkehrt. Das bedeutet nicht, daß die Aura die vom Kristall aufgenommene Energie wieder verloren hat. Die Aura verarbeitet jetzt die Kristallenergie für sich und kehrt gleichzeitig in ihren gewöhnlichen Zustand zurück. Sie ist jedoch viel stärker mit Energie geladen als vorher und wird diese Energie so lange halten, wie die Person den Kristall bei sich trägt. Auf diese Weise kann man sich sehr wirkungsvoll vor Computerstrahlung zu schützen. Da man diese Strahlungsart nicht abschirmen kann, läßt sich das Problem bekämpfen, indem man die Energie in der Aura anhebt. Genau das wollen wir auch für unseren übersinnlichen Schutz erreichen.

Salzbäder: Wir haben in diesem Kapitel unter »Die feinstofflichen Körper reinigen und ausgleichen« bereits die Kraft von Salz und Wasser zur Reinigung der Aura von Negativität betrachtet. Salzbäder sind zudem eine Möglichkeit, die Aura zu aktivieren. Lassen Sie ein Bad ein und lösen Sie das Salz auf wie zuvor ausgeführt. Steigen Sie in das Badewasser hinein und verbringen Sie dort ein paar Augenblicke mit geschlossenen Augen, wobei Sie Ihren Geist auf die reinigenden und aktivierenden Eigenschaften des Salzes und des Wassers richten. Atmen Sie ein paarmal tief ein und aus ... und konzentrieren Sie sich dann für einige Zeit auf die Atmung; achten Sie auf jedes Ein- und Ausatmen, bis die Atmung völlig ausgeglichen und ruhig ist. Visualisieren Sie nun, wie Ihr stofflicher Körper das Wesen der Energien des Salzwassers in sich aufnimmt und tief in sich hineinläßt. Wenn der Körper die weiße, reinigende Energie des Salzes vollständig aufgenommen hat, stellen Sie sich vor, wie diese sich nach außen in die Aura bewegt und auch das letzte Atom der äußeren feinstofflichen Energien durchdringt.

In Kapitel 2, »Die Chakren und feinstofflichen Körper«, haben wir unter »Und noch ein Erlebnis: Badegenuß« das aktivierende Wesen von Kristallbädern besprochen. Wenn Sie ein Kristallbad und ein Salzbad kombinieren, haben Sie damit eine äußerst wirksame Möglichkeit der Reinigung und Aktivierung. Denken Sie daran: Visualisierung und Absicht können im Reich der feinstofflichen Energien Berge versetzen.

Baden gehört zu den entspannendsten Dingen, die wir tun können. Man sollte dabei alles in Betracht ziehen und ausprobieren, was man zur Verstärkung des gewünschten Ergebnisses in die Situation mit einbringen kann: Ätherische Öle im Wasser oder in einer Duftlampe; Kerzen, um die Szene in weiches Licht zu tauchen. Manchmal nehme ich auch eine geführte Meditation auf Band mit ins Badezimmer. Atemübungen, Chakrameditation oder geführte Visualisierung wirken in dieser Situation Wunder. Wenn Sie auf diese Weise arbeiten, kann das Ihr gesamtes Wesen mit gewaltigen Heil- und Aktivierungsschüben erfüllen. (Stellen Sie niemals ein an das Stromnetz angeschlossenes und Strom führendes Abspielgerät in Wassernähe auf!)

Ernährung: Wir haben uns unter »Die feinstofflichen Körper reinigen und ausgleichen« in diesem Kapitel einige Aspekte der Ernährung angesehen; an dieser Stelle wollen wir nun schauen, wie uns Ernährung darin unterstützt, eine Kraftbasis aufzubauen.

Eine fleischlose Ernährung ist aus energetischer Sicht wünschenswert. Der Darm hat große Schwierigkeiten, Fleisch zu verarbeiten. Fleisch mag zwar Mineralstoffe und Eiweiß enthalten, es trägt jedoch absolut keine Lebensenergie in sich, weil es eine tote Substanz ist. Eine solche zu essen, ist energetisch nicht gut für Sie. Sie können genauso gut Pappe mit ein paar Vitaminen und Mineralstoffen darauf essen. Wenn Sie spirituell vorankommen und sich weiterentwickeln möchten oder große Fähigkeiten als Heiler erlangen wollen, müssen Sie ernsthaft eine vorwiegend vegetarische Ernährung in Betracht ziehen.

Dr. Edmond Bordeaux Székely war ein großer Gelehrter, der viele alte aramäische Texte übersetzte. Einige davon waren um viele Jahre älter als die Bibel, und andere stammten aus der Zeit, da Jesus auf der Erde wirkte. In *The Essene Gospel of Peace – Book One* (deutsche Ausgabe: *Das Friedensevangelium der Essener*) sagt Jesus:

»Aber ich sage euch: tötet weder Menschen noch Tier noch die Nahrung, die euer Mund aufnimmt. Denn wenn ihr lebendige

Nahrung eßt, wird sie euch beleben, doch wenn ihr eure Nahrung tötet, wird euch die tote Nahrung ebenfalls töten. Denn Leben kommt nur von Leben, und vom Tod kommt immer nur Tod. Denn alles, was eure Nahrung tötet, tötet auch euren Körper. Und alles, was eure Körper tötet, tötet auch eure Seelen.«

Das Wort »beleben« bedeutet, daß man spirituelle Wandlung erreicht. Ist jemand belebt, dann arbeitet das feinstoffliche Energiesystem mit einer höheren oder schnelleren Frequenz, was den Betreffenden näher an das Reich der höheren Wesen heranführt oder an einen Punkt, an dem er Informationen und Führung direkt aus einer höheren Quelle empfangen kann, seien es nun Engel, Führer oder ähnliches. Der feinstoffliche Körper kann sich nur beleben – also beschleunigen –, wenn der stoffliche Körper ihn nicht zurückhält. Daher ist das, womit Sie sozusagen »den Topf füllen«, bestimmend dafür, was Sie wieder herausbekommen!

Das Friedensevangelium der Essener ist eine kurze aber hervorragende Studie darüber, wie wir leben sollten, wenn wir in diesem Leben spirituellen Fortschritt erreichen wollen. Sie lehrt vieles, was dem gesunden Menschenverstand entspricht, ging jedoch in den Lehren der Kirche verloren, wobei das meiste dem Konzil von Nicäa im Jahr 325 n. Chr. unter der Herrschaft des Kaisers Konstantin zum Opfer fiel. Der Grund, warum wir heute in der Bibel nur vier Evangelien haben, ist ein Zugeständnis des Kaisers an das Heidentum. Konstantin bestimmte, daß es ein Evangelium für jede der Haupthimmelsrichtungen – Nord, Süd, Ost und West – geben solle. Gleichzeitig war es zu schwierig für die meisten einfachen Menschen, die Lehren Jesu anzunehmen und zu befolgen – sich etwa vegetarisch zu ernähren –, also wurden die Lehren geändert. Mit der Entdeckung vieler früher Texte, darunter die »Qumran«-Schriftrollen, kommt nun die ursprüngliche Wahrheit der Lehre Jesu für diejenigen ans Licht, die den Wert sehen und bereit sind, diesen Weg zu gehen, obgleich diese Wahrheiten, was die Schriftrollen anbelangt, jetzt schon seit mehr als einem halben Jahrhundert streng bewacht (oder unterdrückt) werden. Hier ist ganz klar die Rede von »falschen Propheten«. Es ist außerdem wichtig, sich über Jesus im klaren zu sein: Er hat die Christenheit nicht begründet; er war Lehrer und kam, um uns den Weg zurück nach Hause zu lehren – den Weg zu Gott – oder eigentlich, wie wir mit Gott, der in uns allen wohnt, Verbindung aufnehmen können. Für Jesus sind wir alle Gottes Kinder, ganz gleich, welcher Religion wir folgen. Seine Wahrheit schloß niemanden aus und wurde freizügig ausgeschenkt, damit wir alle von der Wahrheit aus seinem Kelch der Weisheit trinken konnten.

Was wir in unserer Ernährung brauchen, sind Lebensmittel mit hohem Schwingungsgehalt. Diesen findet man in »lebender« Nahrung, das heißt, Nahrung, die eine Lebenskraft hat, wie Gemüse und Obst. Lebende Nahrung hat ein Energiefeld, das sich auf einer Kirlian-Fotografie deutlich zeigt. Wenn Gemüse geerntet wird, strahlt die Lebenskraft noch für eine beträchtliche Zeit weiter. Es ist natürlich wichtig, die Nahrung so bald wie möglich nach der Ernte zu verbrauchen, um das beste herauszuziehen, aber es ist gut zu wissen, daß sie nicht sofort abstirbt. Äpfel etwa behalten ihre Energie monatelang, wenn man sie richtig lagert.

Lebensenergie ist die wichtigste Zutat, wenn Sie sich eine Kraftbasis aufbauen wollen. Sie gibt uns auf vielen Ebenen, nicht nur auf der stofflichen. Ich möchte die Leserinnen und Leser nochmals auf das Buch *Ganzheitliche Ernährung* von Dr. Gabriel Cousens verweisen. Es ist eine hervorragende Einführung in die Farben und Energien von Lebensmitteln und ihre Beziehung zu den Chakren sowie ihren Wert für das gesamte Wesen, was Schwingung anbelangt.

Wenn Sie, nachdem Sie einmal die Techniken beherrschen, mit Auren experimentieren, werden Sie einen großen Unterschied zwischen den Energieniveaus in den Auren verschiedener Menschen feststellen. Wer von verarbeiteten Lebensmitteln und Burgers, Pizzas usw. lebt, hat für gewöhnlich eine völlig »kraftlose« Energie in seiner Aura; in einigen Fällen ist sie kaum vorhanden. Dieser Zustand ähnelt stark dem bei Menschen, die unter chronischem Erschöpfungssyndrom oder ME leiden. Es ist quasi keine Energie in der Aura, weil der Betreffende sie nicht speichern kann.

Die Nahrungsmittelzubereitung ist ebenfalls wichtig. Um den höchsten Gehalt an Lebensenergie zu bewahren, sollte man die Nahrung roh essen. Dämpfen und Kochen im Schnellkochtopf ist das Nächstbeste. Vermeiden Sie, wenn es geht, das Aufkochen, da die meisten Nährstoffe mit dem Wasser die Nahrung verlassen. Hier jedoch ein warnendes Wort: Wer an niedriger Energie leidet, wie bei ME, sollte mit roher Nahrung vorsichtig sein. Manchmal ist viel Energie notwendig, um diese Nahrung zu verdauen, was dem Betreffenden zuviel Energie entzieht, wodurch seine Erschöpfung sich noch verschlimmert.

Man sollte um jeden Preis vermeiden, Lebensmittel in der Mikrowelle zu erhitzen. Abgesehen von der Gefahr elektromagnetischer Strahlung aus diesen Geräten, die sich in Ihrem Lebensraum ausbreitet, tötet die Bestrahlung von Lebensmittel mit dieser Frequenz die Lebensenergie völlig ab. Die Strahlung verändert zudem die Molekularstruktur der Nahrungsmittel, was für unseren Körper noch andere Probleme schafft, die er bewältigen muß. Es kommen jetzt viele Informationen von Ärzten und Wissenschaftlern, die zeigen, daß in der Mikrowelle zubereitete Lebensmittel die chemische Zusammensetzung des Blutes der armen nichtsahnenden Öffentlichkeit verändert. Ein Arzt merkte unlängst an, daß damit eine Reihe neuer Krankheiten darauf lauere, uns zu befallen.

Ein letzter Aspekt übersinnlichen Schutzes

Auf meiner spirituellen Reise war ich anfangs nicht sehr gut darin, mich zu schützen. Ich nahm ständig Energien von anderen auf. Das bescherte mir einige wertvolle Lernaufgaben und Erfahrungen, die ich sonst nicht gehabt hätte. Mein Problem mit dem Schutz regelte sich jedoch auf einem anderen Weg.

Als ich langsam immer mehr Arbeit in den Bereichen »übersinnliche Erste Hilfe« und »Befreiung von Seelen« bekam, stand ich unter großem Zeitdruck, und ich muß zugeben, daß ich bei vielen Gelegenheiten zu sehr erpicht darauf war, »herauszufinden und das Problem zu lösen«, ohne mir die Zeit zu nehmen, an meinen Schutz zu denken. Das ist leider meine Natur: Ich bin schnell erregbar und impulsiv. Ich glaube, daß sich schließlich meine Geistführer zusammentaten und so etwas sagten wie: »Wir können nicht darauf warten, bis dieser Bursche die Sache mit dem Schutz selbst hinbekommt, sonst wird die Arbeit nicht getan; wir sollten ihm lieber den Schutz bieten.« So kam es, daß meine Führer für meinen Schutz sorgten. Nach meiner Erfahrung ist das jedoch nur bei wenigen Menschen der Fall.

Die Führer können aber nur tun, was in ihren Kräften steht, und schließlich kommt die Zeit, da sie einem mehr und schwerwiegendere Probleme zu lösen geben möchten; gleichzeitig können sie nur bis zu einem bestimmten Grad Schutz bieten. Heute befasse ich mich regelmäßig mit dämonischen Energien, ob es nun um Besessenheit oder um die Reinigung von Gebäuden geht. Die Probleme fordern mich beständig heraus, meine Grenzen zu erweitern und neue Techniken zu lernen. Welchen Sinn hat es, dort stehenzubleiben, wo man ist, wenn einem all diese Hilfe und Führung zur Verfügung steht, die einen in seiner spirituellen Entwicklung voranbringt?

Wir hören nie auf, zu lernen, und es liegt viel Wahrheit in dem Spruch: »Je mehr wir lernen, umso mehr erkennen wir, daß wir nichts oder jedenfalls relativ wenig wissen.«

9

Fallstudien

»Was wir in diesem Leben tun, hallt in der Ewigkeit wider.«
Russel Crow als Maximus in dem Film *Gladiator*

ÜBERBLICK

Ich bekomme viele Fälle übersinnlicher Angriffe zu sehen. Kein Fall ist wie der andere, obgleich die leichten Formen sich sehr ähnlich sein können. Ein leichter übersinnlicher Angriff ruft normalerweise eine allgemeine Erschöpfung hervor (man fühlt sich, als hätte man wenig Energie, oder hat ständig das Gefühl von Erschöpfung, und besonders morgens beim Aufwachen fühlt man sich ausgelaugt). Oft ist eine leichte Angst dabei und die Befürchtung, daß etwas nicht stimmt. In vielen Fällen sind die Betroffenen zum Arzt gegangen, und in einigen dieser Fälle sind Beruhigungsmittel verschrieben worden. In allen Fällen weiß derjenige, daß auf jeden Fall etwas nicht stimmt, kann jedoch nicht genau beschreiben, was geschieht.

Für gewöhnlich finde ich eine Ansammlung negativer Energien innerhalb der Aura und gelegentlich eine leichte Beschädigung der Aura. Es kann sogar sein, daß ein paar Wesenheiten sich auf einer oder mehreren Ebenen der Energiefelder innerhalb der Aura gütlich tun. Das kann auch innerhalb der Chakren oder an der Außenseite der Aura geschehen. Manchmal ist ein Geist bei dieser Person, der entweder direkt an der Aura hängt oder vor der Tür oder zu Hause gewartet hat, um nicht entdeckt zu werden, während der Betroffene zum Behandlungstermin gekommen ist. Alle Geister und Dämonen und bestimmte Entwicklungsstufen der Wesenheiten können Gedanken lesen – sowohl die Gedanken ihres Wirtes als auch meine. Sie wissen ab dem Zeitpunkt, wenn der Betreffende sich entschließt, Kontakt mit mir aufzunehmen, daß er Hilfe sucht, um sich von seinen Problemen zu befreien. Das ist der Grund, warum die intelligenteren Wesen an dem Ort, den sie als sicher ansehen, warten, um ihrer Entdeckung zu entgehen.

Im allgemeinen dauert die Behandlung leichter Formen übersinnlicher Angriffe eine bis mehrere Stunden. Dazu gehören: die Entfernung der Übeltäter; »Seelenrettung«, wenn es um Geister geht; bei Dämonen ihre Entfernung; und bei Wesenheiten der Abbau oder die energetische Umwandlung; das Ausbessern der Aura und das Ausgleichen der Chakren des Betroffenen bis zu dem Punkt, an dem er aus energetischer Sicht wieder »normal« funktionieren kann. Manchmal ist jedoch im Falle eines schwer geschädigten Energiesystems mehr Arbeit notwendig.

Dies ist das übliche Bild, und es wäre nicht besonders interessant oder informativ, Ihnen eine Reihe dieser »normalen« Fälle wiederzugeben. Daher habe ich unten einige der ungewöhnlicheren und anspruchsvolleren Fälle aufgeführt, um Ihnen eine Vorstellung davon zu geben, was einem begegnet, wenn man einen Blick in die faszinierenden Welten der Lichtreiche wirft. Wenn ich das Chaos für den geplagten Klienten entwirre, bin ich immer wieder erstaunt, was ich alles entdecke. Ich hoffe, daß Sie sie ebenso interessant finden werden.

Angriff durch eine Wesenheit

Dieser sehr einfache Fall aus der Anfangszeit meiner Laufbahn auf dem Gebiet übersinnlicher Angriffe zeigt, wie eine Wesenheit sich hinter dem verbergen kann, was die meisten als schweren Fall von »Grippe« oder »Lungeninfektion« diagnostizieren würden.

Anne, eine erfahrene Therapeutin, war schon seit mehreren Wochen krank und konnte die Symptome ihrer schrecklichen Erkältung nicht loswerden. Die Erkältung war immer schlimmer geworden, besonders im Brustbereich. Anne wirkte zerbrechlich, und die Erkältung lastete schwer auf ihr. Ich machte mir Sorgen um sie, als ich ihren Zustand zum ersten Mal sah. Ich sagte, ich würde ihr die Hände zum Heilen auflegen und schauen, was ich sonst noch entdecken könne.

Als ich mich näherte, meine Hände auf ihre Schultern legte und Energie zu kanalisieren begann, merkte ich sofort, daß ihr Energiesystem sich seltsam anfühlte. Ich trat zurück und verschloß rasch mein Energiesystem. Ich begann mit einem Pendel zu arbeiten, ohne mein Bewußtsein einzusetzen, um zu »sehen«, was in ihr sein könnte, und entdeckte, daß sie eine Wesenheit in sich hatte, die sich in beiden Lungenflügeln niedergelassen hatte. Das ist ungewöhnlich, da die meisten Wesenheiten sich, wenn sie den Schutz der Aura durchbrochen haben, normalerweise in einem wichtigen Energiebereich niederlassen, wie zum Beispiel in den Chakren. Dieser Bursche war jedoch in gewisser Weise schlau. Er ernährte sich nämlich von der heilenden Energie, die der Körper Anne zu dem angegriffenen Bereich – zu den Lungen – schickte. Da sie Reiki praktizierte, hatte sie sich selbst auch Kontaktbehandlungen gegeben, was ihr System stärkte, doch hatte sie sich besonders ihren Lungen gewidmet, weil ihre Infektion so schlimm war. Daher befand sich also unser kleiner Freund, der sehr dunkel und schauerlich war, am besten Ort, den er nur finden konnte: Hier konnte er ungestört auf diese Energie zugreifen und sich davon ernähren.

Mit Hilfe meiner Führer entfernte ich die Wesenheit und wandte sodann eine Kontaktbehandlung zunächst auf die Lungen, dann auf ihren übrigen Körper an. Ich nahm ein paar Schwingungswerkzeuge zu Hilfe, um Blockaden zu beseitigen und sie wieder auszugleichen, was ungefähr eine Dreiviertelstunde dauerte. Der Unterschied war erstaunlich. Scheinbar war das Lungenproblem zu neunzig Prozent verschwunden. Sie hatte eine Woche lang einen Inhalator benutzt, weil ihr das Atmen so schwergefallen war; nun aber konnte sie frei und leicht atmen. Ihre armen Lungen hatten durch die Wesenheit so wenig Heilenergie zur Verfügung, daß ich glaube, sie wäre binnen Tagen in sehr schlechtem Zustand in ein Krankenhaus eingeliefert worden, wenn wir die Ursache nicht gefunden hätten. Von da an ging alles glatt, und sie erholte sich sehr schnell völlig.

Das zeigt, welchen Schaden diese Wesen anrichten können. Man sollte meinen, daß eine Wesenheit Menschen nicht angreifen würde, die krank und daher in keinem guten Zustand sind, weil hier die Nahrung, nämlich Energie, knapp ist. Der Körper jedoch wird mit allen verfügbaren Mitteln sein Bestes versuchen, sich selbst zu heilen, und wenn alle Energie zur selben Stelle fließt, wie zum Beispiel zu Lunge oder Hals usw., ist das ein idealer Futterplatz für eine Wesenheit. In diesem Fall setzte die Klientin selbst Heilenergie zur Ergänzung der körpereigenen ein, was natürlich der Wesenheit in den Lungen zugute kam. Die Heilenergie kam nicht bei den Lungen an und ihr Zustand verschlimmerte sich.

Der Fall eines übersinnlichen Angriffs

5. November 1997
Ich wurde von einer sehr erfahrenen Heilerin gerufen, um einer Frau zu helfen, die einen übersinnlichen Angriff erlitten hatte. Die Betreffende hatte bemerkt, daß eine Kollegin in dem Büro, wo sie arbeitete, anscheinend unter einer Art Energiemangel litt, und sie hatte versucht, der Kollegin in ihrer Mittagspause mit Reiki zu helfen. Einige Zeit später begann sie, sich unwohl zu fühlen, und meinte, daß sie sich vielleicht von ihrer Kollegin etwas eingefangen hatte. Sie war zwar zuvor noch keinem übersinnlichen Angriff ausgesetzt gewesen, aber wegen ihrer gründlichen Ausbildung wußte sie schnell Bescheid.

Als sie nun erkannt hatte, was geschah, rief sie ihre Lehrerin und Reiki-Meisterin an, und sie vereinbarten einen Termin am selben Abend. Im Laufe des Tages wurde der Angriff schlimmer, da die eindringende Wesenheit sich von ihrer Energie nährte und stärker wurde. Das Ergebnis war, daß sie sich immer erschöpfter fühlte und langsam Angst bekam. Angst ist ein großartiges Energiekraftwerk für eine Wesenheit oder einen Geist: Jagt uns etwas Angst ein, so setzen wir als emotionale Reaktion auf einen Reiz aus unserem eigentlichen Wesen viel Energie frei. Diese emotionale Energie kann eine Wesenheit, einen Geist oder Dämon buchstäblich aufladen, was ihm viel Kraft gibt.

Als die Frau sich auf dem Weg zum Haus ihrer Reiki-Meisterin befand, um sich helfen zu lassen, wußte das Bewußtsein der Wesenheit, wohin sie ging und warum. Sie entzog ihrer Wirtin alle Energie, die sie ihr entziehen konnte und wurde so stark, daß die arme Frau fast gelähmt war. Sie beschrieb es als ein Gefühl, als werde sie auf dem elektrischen Stuhl hingerichtet. Das Ergebnis war, daß sie nicht weiterfahren konnte und ihre Reiki-Meisterin anrufen mußte, um ihr zu sagen, daß die Wesenheit die Kontrolle über sie übernahm und all ihren Versuchen, sich dem Haus zu nähern, Widerstand leistete.

Die Reiki-Meisterin half erst einmal aus der Ferne, damit sie ihre Fahrt fortsetzen konnte. Als sie ankam, konnte sie kaum laufen und war quasi körperlich krank. Die Reiki-Meisterin brauchte mit Unterstützung einiger bei ihr lernender Heiler etwa drei Stunden, um die Frau wieder auf die Beine zu bekommen und ihre Energie einigermaßen ins Gleichgewicht zu bringen.

Als sie sich auf den Heimweg machte, stellte sich leider heraus, daß die Wesenheit im Auto geblieben war und dort auf sie lauerte. Das wurde natürlich nicht sofort offensichtlich, da sie nach Hause fuhr und sofort zu Bett ging. Am nächsten Morgen ging es ihr erneut schlechter, und sie erkannte, daß wieder etwas im argen lag. Sie rief ihre Reiki-Meisterin noch einmal an, und diese erkannte, was geschehen war. Diesmal gelang ihr eine vollständige Entfernung der Wesenheit und auch eines Geistes im Haus der Frau. Sie tat das mit Hilfe von Geistführern aus der Ferne. Diese Klientin war jedoch immer noch in einer schlechten Verfassung, und die Reiki-Meisterin rief mich an und fragte, ob ich die Arbeit überprüfen könne, die sie geleistet hatte. Ich stimmte mich entsprechend über das Telefon ein und bestätigte, daß alles, was die Reiki-Meisterin gesehen und getan hatte, richtig gewesen sei, und daß die Wesenheit, wie erforderlich, endgültig entfernt und umgewandelt worden sei.

Beim Pendeln und genauen Hinschauen konnte ich jedoch sehen, daß nach diesem Angriff eine Beschädigung der Aura geblieben war und die Wesenheit, die schlau und mächtig gewesen war, auch die Energien im Haus ihres Opfers beeinträchtigt hatte. Dadurch war ein übles magnetisches Energiemuster zurückgeblieben, das mit Sicherheit andere ungebetene Besucher zu dem Gelände hinziehen würde. Es war also eine Reinigung sowie eine Neueinstellung der Energie des Hauses notwendig. Die Reiki-Meisterin fragte mich, ob ich den Fall übernehmen würde, und das tat ich.

Als nächstes pendelte ich genauer und entdeckte, daß die Frau eine Beschädigung der emotionalen Elemente ihres Ätherkörpers. des Emotionalkörpers und des niederen Mentalkörpers erlitten hatte. Es zeigte sich, daß das Haus von Wesenheiten frei war, daß jedoch weitere Untersuchungen nötig waren. Ich pendelte auch aus, daß die Betroffene nicht in ihrem Haus bleiben konnte, bis ich die Energien korrigiert und neu eingestellt hatte. Ich vereinbarte einen Besuch am folgenden Tag.

Bevor ich mich auf den Weg zu ihrem Haus machte, verwendete ich einige Zeit darauf, einen tiefen Zustand der Einstimmung in den Ort und die anstehende Arbeit zu erreichen, und rief meine Führer herbei. Ich pendelte alle energetischen Hilfsmittel aus, die ich brauchen würde, und überprüfte danach meine Analyse des vorhergehenden Tages noch einmal. Man muß immer wieder prüfen, prüfen und nochmals prüfen. Diese Tätigkeit kann eine sehr gefährliche sein, und man kann es sich nicht leisten, Fehler zu machen. Ich holte die Straßenkarte hervor und konzentrierte mich auf die Gegend, um zu sehen, ob es für mich ungefährlich war, dorthin zu gehen. Als ich mich in einem tranceähnlichen

Zustand befand – sehr stark eingestimmt –, begann mein Pendel, das ich immer noch in der Hand hielt, sich sehr schnell zu drehen; es bewegte sich so schnell, daß es fast auf horizontaler Ebene war. Und so fragte ich, ob es noch ein anderes Element gebe, das ich betrachten solle, und die Antwort war Ja.

Ich sah rasch meine Notizen durch, und es hatte etwas mit dem Haus zu tun. Ich pendelte aus, daß es nicht ungefährlich für mich war, mich sofort dort hinzubegeben, und daß das Haus gegenwärtig noch frei von aktiven Geistern oder Seelen war. Ich fand heraus, daß ich mit der Fernheilungsmethode etwas Reiki-Energie zu dem Haus schicken mußte, bevor ich mich auf die Reise begeben konnte. Es dauerte zehn Minuten, dann machte ich mich auf den Weg.

Als ich am Haus ankam, näherte ich mich vorsichtig. Ich verfahre so, daß ich mich nicht auf das Gelände begebe, bevor ich weiß, daß ich ganz bestimmt in Sicherheit bin. Ich kündigte meine Ankunft an und teilte dann der Frau mit, daß ich draußen noch etwas tun müsse, bevor ich das Haus betreten könne. Zu diesem Zeitpunkt war ich sehr gut abgeschirmt und geschützt. Es ist schwierig für mich, mit einer anderen Person zu kommunizieren, während ich mich in diesem veränderten Bewußtseinszustand befinde.

Ich fand heraus, was getan werden mußte – ein paar kleine Rituale – und wurde nun so geführt, daß ich durch das Eingangstor zum Garten gehen sollte und dann wieder hinaus. Ich kann mich über einige Dinge, die mir zu tun eingegeben werden, nur wundern. Manchmal denke ich sogar, daß sich die Führer auf meine Kosten einen Spaß machen. Es ist allerdings wahrscheinlicher, daß es geschah, um irgendeine energetische Tür zu öffnen.

Ich war nun bereit, das Haus zu betreten. Ich pendelte das Haus aus und fand heraus, daß ein Geist in der Küche anwesend war. Ich prüfte mein früheres Pendeln, das mir sagte, daß keine *aktiven* Geister anwesend seien, und fand heraus, daß es richtig war. Folgendes war aber geschehen: Die Fernheilung, die ich vor dem Verlassen des Büros ausgeführt hatte, hatte einen schlafenden Geist geweckt und ihm Energie zugeführt, so daß ich ihn bei meiner Ankunft leichter finden konnte.

Der Geist, der nicht bösartig war, war der einer Frau. Ich fragte nicht, wie alt sie gewesen sei, als sie starb, aber ich pendelte aus, daß sie etwa um 1782 gestorben war. Ich fragte nach, wann das Haus erbaut worden sei, und die Frau sagte mir, daß es etwa dreihundert Jahre alt sei. Ich stelle einem Geist gern ein paar grundlegende Fragen, weil ich dann meine Hilfe für ihn persönlicher ausrichten kann. Der Geist war in der Küche, und die Frau erzählte mir später, daß sie kurz vor meinem Eintreffen gemerkt habe, daß in der Küche etwas anders gewesen sei. Ich erklärte der Geistfrau die Situation und öffnete für sie eine Tür in die Astralreiche. Sie verstand, was sie tun mußte, und hatte keine Angst: Sie begab sich schnell und ruhig in die Arme derer, die schon so lange auf sie gewartet hatten.

Ich hatte nun die Erlaubnis, mit meiner Klientin so zu arbeiten, wie es nötig war. Es war ein einfacher Fall von Aurabeschädigung aus einem übersinnlichen Angriff, wenn man überhaupt davon sprechen kann, daß es etwas Einfaches gibt. Wie bereits zuvor erwähnt, war ein Großteil der Beschädigung im Emotionalkörper angesiedelt, einem Gebiet in der Aura, das ein wahres Kraftwerk ist. Ich verwendete Schwingungsessenzen und Kristalle, und die Führer sagten mir, was ich anwenden und wo auf oder neben der Frau ich es plazieren sollte. Das Ganze dauerte etwa eine Stunde. Der größte Schaden befand sich an ihrer linken Seite. Schließlich begann die Betroffene sich nach der schrecklichen Tortur, die sie durchlitten hatte, besser zu fühlen, da die offene Aura wieder versiegelt war und die hochfrequenten Signale, die soviel Angst verursachen, abgeschirmt wurden. Sie sah im Gesicht langsam viel besser aus und sagte bald, daß sie sich entspannter und ausgeglichener fühle.

Das Haus zu säubern, war mehr oder weniger einfach. Ich verwendete Heilsteingitter in einigen Räumen, um die Energie zu erhöhen, und kanalisierte Licht in das Haus hinein, um es als Kraftmittel zum Freisetzen der magnetischen Kräfte und Schwingungsmuster zu verwenden, die die Wesenheit hinterlassen hatte. In anderen Räumen verwendete ich Fläschchen mit Essenzen, um die Schwingungskraft bereitzustellen, und die Führer verwendeten diese über mein Energiesystem, um die Reinigung durchzuführen. Nach etwa drei Stunden war die Arbeit schließlich abgeschlossen: Das war Haus gereinigt und ausgeglichen, viel Licht war hineingebracht worden, um seine Schwingung zu erhöhen, und ein menschliches Energiesystem war ausgebessert und ausgeglichen worden. Ergebnis: große Erleichterung. Denken Sie daran, daß all das Leiden aus dem Angebot von zehn Minuten Hilfe für eine Arbeitskollegin resultierte. Und: Achten Sie darauf, daß Sie geschützt sind!

Sie werden festgestellt haben, daß ich viel Vorsicht walten lasse. Noch einmal sei gesagt, daß ich damals erst noch dabei war, mich auf dem Gebiet machtvoller Wesenheiten einzuarbeiten. Heutzutage trage ich viel mehr Schutz mit mir als damals, da meine »energetische Widerstandskraft« durch die Arbeit mit immer höheren Energieniveaus gewaltig gewachsen ist. An diese Fähigkeiten wurde ich jeweils Schritt für Schritt herangeführt, durch immer anspruchsvollere Fälle, die mir zugetragen wurden. Obwohl ich bei einem Fall wie diesem heute durch meine Erfahrung und mein Wissen vielleicht einfach »drauflosgehen« würde, bin ich bei anderen Fällen immer noch sehr vorsichtig. Man bekommt ein Gefühl dafür, wie gefährlich eine Situation sein könnte, und ich muß sagen, manche sind wirklich furchterregend, und ich lasse wahrscheinlich heute mehr Vorsicht walten als damals. Bei einem Fall von Besessenheit durch Dämonen steht im wesentlichen viel mehr auf dem Spiel als bei einem Angriff durch Wesenheiten, und man überläßt dabei nichts dem Zufall.

Eine lästige Bande

Hier geht es um eine Frau, der ich schon ein paar Mal zuvor geholfen hatte und die ein wenig anfällig für übersinnliche Angriffe zu sein scheint. Sie hatte mich zu Silvester nachmittags wegen eines ernsten Problems angerufen. Sie erzählte mir, sie habe sich etwas aufgelesen und das fühle sich sehr schlecht an. Ich entdeckte eine Wesenheit, aber keinen Auraschaden, und ich beseitigte die Wesenheit für sie aus der Ferne. Später am Abend rief ich sie an und sagte ihr, daß alles sauber zu sein schien.

Ein paar Tage später telefonierte sie erneut mit mir, um mir mitzuteilen, daß mit ihr etwas Schreckliches geschehe. Ich legte den Hörer neben dem Telefon ab, um einen Blick auf ihr Energiesystem zu werfen. Ich stimmte mich ein und sah es sofort. Die erste Aufgabe im neuen Jahrhundert, und dann gleich ein Dämon! Ich stimmte mich in ihn ein, und die Führer begaben sich hinüber und öffneten mir Kanäle. Ich prüfte meinen Schutz und den Schutz meiner gesamten Familie und der Personen um die Betroffene herum, und prüfte alles nochmals. Es war eine gute Verbindung, und er erschien auf den ersten Blick eher ein Unruhestifter zu sein als wirklich bösartig. Ich wollte mich nicht zu stark einstimmen und zu viele Informationen erhalten, nur die notwendige Menge, damit ich herausfinden konnte, was er tat und wie mit ihm fertigzuwerden wäre. Die Führer lassen mich immer wissen, wenn ich genügend Informationen habe. In einigen Fällen bringen sie mich dazu, mich auf eine tiefere Ebene einzustimmen, so daß ich neue Lernerfahrungen mache. Bei anderen Gelegenheiten holen wir uns nur, was wir brauchen.

Der Dämon hüpfte umher, sagte: »Ich bin ein Knallfrosch«, und zeigte mir, daß dies seine Persönlichkeit und Energie war – etwas Heißes, lebhaft, mit schneller Bewegung. Danach aber sah ich seinen Charakter; ich sah ihn in Aktion, wie er seine persönliche Spielart der Besessenheit auslebte, die ganz anders war als der Unruhestifter, für den ich ihn zuerst gehalten hatte. Wahrscheinlich hatte mich seine lebhafte Persönlichkeit getäuscht, denn in Wirklichkeit war er viel tiefgründiger und dunkler, als ich es zunächst wahrgenommen hatte.

Ich konnte ihn jetzt sehen, wie er überall auf ihr herumkroch und ihr Energie aussaugte, wodurch er jedesmal ein bißchen mehr an ihren Kräften zehrte. Er gewann an Energie, was sie schwächte und ihm die Kraft gab, seine bösen Spiele zu spielen. Dieses Wesen kontrolliert ... es ist sexuell ... es kriecht lüstern und ekelhaft über ihren ganzen Körper. Da war ein dämonisches Gelächter, als es mich ansah und seine Macht und Fähigkeit zeigte, während es langsam immer tiefer Besitz von ihr zu ergreifen begann. Es möchte sie als sexuelles Spielzeug besitzen und kontrollieren. Herrschaft ist sein Hauptziel. Ich brauchte nicht mehr zu sehen.

Ich fragte die Führer, ob ich es aus der Ferne beseitigen könne oder hinfahren müsse? – Ja, ich mußte hinfahren. Die Führer zeigten mir auch, daß wir die althergebrachten Dinge für die Austreibung eines Dämons brauchten (wie man sie etwa im Film sieht): Salz, Knoblauch und Basilikum. Und ich dachte, daß das alles eigentlich recht abgedroschen war. Ich prüfte noch einmal, ob die Führer sich vielleicht einen Spaß mit mir machten, doch sie bestätigten diese Liste.

Die Führer sagten: »Du mußt eine Knoblauchzehe an jede Ecke des Hauses legen, von innen und außen, dazu je eine Zehe in die Mitte jeder äußeren Türschwelle. Als nächstes muß das Salz großzügig über die äußeren Türöffnungen gestreut werden. Sie muß dann in einem Salzbad baden, und schließlich sollte ein Zweiglein frisches Basilikum zerdrückt werden, damit es die Aromen freisetzt, und in einer abschließenden Reinigungszeremonie im Wohnzimmer umhergeschwenkt werden.« Das sind im wesentlichen die Energien, mit denen die Führer arbeiten und die sie mit meiner eigenen als Triebkraft koppeln, um den Dämon zu erreichen und ihn aus ihrem Energiesystem zu entfernen.

Sobald ich alle Einzelheiten herausgefunden hatte, rief ich die Frau zurück. Eine solche Nachricht kann man Menschen nicht sachte beibringen. Ich muß ihnen genau sagen, was ich gefunden habe, damit ich erstens die Richtigkeit meiner Ergebnisse beurteilen kann, und zweitens werden sie mir vertrauen, da ich ihnen genau das beschreibe, was sie erleben.

Ich erzählte meiner Klientin genau, was ich von dem Dämon gesehen und was ich über ihn erfahren hatte: wie er lüstern über sie hinwegkroch. Sie bestätigte, daß es sich genauso anfühle. Zu diesem Zeitpunkt war sie schon entkräftet und verzweifelt. Ich gab ihr die Liste durch mit den Dingen, die ich brauchte, und vereinbarte, daß ich kommen würde, sobald sie mich zurückrief, um mir mitzuteilen, daß sie Salz, Knoblauch und Basilikum habe.

Inzwischen fragte ich die Führer, wie sie mit dem Dämon fertigwerden wollten. Normalerweise schätze ich ein, ob Dämonen ins Licht geschickt und umprogrammiert oder wieder eingegliedert werden können oder ob ich sie dorthin zurückschicken muß, woher sie kamen. Als ich mich jedoch einstimmte, war ich überrascht, zu hören: »Wir werden ihn auslöschen ...«, und da sie meinen fragenden und verwirrten Geist sehen konnten, fügten sie hinzu: »Völlig.« Sie zeigten mir eine Szene, in der er zerquetscht wurde, bis er leblos war. Natürlich kann der Dämon, während ich mit ihm verbunden bin, in mir lesen, wie ich in ihm lesen kann. Er weiß genau, was ihn erwartet, und er weiß, daß er nicht entkommen kann.

Die Frau rief mich eine Stunde später an und teilte mir mit, daß sie die Sachen habe, die wir brauchten. Sie sagte auch, daß sie glaube, der Dämon unternehme einen letzten Versuch, da sie spüren könne, wie seine Tätigkeit stärker werde und sie sehr schwach wurde bis hin zu dem Punkt, da sie kaum noch aufrecht stehen konnte. Sie fragte mich, ob ich sie nicht vom Haus ihres Sohnes abholen und nach Hause bringen könnte.

Innerhalb von zehn Minuten verließ ich das Büro, holte sie vom Haus ihres Sohnes ab und brachte sie nach Hause. Auf der Fahrt im Auto probierte es der Dämon ein paar Mal bei mir, was mir große Schmerzen im linken Arm verursachte, als er meine Energie anknabberte. Als wir uns ihrem Haus zu Fuß näherten, konnte die Betroffene kaum laufen und das Gleichgewicht halten und hatte große Mühe, die Stufen zum Haus emporzusteigen. Ihr Sohn hatte mir Knoblauch, Basilikum und Salz gegeben, und ich machte mich unverzüglich an die Arbeit, wobei ich meine Konzentration im Zustand starker Einstimmung verweilen ließ und den Dämon aus meinem System fernhielt. Zuerst streute ich das Salz an den Türschwellen aus, dann teilte ich den Knoblauch in einzelne Zehen und fragte, wo ich sie im Haus hinlegen solle. Danach begann ich mit der Außenseite des Hauses. Als ich gerade die letzten beiden Zehen auslegen wollte, kam ein gewaltiger, heulender und eiskalter Sturm auf, der mich fast umwarf und so bitterkalt war, daß meine Hände augenblicklich fast gefroren. Sobald ich wieder im Haus war, legte sich der Wind. Ich habe solche Dinge mit dem Wetter schon vorher erlebt, als ich auf hohem Niveau mit Energien in der Landschaft arbeitete. In diesem Fall war es schwer zu sagen, ob die dunklen Mächte heraufbeschworen wurden, um mich zu behindern, oder nicht ... wenn auch der Wind an jenem Tag nicht wieder wehte. In manchen Fällen gibt es allerdings keinen Zweifel.

Als ich alles startbereit hatte, setzte ich mich auf der anderen Seite des Zimmers der Frau gegenüber und stimmte mich auf den Dämon ein. Er war nicht besonders glücklich und kämpfte und bestritt unsere Fähigkeit, sie von ihm zu befreien. Sobald ich eine starke Verbindung herstellte und ihn mit meinem Geist festhielt, ergriffen ihn die Führer und hielten ihn im Zaum. Es war ein beeindruckendes Schauspiel, gleichzeitig schienen sie sich aber ein wenig zurückzuhalten. Da ich unsicher über den möglichen Ausgang war, hatte ich mehrmals gefragt, auf welche Weise sie den Dämon beseitigen wollten, und ich muß zugeben, daß mir ein wenig beklommen zumute war bei dem Gedanken, an etwas teilzunehmen, das wie Mord aussah. Jedesmal aber, wenn ich ihre Methode hinterfragte, sagten sie mir, daß es auf diese Weise getan werden müsse und daß ich noch einsehen würde, warum. Mir wurde gesagt, ich solle viel Licht in das Haus bringen. Ich begann, so viel Licht zu kanalisieren, wie ich nur konnte. Sie sagten immer wieder: »Mehr, mehr ... mehr Energie, mehr Licht.« Ich öffnete einen immer größer werdenden Kanal reinen Lichtes von oben und konnte spüren, wie der Raum sich veränderte, als es hineinflutete. Meiner Führung folgend, füllte ich die Außenwände, so daß die Substanz der Steine und Ziegel völlig mit Licht gesättigt wurde. Sie wollten eine Festung aus Licht. Die Intensität der hereinkommenden Energie war unglaublich, die Wände fühlten sich weißglühend vor Energie an, und in diesem Augenblick fühlte ich, wie er dahinging.

Ich fragte die Führer, wo der Körper sei, und sie sagte mir, er sei draußen. »Habt ihr ihn getötet?« »Ja ... du wirst sehen, warum. Stimme dich ein.« Ich sah jetzt, warum ich so viel Licht in die Wände des Hauses hatte bringen sollen und warum wir so viel Schutz durch das Salz in den Türöffnungen und den an die vier Ecken ausgelegten Knoblauch gebraucht hatten. Als ich mich einstimmte, wurde ich einer ganzen Schar gleichartiger Dämonen außerhalb des Gebäudes gewahr – einer großen Energie des Ärgers, die auf uns gerichtet war. Es wurde klar, daß dieses dämonartige Wesen in mancherlei Hinsicht ein seltsames kleines Wesen gewesen war. Es ähnelte sehr den aus dem Kino bekannten Gremlins und war ganz anders als alle anderen, denen ich bis dahin begegnet war. Die anderen Wesen befanden sich oben an den Fenstern, schauten herein und knurrten uns an, konnten jedoch nicht durch das Kraftfeld aus Licht gelangen. Die Energie im Haus besserte sich schon nach dem Dahinscheiden unseres Freundes. Ich stellte mich ihnen in ihrem Zorn und sagte ihnen, daß sie uns nichts tun konnten, weil wir zu viel Licht für sie in uns hätten. Es waren achtundsechzig, und ich fragte die Führer, ob sie irgend etwas tun könnten, um die Welt von den restlichen zu befreien, worauf sie mit »Ja« antworteten. Ich wies die Führer an, sich daranzumachen, und das rüpelhafte Toben draußen begann sich zu beruhigen.

Die schnatternde Schar verließ uns langsam und trug den Körper ihres Kameraden mit sich. Die Führer trieben sie in einem irgendwie niedergeschlagenen und beruhigten Zustand schließlich zusammen und steckten sie in eine Art Gehege. Man ließ mich wissen, daß sie in eine andere Dimension geschickt werden sollten und einer kleinen Umprogrammierung unterzogen werden würden, da sie nicht durch und durch schlecht, aber irgendwie vom rechten Weg abgekommen seien. Der Tod ihres Kameraden war aus zwei Gründen notwendig gewesen: Erstens, um ihnen zu zeigen, daß sie sich nicht auf so negative und schädliche Weise an anderen Wesen vergehen können, ohne damit karmische Schuld auf sich zu laden. Der zweite war, daß die Führer wußten, daß noch andere von seiner Sorte überall in der Stadt Chaos stifteten, und sie wollten alle einfangen. Als sie einen von ihnen »auslöschten«, »spürten« seine Kameraden das und eilten ihm zu Hilfe.

Ich wies nach, daß diese Bande von Räubern nicht gemeinsam oder für dasselbe Programm arbeitete, sondern daß sie alle in dasselbe zeitliche beziehungsweise räumliche Gebiet gerutscht waren. Sie hatten es alle auf irgendein ernstes Unheil abgesehen, und die Führer sahen das als Gelegenheit, mit einem niederschmetternden Streich eine Menge übersinnlicher Probleme für die Menschheit aus der Welt zu schaffen. So haben wir wahrscheinlich bei dieser Gelegenheit eine beträchtliche Anzahl anderer Menschen gerettet, die vielleicht an einer Reihe verschiedener Symptome litten, jedoch nicht wußten, was deren Ursache war.

Die Energie, die den Dämon angelockt hatte, hatte diese Frau etwa dreieinhalb Wochen begleitet, und wir verfolgten ihre Spur zu einem importierten Auto, das sie vor kurzem gekauft hatte. Das Auto, ein VW Käfer, war aus Kalifornien gekommen und war etwa zwölf Monate alt. Ich konnte die Energie eines sehr großen Mannes sehen, der nicht der Vorbesitzer des Autos gewesen war, jedoch irgendwann einmal darin gesessen hatte. Etwas von seiner Energie hatte sich dem Material der Sitze aufgedrückt, und diese Energie war es, die den Dämon in ihr Leben gelockt hatte.

Diese Frau ist eine versierte Heilerin und weiß viel über übersinnlichen Schutz und Reinigungstechniken. Seit ein paar Tagen hatte sie bei Führern usw. um Hilfe gebeten und verschiedene Techniken versucht, um das Problem zu lösen. Sie sagte zu mir: »Paß auf, daß deine Familie ausreichend geschützt ist, denn ich glaube, das hier ist ein ausgereifter Fall von Besessenheit.« Obwohl sie es nicht wußte, hatte sie selbst die Energie aus ihrem Auto entfernt, und sie hatte recht damit, daß es sich um Besessenheit handelte. Der Rest einschließlich das Dämons ist, wie man so sagt, Geschichte.

... und das war noch nicht das Ende

Nach der Lösung der Problems mit den seltsamen gremlinähnlichen Wesen am Montag rief mich dieselbe Klientin am darauffolgenden Freitag an, um mir zu sagen, daß sie sich seit dem Tag nach Beendigung der Arbeit wie unter Drogen und energielos fühle.

Ich prüfte alle Aspekte der Untersuchung vom Montag, und meine Führer teilten mir mit, daß das Haus noch immer sicher und völlig in Licht verschlossen sei. Mit dem Haus gebe es kein Problem. Dennoch pendelte ich aus, daß sie sieben Wesenheiten aufgelesen hatte. Sie berichtete, daß sie sich fast in einem Zustand der Halluzination befinde, und sagte, wenn sie keine so starke Person wäre und nicht wüßte, wie übersinnliche Angriffe auf jemanden wirken könnten, wäre sie vermutlich jetzt in einem psychiatrischen Krankenhaus.

Da ich wußte, daß ihr Energiesystem intakt und die Aura repariert war, prüfte ich, ob sich eine Pforte in das Haus hinein geöffnet hatte, durch welche die Wesenheiten hineingelangten. Auch das war negativ, doch als ich weiter pendelte und einen tieferen Zustand der Einstimmung erreichte, wurde mir das Bild etwas klarer übermittelt.

Nachdem wir die Arbeit am Anfang der Woche abgeschlossen hatten, hatte ich die Aura der Frau überprüft, und sie war in Ordnung – heil und gesund. Seit sie sieben Wesenheiten aufgelesen hatte, ist ihre Aura wieder beschädigt. Ich bereitete sofort eine Reinigung aus der Ferne mit den Führern vor, die über Nacht ausgeführt werden sollte, während sie ruhte und ihr Energiesystem von wachem Bewußtsein frei war. Als ich am nächsten Morgen wieder prüfte, erzählten mir die Führer, daß sie die sieben Wesenheiten ausgeräumt hätten, sie jedoch jetzt vier weitere habe! Führer tun normalerweise aus vielerlei Gründen nur, worum man sie bittet.

Außerdem müssen manchmal Dinge auf bestimmte Weise passieren, damit man ein Problem erkennt. Wenn die Führer weiterhin die Wesenheiten ausräumen würden, sobald sie eine auflas, wäre ich nicht in der Lage, das Problem zu finden, da sie ja gar kein Problem hättee. Also tun sie, worum ich sie bitte, nämlich in diesem Fall die sieben Wesenheiten entfernen, und dann lassen sie die Dinge ihren natürlichen Lauf nehmen. Und diese Klientin hatte vier weitere Wesenheiten aufgelesen, sobald sie wieder »allein gewesen« war. Diese Anzahl von Wesenheiten in einer Nacht, ohne das Haus zu verlassen, ist beeindruckend und ungewöhnlich.

Ich fuhr am nächsten Tag hin, um sie zu treffen, und als ich mich wieder einstimmte, glaubte ich, daß das Problem in ihrem Kronenchakra läge. Ein anderer Klient hatte ein ähnliches Problem gehabt, das ihm jahrelang unglaublichen Ärger gemacht hatte, bis ich es entwirrte. Ich glaubte, mit der Betroffenen war folgendes geschehen: Ihr Kronenchakra war weit offen stehen geblieben und hatte ein Signal ausgesendet, das verschiedene Lichtdimension durchschnitten hatte. Das würde erklären, warum das Kraftfeld aus Licht um das Haus herum noch in Ordnung und sicher war, und auch, daß die Wesenheiten direkt von außerhalb über einen direkten Energiekanal in ihr Wesen gelangten. Sie strahlte buchstäblich wie ein Leuchtturm, mit einem sehr kräftigen Energiestrahl, der aus ihrem innersten Wesen über das Haus hinausreichte, und das wirkt wie ein Signal für Wesenheiten, sich darauf festzusetzen und in ihr Energiesystem einzudringen. Ein weit offenes Kronenchakra war also der Grund, warum sie sich in einem Halluzinationszustand befand. Wenn das Kronenchakra weit offen ist, läßt es Energie mit enormer Geschwindigkeit herein, und das stört das gesamte Gleichgewicht des feinstofflichen Energiesystems, besonders jedoch das im Bereich des Mentalkörpers. Es bringt außerdem sehr hochfrequente Signale, die wir als Menschen nicht so leicht verarbeiten können (ähnlich wie bei einer beschädigten Aura). Das wiederum mag zu Panikattacken führen.

Es schien, daß das Kronenchakra bei ihr wegen einiger tief in ihrem System verwurzelter Blockaden eine Art energetische Überlastung durchgemacht hatte. Ich brachte das Kronenchakra in Ordnung und schloß es bis zu seinem normalen Funktionszustand. Als ich diese Reparatur beendet hatte, begann ich, sie zu überprüfen, besonders all ihre Heilenergiekanäle. Die Einstimmungen schienen in Ordnung zu sein, und die Chakren arbeiteten in sauberem und ausgeglichenem Zustand, aber mit dem Energiefluß schien etwas nicht zu stimmen. Ich brauchte eine Weile, bis ich herausfand, daß anscheinend eine Blockade im Kopfbereich vorlag, die den Energiefluß nach unten zum Herzchakra störte.

Die Führer ließen mich Diagramme anschauen, die zeigten, wie die Energie in diesem speziellen Fall fließen sollte. Sie sollte in das Kronenchakra eintreten und sich direkt nach unten ins Herzchakra bewegen, um schließlich in der Mitte des Herzchakras in einem Punkt anzukommen. Dann müßte sie sich wie ein Feuerrad spiralförmig nach außen drehen – im Uhrzeigersinn und entgegen dem Uhrzeigersinn, gleichmäßig nach beiden Seiten des Körpers. Im Kopf geschah aber folgendes: Die Blockade fing etwas von der Lichtenergie ab, die in das Kronenchakra eintrat, und ließ sie zurückprallen, bevor sie Gelegenheit hatte, sich nach unten zum Herzchakra zu bewegen. Die Blockade hielt ungefähr 34 Prozent der Energie davon ab, zum Herzchakra zu gelangen. Als ich ein Bild davon hatte, was nicht stimmte, sagten die Führer, daß wir diese Arbeit nun mindestens zwei Wochen lang nicht ausführen könnten, da sie über etwa zehn weitere Tage die Arbeit weiterführen würden, die wir heute begonnen hatten, und das Energiesystem sich dann beruhigen müsse. Erst dann könnten wir die Blockade entfernen.

Diese komplexe Verkettung von Problemen konnte mir nicht auf einmal gezeigt werden. Das auch deshalb, weil diese Arbeit in einer bestimmten Abfolge ausgeführt werden muß – was in einigen Fällen noch Zeit erfordert, damit die Reparaturarbeit sich festigt, was wiederum in gewissem Maße von dem Ausmaß des Schadens abhängt. Man kann nun verstehen, weshalb es unmöglich ist, die gesamte Arbeit auf einmal zu erledigen. Wir beseitigten die Blockade später, und die Probleme der Klientin waren endlich allesamt verschwunden.

SIND WIR IN DIESEM HAUS WILLKOMMEN?

Ich wurde von der Bewohnerin zu diesem Haus gerufen. Sie war als Kind in dem Haus aufgewachsen, hatte jedoch seit fast dreißig Jahren nicht darin gelebt. Vor einigen Monaten war ihre Mutter in dem Haus gestorben. Sie und ihr Mann zogen in das Haus zum Vater, bis auch dieser etwa einen Monat später zu seiner Frau auf die andere Seite ging. Es hatte ein paar kleine Ereignisse gegeben, die sie nicht ignorieren konnte und die sie glauben ließen, daß das Haus vielleicht nicht wollte, daß sie nach dem Tod der Eltern darin wohnten. Sie machte sich besonders Sorgen über Erdstrahlung und unterirdische Kraftströme, vor allem deshalb, weil sie einen alten Brunnen im Garten hatten.

Das Haus war ein altes Bauernhaus, und ihre Eltern waren mehr oder weniger eines natürlichen Todes gestorben, nach einem langen Leben. Allein dies zeigt normalerweise, daß das Haus ein gesunder Ort zum Leben ist, und als ich umherging und mir Notizen machte, während ich mit der Betroffenen ein Gespräch führte, entdeckte ich tatsächlich keine echten Probleme mit dem Haus.

Es gab jedoch andere Dinge zu berücksichtigen. Diese Klientin hatte eine Schwester, die ihr nicht besonders wohlgesonnen war, weil diese jetzt in dem Haus lebte und sie selbst »ihre Hälfte des Erbes« beanspruchte. Nachdem ich die Fallbeschreibung aufgenommen hatte, stimmte ich mich in das Haus ein und ging etwa zehn Minuten lang allein umher, wobei sich meine ursprüngliche Kurzprüfung mit den Sinnen bestätigte: Es gab kein echtes Problem mit Erd- oder Wasserstrahlung, nur ein wenig übersinnliche Energie hatte sich in verschiedenen Teilen des Hauses aufgebaut; jedoch wirkte nichts davon sehr schwächend. Als ich mich auf eine tiefere Ebene einstimmte, sagten mir meine Führer, daß ich »auf die Frau und ihre Schwester schauen« solle. Ich ging nach unten und sagte: »Mir wurde gesagt, daß ich mit Ihnen anfangen soll, haben Sie Zeit?« Und so setzten wir uns am Tisch gegenüber, und ich begann, mich einzustimmen. Ich hatte festgestellt, daß die Frau recht empfindsam war und sich auf ihrem eigenen spirituellen Entwicklungsweg befand. Sie hatte auch Reiki bis zum Zweiten Grad gemacht. Ich fragte nach ihrer Schwester, als ich mich in sie einstimmte. Sie hatte immer gespürt, daß ihre Schwester sie haßte, und war überzeugt, daß diese sie eigentlich schon gehaßt hatte, bevor sie überhaupt geboren worden war. Sie sagte, sie könne das nicht begründen, es sei nur ein Gefühl. Nun, Gefühle sprechen meiner Erfahrung nach normalerweise die Wahrheit, wenn wir ihnen nur mehr glauben wollten. Sie sagte, sie könne die Anwesenheit ihrer Schwester in ihrem Solarplexus immer spüren, wenn die Schwester auf dem Weg war, sie zu besuchen. Es sei ein schwieriges Verhältnis gewesen, aber sie habe stets positiv und mit Freundlichkeit reagiert. Nun aber, da ihre Eltern dahingeschieden seien und die Schwester zusätzlich Druck ausübe, daß das Erbe aufgeteilt werden müsse, fand sie es schwierig, zumal ihre durch die Aufregung wegen des Verlustes ihrer Eltern erhöhte Empfindsamkeit nun Überstunden mache und ihr viele Botschaften übermittele. Wenn wir aber nicht in der Lage sind, diese zu entschlüsseln, erhöht sich der Druck und bringt uns noch mehr durcheinander.

Zuerst wurde mir ihr Kronenchakra gezeigt, über das ein wunderbarer Strahl spiritueller Energie in ihr Wesen eintrat. Dieser wurde jedoch auf der Ebene des Stirnchakras blockiert. Die Botschaft war hier klar: Sie war auf dem rechten Wege, mußte jedoch noch eine Menge Arbeit leisten, um ihrer Intuition zu vertrauen. Das Stirnchakra ist das Zentrum der Intuition, und nur durch Vertrauen kann es sich entwickeln. Mir wurde gezeigt, daß sie ihre Aufmerksamkeit ganz darauf richten sollte, und je mehr sie vertraute, desto mehr spirituelle Energie würde ihr übriges Wesen durchdringen, um sie zu erleuchten. Fehler oder falsche Einschätzungen werden gemacht, aber wir machen immer Fehler, wenn wir irgend etwas lernen. In einigen Fällen kann ich Menschen helfen, spirituell voranzukommen, indem ich Blockaden wie diese durch geführte Schwingungsheilung entferne, doch hier wurde mir gesagt, daß sie selbst daran arbeiten müsse. Sie meditierte zwar, aber mir wurde auch gesagt, daß sie öfter beten und so die Verbindung herstellen solle. Man teilte mir im besonderen mit, daß wir uns bei der Meditation eher auf den stillen Raum konzentrieren sollten, damit andere Formen zu uns hereinkommen könnten. Beim Gebet jedoch schaffen wir tatsächlich eine bewußte Verbindung direkt zu denen, die uns helfen können. Wenn man daher beispielsweise zu seinen Führern oder zu Jesus um Führung betet, bündelt man Gedankenformen in positiver Weise, um eine Verbindung herzustellen, und es wird einem schließlich gelingen.

Außerdem wurde mir ihr Herzzentrum gezeigt, das für den Fortschritt in ihrer Entwicklung einiger Aufmerksamkeit bedurfte (aber bei wem ist das nicht der Fall?). Die Menschheit beginnt gerade erst, dieses Zentrum zu öffnen, und diejenigen, die das erkennen und an und aus diesem Zentrum arbeiten, stehen an der Spitze der menschlichen Entwicklung.

Nachdem das geklärt war, wurde mir ihre Schwester gezeigt und eine mächtige übersinnliche Verbindung, die von ihrer Schwester aus in ihr Kronenchakra reichte. Ich konnte die schädliche und kraftvolle Energie ihrer Schwester spüren. Wir sprachen erneut über Haß, und sie sagte mir, daß ihr einmal jemand, der aus ihr gelesen habe, gesagt habe, daß ihre Schwester sie in einem vorherigen Leben erhängt habe. Tatsächlich hatte sie mir zuvor erzählt, daß sie schon immer ein Problem mit ihrem Hals gehabt habe. Zu diesem Zeitpunkt hatte ich schon gesehen, daß die Verbindung zwischen den beiden mit Sicherheit auf eine Zeit vor diesem Leben zurückging, und ich bat meine Führer, mir die Geschichte zu zeigen. Sie nahmen mich mit in ein viktorianisches Leben, und ich spürte die Energie dort, doch dann nahmen sie mich mit in ein griechisches Leben, wo alles begonnen hatte. Es mag andere Inkarnationen dazwischen gegeben haben, in denen die eine oder die andere inkarniert war, das gegenwärtige Muster jedoch nicht ausgelebt wurde. (Diese verfolgte ich nicht weiter.) Dieses griechische Leben war jedoch der Schlüssel zum Verständnis dessen, was gerade geschah. Im gegenwärtigen Leben war meine Klientin die jüngere der beiden Schwestern. Sowohl in der viktorianischen als auch in der griechischen Inkarnation war der Status derselbe gewesen. Im griechischen Leben wurde mir die Frau im Alter von Anfang Zwanzig gezeigt – sie war sehr schön, intelligent und beliebt. Genau an diesem Punkt spürte ich den Haß zuerst, und als ich mich noch stärker darauf konzentrierte, konnte ich die Energie der Eifersucht entdecken. Ihre Schwester war eifersüchtig auf ihre Schönheit und Beliebtheit. Obgleich mir die Szene nicht gezeigt wurde, spürte ich, daß ihre Schwester sie in diesem griechischen Leben ermordet hatte, und daß damals die Macht ihres Hasses so groß war, daß sie eine sehr kraftvolle Verbindung zu ihr einging. Beim Voranschreiten in das viktorianische Leben war die Verbindung verstärkt worden durch eine Verbindung zu ihrem eigenen Kronenchakra, und die Energie von Eifersucht und Haß zeigte sich mit großer Kraft. Der Haß der Schwester war zu dieser Zeit schon so tief und mächtig und allesverzehrend, daß dunkle Mächte durch die magnetische Anziehungskraft ihrer emotionalen Intensität mobilisiert worden waren. Wieder war die ältere Schwester eifersüchtig auf ihre Intelligenz und ihre Beliebtheit. Es wurde mir eine typisch viktorianische Szene gezeigt: gesellschaftliche Anlässe, bei denen ihre Konversation sehr gescheit und ihr Wissen über verschiedene Themen sehr breit gefächert war. Die Leute mochten sie sehr, und sie brachte Licht in ihr Leben. Die Mordszene wurde mir nicht gezeigt, aber mir wurde bestätigt, daß sie tatsächlich erhängt worden war.

An dieser Stelle änderte ich den Kurs, weil ich sehen wollte, was in bezug auf Wesenheiten und Geister im Moment um ihre Schwester und deren Mann herum gerade passierte. Ich hatte die Energie des Ehemannes aufgenommen, und diese war ein sehr um sich selbst drehender Strudel, in dem er sich alles nahm, was er für sich selbst brauchte, jedoch nichts dafür gab. Er hatte zwei Wesenheiten bei sich, was ich erstaunlich fand, da er als Gärtner angestellt war und das Arbeiten in der Natur für gewöhnlich den Lichtkörper gereinigt und frei von dieser Art Anhängsel hält. Da er aber sehr auf sich selbst ausgerichtet war und bei jemandem mit mächtiger negativer Energie wohnte, war das vielleicht verständlich.

Bei der Schwester waren sieben Wesenheiten und ein Geist anwesend, doch ich wußte, daß es hier noch einen anderen Aspekt gab, den ich mir nun anschauen wollte. Während des viktorianischen Lebens hatte sie dunkle Kräfte um sich herum angezogen, und ich begann, mich auf diese zu konzentrieren, wobei ich vier Elemente entdeckte, die ihre Haßgefühle nährten und anheizten. Zuerst einmal war sie mit zwei andere Menschen, die für sie Fremde waren, übersinnlich verhaftet. Dann stöberte ich einen kleinen roten Dämon auf, der für einen Dämon nicht allzu bösartig war, aber seine Energie reichte aus, um noch andere von seiner Sorte anzuziehen. Mein Bewußtsein traf sodann auf ein viertes Element ... und ich brach sofort unser Gespräch und mein Deuten ab, weil ich mich erst damit befassen mußte, bevor ich fortfahren konnte: Es war ein häßlicher schwarzer Dämon, voller Haß. Er sah mich in der Sekunde, als mein Bewußtsein ihn berührte, und er war bereit zu kämpfen, um seine Position zu halten. Nach einige Augenblicken des Abstandhaltens fühlte ich seine Entschlossenheit schwächer werden, und die Führer konnten nun hineingehen und ihn entfernen. Ich fragte, ob wir ihn durch die Zeit zu dem Punkt zurückführen könnten, an dem er vom Licht weggelenkt worden sei. Mir wurde deutlich gemacht, daß wir das mit beiden Dämonen tun könnten, was wir dann auch taten. Ich bat darum, daß die Verbindungen zwischen der Schwester und den beiden Fremden gekappt würde, und es geschah. Danach wurden die

Wesenheiten und der Geist von der Schwester und ihrem Mann entfernt.

Zweifellos hat die Schwester dieser Frau in bezug auf Haß eine große karmische Lektion zu lernen. Niemand kann sie diese Lektion lehren; sie muß sie selbst in ihrem Zeitmaß lernen, und dann kann sie voranschreiten. Vielleicht haben wir in dieser Lebenszeit ein wenig von den Spannungen um sie herum weggenommen, indem wir die Wesenheiten und den Dämon entfernten und die Verbindungen mit den dunklen Kräften kappten, die seit ihrer viktorianischen Inkarnation bestanden. Greife ich in das Karma ein? Nein. Ich frage stets: »Können wir das tun?« Wenn wir es aus irgendeinem Grund nicht dürfen, stelle ich fest, was der Grund dafür ist. Manchmal können wir es später tun, oder es mag anderes geben, das wir vorher tun müssen – oder es ist tatsächlich karmisch. In diesem Fall schaue ich nach, ob es etwas gibt, das wir tun können, um der Person bei der Bewältigung des Karma zu helfen. Ich kann die Zukunft für diese Frau nicht deuten, aber ich hoffe, daß sie sich nach dem Aufhellen ihres Energiesystems ihrer Schwester mit mehr Liebe zuwenden und rechtzeitig zu sehen beginnen und sich ändern kann.

Die Verbindung zwischen dieser Klientin und ihrer Schwester auf der Ebene des Kronenchakras war zu dieser Zeit noch heil und gesund, und die Führer sagten mir, daß sie innerhalb der nächsten vierundzwanzig Stunden abgebaut werden würde, da sie das in der Nacht tun wollten, während sie weitere hilfreiche Einstellungen am Energiesystem der Frau ausführten.

Als ich diese Arbeit abgeschlossen hatte, war mir ganz klar, daß dies die Hauptproblemzone gewesen war. Ich nahm die Reinigung des Hauses wieder auf und entfernte die aufgebaute übersinnliche Energie, hauptsächlich in der oberen Etage. Im wesentlichen war das mehr als alles andere eine Reinigung von den Schwingungen ihrer verstorbenen Eltern. Ich hatte schon vorher Kontakt mit der Energie ihrer Mutter gehabt, die mir mitgeteilt hatte, daß sie und der Vater dieser Frau buchstäblich deshalb gegangen seien, damit sie und ihr Mann das Haus übernehmen konnten. Es gab da eine starke Energie der Liebe, die ich für meine Gefühle überwältigend fand. Der Geist des Hauses bestätigte mir das auf seine Weise. Es wurde mir mitgeteilt, daß die Frau und ihr Mann in diesem Haus sehr willkommen seien und daß sie hier sein sollten. Sobald sie akzeptierten, daß dies jetzt ihr Raum sei und ihn als solchen annähmen, würden beide im Leben vorankommen.

Es ist für die meisten Menschen nicht leicht, das Heim ihrer Eltern anzunehmen. Überall um einen herum gibt es Erinnerungen und Erinnerungsstücke an das Leben anderer Menschen. Die Besitztümer anderer Menschen sind jedoch nicht die eigenen, und wenn man diese Objekte nicht liebt, sollte man sie reinigen und sich von ihnen trennen. Die Besitztümer anderer Menschen tragen deren Energie in sich, und wenn Sie sie nur aus emotionalen Gründen oder Schuldgefühlen behalten, sind sie nur Ballast und bedrücken Sie. Es hat keinen Zweck, sich zu sagen: »Oh, ich kann mich nicht davon trennen, weil Mutti es so sehr liebte«, denn Mutti ist weitergegangen und braucht die Verhaftung mit stofflichen Dingen nicht mehr. In gewissem Maße muß man brutal sein und so viel entfernen, wie man mag, obwohl das schmerzhaft sein kann, wenn es Eltern betrifft. Das Haus hat jetzt neue Bewohner, und damit sie sich ganz zu Hause fühlen können, muß die Grundsubstanz ihrer Individualität den Raum durchfluten. Der Geist des Hauses versteht das. Es kann schwierig sein, ein energetisches Gleichgewicht herzustellen, ohne diesen »energetischen Frühjahrsputz« durchzuführen, indem man das Alte auskehrt und das Neue hereinbringt.

Wenn wir diesen Fall zusammenfassen, sehen wir, daß ich hinzugezogen wurde, weil diese Frau dachte, daß das Haus sie beide nicht haben wolle, aber in Wirklichkeit war es ein Fall von übersinnlichem Angriff durch eine äußere Quelle gewesen. Nicht nur durch eine, sondern durch vier Quellen, wegen der Verbindungen, die aufgebaut worden waren. Das genau war der Kern, warum sich meine Klientin in dem Haus unwohl gefühlt hatte, und die Wurzel all ihrer Probleme. Was das Haus anbelangt, war meine Arbeit sehr gering im Vergleich zu den übersinnlichen Angriffe, die in diesem Leben auf die Frau ausgeführt worden waren. Ich entfernte und veränderte allerdings im Sinne einer Schwingungsreinigung eine große Menge Energie im Haus, damit es ein wenig leichter atmen und so der Geist des Hauses seine neuen Bewohner richtig willkommen heißen konnte.

DER BUCHENWALD

Hier handelt es sich nicht um einen übersinnlichen Angriff, jedoch ist dieser Fal in einiger Hinsicht dem letzten ähnlich. Auch hier zog mich die Frau hinzu, weil sie dachte, daß das Haus die Familie nicht in sich haben mochte. Auch wenn diese Untersuchung einen völlig anderen Ausgang nimmt, zeigen doch beide Fälle, wie empfindsam die Bewohner gegenüber den Energien um sie herum und gegenüber der Tatsache waren, daß in ihrem Umfeld etwas »nicht in Ordnung« war. Jedoch war in beiden Fällen nicht das Haus das Problem.

An diesem Tag war eine große Anzahl meiner Führer anwesend, was mir sagt, daß mir etwas Ungewöhnliches, Besonderes oder Neues enthüllt werden soll. Die zusätzlich anwesenden Führer besitzen stets Fähigkeiten auf Gebieten, die für mich neu sind, und sie scheinen dieses Wissen an mich weitergeben zu wollen.

Ich kam bei dem Haus an und saß gerade seit ein paar Minuten mit der Frau beim Gespräch, als ich sagen mußte, daß es für mich schwierig war, sie anzusehen. Die Energie, die über den Tisch kam, war zuviel für mich. Ich dachte sofort, es sei ihre Energie. Ich versuchte, ihr in die Augen zu sehen, fand es aber zu schwer; all meine Sinne wurden von Energie durchtränkt. Es war, als würde man versuchen, direkt in einen hellen Winterhimmel zu schauen und könnte die Augen gegen das grelle Leuchten nicht offen halten. Mein erster Gedanke war, daß die Energie so kraftvoll sei, daß die Klientin Skorpion sein müsse, und so fragte ich, welches ihr Sternzeichen sei. Sie sagte »Skorpion«, und dann hatten wir ein interessantes Gespräch, in dem sie mich wissen ließ, daß ihr Mann ebenfalls Skorpion sei, und daß sie beide zu Halloween geboren seien, nur mit einem Jahr Unterschied.

Was mit der Energie eigentlich geschah, war etwas anderes, als ich anfangs wahrgenommen hatte. Die Frau hatte zwar wirklich diese kraftvolle, stechende Skorpion-Energie, doch kam ein Großteil der Energie, die zuviel für mich war, von einem Bereich hinter ihr, nämlich von draußen, aus einem Buchenwald, der gegenüber der Einfahrt lag. Es war reiner Zufall, daß sie sich genau zwischen mich und diese Energie des Waldes gesetzt hatte. Was auch immer in diesem Wald war, es kam direkt durch sie hindurch und überwältigte meine Wahrnehmung. Ich erinnere mich, daß ich dasaß, während wir redeten, und ständig nach links sah, zur Hintertür, und meine Führer sagten: »Du mußt hinausgehen«, was wir dann schließlich auch taten.

Oft geschieht es, daß sich jemand nicht ganz sicher ist, warum er möchte, daß ich mir ein Haus oder ein Problem »mal anschaue«, weil er nicht genau einschätzen kann, ob es vielleicht nur in seiner Phantasie existiert. Ich habe jedoch immer einen Grund für das gefunden, was gesehen oder wahrgenommen wurde, und normalerweise ist es etwas, das man bearbeiten kann. Nach anfänglichem Plaudern über das, wovon sie meinte, daß es nicht in Ordnung sei, erzählte sie mir von etwas, das sie in dem Wald gesehen hatte. Sie hatte an der Küchenspüle gearbeitet und aus dem Fenster geschaut, als sie ganz plötzlich sah, daß etwas zu ihr zurückschaute; etwas Ungeheuerliches, Schreckliches von sehr finsterem Wesen! Sie war derart schockiert, daß sie ihre Arbeit fallenließ und durch das Haus rannte. Was immer es gewesen war, es war äußerst erschreckend gewesen und hatte sie derart aus dem Gleichgewicht gebracht, daß sie völlig entgegen ihrer Wesensart handelte, denn sie ist eigentlich eine sehr gut geerdete Person mit einer starken Konstitution. Als wir uns besagtem Gebiet näherten, konnte ich die Energie des Ortes spüren. Sie zog mein Solarplexus-Chakra direkt nach außen. Die Frau erzählte mir, daß sie Fotografin sei und auf der Suche nach Motiven auf der ganzen Welt viele wunderbare entrückte Orte erlebt habe, aber sie habe nie einen ähnlichen Ort wie diese Waldung gesehen, von der bei Sonnenuntergang ein so seltsames Licht auszugehen scheine. Woher aber kam dieses Licht?

Es gibt an diesem Ort eine Reihe sehr kräftiger energetischer Phänomene: Ich machte sie darauf aufmerksam, daß dort kein Gras wuchs. Zunächst gab es da eine »Geospirale«. Ich konnte sehen, wie die Energie eine Kurve von mir weg beschrieb. Eine gewaltige Kraft. Ich wußte sofort, daß dies etwas ganz Besonderes war. Eine Geospirale wird in Nordamerika auch »water dome« genannt. Die Indianern errichten hier oft ihr Medizinrad – es ist ein Ort, den viele alte Kulturen als Standort für ihren Tempel auswählten (auch Stonehenge). Alle echten, ursprünglichen Steinkreise oder -ringe sind auf einer Geospirale erbaut, von denen es allein auf den Britischen Inseln ungefähr 2000 gibt.

Das zweite Phänomen ist ein planetarisches Tor, »Marsquadrat« oder »Marstor« genannt. Die Devas des Pflanzenreiches haben mir bei mehreren Gelegenheiten die Saturntore gezeigt, und wie man sie erschafft und benutzt. Das Marstor ist ähnlich, doch hier war es mir zum ersten Mal vergönnt, gezeigt zu bekommen, wie Menschen es zu ihrem Vorteil nutzen können. Die Hausherrin hatte sein Geheimnis zufällig entdeckt, als sie in einem Zustand der Tagträumerei, wahrscheinlich ganz ähnlich einem meditativen Zustand, aus dem Fenster schaute. Ihr Bewußtsein wird in diesem Augenblick im Alphazustand gewesen sein, als ihre höhere Vision jene andere Welt durch das Marstor betrat, wo sie für einen Moment ein Wesen sah, das nicht aus der stofflichen Welt war.

Später an diesem Tag
Die Energie an diesem Ort war kraftvoll. Ich hatte hier ein paar besondere Dinge gesehen, aber ich wußte, daß es auch etwas Dunkles oder Unangenehmes gab. Und ich wußte außerdem, daß ich es zu diesem Zeitpunkt nicht angehen konnte. Die Energie war zu stark für meine Sensitivität. Nicht auf eine Weise, die mir sagte, ich könne es nicht in Angriff nehmen, sondern auf eine furchterregende Weise, die bei meiner Intuition und meinen Wahrnehmungen das Innerste nach außen kehrte. Es wirbelte meinen Konzentrationspunkt herum und zog mich in alle Richtungen. Dieser Ort ist auch geheimnisvoll, aber magisch. Ich erzählte der Frau nicht von allem, was dort war, und auch nicht, daß ich es in jenem Augenblick nicht sofort in Angriff nehmen konnte. Ich wollte nicht, daß sie sich unsicher fühlte oder Angst bekam. Meine Führer freuten sich sehr darauf, mir die Geheimnisse dieses Ortes zu offenbaren, sagten mir aber gleichzeitig, daß es mir nicht erlaubt sei, mich hier und jetzt einzustimmen. Es war, als müßte ich eine Schranke oder einen Filter aus Zeit oder Raum zwischen mich und die Energien bringen, bevor ich mit meinem Bewußtsein hineinschauen durfte.

Wir verließen das Gebiet und brachten ein paar Stunden damit zu, uns den Rest des Hauses anzusehen, wo wir hier und da ein paar Dinge entdeckten, jedoch nichts allzu Ernstes. Ich erklärte viel dazu, wie Energien uns beeinflussen, und ich glaube, die Frau war beruhigt, als ich wegfuhr. Auf dem Weg ins Büro war ich völlig von dem in Anspruch genommen, was ich über jenen Buchenwald noch nicht wußte, war aber sicher, es noch am selben Abend herauszufinden.

Ich verließ das Büro zeitig. Ich konnte die Spannung nicht länger ertragen, und das Einstimmen auf die Ebene, die erforderlich war, muß in Zurückgezogenheit und ohne Störung erfolgen. Nach dem Essen fand ich Raum und begann, mit meinen Führern zu kommunizieren und besagte Buchenwaldung auszupendeln. Ich begann zu pendeln, um meine Intuition und mein inneres Auge einzustimmen. Nach ein paar einführenden Fragen, wurden die Informationen schnell gechannelt. Sie begannen so stark zu fließen, daß ich das Pendel beiseite legte und sie so aufschrieb, wie sie zu mir kamen. Hier ist die Geschichte in ihrer Entwicklung:

Ausgependelt:
Es gibt drei Geister an diesem Ort (der Waldung). Die Energie ist ganz und gar männlich. Es sind die Geister von drei Männern. Der jüngste von ihnen ist seit 462 Jahren hier.

(Ich beginne, visuelle Bilder zu empfangen.) Ich sehe, daß sie wohl Priester sind. Sie üben Schwarze Magie aus. Nach all diesen Jahren sind sie immer noch aktiv und gehen noch immer ihrer Arbeit an diesem Ort nach. Als ich in dem Wald war, sah ich ein Planetentor; die Führer teilen mir mit, das Tor habe nichts mit den Priestern zu tun. Ich überprüfe die Familie, die hier lebt, um zu sehen, ob die Geister der Priester Einfluß auf sie ausüben.

Von den beiden Kindern, ein Mädchen und ein Junge, wird der Junge indirekt durch die Energiearbeit der Priester beeinflußt. Ich sehe, daß ihn das auf einer unterbewußter Ebene berührt. Alle anderen Familienmitglieder sind davon nicht betroffen. Die Arbeit der Priester ist nicht auf die Familie gerichtet, auch nicht auf andere Menschen, die diesen Raum im Wald oder das Haus bewohnen. Der Junge nimmt diese Energiefrequenzen auf, weil er empfindsam, intuitiv und auch tiefsinnig ist. Er nimmt sie wahrscheinlich hauptsächlich beim Schlafen oder Tagträumen auf. Möglicherweise erhascht er sogar flüchtig feenhafte Wesen.

Die Priester sind in einer Zeitverzerrung eingeschlossen, schließen Pakte, mischen Tränke und Gebräu und stecken dabei mit der Unterwelt unter einer Decke. Sie haben eine Verbindung mit der Unterwelt. Das ist kein dämonisches Reich, sondern ein Ort der Unterweltgeister und Wechselbälger. Die Zeitverzerrung ist so geartet, daß sie von den Veränderungen der Zeit nicht betroffen sind. Sie bemerken nicht, daß sich materielle Dinge in der stofflichen Welt verändert haben, sie sehen die Menschen nur als Energiezustände. Es war jedoch zu ihren Lebzeiten ihre Aufgabe, Menschen zum Ziel ihrer Magie zu machen, und so machen sie bis zum heutigen Tag immer noch Menschen zum Ziel. Sie sind in ihrer Arbeit sehr aktiv.

Gechannelte Informationen
Die Priester nahmen meine neugierige und bewußte Anwesenheit unter ihnen wahr. Ich konnte sie jetzt leicht sehen, erhielt die Informationen aber noch immer von meinen Führern. Ein wenig telepathische Kommunikation ließ mich wissen, sie seien bereit zuzulassen, daß ich sie sah und ihre Anstrengungen aus der Ferne beobachtete; jetzt aber brachen sie zu mir durch, um direkt mit mir zu sprechen.

»*Dies ist ein heiliger Raum. Wir nutzen ihn seit Tausenden von Jahren, wie es unsere Väter und Vorväter taten. Wir haben einen Schacht in die Unterwelt, wo es dunkle Macht gibt. Wir wurden als ›Brüder‹ geweiht und*

aufgenommen, unsere Farbe ist Braun [Ich sehe sie in brauner Ordenskleidung] *– Braun für die Erde, die uns unsere Macht gibt, Braun für die Erdlinge, die uns vertrauen.*
Wir sind die Ausführenden dunkler Taten. Wir arbeiten für die Meister. Wir arbeiten für die Meister sowohl auf der Erde als auch in der Unterwelt. Wir haben die Schlüssel zu beiden Türen. Es liegt in unserer Macht, auf das Leben von Menschen einzuwirken, um die Früchte unserer Anstrengungen zu unseren Meistern zu bringen. Wir bringen unseren Meistern Macht über ihre Untertanen, so daß die Untertanen sich dem Willen unserer Meister beugen.
Das gibt unseren Meistern viel Energie, große Macht über die Menschen. Wir sprechen von unserer Arbeit in der Zeit des von euch sogenannten Mittelalters, als Karren als Transportmittel dienten. Wir beeinflußten die Früchte auf dem Feld, so daß sie in Fülle wuchsen, damit unsere Meister viele Steuern für das Land einnehmen und reich werden konnten.
Wir sind wie die Hexen in eurem Macbeth. In der Tat verzaubern und beschwören wir. Du, David, hattest einst dieses Wissen, du kennst die dunkle Seite, du wirst sie wieder kennen, du bist tief, tief wie der Ozean. Das Wissen war dein und wird wieder dein sein; wir werden dich mit der Macht verführen. Du wirst den Fangarmen der Macht nicht widerstehen können.«

An dieser Stelle brach ich die Verbindung ab und pendelte bei meinen Führern, um zu prüfen, was ich da gechannelt hatte. Diese Priester kamen mir langsam zu nahe, und ich erlebte ihre Energie, als wären sie in meinem Haus. In ihren Worten an mich lag ein bedrohliches Gefühl verführerischer Macht. Die Energie ihrer Übermittlung baute sich gerade zu einem Crescendo auf, als ich die Verbindung abbrach. Es war sehr furchterregend, die Kraft und Macht ihrer Energie aus der Nähe zu empfangen. Diese Geister hatten tatsächlich großes Wissen und große Macht und waren zweifellos mit Kräften verbunden, die ich bis dahin noch nicht erlebt hatte. Obwohl ich verstört war, hatte ich doch ein inneres Wissen, daß meine Führer mich nicht in eine Situation bringen würden, mit der ich nicht fertigwerden könnte. Wie bereits zuvor gesagt, schickt das Universum oft eine echte Herausforderung, aber nie etwas, das unüberwindbar ist.

Meine Führer bestätigten, das alles bisher Gechannelte richtig sei, und ließen mich wissen, daß die Priester sich auf meine Kosten nur einen Spaß machten und versuchten, mir Angst einzujagen. – Ich kann Ihnen versichern, sie haben ganze Arbeit geleistet!

Wieder überprüfte ich meinen Schutz bei den Führern, die mir bestätigten, daß er ausreichend sei. Ich konnte mich des Gefühls nicht erwehren, daß sie über meine Beunruhigung ein wenig lachen mußten, da sie wußten, daß ihr Licht für die Priester und ihre offensichtlichen Fähigkeiten in dem dunklen Tanz, an dem sie teilnahmen, viel mehr als nur ein Streichholz war. Ich war jedoch immer noch ein wenig unsicher, daher rief ich noch ein paar andere Freunde: »Herr Jesus Christus, Sai Baba, Herr Buddha, Maitreya, Quan Yin, schützt mich. Erzengel Gabriel, lege deinen Mantel um mich. Meine Führer, drängt euch zusammen, steht fest hinter mir, und ich werde in eurem Namen in die Dunkelheit vortreten, um diesen Ort von der Gefahr zu befreien. Ich werde durch eure Anwesenheit gestärkt, und ich gebe mich uneingeschränkt in eure Fürsorge, ohne um meine eigene Sicherheit zu fürchten. Geht mit mir und führt mich in unserer Arbeit des Heilens, beim Heilen des Planeten und der Menschen und beim Heilen über die Grenzen von Raum und Zeit hinaus. Geht eng an meiner Seite, und ich werde eure Arbeit tun.«
(Im Nachhinein scheinen diese Worte ein wenig übertrieben, aber sie kamen automatisch, und daher habe ich sie hier niedergeschrieben. Damals war es schrecklich dazusitzen, während mein Bewußtsein in einer anderen Dimension in einer gefährlichen Lage war.)

»Priester, ihr könnt jetzt fortfahren, eure Geschichte zu erzählen.«

Die Kommunikation wurde wieder aufgenommen, und die Stimme und Energie des gechannelten Sprechers änderte sich völlig, ich hörte jetzt warme, freundliche, sehr ausgeglichene Worte, wie die eines besorgten Lehrmeisters, sehr menschlich und fast mit einer väterlichen liebevollen Geduld – sicher und beruhigend.

»Seit tausend Jahren und mehr wohnen wir schon auf diesem Ort [er sprach von seinen Vorfahren]; *er schenkt uns Zugang zur Unterwelt. Hier gibt es Macht. Hier gibt es deine gute Macht, die du gesehen hast* [die Erdstrahlungen], *und es gibt Macht, die wir für unsere Arbeit verwenden können.*

Dein Schützling, das Mädchen [die Hausherrin] *hat an diesem Ort Dinge gesehen. Das war nicht unser Werk. Wir haben kein Interesse an diesen Menschen. Sie sah nur, was die Wahrheit ist* [die Widerspiegelung ihres unterbewußten Selbst]. *Wir sehen deine Gedanken und Wahrnehmungen, David, wenn du deinen Geist in unseren Raum schickst, und wir bestätigen, daß du in deinen Wahrnehmungen recht hast. Dies ist ein Ort großer Kraft, für die ›Visionssuche‹, wie es deine Leute nennen.* [Das ist natürlich eine Anspielung an die Verwendung der Wasserkuppel durch die Indianer. Ob sie es in meinem Bewußtsein lasen oder woanders her wußten, weiß ich nicht sicher, doch ich vermute, daß es durch mein Bewußtsein gelesen wurde. Man kann auf dieser Ebene der Verbindung nichts verbergen.] *Sie [die Wasserkuppel]ist seit vielen Hundert Jahren hier, etwa fünfhundert. Sie wurde hier von den Wesen des Waldes plaziert, den ›Naturgeistern‹, wie ihr sie nennt. Das Mädchen sah einen davon, den braunen Zwerg. Sie wurde von seiner Erscheinung erschreckt, doch er ist nur ein Erdgeist, und Braun ist seine Farbe. Es ist ihr Kraftort, es ist ihre Tür, eine Tür zwischen den Welten. Sie benutzen diese Tür, dieses Portal, um zwischen eurer Welt und ihrer eigenen zu wechseln. Ihr nennt es ein ›Planetenquadrat‹. Es ist Mars. Es ist die Kraft des Mannes, die männliche Energie.*

Du kannst dieses Ortes ansichtig werden [des Planetentores], und es zeigt dir, wer du bist, es spiegelt deine Persönlichkeit wider. Es verrät denjenigen, die den Mut haben, sich selbst ins Auge zu sehen, alles. Du hast gespürt, wie es an deinem Herzen zog, als du dort warst. Es nimmt, was in dir drinnen ist, und zeigt es dir. Dein unterbewußter Geist, deine tiefen Geheimnisse, deine wirkliche Grundsubstanz, dein Geist und deine Seele. Das ist eine gute Kraft für diejenigen, die sie für sich selbst nutzen. Sie ist nicht von einer dunklen Art, wie die Energie, mit der wir arbeiten. Es ist Zufall, daß sie hier in unserer Nähe ist, aber kein Zufall aus den anderen Gründen, von denen du weißt, David, wegen der Dinge, die du gesehen und dem Mädchen gezeigt hast. [Das bezieht sich auf die Geospirale.]

Wir arbeiten in einer anderen Dimension als die Wesen, die dieses Tor erschaffen haben. Sie bauten es wegen der anderen Energie, die du fandest. Wieder hast du recht, du hast es richtig als das gesehen, was es ist; dir werden große Fähigkeiten zufallen. Deine Führer mußten deine Wahrnehmung in gewissem Maße abschalten, denn du wärest von der Kraft überwältigt worden. Die Energie ist das, was du ›Geospirale‹ nennst. Es ist von großer Kraft. Deine Vision von aufgerichteten Steinen hier ist gut. Die Alten hätten diesen Ort für Steine genutzt [wenn sie von ihm gewußt hätten]; *sie wußten, daß diese Art Kraft gut war, und sie half ihren Leuten auf vielerlei Weise. Die Jahreszeiten kamen und gingen, und die Energie war stets da, um sie zu führen. Sie war ihr Tempel an anderen Orten, wie das Henge, von dem du sprichst* [Stonehenge]. *Dieser Kraftpunkt wurde nie benutzt, aber er ist bedeutend. Er ist so kraftvoll wie das große Henge* [Stonehenge].

Das Mädchen öffnet sich [sie stellt sich immer mehr auf spirituelle Energie ein], *sie nimmt die Energie wahr, kennt sie jedoch nicht. Natürlich weißt du, wie sie das Licht beeinflußt, du kannst sie mit deiner Gabe des*

Sehens erkennen, es sind die senkrechten, aus dem Boden nach oben steigenden Energiesäulen, die du gesehen hast. Die Energie läßt ihre Zauberkraft wirken, und sie nimmt sie wahr, wie sie das Licht beeinflußt. Sie ist die lebende Energie von Mutter Erde. Von Mutter zu Mutter. Der Mann [der Ehemann der Klientin, dem ich zu diesem Zeitpunkt noch nicht begegnet war] *ist ebenfalls bereit, sie werden hier glücklich sein, sie sind bereit, die Energien zu spüren und zu leben.«*

An dieser Stelle verstummten die Priester.

Ich pendelte nun die Führer wieder herbei und fragte, wie mit den Priestern zu verfahren sei, ob man sie versetzen oder dort lassen solle, und man ließ mich wissen, ich solle sie versetzen. Mir wurde außerdem mitgeteilt, daß ihre Arbeit hier getan sei, sie hätten ihre Zeit gehabt und es sei Zeit, daß sich die Dinge änderten.

Ich plante nun mit meinen Führern, wie die Priester aus dem stofflichen Reich in das astrale zu versetzen wären. Ich beschloß, das am nächsten Tag zu überprüfen und dann zu sehen, wie mit dem Schacht in die Unterwelt zu verfahren sei.

Mittwoch
Ich prüfte alles. Die Priester waren weg, alle Einflüsse auf den Jungen waren aufgehoben. Die Führer sagten, ich solle den Schacht offenlassen, damit wir ihn später untersuchen könnten, und meinten: »Er wird für niemanden ein Problem darstellen. Er war nur für die Priester nutzbar. Es kann nichts hindurchgebracht werden ohne das Wissen und die Macht, sich zu verbinden und zu kommunizieren.«

Später
Die Frau hatte mich eingeladen, jederzeit wiederzukommen, um mir diesen Ort nochmals anzusehen, und nachdem einige Wochen vergangen waren, stattete ich sie mit den Informationen aus, die ich gefunden hatte. Ich hatte anfangs nicht gewußt, wie ich die Sache angehen sollte, spürte aber, daß es wichtig war, daß sie genau wußte, was außerhalb ihres Hauses vor sich ging. Darüber hinaus sagten mir meine Führer, daß es angemessen sei, ihr diese Erkenntnisse mitzuteilen, und versicherten mir, sie würde nicht erschrocken sein, sondern alles verstehen. Daher schickte ich ihr die oben ausgeführten Einzelheiten schriftlich und verbrachte später etwas Zeit mit ihr und ihrem Mann, um ihnen einige der Energien zu zeigen. Ich erklärte, was durch das Marstor geschah und wie es auf sie eingewirkt hatte:

Der Alphazustand ist sozusagen der Schlüssel zur Tür, um mit dem Geist in das Marstor einzutreten. Es ist eine Pforte, die Ihr inneres Selbst, Ihren unbewußten Geist widerspiegelt. Wenn man sich dem Tor in meditativem Zustand nähert, zeigt es einem Dinge über einen selbst, die man vielleicht nicht sehen möchte, aber alles, was es zeigt, ist wahr. Die Frau mußte mit einem schwierigen Problem fertigwerden, und sie hatte gesehen, wie es durch das Marstor widergespiegelt wurde. Gleichzeitig hatte sie den braunen Zwerg gesehen, der sie so erschreckt hatte. Wahrheit ist jedoch Wissen, und Wissen ist Macht. Wir können die Wahrheiten über uns einsetzen, um uns von Dingen zu befreien, die uns zurückhalten. Ich glaube, daß das Wissen, das mir über die Benutzung des Marstores offenbart wurde, derzeit nicht bekannt ist. Mir wurde mitgeteilt, daß solche Dinge mir gezeigt werden, weil die Zeit reif ist, diese Informationen denjenigen mitzuteilen, die sie für die spirituelle Weiterentwicklung nutzen werden.

Schließlich haben wir da noch den Schacht in die Unterwelt. Ich habe viele Tore zu verschiedenen Orten gefunden, doch keines war wie dieses. Ich habe hindurchgespäht, es aber zunächst einfach in Ruhe gelassen, bis die Zeit kommt, es weiter zu untersuchen. Es ist kein Ort der Dämonen, sondern einer Art Unterweltwesen, die an sich nicht schädlich sind, jedoch ein Wissen über Energien besitzen, das von denen gegen die Menschheit genutzt werden kann, welche die Fähigkeit besitzen, die Energien durch Kommunikation mit diesen Wesen zu beeinflussen. Jede Energie ist einfach Energie; sie kann immer für positive wie für negative Zwecke benutzt werden.

Ich weiß nicht, ob hier noch etwas anderes zu finden ist, aber das Potential dessen, was gefunden wurde, ist groß. Die Erdgeister und Naturgeister würden mit Menschen zusammenarbeiten, um diesen Ort als Energiezentrum zu entwickeln, das für Meditation, Heilung, Reinigung, Erhöhung der Intuition, spirituelle Arbeit und zum Weitergeben einiger der verborgenen Geheimnisse der magischen Kraft der Erde genutzt werden kann. Vielleicht entwickeln in Zukunft die Hüter dieses magischen Ortes sein Potential für sich weiter, wenn sie sich spirituell weiterentwickeln.

Die Leser werden bemerkt haben, daß ich die Identität meiner Klienten für mich behalte, wie das jeder professionell Arbeitende mit Verantwortungsgefühl tun würde. In einem unlängst geführten Gespräch mit dem »Gutsherrn« betonte dieser die äußerst wichtige und notwendige

Facette seiner Persönlichkeit, die wir »Ego« nennen, und ihre Bedeutung in bezug auf seinen beruflichen Status. Als zweifellos alte Seele, sehr intuitiv und eingestimmt, bringt er durch sein früheres Leben Wissen mit und entwickelt sich spirituell sehr rasch. Ich komme den Wünschen seines Egos helfend entgegen und bewahre gleichzeitig angemessene Vertraulichkeit, wenn ich sage, daß er ein Heiler ist, den aufzusuchen sich jeder bemühen sollte! Reicht das, Johnny?

Vielschichtige Probleme und die »Schlafkrankheit«

Es geht hier um einen Herrn, der vor mehreren Jahren zum ersten Mal zu mir kam. Als er sechs Jahre alt war, hatte ihn eines Nachts irgend etwas angegriffen, das ihn aus dem Bett zog und sein Energiesystem enorm schädigte. Seitdem hatte er gelitten, und als er erwachsen war, hatte er im Laufe der Jahre mehrere Heiler und im spirituellen Bereich arbeitende Menschen aufgesucht, um Hilfe zu bekommen, doch bald nachdem er die Behandlung erhalten hatte, schien er stets wieder in Verzweiflung zurückzufallen. Er wagte sich kaum noch aus dem Haus und schlief in der Nacht wenig. Sein Zustand war so schlecht, daß er sich vor etwa achtzehn Jahren, mit Anfang Dreißig, aus dem Arbeitsleben zurückgezogen hatte und die meiste Zeit damit verbrachte, nach Hilfe zu suchen und sich durch Gebet und andere Mittel spirituell zu entwickeln.

Zuerst glaubte ich, sein Fall wäre einfach. Er erschien von Wesenheiten angegriffen zu werden, zumal beim ersten Mal, als ich ihn sah, wirklich Wesenheiten vorhanden waren und er außerdem eine schwer beschädigte Aura aufwies. Die Führer sagten mir, es gebe noch mehr Arbeit, und er solle in einer Woche wiederkommen.

Als er kam, erzählte er mir, daß sich sein Zustand sehr verbessert habe; daß er jedoch erneut Probleme habe. Als ich in ihn hineinschaute, hatte er tatsächlich weitere Angriffe durch Wesenheiten erlitten, obgleich seine Aura noch immer intakt war. Wieder entfernte ich die Wesenheiten und fand dazu einen Außerirdischen, der sich in seinem Arm eingenistet hatte. Ich entfernte ihn ebenfalls. Wir führten noch Schwingungsheilung durch und stellten die Chakren ein wenig feiner ein. Wieder teilten mir die Führer mit, er solle in der nächsten Woche noch einmal kommen. Das war sehr ungewöhnlich, da ich zu dieser Zeit meist nur einen Termin mit jemandem machte, um am Energiesystem zu arbeiten.

Beim nächsten Besuch hatte er wieder Wesenheiten aufgelesen, doch war die Aura immer noch intakt, und ich konnte keine Stelle finden, an der er vielleicht Licht verströmte, die diese anziehen würden, oder wo er ihnen Zugang zu seinem System gewährte. Es war jedoch ganz offensichtlich etwas mit dem Energiesystem dieses Mannes überhaupt nicht in Ordnung. Wesenheiten greifen meiner Erfahrung nach nicht immer wieder an, wenn sie nicht Licht entdecken, das aus dem Energiesystem eines Menschen austritt. Ich mußte mich also anstrengen, um herauszufinden, was hier vor sich ging, wußte allerdings nicht, wo ich anfangen sollte.

Ich stimmte mich mit Hellsehen statt mit Hellfühlen in seine Chakren ein, und begann zu pendeln, wobei ich Fragen stellte und um Führung bat, um das Rätsel, weshalb er andauernd angegriffen wurde, zu lösen. Nach etwa einer halben Stunde erhielt ich ein Bild, das zeigte, daß es eine Störung im Energiekontrollsystem gab: Das Wurzelchakra empfing jede Nacht um etwa zwei Uhr ein programmiertes Signal, das es automatisch öffnete und einen Lichtstrahl durch das Kronenchakra hinausschickte – buchstäblich ins All hinaus. Ich hatte nie zuvor so etwas gesehen und wußte daher nicht, was ich dagegen tun sollte. Wir verbrachten etwa eine Stunde damit, das Problem genauer zu betrachten, und ich bat um Führung, um das Programm zu entfernen, das diese automatische Chakraöffnung bewirkte. Wir leisteten ein wenig geführte Schwingungsarbeit, und es wurde mir mitgeteilt, daß dieses spezielle Problem jetzt behoben sei. Wieder ließen mich die Führer wissen, daß der Herr in der folgenden Woche noch einmal kommen solle. Ich hatte nie zuvor einen Klienten so oft bestellt und fragte mich, welch schwierige Aufgabe auf uns beide noch wartete. Heute hätte ich das Problem wahrscheinlich viel schneller gelöst, da ich nun leichter in Chakren hineinsehen kann.

Als er in der folgenden Woche kam, erzählte er mir, daß es ihm viel besser gehe und er zum ersten Mal seit Jahren recht gut geschlafen habe. Ich schaute mir seinen Zustand näher an, und zum ersten Mal waren da keine Wesenheiten und die Aura war noch intakt. Er hatte im Laufe der Jahre viele Heiler aufgesucht, die ihn, da bin ich sicher, von dem Problem der Wesenheiten befreiten. Doch da das Chakraproblem nicht entdeckt worden war, wurde ihre gesamte gute Arbeit fast augenblicklich wieder zunichte gemacht. Endlich ein echter Fortschritt. An jenem Morgen jedoch hatten mir meine Führer immer und immer wieder dieselbe

Botschaft geschickt: Ich sollte heute nur ihm gegenüber auf einem Stuhl sitzen und nichts tun.

Das erzählte ich ihm und fügte hinzu, daß ich noch nicht wisse, was wir tun würden, daß man es mir aber mitteilen werde. Also machten wir es uns bequem, und ich begann, mich mit einem Pendel einzustimmen, aber alle meine Signale wurden blockiert. Ich wurde müde, bis ich meinen Kampf gegen den Schlaf aufgab. Ich spürte die Schwingungen aktiver Geistführer und bemerkte, daß auch mein Klient seine Augen kaum noch offenhalten konnte. Binnen Minuten verloren wir das Bewußtsein und kamen fast anderthalb Stunden lang nicht wieder zu uns. Offensichtlich hatte die Führer die Kontrolle über die Situation übernommen und uns »ausgeschaltet«. Sehr ungewöhnlich und in gewisser Weise beunruhigend. Wir schliefen beide und brauchten gute zwanzig Minuten, um wieder zu uns zu kommen. Ich sagte: »Ich weiß nicht, was hier passiert ist, Sie vielleicht?« Er sagte, er wisse es auch nicht; es fühle sich allerdings so an, als sei an ihm viel gearbeitet worden. Ich sagte, daß ich auch merkte, daß man an mir gearbeitet habe, und ich pendelte aus, daß das stimmte. Das ging nun eine ganze Weile so weiter, und die meiste Zeit während dieser Sitzungen erzählten uns die Führer nichts, wenn sie uns auch im Laufe der Zeit Teile des Puzzles überließen, die insgesamt ein interessantes Bild ergaben:

Zuerst einmal war dieser Mann in einem außerirdischen Dasein ein mächtiger Energiearbeiter gewesen. Das war der Grund, warum er als Kind angegriffen worden war. Er hatte zu einer Dreiergruppe gehört, und jeder der drei hatte Energie in interplanetarischem Maßstab nutzbar machen und ausgleichen können.

Nach einigen Wochen Behandlung wurde mir mitgeteilt, daß es bald an der Zeit für seine beiden Kameraden sei, den Kontakt wieder aufzunehmen, da wir auf vielen Ebenen so viele Reparaturen gemacht hätten. Ich pendelte immer, um zu sehen, auf welcher Ebene seines Wesens wir gearbeitet hatten, und es war oft auf sehr hoher spiritueller Ebene gewesen, gleichzeitig aber auch auf der Ebene des niederen Selbst und des höheren Selbst. Der Tag der Kontaktaufnahme kam etwa zwei Wochen später, und wir wurden zwei Wesen vorgestellt, die Dar und Simeon hießen – seine früheren Partner. Das war eine Zeit voller Emotionen.

Während dieser Heilungssitzungen, bei denen wir uns gegenübersaßen, entwickelte sich ein Muster. Wir setzten uns, und binnen vier oder fünf Minuten waren wir für gewöhnlich beide völlig und sehr tief bewußtlos. Bei manchen Gelegenheiten wußten wir sicher, daß außerkörperliche Erfahrungen stattgefunden hatten, oft mit dem Ergebnis, daß wir bei der Rückkehr in unseren Auren unausgeglichen waren. Es dauerte für gewöhnlich zwischen einer und anderthalb Stunden. Normalerweise kam ich fünf Minuten vor ihm zu mir, und es war fast immer so, daß an ihm noch gearbeitet wurde, die Führer aber das, was sie an mir taten, nach und nach weniger werden ließen. Die Schwingungen im Heilungsraum waren fast immer spürbar. Manchmal waren die Schwingungen so stark, daß sich der ganze Raum anfühlte, als sei er in Bewegung, aber meistens wurde uns lediglich gesagt, daß an uns beiden gearbeitet werde und wir mit den Sitzungen fortfahren sollten.

Im Laufe der Monate entwickelte er durch Übertragung von Energiemustern von mir eine sehr gute Fähigkeit zum Pendeln, und eine Reihe von Geistführern hatte sich ihm zugesellt, um seine Fortschritte zu unterstützen. Außerdem waren andere Mitglieder seiner Familie inzwischen sehr eingestimmt und entwickelten ebenfalls gute Fähigkeiten zum Pendeln.

Bei einer Gelegenheit erhielt ich die folgende Information: »Achtundvierzig Führer anwesend. Jesus und einige andere Wesen.« Ich hatte meines Wissens noch nie die Präsenz von Jesus bei einer Heilungssitzung dabeigehabt. Ich denke sogar, daß ich mich selbst nie für wert gehalten hatte, um eine solch hohe Autorität zu bitten. Wenn ich mit Dämonen arbeitete, habe ich allerdings manchmal um die »Energie von Jesus« gebeten. Die Botschaft war sehr direkt und aufrichtig, und so erwähnte ich meinem Klienten gegenüber, daß man mir gesagt habe, Jesus sei heute hier und werde mit uns arbeiten. Zu meinem Erstaunen erwiderte er: »Letzte Woche ist er schon hier gewesen. Frag, dann wirst du es sehen.« Ich fragte, und mir wurde gesagt, daß es so gewesen sei. Seit dieser Zeit hatte ich Jesus schon bei mehreren Anlässen dabei. Ich bitte nie um seinen Beistand, und ich sage es meinen Klienten nie, wenn er mit uns war, denn es fühlt sich für mich ein wenig prahlerisch an.

Die direkte und herrische Stimme fuhr fort: »Die heutige Heilung wird außerirdische Arbeit sein. Wir werden vielleicht nicht an Dave arbeiten; das hängt davon ab, wieviel wir erreichen. Dar und Simeon sind hier. Heute: Verbindung mit Dar und Simeon wieder herstellen.«

Nach ungefähr einer Stunde der üblichen »Schlafkrankheit« war mein Klient immer noch tief bewußtlos, und ich erhielt viele Schwingungen, die mir sagten, ich solle mich auf eine Botschaft für ihn einstimmen. Die Botschaft war von Dar und Simeon:

»Wir wissen, daß es dir nicht gut ging. Endlich hast du jemanden gefunden, der dir helfen kann. Es wird sich jetzt vieles für dich ändern. *[Tatsächlich hatte sich schon vieles für ihn geändert, und für mich auch.]* Natürlich können wir nicht so zusammenarbeiten wie früher, aber du wirst lernen und fähig sein, durch dein Pendeln viele Dinge zu tun. David ist ein guter Lehrer. Er formt dich mit seinen Fähigkeiten, da du dich in der Ausstrahlung seines Energiefeldes befindest. Wenn er Fortschritte macht, wirst du das auch tun. Deshalb wird an euch beiden gearbeitet. David wird neue Fertigkeiten entwickeln, hauptsächlich im Bereich ›Heilen‹ und bei den spirituellen Verbindungen, und diese Schwingungen werden durch ihn zu dir gelangen, damit sich deine Fähigkeiten entfalten. Wir können das nicht direkt mit dir tun, es muß durch David hindurchgehen, wenn du zu den Heilungssitzungen kommst.

Wir helfen euch beiden. Davids Fähigkeiten liegen im Heilen, du aber wirst andere Fertigkeiten entwickeln: Fähigkeiten, über die Grenzen der Welten hinaus zu kommunizieren. Und wir haben dir heute geholfen, dich wieder zu verbinden. Es mußte bei dir viel ausgebessert werden, bis du ein Stadium erreichst, in dem wir helfen können, und das geschieht nun während deiner letzten Besuche bei David.

Wir besuchen dich zu Hause und überprüfen dich, aber wir können zu diesem Zeitpunkt nicht viel tun, um dir direkt zu helfen. Es wird eine Zeit kommen, da dies möglich sein wird. Du hast noch einen langen Weg vor dir. Es muß noch mehr Heilung geschehen, und während die Heilung voranschreitet, werden sich deine Fertigkeiten entwickeln. Du wirst dann in der Lage sein, direkt mit uns zu sprechen, und wir werden dir mehr darüber erzählen können, wer du bist.

Es steht uns nicht zu, dir das durch David zu sagen, aber er ist wichtig für dein Voranschreiten und die Reparaturen. Er hat viel Gutes getan; wenn er das nur wüßte.«
Dar und Simeon

Seit jener Zeit hat er eine regelmäßige Kommunikation mit Dar und Simeon durch Pendeln entwickelt. Andere Teile seines vorherigen Lebens in jener anderen Dimension sind auch klar geworden. Seine Familie erzählt mir, daß die Veränderungen bei ihm einschneidend seien und er jetzt ein ausgeglicheneres Leben führen könne. Die wöchentlichen Sitzungen mit unserer »Schlafkrankheit« setzten sich noch fast zwei Jahre lang fort. Mein Klient machte während dieser Zeit große Fortschritte und erreichte schließlich einen Punkt, an dem ein äußerst hohes Wesen Kontakt zu ihm und seiner Familie aufnahm. Dieses Wesen, das »Sir« genannt wird, hat meinem Klienten und seiner Familie viel Führung angedeihen lassen und auch mir geholfen, als ich Antworten in schwierigen Fällen brauchte. Es ist gut zu wissen, daß man Bestätigung aus einer anderen Quelle erhalten kann, wenn man sie benötigt.

Und noch ein Fall von »Schlafkrankheit«

Wenn ich aus der Ferne Geister und Wesenheiten austreibe, kann es geschehen, daß ich bis zu einer halben Stunde lang das Bewußtsein verliere, da ich dabei viel Energie verliere. Die Beseitigung von besonders schweren geopathischen Energien in Häusern kann auf mich eine ähnliche Wirkung haben. Oft, wenn ich mit einem Klienten durch Schwingungsheilung entweder an spirituellem Fortschritt oder an der tiefen Heilung des feinstofflichen Energiesystems arbeite, wird der Energieaustausch so groß, daß ich fünf oder zehn Minuten lang ohne Bewußtsein bin, wenn zum Höhepunkt der Sitzung eine sehr starke Veränderung im Klienten stattfindet. Bei der Arbeit an geopathischen Störungen, wenn ich mit Naturgeistern und dem Bewußtsein der Erde arbeite und die Erde von giftigen Schwingungen befreie, verliere ich manchmal im entscheidenden Stadium der Energiefreisetzung für ungefähr eine halbe Stunde das Bewußtsein. Von Mensch zu Mensch jedoch, wenn ich nicht gerade energetische Hilfsmittel einsetze oder irgendein Heilverfahren durchführe, hat mich die »Schlafkrankheit« nur noch einmal befallen, als ein guter Freund und Heiler uns an einem »Tag der offenen Tür« besuchte.

Alan ist ein sehr mächtiger und begabter Heiler, der sich sehr schnell entfaltet. Er leistet auch eine ganze Menge Arbeit auf dem Gebiet der übersinnlichen Ersten Hilfe. Wir lernten uns kennen, nachdem ich die Fernsehserie *Housebusters* auf *Channel 5* geleitet hatte. Er meldete sich bei mir und sagte, er glaube, daß sie im Haus ein Problem mit Geistern hätten. Seit ich Alan und seine Partnerin Ann zum ersten Mal besuchte, haben beide sich im Hinblick auf ihre Spiritualität und Intuition entwickelt. Nachdem Alan uns eines Nachmittags zu Hause besucht hatte, empfing ich eine Botschaft, die besagte, daß ich ihn das Pendeln lehren solle. Ich stellte ihm das Pendel vor und wies ihn in die Grundlagen des

Pendelns ein. Als wir mit dieser Arbeit beschäftigt waren, erhielt ich eine Botschaft, daß ein Geistführer darauf warte, mit Alan zu kommunizieren. Ich channelte eine kurze Botschaft und stellte Alan Ronaldo vor, einen italienischen Geistführer. Das ganze dauerte etwa eine halbe Stunde.

Alan fühlte sich beim Pendeln in seinem Element wie der sprichwörtliche Fisch im Wasser. Innerhalb von wenigen Wochen kommunizierte er bereits mit einer guten Handvoll Führern, von denen die meisten Italiener waren. Ich sagte scherzhaft zu ihm, daß er wohl in einer Mafia-Familie mit guten Beziehungen gelandet sei, da einer seiner Führer ein ehemaliger Bankier war. Es dauerte nicht lange, bis Dutzende von Führern mit Alan arbeiteten, und er hatte in seiner Arbeit mit sehr mächtigen Wesenheiten zu tun. Diese Entwicklung hatte sich bei ihm tatsächlich in wenig mehr als einem Jahr vollzogen. Alan ist ein geborener Heiler; er hatte nur darauf gewartet, sein Energiesystem anzuschalten.

Und nun zurück zum »Tag der offenen Tür« im Atelier: Die anderen Gäste waren schon alle gegangen, und es waren nur Ann und Denise, Alan und ich übriggeblieben. Alan und ich saßen auf dem Sofa und plauderten, als ich plötzlich eine gewaltige Menge Energie sah, die wie blaue und gelbe Flammen aus einer großen Spitze eines Russischen Quarzkristalls schoß. Ich unterbrach Alan, um es ihm zu zeigen, und sagte: »Schau dir das mal an, Alan, kannst du die Energie sehen, die da aus dem Kristall schießt?« Gleichzeitig streckte ich die Hand aus und nahm den Kristall, um ihn Alan zu geben. Als ich ihn hinüberreichte, konnte ich meine Augen nicht mehr offenhalten, und als Alan ihn von mir entgegengenommen hatte – nicht mehr als vielleicht vier oder fünf Sekunden, nachdem ich ihn in die Hand genommen hatte –, war ich fast bewußtlos. Ich erinnere mich, Alans Stimme gehört zu haben, als er ihn nahm, konnte aber die Worte nicht verstehen.

Als nächstes weiß ich nur, daß ich vierzig Minuten später wieder zu mir kam. Alan kam zur gleichen Zeit zu sich. Die Frauen zogen uns auf und sagten, daß wir Ewigkeiten geschlafen und aus Leibeskräften geschnarcht hätten. Alan erzählte mir, daß er, als ich ihm den Kristall gegeben hatte, gesagt habe, er könne seine Augen nicht offenhalten; dann habe er innerhalb von Sekunden das Bewußtsein verloren. Mir wurde klar, daß die Führer uns aus unserem Bewußtsein geholt hatten, damit an uns gearbeitet werden konnte – und das erklärte ich Alan.

Viele Menschen sind beunruhigt, wenn ich ihnen von einem Vorgang dieser Art erzähle, weil man keine Kontrolle hat, aber ich muß sagen, daß ich mich daran gewöhnt habe und keine »Nebenwirkungen« davontrage, abgesehen von der normalen Erschöpfung, die auftritt, wenn man mit den Energien mächtiger spiritueller Kräfte arbeitet. Die Menschen glauben, es könne nicht richtig sein, daß es da draußen Kräfte gibt, die die Kontrolle über einen übernehmen können, ohne daß man es aufhalten kann. Nun, ich bin mir nicht sicher, ob ich es nicht doch aufhalten könnte, wenn ich das wollte – wahrscheinlich könnte ich es. Ich sehe das so: Ich bete ohne Unterlaß um Führung und Hilfe in meiner Heilarbeit, und ich weiß, daß mir die Hilfe auf ganz unterschiedliche Weise zuteil wird. Wenn das die Art ist, wie meine Gebete beantwortet werden, dann bin ich sehr dankbar für den Beistand, den ich erhalte. Er hat ganz gewiß die erwünschte Wirkung.

Dies ist so viele Male geschehen, und ich habe die Situation und die Einzelheiten so oft analysiert, daß ich mit Sicherheit weiß, daß an mir auf vielen Ebenen meines Wesens auf positive Art gearbeitet wird. Ich weiß, daß die Führer die Möglichkeiten zur Hilfe ergreifen, wenn sie sich zeigen. Und hier gab es ganz klar eine Möglichkeit für sie, uns beiden zu helfen, während wir da saßen und uns unterhielten. Unterschiedliche Menschen haben unterschiedliche Energien, und diese können als Katalysatoren wirken, um anderen zu helfen. Alan besitzt wahrscheinlich Energien, die von den Führern verwendet werden können, um mir zu helfen, und umgekehrt. Dasselbe gilt für meinen in dem vorigen Fallbeispiel erwähnten Klienten. Er hat während unserer Sitzungen unermeßliche Fortschritte gemacht, und ich weiß, daß auch ich mich dabei immer weiter entfalte. Kurz nach diesem Vorfall entwickelte Alan eine Fähigkeit, durch die das Geistige durch ihn direkt auf der Sprachebene kommuniziert. Es kommt durch sein Ohr herein, spricht durch seinen Mund und umgeht dabei seinen Verstand und sein Tagesbewußtsein. Ich will damit nicht sagen, daß diese eine Sitzung das bewirkt hat, da vieles stattfindet, was uns hilft, aber ich bin sicher, daß der Vorgang ihm auf kraftvolle Weise geholfen hat.

Ich weiß aus Erfahrung, daß ich in großem Maße für viele Menschen als Katalysator für Veränderung im Hinblick auf Spiritualität und Heilung wirke, einzig dadurch, daß sie sich in meinem Energiefeld befinden. War es so, daß ich von Alan in erster Linie angerufen wurde, um sein Haus zu untersuchen, nur um es von Wesenheiten zu befreien, oder waren andere universelle Kräfte am Werk, die uns zusammenbrachten, damit durch meine Energien sein Entfaltungsprozeß beginnen konnte? Es mag wie ein Eigenlob klingen, aber ich spreche aus Erfahrung: Ich habe gesehen, wie Menschen sich auf vielen Ebenen öffneten, nachdem sie in meiner Energie gewesen waren. In gleicher Weise scheint es, daß die Führer, wenn ich mich im Energiefeld bestimmter anderer Menschen befinde und die Zeit und andere Bedingungen stimmen, diese Gelegenheit ergreifen, uns beiden mit allen Mitteln zu helfen, die ihnen zur Verfügung stehen. In diesem Fall hieß das, uns beide in einen Zustand der Bewußtlosigkeit zu versetzen und entweder etwas zu verbinden, was dafür bereit war, oder irgendeine Verbindung fein einzustellen, die auf einer niederen Ebene schon arbeitete. Wer kann schon mit Gewißheit sagen, was sie taten, da wir uns doch mit vielem nicht auskennen, nicht wissen, wie Kommunikation und Energie in den Reichen des Lichtes arbeiten.

Wenn Sie das alles ungewöhnlich finden, verweise ich Sie auf Edgar Cayce, der die letzten dreiundzwanzig Jahre seines Lebens in einem Zustand des Schlafes oder der Bewußtlosigkeit Erklärungen gab. Niemand hat mehr geleistet, das Verständnis für Reinkarnation und die karmischen Folgen aus dem Verhalten in früheren Leben sowie für viele andere Aspekte des Heilungsprozesses zu erweitern als Cayce mit seinen Erklärungen. Es ist interessant, daß dieser Zustand der Trance oder Bewußtlosigkeit Cayce ausgelaugt und mit großer Sicherheit sein Leben verkürzt hat.

Ein schlangenähnlicher Dämon

Diese Klientin litt an einem allgemeinen Energiemangel und machte emotional eine schwere Zeit durch. Ich begann, mich auf sie einzustimmen, und konnte sehen, daß da eine Menge Streß war, der sich im oberen Teil des Oberkörpers festgesetzt hatte. Sie hatte mehrere Wochen lang eine Lungenentzündung gehabt, die sie nicht abschütteln konnte, und nahm derzeit Antibiotika. Ich konnte in ihrer Energie sehen, daß ihr emotionaler Zustand zum Streß in ihrem System beitrug.

Ich bat darum, die Aura gezeigt zu bekommen, doch die Erlaubnis wurde verweigert. »Komisch«, dachte ich, »warum darf ich nicht in die Aura hineinsehen? Es muß etwas geben, das ich noch nicht gesehen habe, oder etwas, das sich versteckt.« Ich erwartete nicht, etwas Ungewöhnliches zu Gesicht zu bekommen, da ich der Ansicht war, ihre Probleme bestünden nur in den Blockaden in ihrem Energiesystem. Als ich mich jedoch sehr sorgfältig einstimmte, entdeckte ich einen Dämon, der im Solarplexuschakra steckte. Ich überprüfte die Klientin sorgfältig auf

Wesenheiten, spirituelle Anhängsel usw. und fand nichts mehr. Ich schaute nach, ob sie einen Schaden in der Aura hätte, und diese war heil. So weit, so gut.

Dieser Fall war langsam angelaufen, und ich war vorsichtig. Vielleicht sagte mir mein Unterbewußtsein etwas, das ich nicht bewußt wahrnahm. Als ich anfing, mich auf den Dämon zu konzentrieren – langsam, aber mit meiner ganzen Absicht –, drängte er nach oben in ihr Herzchakra. Die Klientin konnte spüren, wie er sich bewegte. Ich fragte, ob sie Gedanken habe, die nicht ihre zu sein schienen, was auch der Fall war. Der Dämon hatte es wohl auf ihre Ängste abgesehen. Wenn sie den kleinsten Zweifel an irgend etwas hegte, stürzte er sich auf diese negative Energie und verstärkte sie, so daß ihre kleinste Angst zu eine mächtigen negativen Kraft wurde, die ihr Vertrauen in alles untergrub, was sie tat. Er griff außerdem in viele andere Bereiche ihres Lebens stark ein.

Als ich mich nach und nach einstimmte, um seine Ausdehnung herauszubekommen, ohne mich in Gefahr zu begeben oder mich zu sehr zu öffnen, konnte ich sehen, daß er nicht böse war, obschon er eine dunkle Seite hatte. Ich erkannte, daß man mit ihm verhandeln konnte, und glaubte, daß es gut möglich wäre, ihn wieder ins Licht zu bringen und ihn so umzuprogrammieren, daß er andere Wesen respektierte.

Mein Sehen stimmte sich weiter ein, und ich konnte ihn im Herzchakra ausmachen, nahm aber auch wahr, daß er immer noch auch das Solarplexuschakra besetzt hielt. Ich konzentrierte mich weiter und konnte sehen, daß er einen großen runden Kopf und einen langen, dicken Schwanz hatte. Er begann nicht zu kämpfen, war aber gleichzeitig auch nicht bereit, ihren Körper zu verlassen. Ich spürte, daß wir wohl ein langes, ermüdendes »Aussitzen« vor uns hatten.

In einer solchen Situation kann man nur eines tun: Kontakt mit dem Bewußtsein des Wesens aufnehmen und diese Verbindung in einer Art »Tauziehstellung« aufrechterhalten. Man hält dabei den bewußten Raum des Dämons so, daß er sich nicht bewegen kann, gibt aber auch kein noch so kleines Stück des eigenen Bodens preis. Es ist ein bißchen wie ein Kampf »Mann gegen Mann«, wobei es darum geht, wer zuerst aufgibt. Ich nehme also die Position ein: »Du kannst nicht hier drinbleiben, du mußt hier weg«, während der Dämon für gewöhnlich den Standpunkt: »Ich gehe überhaupt nirgendwohin« bezieht. Der Druck auf den eigenen Geist kann Streß bedeuten, aber ich lasse nicht los, da sonst Boden verlorengeht und ich womöglich wieder ganz von vorn beginnen muß.

Er hatte angefangen, ein wenig hin- und herzugleiten und zu rutschen. Sie konnte ihn nun vor ihrem geistigen Auge sehen und fragte, ob er grün und schleimig sei. »Ja«, erwiderte ich – es war eine Art grünliches Schwarz, umhüllt von mittelgrünem Schleim. Dieser sah aus, als wäre er ein Gleitmittel, auf dem er kriechen konnte. Ich dachte zunächst, er wolle durch das Herzchakra entweichen, doch er hatte sich nur dort niedergelassen und schien in Deckung zu gehen in der Hoffnung, daß ich verschwinden würde.

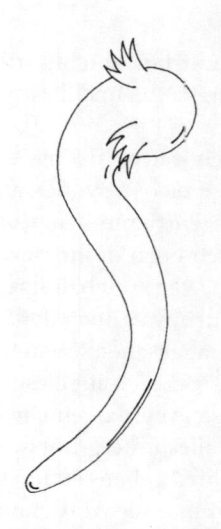

Schlangenartiger Dämon, über einen Meter lang, der im Solarplexuschakra »lebt«.

Ich übte weiter geistigen Druck auf ihn aus, und sein Körper, der sich noch im Solarplexus-Chakra befand, begann, sich zu winden. Da erst konnte ich sehen, daß es ein langer, sehr dicker Schwanz war, zusammengerollt wie eine Schlange. Er sah zu groß aus, um in das Chakra zu passen. Ich setzte die telepathische Kommunikation fort, um ihn dazu zu bringen, seine Stellung aufzugeben. Als der Druck andauerte, begann meine Klientin, einen üblen Küchengeruch wahrzunehmen. Ich konnte ihn nicht riechen, da er wahrscheinlich nur in ihr wahrnehmbar war. Als die Arbeit weiterging, sagte sie, daß der Geruch an Intensität zunehme.

Die Bewegung im Solarplexuschakra wurde stärker, und ich glaubte, daß er nun vielleicht ihr System durch dieses Chakra statt durch das Herzchakra verlassen würde. Sein Schwanz begann sich zu entrollen, und er drückte ihn nach unten durch das Sakralchakra und dann durch das Wurzelchakra. Für mich fühlte es sich an, wie es sich für eine Frau anfühlen muß, wenn sie gebärt. Es war eine sehr »dicke« Energie, die nach unten drückte. Sie entfaltete sich und breitete sich nach unten aus bis zu den Knien der Klientin. Ich fragte sie, ob sie spüren könne, wo die Energie sei, und sie konnte sie genau da spüren, wo ich sie sehen konnte. Nun dachte ich, er würde vielleicht durch das Wurzelchakra entweichen.

Ihr wurde jetzt übel, was ich spüren konnte. Es war wie ein dicker Schleimbelag in der Kehle, und der Dämon verursachte durch sein Sich-hin-und-her-Winden bei uns beiden starken Speichelfluß. Außerdem hatte meine Klientin noch immer den widerwärtigen Geruch in der Nase. Der Dämon fühlte sich langsam unwohl, da ich meine Stellung hielt.

Er behauptete seine neue Position etwa zwanzig Minuten lang, dann begann sich die Mitte seines Körpers beziehungsweise Schwanzes aus dem Solarplexuschakra zu heben. Sein Kopf wurde dadurch aus dem Herzchakra gezogen und der Rest seines Schwanzes durch das Wurzel- und das Sakralchakra wieder nach oben. Es schien, als hätte er, einmal aufgerollt, seine Fähigkeit verloren, weiter dort festzuhalten.

Als er entfernt war, gab es noch viel mehr zu tun, um das Energiesystem des Opfers zu reparieren. Meine Klientin erzählte mir, der üble Geruch habe sie etwa zu der Zeit verlassen, als der Dämon entwichen sei. Da wir jedoch viel Energie verloren hatten, ließen mich die Führer nur ein paar Essenzen verwenden, die helfen sollten, die Energie der »schleimigen Schweinerei« aufzulösen, die der Dämon hinterlassen hatte. Sie zeigten an, daß das Energiesystem Zeit benötigte, um die Veränderungen zu verarbeiten und sein natürliches Gleichgewicht wiederzufinden, und dann könnten wir in ein paar Monaten weiterarbeiten.

Dämonische Wesen gibt es in allen Formen und Größen. Hier hatte ich zum ersten Mal diese Art Schlangenwesen gesehen. Es hatte einen großen runden Kopf, der an den Seiten klebrige Flossen zu haben schien, mit Hilfe derer er sich durch Energiefelder bewegen konnte. Der Körper war um die anderthalb Meter lang und bis hin zu seinem Schwanz acht bis zehn Zentimeter im Durchmesser. Alles in allem war es ein recht großes Wesen, wenn man bedenkt, daß es in einem Menschen lebte. Kein Wunder, daß diese Frau sich ihrer Energie beraubt fühlte.

ÜBERSINNLICHER ANGRIFF UND BESESSENHEIT

Hier ging es um eine sehr bewanderte und erfahrene Energiearbeiterin, die es bei der Ausübung ihrer Heilarbeit nicht an Sorgfalt fehlen ließ, jedoch nicht genug wußte, um zu erkennen, was geschah, als etwas nicht nach Plan lief.

Sie ist Reiki-Meisterin mit fortgeschrittenen intuitiven und medialen Veranlagungen, hat ein paar stark wirkende energetische Mittel zur Zerstreuung von negativen Erdkräften geschaffen und besitzt auch

Fähigkeiten im Pendeln und Rutengehen. Sie hatte mich zur Hilfe gerufen, weil sie eine Reihe von Problemen mit ihrer Arbeit und ihrer Energie erfahren hatte. Vor kurzem erst hatte sie gespürt, daß sie von irgendeiner Kraft besessen war, vermutlich von einem Geist.

Ich begann mir ihr Energiesystem genau anzusehen. Ich fand acht Wesenheiten und einen Geist, männlich. Auf den ersten Blick sah dieser Fall einfach aus, doch oft sind die Dinge nicht so, wie sie erscheinen. Sie war tatsächlich von dem Geist besessen. Das ist wichtig zu wissen, weil Geister sich oft nur in der Nähe der Person in Bereitschaft halten oder sich gelegentlich an der Außenseite der Aura einer Person aufhalten. Von »Besessenheit« spricht man aber erst dann, wenn der Geist sich in der Aura befindet. Auf dieser Ebene kann er viel mehr Unheil anrichten und die Persönlichkeit des Betreffenden beeinflussen. Damit der Geist in die Aura eintreten kann, muß es eine schwere Beschädigung der äußeren Struktur geben. Als nächstes mußten wir die Frage stellen, wie und wann die Aura beschädigt wurde.

Ich stellte mit Hilfe meiner Führer fest, daß die Probleme dieser jungen Frau vor etwa fünf Jahren begannen, einige Zeit nach einer Einstimmung in den zweiten Reiki-Grad. Ich konnte bei keiner ihrer Einstimmungen und auch bei keiner Arbeit, die sie danach getan hatte, irgendeinen Fehler finden, der das Problem hätte verursachen können. Alles hatte damit begonnen, daß diese Frau sich eine Wesenheit aufgelesen hatte. Da der Ausgangspunkt des Problems so weit zurückliegt, ist es unmöglich festzustellen, ob die Wesenheit von einem Klienten kam oder sich nur an ihre Energie anhängte, weil sie vielleicht ein wenig zu offen gewesen war und dadurch zu hell strahlte oder »Licht abgab«. Was es war, tut in diesem Stadium eigentlich nichts zur Sache. Es ist jedoch bemerkenswert, daß sie danach ihren dritten Reiki-Grad machte, ohne daß ihr Reiki-Meister das Problem entdeckte, was sowohl für diese Frau als auch für jeden anderen Anwesenden bei dem Einstimmungsprozeß hätte verheerend sein können, weil im Augenblick der Einstimmung die Energieübertragung gewaltig ist und die Auren aller Teilnehmer ganz geöffnet werden. Eine Energiemenge dieser Art kann einer Wesenheit augenblicklich ungeheure Macht verleihen und ihr die Kraft geben, viel Schaden anzurichten. Zum Glück schien es so zu sein, daß dieser Bursche nur ein kleiner Fisch war.

Jede Art »Lichtwesen« besitzt eine magnetische Anziehungskraft, und wenn sich eine Wesenheit einmal an jemanden gehängt hat, ob innerhalb des Chakrasystems oder außen an der Aura, kann diese magnetische Kraft ähnliche Wesen anziehen. Es ist sozusagen nur der Anfang. Wird die Wesenheit nicht entfernt, dann verschwindet das Problem nicht, sondern verschlimmert sich, weil andere Wesenheiten dazukommen, um sich ebenfalls vom Energiesystem des Betroffenen zu nähren. Manchmal nimmt das Problem sehr schnell zu, und manchmal, wie in diesem Fall, kann es beträchtliche Zeit dauern – das hängt von den Umständen und der Natur und Macht der vorhandenen Wesenheit ab. Wichtig ist hier festzustellen, daß das Energiesystem der jungen Frau seit fast fünf Jahren beeinträchtigt war.

Während der Jahre, nachdem sie die erste Wesenheit aufgelesen hatte, gesellten sich nach und nach weitere dazu, bis auch die äußere Struktur ihrer Aura beschädigt war. In diesem Stadium dürfte ihr Energiesystem ihr eine Menge Probleme bereitet haben, weil sie nicht ausgeglichen war, in gewissem Maße zu offen und nicht in der Lage, ihre Energie zu halten. Die Beschädigung begann etwa vier Monate, bevor wir uns trafen, schneller zuzunehmen. Ungefähr fünf Wochen, bevor wir uns trafen, hatte sie den Geist aufgelesen, von dem sie besessen wurde.

Ich begann mit der Arbeit, indem ich ein Energiegitter um sie herum aufbaute, und gemeinsam mit meinen Führern machten wir uns daran, die Wesenheiten zu entfernen. Als dieser Prozeß im Gange war und meine Führer die Arbeit fortsetzten, fing ich an, mich auf den Geist zu konzentrieren, von dem sie besessen war. Ich fand die genaue Stelle des Schadens in der Aura und stimmte danach mein Bewußtsein auf den Geist ein. An diesem Punkt nahmen die Dinge eine ungewohnte Wendung: Je tiefer mein Bewußtsein vordrang, desto mehr nahm ich die Emotionen Ärger und Angst auf. Die Emotionen wurden mit einiger Kraft direkt auf mich gelenkt. Ich stieß tiefer vor, und der Widerstand wurde stärker. Es fühlte sich ganz und gar nicht »richtig« an. Ich hatte nie zuvor Emotionen mit so viel Energie dahinter erlebt und ganz gewiß nicht so gegensätzliche wie Ärger und Angst zusammen.

Ich überprüfte meinen Schutz und fuhr mit meiner Arbeit fort. An diesem Punkt erhielt ich einen Namen für den Geist. Er hieß Harald, gleichzeitig erzählte mir die junge Frau, er sei aus Österreich, was ich bestätigte. Harald war ein Mörder gewesen, und er war sehr verwirrt. Scheinbar hatte man ihm eingeredet, daß er für sein Verbrechen bestraft werden würde, und ich sagte ihm nun das Gegenteil. Ich konnte spüren, daß er es nicht glaubte, als ich ihm sagte, er würde nicht bestraft werden, wenn er aus der Aura meiner Klientin herauskäme. Ich konnte ihn einfach überhaupt nicht aus der Aura bewegen. Ich hatte ungefähr fünfzehn bis zwanzig Minuten damit verbracht, ihn zum Herauskommen zu überreden, da brachten meine Führer zwei andere Geister herbei, die ebenfalls Mörder gewesen waren, wie ich feststellte. Sie sollten Harald davon überzeugen, daß alles, was ich gesagt hatte, stimmte und daß diese anderen Geister ebenfalls keine Bestrafung für ihre vorsätzlich bösen Taten erfahren hatten.

Ich widmete mich in dieser Zeit dem Energiegitter und fügte weitere Kristalle und Essenzen hinzu. Ich überprüfte den Fortschritt bei den Wesenheiten, deren Entfernung nun etwa zur Hälfte abgeschlossen war, und ich schaute in das Loch in der Aura und versuchte, die Lage einzuschätzen. »Irgend etwas stimmte mit diesem Fall nicht«, dachte ich noch einmal, »da gibt es etwas, das ich nicht sehe. Etwas, das nicht gefunden werden möchte.«

Ich stimmte mich wieder auf Harald ein, und er war immer noch nicht bereit, sich zu bewegen. Ich schob mein Bewußtsein wieder sehr vorsichtig mit meiner vollen Aufmerksamkeit in die Aura hinein, als ich etwas erhielt, das man nur als Tritt in die Magengrube beschreiben kann. Er kam mit solcher Wucht, daß er mich ein Stück vom Stuhl hob, während ich erschrocken aufstöhnte. Es war ein Energiestrahl, der mich in das Sakralchakra getroffen hatte, und er war von irgendeinem Wesen in der Aura der jungen Frau speziell auf mich gerichtet worden. Als ich versuchte, wahrzunehmen, was geschah, spürte ich Angst und Ärger, die aus ihrer Aura herauskamen, sehr stark, und ich wurde erneut mehrfach getreten. Das war eine neue Erfahrung, so zog ich mein Bewußtsein wieder zurück und überprüfte meinen Schutz. Ich ließ die Dinge für einen Moment auf sich beruhen und ging wieder zurück in das Bewußtsein der Wesenheiten, die jetzt alle entfernt worden waren.

Die Führer geben mir oft keine Informationen, bis ich frage, weil sie mich so lehren, wachsam und neugierig zu sein; jetzt aber wurde ich langsam argwöhnisch. Es bedarf keiner großen Anstrengung, einen Geist, der in der körperlichen Welt gefangen ist, davon zu überzeugen, daß es für ihn einen besseren Ort gibt. Ich zwinge ihn nicht hinaus, ich lasse ihn selbst entscheiden, auf der Grundlage der Informationen, die ich ihm gebe – und in diesem Falle hatten die Führer mitgeholfen, Harald davon zu überzeugen, daß die Sache für ihn gut stand. Ich stellte daher ein paar Fragen.

Es dauerte nicht lange, bis ich die Antwort gefunden hatte. Die junge Frau war nicht nur von Harald besessen, hinter seiner Persönlichkeit versteckte sich ein Dämon. Sobald ich ihn entdeckte, veränderte sich das gesamte energetische Bild. Harald, den der Dämon als Geisel hielt und manipulierte, wurde sofort freigelassen. Es war mehr als klar, daß die Emotion der Angst, die sich gezeigt hatte, Haralds Angst gewesen war, denn er wurde von dem Dämon bedroht, er solle sich keinen Zentimeter in Richtung Befreiung bewegen. Die Emotion des Ärgers stammte hingegen von dem Dämon, der trotzig versuchte, meiner Einmischung zu entgehen. Die Tritte, die ich in meinem Energiesystem erhalten hatte, waren natürlich von dem Dämon ausgegangen, der alles in seiner Macht stehende versuchte, mich von meinem Vorhaben abzubringen. »Da er so viel Energie in seinen Ausbrüchen freigesetzt hat, muß er eigentlich schlapp sein«, dachte ich mir, aber ich konnte auch erkennen, wieviel Kraft er noch übrig hatte, denn er hielt ja noch eine Geisel fest.

Als das Spiel nun aus war und ich den Dämon gesehen hatte, war es nicht allzuschwer, mit ihm fertigzuwerden, obwohl ich doch ein neues Maß energetischer Kraft einbringen mußte, um unserem kleinen Freund zu zeigen, daß er den Kräften des Lichtes nicht gewachsen war. In einer solchen Situation muß man allerdings eine sehr ruhige und doch mächtige Energie aufrechterhalten. Wenn der Kontakt einmal direkt hergestellt ist, gibt es für gewöhnlich einen Abstand zwischen mir und der anderen Seite, während diese versucht, mir zu zeigen, wie mächtig sie ist, mich mehrfach bedroht und ganz allgemein versucht, meine Position mit allen ihr zur Verfügung stehenden Mitteln zu untergraben. In dem Augenblick, als ich den Dämon sah, verschloß ich einen Teil meiner Energie, so daß er sich nicht von mir ernähren konnte, konzentrierte mich aber weiter auf ihn, unbewegt hinter einem Energieschild völliger Ruhe. Wenn es an diesem Punkt nur das kleinste Anzeichen von Zweifel oder Angst gäbe, würde die Energie des Dämons über meine siegen, und er würde Energie von mir erhalten, was ihm mehr Macht verleihen würde. Hier jedoch erkannte er bald, daß das Spiel aus war, und meine Führer rissen ihn heraus aus dieser Position, und er wurde dorthin befördert, wo er hingehörte. Dieses Ereignis warf eine Menge Fragen auf, und wenn man die Antworten darauf nicht erhält, dann kann man nicht lernen und daher auch nicht vorankommen.

Ich habe die Mächte der Finsternis und die Mächte des Lichts erwähnt sowie die Tatsache, daß wir als winzige Fische im großen Energiebecken nicht viele Wellen schlagen und daher keine Aufmerksamkeit auf uns lenken. In diesem Fall war die junge Frau eine mächtige Energiearbeiterin mit einer Menge esoterischem Wissen. Sie war mit voller Absicht von der dunklen Seite ins Visier genommen worden, und sobald die Wesenheiten ein kleines Loch in ihrer Aura verursacht hatten, war der Dämon wie der Blitz drinnen.

Als nächstes mußte er andere dazu bringen, seine schmutzige Arbeit zu verrichten, daher entführte er den Geist des Mörders Harald. Der Dämon war schlau und konnte sich gut tarnen und verstellen. Ich hatte ihn nicht gesehen, als ich mit der Arbeit begann, und meine Klientin hatte auch nicht gewußt, daß er da war. Als er jedoch Harald hereinbrachte, hatte sie diesen sogleich entdeckt. Es war die Aufgabe dieses Dämons, so viele schädliche Energien hereinzubringen wie er nur konnte, um der jungen Frau das Leben zur Hölle zu machen. In diesem Fall schien der Dämon die Macht zu besitzen, jeglichen Schutz, den sie zu erzeugen suchte, auszuschalten. Sie hatte zum Schutz in ihrer ganzen Wohnung auf Papier gezeichnete Reiki-Symbole verteilt. Ohne Erfolg. Das Hauptinteresse des Dämons lag darin, Geister hereinzuholen, die mächtig genug waren, ihre Persönlichkeit zu beeinflussen. Nach und nach hätten diese sie geschwächt, bis sie sich jedem ihrer Wünsche unterworfen hätte. Diese Wünsche wären letztlich darauf gerichtet gewesen, ihre Lichtarbeit zu untergraben und sie zu unterwerfen, um schließlich ihre Fähigkeiten und Energie für Handlungen zu verwenden, die der dunklen Seite mehr dienen würden als dem Licht.

Angriff von verschiedenen Seiten

Die Klientin hatte seit mehr als zwanzig Jahren unter vielen Problemen des Energiesystems gelitten. Es hatte im Alter von achtzehn Jahren mit einer geheimnisvollen Krankheit begonnen, welche die Ärzte nicht identifizieren konnten. Außerdem war bei ihr vor kurzem fälschlicherweise ME diagnostiziert worden – sie hatte allerdings wirklich wenig Energie (das kam jedoch daher, daß ihr von verschiedenen Seiten Energie entzogen wurde). Als ich mit dieser Frau zum ersten Mal telefonierte, ließen meine Führer mich wissen, daß dieser Fall eine echte Herausforderung werden würde und alles andere als einfach sei. Ich würde das wahre Bild erst sehen, wenn ich einige der Energien ausräumte. Es würde eine Menge versteckter Seiten zu entdecken geben.

Arbeit dieser Art anzugehen ist, als würde man einen unbekannten Berg besteigen. Es kann unglaublich schwer sein. Jedesmal, wenn man einen fast unbezwingbaren Berg erklimmt, erscheint am Horizont ein weiterer, dessen Gipfel unerreichbar erscheint. Es zehrt sehr an den

Kräften und beansprucht mich manchmal bis an den Rand völliger Erschöpfung.

In den Tagen, bevor diese Klientin zur Behandlung kommen sollte, verschlechterten sich – wie das oft geschieht, wenn sich jemand mit mir wegen Problemen dieser Art in Verbindung setzt – die Dinge bei ihr zu Hause sehr stark, was darin gipfelte, daß ihr Mann anrief und um Schutz für sie bat. Sie war sehr nervös und angsterfüllt. Sobald mein Bewußtsein von den eingedrungenen Parteien erspürt wird, wissen sie, daß sich die Dinge demnächst ändern werden. Natürlich ruft Angst eine Reaktion bei ihnen hervor, und daher nehmen sie so viel Energie auf, wie sie können, und verwenden sie, um so viel Unheil wie möglich zu stiften. In diesem Falle versagte unter anderem bei zwei Autos der Anlasser, eine sehr wirksame Art, zu verhindern, daß Menschen zur Behandlung kommen. Glücklicherweise war es ihrem Mann möglich, ein anderes Fahrzeug vom Abstellplatz seiner Arbeitsstelle zu holen.

Die Klientin kam mit ihrem Mann pünktlich an, und ich begann damit, daß ich mir Notizen machte. Ich wußte, daß wir es zunächst mit sieben Wesenheiten und mindestens einem Dämon zu tun hatten, wenn nicht sogar mit mehr. Ich gestattete meinem Bewußtsein, mich auf verschiedenen Ebenen einzustimmen, während sie mit mir sprach. Es gab drei besondere Aspekte, die sie sehr beunruhigten: Erstens hatte sie seit Jahren an schrecklichen Wutausbrüchen und übler Sprache gelitten, über die sie keine Kontrolle zu haben schien. Der zweite Aspekt war, daß sie sehr deutlich weinende und wimmernde Stimmen in ihrem Kopf gehört hatte, die sie zum Glück abschalten konnte, bevor sie sie wahnsinnig machten. Und drittens gab es eine Stimme, die zu ihr durchdrang und sie peinigte.

Als ich zu arbeiten begann, wurde ich so geführt, daß ich mich zuerst mit dem Dämon befassen sollte, damit wir diese energetische Verbindung völlig aus dem Bild entfernen konnten. Ich fand ihn ohne allzu große Mühe, und es war interessant, festzustellen, daß zehn Führer mehr mit mir arbeiteten als sonst. Der kleine Dämon hatte sich entschlossen, für diesen Tag bei der Mutter der Klientin Asyl zu suchen, statt sie zu mir zu begleiten. Das ist nicht ungewöhnlich, da ein Dämon alles versuchen wird, um nicht dingfest gemacht zu werden. Ich spürte, daß er eher schelmenhaft war als böse, und sobald ich eine starke Verbindung zu ihm hergestellt hatte, übernahmen ihn die Führer und beförderten ihn dorthin, wo er keinen Schaden mehr anrichten konnte.

Inzwischen hatte die Stimme der Betroffenen viel zu sagen, unter anderem auch: »Er wird uns niemals finden.« Durch die Verwendung des Wortes »uns« hatte er mir einen weiteren Hinweis darauf gegeben, daß wir nach mehr als einem Dämon suchten! Auf so etwas muß man gefaßt sein, denn Dämonen werden alles tun, um das Vertrauen in die eigenen Fähigkeiten zu untergraben und dadurch selbst frei zu bleiben. Diese Herausforderung wurde jedoch von einem großen Energiestrahl begleitet, der in mich hineingeschleudert wurde und das Gleichgewicht meines Solarplexus- und Sakralchakras störte und mich selbst für etwa fünf Minuten aus dem Gleichgewicht warf. Ich hielt stand und erinnerte sie daran, daß ihre Finsternis den Mächten des Lichtes, die uns beistanden, nicht gewachsen war.

Als ich mich einstimmte, um mich auf das nächste Hindernis zu konzentrieren, entdeckte ich eine Menge verlorener Seelen, die von einer sehr üblen und mächtigen Wesenheit kontrolliert wurden, die ganz aus schwarzen Beinen und Klauen bestand und mit den Zähnen knirschte. Diese ganze Gruppe schien in einem Rohr oder tunnelähnlichen Gebilde versammelt zu sein, das sie gefangenhielt. Dieses hatte an der Rückseite des Kopfes der Frau eine Verbindung zu ihrer Aura. Das andere Ende des Rohres war verschlossen, während das erste Ende sich am Kopf in ihr Bewußtsein hinein öffnete, so daß das Wimmern dieser armen Seelen mehr oder weniger ständig zu hören war. Die Wesenheit befand sich in der Nähe des Kopfendes des Gebildes; sie war eine Art »Torwächter« und sorgte dafür, daß das Wimmern zu hören war.

Es waren dreiundsechzig verlorene Seelen dort, und als ich sie genauer wahrnahm, sah ich, daß sie in einem schrecklichen Zustand der Verzweiflung waren. Die Emotion, die von ihnen ausging, war sehr greifbar, und ich erklärte der Frau, was ich fühlen konnte, wobei ich sie fragte, ob sie jemals diese Art Verzweiflung verspüre, was sie mit »Ja« beantwortete. – Stellen Sie sich ein sinkendes Schiff vor, in dem die Seelen gefangen sind. Sie können nicht entkommen, und in ihrer Verzweiflung und Not wimmern und weinen sie, da sie hinaussehen können, jedoch nicht gesehen werden. – Genau dies war das Bild, das dem Geist meiner Klientin ständig eingegeben wurde. Es hätte gereicht, jeden anderen in den Wahnsinn zu treiben, was viel über ihre Kraft aussagt.

Wir befaßten uns mit der Wesenheit und ließen die Seelen allein, die uns eine Weile zuschauten. Es wurde bald deutlich, daß sie tatsächlich sehr traumatisiert waren und Hilfe brauchten, um ihren Übergang in die astralen Reiche zu schaffen. Die Führer übernahmen diese Arbeit, und selbst nach viel Ermutigung und Liebe waren sie immer noch sehr unsicher im Blick auf ihre Zukunft. Schließlich waren alle Seelen gerettet und durch den Vorhang hindurch in Sicherheit gebracht.

Nun sollte sich meine Klientin auf die Liege legen, damit ich mich mit den sieben Wesenheiten befassen und Reparaturarbeiten am Energiesystem durchführen konnte. Das dauerte etwa eine Stunde, und zwischen der Beschäftigung mit Essenzen und energetischen Hilfsmitteln versuchte ich, die nächsten Puzzleteichen zu finden. Schließlich brachen wir die Sitzung ab, da der Frau nach der Entfernung der Wesenheit übel geworden war und ihr durch die Entgiftung des Energiemusters sehr kalt war. Meine Hellfühligkeit ließ mich die Übelkeit spüren. Ich hatte jedoch genügend Informationen erhalten, um die nächste Stufe in Angriff zu nehmen, und so setzte sie sich für eine Weile auf, während ich ein weiteres Mal mit meinem Geist im Unbekannten stöberte.

Der nächste kleine Kerl, den wir trafen, gehörte der Gruppe der Außerirdischen an. Das ist immer ein schwieriges Thema, und man kann nicht sicher sein, womit man es auf bestimmten Ebenen der Existenz oder Wirklichkeit zu tun hat. Aber ich muß ihn benennen, damit ich ihn identifizieren kann. Wenn es keine Wesenheit, kein Geist oder Dämon ist und wenn es nicht einer Dimension kommt, mit der sich diese Energieformen verbinden, und wenn ich frage, ob es aus einer Dimension außerhalb des körperlichen Reiches kommt, und die Antwort »Ja« ist, dann nenne ich es »außerirdisch«. *Außerirdisch* bedeutet hier natürlich nur »außerhalb des Reiches der Erde«. Dieser kleine Kerl war fest in der körperlichen Dimension verwurzelt, doch er war ein Wesen, das gleichzeitig in mehr als einer Dimension existieren kann (obwohl er sich in diesem Falle nur in der körperlichen wirklich befand und auf der Lichtebene nur sichtbar war).

Ich rief im Geiste über Zeit und Raum nach meinem Freund Jahl, der auch zur Gruppe der Außerirdischen gehört, damit er mir bei der Befreiung von diesem kleinen Kerl helfe. Dieser schien nicht allzusehr im Hier und Jetzt verwurzelt zu sein und setzte der Rückversetzung in seine Dimension keinen Widerstand entgegen. Ich fragte Jahl, ob er aus seiner Dimension sei, und die Antwort war »Nein«. Ich fragte, ob Jahl mit Wesen dieser Art vertraut sei, und die Antwort war »Ja«. Ich fragte, ob es etwas gebe, was ich für Jahl als Gegenleistung tun könne, worauf die Antwort »Ja« war. Ich sollte eine gemeinsame Freundin anrufen, da sie Hilfe brauchte. Und so mußte ich einen weiteren Auftrag im ausgefüllten Zeitplan unterbringen, doch ich tat es gern, da Jahls Hilfe und Freundschaft mir äußerst viel bedeuten.

Als der Außeriridische aus dem Weg geräumt war, schaute ich mir an, was er getan hatte. Scheinbar hatte er nach seinem eigenen Plan gehandelt und war in keiner Weise mit einem der anderen Vorgänge verbunden, die wir entdeckt hatten. Er hatte wohl Energie abgezweigt und in eine Art Kraftlager oder Kraftwerk kanalisiert, zur Verwendung für irgendeinen Zweck, den ich nicht ergründete, da der Stand meiner eigenen Energiereserven zu diesem Zeitpunkt Anlaß zur Besorgnis gab. An dieser Stelle mußte sich meine Klientin wieder auf die Liege legen, und ich lud die energetischen Hilfsmittel erneut auf so weit auf, wie wir aufgehört hatten. Die Führer entfernten energetische Anhängsel aus dem Bereich ihres linken Schulterblattes, die von dem außerirdischen Burschen erzeugt worden waren.

Nun war es Zeit, einen prüfenden Blick auf das, was wir noch vorhatten, und auf das, was wir schon erreicht hatten, zu werfen. Alle sieben Wesenheiten waren entfernt worden, auch die Wesenheit, welche die verlorenen Seelen kontrolliert hatte, von denen die letzte jetzt gerettet war. Der ursprüngliche Dämon war beseitigt und auch der Außerirdische vom Schauplatz entfernt worden. Das energetische Bild änderte sich stark. Ich schätzte, daß wir nur noch einen Aspekt finden und bearbeiten mußten, wenn alles so war, wie es schien, was bei Energiearbeit häufig nicht der Fall ist. An diesem Punkt dachte ich, wir sollten die Arbeit für heute beenden. Wir hatten etwa dreieinhalb Stunden gebraucht, und meine Klientin war sehr erschöpft von dem, was sie erlebt hatte, dazu war ihr schlecht und sie fror. (Frieren ist normalerweise ein Zeichen dafür, daß viele Energieblockaden entfernt wurden.) Ich war ebenfalls sehr abgekämpft. Als ich ihr meine Gedanken mitteilte, bestätigte sie, daß sie immer noch dieselbe Stimme im Kopf habe, die lache und weiterhin behaupte, daß ich sie nie finden würde. Wir beendeten die Sitzung. Nachdem ihr Mann die Frau nach Hause gebracht hatte, ließen mich meine Führer wissen, daß es gut sei, den nächsten Aspekt jetzt anzugehen, da ich immer noch eingestimmt sei (obwohl meine Energie sehr niedrig war).

Sie sagten, ich solle nun sehr vorsichtig in das Energiesystem der Betroffenen schauen, während sie mit ihrem Mann nach Hause fuhr (sie hatten etwa zwei Stunden Fahrt vor sich). Ich ortete den Dämon bald, und ich verstand, warum er so eisern behauptete, daß ich ihn nicht finden würde. Er sprang hin und her, vom Emotionalkörper im niederen Selbst über die Geistbrücke in den höheren Mentalkörper, der sich außerhalb der körperlichen Dimension befindet. Er war recht klein und sehr schelmenhaft, dennoch aktiv genug, um bei seinem Wirt ernste Probleme zu verursachen. Ich verbrachte einige Zeit in bewußter Verbindung mit ihm und umgab ihn mit Energie. Er kämpfte so dagegen an, daß ich dadurch für etwa eine halbe Stunde bewußtlos wurde. Als ich das Bewußtsein wiedererlangte, ließen mich meine Führer einen Kasten aus Licht erschaffen, in den sie ihn unsanft setzten und dann an einen Ort transportierten, den sie für passend hielten.

Das letzte, was ich an diesem Tag tat, war der Abbau der Energiestruktur, die die verlorenen Seelen festhielt – eine einfache Übung, die die Führer noch am selben Abend mit Hilfe meiner Energie und meiner bewußten Konzentration ausführten. Alles in allem hatte diese Arbeit etwa fünf Stunden gedauert. Allerdings war ich nicht überzeugt, daß alles nun wieder in seinem natürlichen Zustand war. Ich wußte, daß dieser letzte Dämon nicht derjenige war, der zu der Frau sprach; der war eher boshaft als gefährlich, und der Dämon, der so überzeugt davon war, daß er nicht entdeckt werden würde, war sehr mächtig. Das wurde bestätigt, als ich die Frau ein paar Tage später wiedertraf. Sie erzählte mir, daß es ihr viel besser gehe, der Dämon aber immer noch bei ihr sei und sie weiterhin verhöhne mit: »David denkt, er ist besonders schlau, aber er wird mich nie finden.«

Wir wollen uns diese Aussage ansehen. Erstens denke ich nicht, daß ich »besonders schlau« bin, weil das eine Zurschaustellung des Ego wäre (und jeder, der sich ein wenig mit Energiearbeit auskennt, wird Ihnen sagen, daß das Ego die eigene Position nur vortäuscht und untergräbt). Zweitens besteht das Ego aus Energie und setzt sie frei, was der Wesenheit, mit der man sich befaßt, nur ein Festmahl liefert und seinen Widerstand stärkt. Drittens beansprucht das Ego Macht für sich, doch wenn man versteht, woher die »Macht« oder »Hilfe« kommt, weiß man auch, daß sie wieder sehr schnell genommen werden kann. Regel Nummer eins: Glauben Sie niemals, Sie wären schlau oder mächtig, weil Sie diese Art Arbeit tun – Sie sind es nämlich nicht, und was noch wichtiger ist: Sie tun sie nicht allein.

Dämonen sind Wesen, die lügen, betrügen und sich verstecken, wo sie nur können, um zu vermeiden, daß man sie sieht. Sie werden sogar alles tun, Sie anzugreifen und Ihr Energiesystem zu beschädigen. Das hier war ein solcher Fall. Jedesmal, wenn ich dachte, ich hätte es geschafft, stand immer wieder ein anderer Dämon bereit, um Probleme zu schaffen.

Es vergingen einige Wochen, bevor wir die Arbeit fortsetzen konnten, und in der Zwischenzeit hatte der Dämon sie verhöhnt und dazu gebracht, sich extrem zu ängstigen und zu sorgen. In ihrer Verzweiflung hatte sie mich angerufen. Ich überprüfte unsere gesamte vorherige Arbeit, die sich als stabil und intakt bestätigte. Meine Führer sagten mir, daß sie zwischenzeitlich nichts aufgelesen habe, was auch zeigte, daß ihre Aura kräftig war. Alles, was der Dämon zu ihr sagte, war absolut unwahr. Er versuchte nur, ihr Vertrauen und ihre Genesung zu untergraben, was natürlich letztendlich ihm diente.

Als meine Klientin zur nächsten Sitzung kam, setzen wir uns zusammen und verschafften uns einen Überblick über die Lage. Ich war sehr besorgt über den Ausgang dieses Falles gewesen, da die Führer mich anfangs hatten wissen lassen, daß es schwierig werden würde, und das war es bisher auch gewesen. Sie hatten mir jedoch auch gesagt, daß ich es meistern könne, und so tat ich mein bestes, zuversichtlich zu bleiben, wenn ich auch ein wenig unsicher war im Hinblick auf das, was vor uns lag. Ich betete viele Nächte lang inbrünstig und bat um Hilfe und Führung. Ich sagte der Frau, daß ich nun einige Zeit in der Stille verbringen und mit meinem Bewußtsein genau schauen wolle, bis ich herausfände, was vor sich gehe und wo in ihrem System der Dämon sitze. Der prahlte immer noch, lachte und beharrte darauf, daß ich ihn nie finden würde. Tatsächlich war er nirgendwo in ihrer Aura, in ihren Chakren oder in ihrem stofflichen Körper zu finden. Ich schaute überall mehrmals nach. Ich stellte den Führern diese Fragen: »Ist er in ihr oder in ihrem Energiesystem?« »*Nein*«, war die Antwort! »Ist er hier bei uns anwesend?« »*Ja!*« Dann sollte ich also lieber weiter nachsehen. Die Führer sagen mir nicht immer, wohin ich schauen soll; das ist ihre Art, mich zu lehren, daß ich mehr arbeiten und Neues lernen muß.

Ich fand ihn etwas mehr als einen halben Meter über ihrem Kopf, in dem Energiestrahl, der in ihr Kronenchakra eintrat, aber tatsächlich außerhalb ihres Energiesystems – hier glaubte er vor uns sicher zu sein. Er strahlte silbern, aber das war vermutlich nur die Energie, die in sein Opfer eintrat und ihn erhellte. Ich konzentrierte mich stark auf ihn, um eine gute Verbindung herzustellen. Es gab keine Wut oder Bedrohung, er hielt weiterhin sein Schweigen und seine Ruhe aufrecht, so als hätte ich ihn nicht gesehen. In der Tat vergewisserte ich mich bei den Führern mehrmals, daß ich ihn ganz sicher sah und mich nicht täuschte. Als die Verbindung stärker wurde, bekam er einen kindlichen Wutanfall und sagte, er wolle nicht gehen (das war ein gutes Zeichen dafür, daß wir auf dem richtigen Wege waren).

Ich fragte die Führer, ob man ihn zurück zum Licht bringen könne, und sie antworteten, das könne man. Also fing ich an, in ermutigendem und liebenswürdigem Ton mit ihm zu sprechen. Die Führer gaben mir vor, was ich sagen sollte. Stück für Stück riß ich die Schranke nieder und erhielt für ihn den Namen Charlie. Als ich erst einmal den Namen hatte, schien alles etwas leichter zu werden; er ließ sich überzeugen. Schließlich kam er heraus, und sie nahmen ihn zur Seite. Ich atmete erleichtert auf und prüfte weiter, um sicherzugehen, daß er nicht wieder in sie hineinspringen konnte. Als ich das getan hatte, schaute ich in ihr System hinein und stellte den Führern eine Reihe von Fragen, um zu erfahren, ob sie jetzt von allen Wesensformen befreit war. Die Antwort war »Nein«!

Ich wußte, daß wir einen beseitigt hatten, und ich wußte, daß die Führer ihn aus ihr herausgeholt hatten – und ich hatte zu Anfang nur einen Dämon entdeckt. Was bedeutete das alles? Ich konzentrierte mich wieder und konnte sehen, was geschehen war (es war etwas, das ich noch nie zuvor gesehen hatte): Es waren zwei Dämonen gewesen, die sich aber als ein Wesen, eine Persönlichkeit ausgegeben hatten. Der Bursche, den ich entfernt hatte, Charlie, war der unbeschwertere der beiden; tatsächlich hatte er, man glaubt es kaum, der Frau immer »We're all going on a summer holiday« von Cliff Richards vorgesungen, was schon genügt, um jemanden verrückt zu machen. Jetzt aber hatten wir es mit einer ganz anderen Erscheinung zu tun. Sobald ich Charlie entfernt hatte, war der zweite Dämon in das Herzchakra der Frau hinabgestiegen (zu dem Ort, an dem sie viel Energie hatte). Ich fragte, wie es sich für sie jetzt anfühle.

»Viel ruhiger«, sagte sie. Ich fragte sie, ob sie spüre, daß etwas in ihrem Herzen vor sich gehe, und sie sagte, daß es in der Mitte des Brustbereiches brenne (eine Bestätigung dafür, daß der zweite Dämon dort war, wo ich ihn gesehen hatte, und daß die gesamte energetische Veränderung der Entfernung des ersten Teils der Persönlichkeit, nämlich Charlie, zuzuschreiben war).

Nach einem kurzen Gespräch erneuerte ich meine Konzentration. Dieser Bursche wollte mich nicht ansehen. Er saß fest in ihrem Herzchakra, hatte mir den Rücken zugewandt, sprach nicht, bedeckte seinen Kopf mit den Händen und versuchte, sich möglichst unsichtbar zu machen. Ich versuchte etwa zwanzig Minuten lang, mit ihm zu sprechen, doch ich konnte ihn nicht dafür gewinnen, mitzumachen oder sich auch nur zu bewegen, daher fragte ich die Führer, ob sie hineingehen und ihn holen könnten, und sie ließen mich wissen, daß sie das tun könnten. Ich beschäftigte mich noch ein wenig mit ihm und ließ dann »alle Truppen« aufmarschieren und beriet mich mit ihnen. Ich ließ die Energie sich noch einen Moment setzen und gab dann meine Zustimmung: Die Führer sollten hineingehen. Sie entfernten ihn ohne allzu große Mühe, obwohl er einen Energiestoß freisetzte, der eine Art Brandmal in ihrem Chakra zurückließ. Es war ein letzter Versuch des Widerstandes, um ihren Körper zu schädigen, aber nichts, das wir nicht später bereinigen konnten. Ich verwendete einige Zeit darauf, mich zu vergewissern, daß er ganz und gar aus ihr entfernt worden war, bevor ich sprach.

Schließlich sagte ich: »Ich glaube, er ist draußen.« Meine Klientin fragte, ob meine Führer zu ihr gesprochen hätten oder ob es der Dämon gewesen sei, der versuche, sie an der Nase herumzuführen. Ich fragte die Führer, und sie sagten, ja, sie hätten zu ihr gesprochen. Ich fragte die Frau, was sie gesagt hätten. Sie sagte, eine sehr sanfte Stimme habe sehr liebevoll zu ihr gesprochen: »Hab keine Angst, wir kommen in dich hinein, um ihn zu entfernen.« Dann habe sie erlebt, wie ein Schwall goldenen Lichtes durch ihren Kopf drang.

Danach gab es noch eine Sache zu bearbeiten: übersinnliche Verbindungen, die auf der Rückseite in ihr Herzchakra eintraten. Ich sah, daß diese in diesem Leben dort angebracht worden waren; es handelte sich um Verbindungen der Eifersucht, und ich fand heraus, daß es um eine weibliche Verwandte ging. Wir wußten bald, wer es war. Die Frau begab sich zu geführter Schwingungsarbeit auf die Behandlungsliege, wobei die übersinnlichen Verbindungen zusammen mit den Verbrennungen aus dem Herzchakra und einigen anderen Blockaden entfernt werden konnten. Es war intensive Arbeit, die ungefähr anderthalb Stunden dauerte. Sie litt unter Übelkeit und Kopfschmerzen, als Energiemuster aufgelöst und entfernt wurden. Ich roch Wodka, der durch die Aura freigesetzt wurde, und als ich sie fragte, wie das in ihr Leben paßte, sagte sie, daß sie viele Jahre zuvor viel Wodka getrunken habe. Tatsächlich erkannte ich einen Kopfschmerz, der von einem Kater stammte, während das eingeschlossene giftige Energiemuster aus ihrem Körper verdampfte.

Die Führer würden noch zwanzig Nächte an dieser Klientin arbeiten, um abzuschließen, was wir heute begonnen hatten. Es würde noch einiger Arbeit bedürfen, um das völlige Gleichgewicht ihres Energiesystems wiederherzustellen, aber die Führer sagten, daß wir mindestens vier Monate lang keine Arbeit mehr leisten sollten. Zuerst mußte ihr Zeit gegeben werden, damit das, was wir schon erreicht haben, sich setzen und sie Energie sammeln konnte.

Diese Frau hatte viele unterschiedliche Probleme, die von lebenden Wesen in ihrem Energiesystem verursacht wurden. Wieder einmal hatte ich etwas Neues gelernt und mußte mit meinem Bewußtsein auf mentaler und emotionaler Ebene sehr hart arbeiten, um die Antworten hinter den großen Tricksereien zu finden, die in diesem Fall im Gange waren.

ZUSAMMENFASSUNG

Es ist interessant, daß die meisten der Praktiken, die ich in diesen Fällen einsetzte, sich sehr verändert haben, je mehr Zeit verging und je mehr meine Fähigkeiten sich entwickelten. Wenn ich zurückblicke und sehe, wie ich vor nur wenigen Jahren arbeitete, schien es damals ein Kampf zu sein. Wo es manchmal eine halbe Stunde dauerte, bis ich wahrnahm, was in einem Chakra oder einer Aura vor sich ging, würde ich es heute in Sekunden sehen, und viel deutlicher als früher.

Natürlich heißt das nicht, daß es leichter ist als vorher, denn das Universum schickt mir schwierigere Fälle. Einfach ausgedrückt, wird das universelle Bewußtsein Ihnen immer das schicken, was Sie zu tun in der Lage sind, und es wird Sie – nicht immer, aber meist – voranbringen, da Sie sehr tief graben müssen, um die Antworten für Ihren Klienten zu finden (sonst würde sich wohl niemand weiterentwickeln). Der universelle Geist weiß alles über Sie, und er weiß, was Sie schaffen können und was nicht. Er weiß, ob Sie vorangebracht werden wollen oder ob Sie damit zufrieden sind, auf gleichbleibendem Niveau zu arbeiten. Auch hier gilt: Öffnen Sie sich und bitten Sie um das, was Sie brauchen ... und Sie werden bekommen.

Ich habe oft betont, daß man sich fortwährend verändert. Daraus kann man etwas Wichtiges entnehmen: Man sollte nicht daran festhalten, etwas auf eine bestimmte Art und Weise zu tun, weil das begrenzt. Bleiben Sie stets offen dafür, Ihre Verfahrensweisen zu ändern – egal, wie groß diese Veränderung auch erscheinen mag. Hier lernen Sie, Angst loszulassen. Und vergessen Sie niemals: Handbücher sind nur als Anleitung gedacht, nicht als Gesetz. Denn was für den einen Gesetz sein mag, ist für den anderen keines, und ein solches Gesetz ist wiederum für denjenigen, der intuitiv arbeitet, nur Begrenzung.

Wer intuitiv arbeitet, wird durch seine geistige Offenheit einen Aufschwung erleben, und die Heiler und Therapeuten – Frauen wie Männer –, die nach einem Buch arbeiten, werden durch diese Worte der Anweisung stets eingeschränkt werden, da sie Angst davor haben, zu waghalsig zu sein, oder Zurückweisungen ihrer Lehrmeister oder Kollegen befürchten. Wenn Sie geführt werden oder etwas finden, das für Sie funktioniert, nutzen Sie es! Geistführer können niemandem helfen, der nicht offen für sie ist. Sie werden sie nicht in den Seiten eines Buches finden; Sie werden Führer finden, wenn Sie mit gelöstem Bewußtsein bei Ihrer Arbeit sind.

Nachwort

»Du bist früher auf der Erde ein Ausgestoßener gewesen, Jon. Wie kannst du glauben, daß dir jetzt auch nur eine Möwe aus deiner Vergangenheit zuhören würde? Du kennst doch das Sprichwort: Am weitesten sieht, wer am höchsten fliegt. Darin steckt Wahrheit.«
Richard Bach, *Die Möwe Jonathan*

Das wär's also erst einmal!
Allen, die bereit dafür waren, hoffe ich, etwas gegeben zu haben, das ihre Reise bereichert. Aber hauptsächlich wünsche ich mir, daß ich Ihnen, liebe Leserinnen und Leser, Dinge gezeigt habe, vor denen man sich hüten muß. Ich meine damit: Es gibt vieles, das wir aufgrund der Beschränkung durch unsere unentwickelten Fähigkeiten nicht sehen. Dinge etwa, die bereit sind, jede Gelegenheit zu nutzen, sich unserer Energie zu bedienen, entweder zufällig oder vorsätzlich und böswillig.

Denjenigen unter Ihnen, die durch mein Werk unsicher oder befremdet sind, möchte ich jene unsterblichen und wichtigen Worte der Bitte wiederholen, wie sie dem seligsten aller Vögel, der Möwe Jonathan, von seinem Freund und Mentor Sullivan im gleichnamigen Werk von Richard Bach gesagt wurden:

»Die Möwen, von denen du abstammst, kleben am Boden und zetern und streiten miteinander. Unendlich weit sind sie vom Himmel entfernt – und da glaubst du, du kannst ihnen von ihrem Standort aus den Himmel öffnen? Sie können doch nicht über ihre eigenen Flügelspitzen hinausblicken. Bleib bei uns, Jon. Hilf den Anfängern hier. Sie sind schon weiter, sie können erkennen, was du ihnen zeigen willst.«

Oft sind die Befremdeten und Verärgerten diejenigen, die genau das tun – sie »kleben am Boden und zetern und streiten miteinander«. An und für sich ist das nichts Schlechtes und nichts, das man herabsetzen sollte. Es ist alles, wie es ist – zu diesem Zeitpunkt. Jeder Zeitpunkt ist vorübergehend. Er ist einfach ein Punkt auf dem Entwicklungsweg, an dem jemand steht, und der Weg erstreckt sich über viele Lebenszeiten. Die

Erkenntnisse an diesem Ort in der Zeit, genau zu diesem Zeitpunkt, sind für viele Menschen alles, was zählt. Sie sind noch nicht in der Lage, eine höhere Wirklichkeit zu sehen, da sie sich noch nicht bis zu einem Punkt entwickelt haben, an dem man sie sehen kann. Sie sind da, wo sie sind. Wir sind alle da, wo wir sind, und wir können das nicht in einem Augenblick ändern. Wenn jemand von einem bestimmten »Himmel« oder Ort der Erkenntnis zu einem anderen gereist ist, kann er nicht nur die Erkenntnisse dort sehen, wo er einst stand, sondern auch die Erkenntnisse in diesem höheren Himmel würdigen. Er weiß, daß er gereist ist; er weiß, daß er einen Entwicklungsschritt gemacht hat, denn er weidet sich nun mit neuen Augen an dem Ort, den er jetzt bewohnt, dem Ort, den er einst nicht wahrnehmen konnte.

Nicht über seine »eigenen Flügelspitzen« hinausblicken zu können, ist nur eine Station auf der Reise. Man wird nicht über diese Flügelspitzen hinaussehen können, bevor man sich nicht entwickelt hat. Sullivan sagte damit, daß Jon diese anderen nicht lehren oder »ihnen von ihrem Standort aus den Himmel öffnen« konnte, weil sie noch nicht den Punkt erreicht haben, von dem aus sie sehen können, was er sehen kann – sie sind nicht dort, wo sie seine Weisheit empfangen könnten. Vom Standpunkt des Lehrers aus ist das ein frustrierender Ort. Der Lehrer kann die Möglichkeiten für jene Vögel am Boden sehen, aber solange sie nicht auf derselben Schwingungsebene wahrnehmen können wie er, können sie seine Wahrheiten und Wirklichkeiten nicht verstehen.

Zunächst einmal sieht der Lehrer diese wunderbaren Wesen und weiß, daß sie ihren eigenen Weg gehen müssen, vielleicht durch mehr als eine Lebenszeit hindurch, bevor sie ihre Angst vor dem Unbekannten aufgelöst haben und es annehmen können; die Angst, die sie an den eigenen Wahrnehmungen als absolute Wahrheit festhalten läßt. Wenn wir auf etwas stoßen, das unsere Wahrheit in Frage stellt, schrecken wir davor zurück. Wir zeigen Ärger als Verteidigungsmechanismus oder behaupten, daß es Blödsinn sei. Das ist eine natürliche Reaktion, die uns davor bewahren soll, hart arbeiten zu müssen, um die Bedeutung und den Wert einer Sache wahrzunehmen. Es ist sicherer und viel weniger Arbeit, dort zu bleiben, wo wir sind, »am Boden zu kleben«, als die Schranken wegzustoßen und zu versuchen, vorwärtszukommen.

Manchmal versuchen wir ja tatsächlich, vorwärtszukommen, und sind frustriert, weil wir dort stehenzubleiben scheinen, wo wir sind, immer noch gefangen in denselben alten Mustern. Tatsächlich aber entwickeln wir uns nur so schnell, wie unsere eigenen Lasten entfernt werden können. Der Unrat, den wir aus vorherigen Leben mit uns herumschleppen, die mentalen und emotionalen Muster, die wir ändern müssen, im Grunde die oft vielschichtigen Muster, mit denen wir uns zu inkarnieren entscheiden, um sie innerhalb der Erfahrung unseres gegenwärtigen Lebens zu heilen. Wenn wir uns als Seele entscheiden, eine Persönlichkeitsstruktur in menschliche Form zu übertragen, also zu inkarnieren, wählen wir für gewöhnlich keinen leichten Weg. Wir wählen eine Herausforderung, die uns auf dem Weg nach Hause so weit bringt, wie wir in einem Leben kommen können. Manchmal ist es ein Kampf. Wer die Schwingung eines Meisters erreicht, wird Probleme für Meister zu lösen bekommen. Sie sind nicht leicht, aber es lohnt sich sehr, wenn man durchhält. Wie sehr wir auch die Wahrheit eines anderen verstehen wollen – wir können es nicht, bis wir nicht an einem Punkt ankommen, an dem unser Bewußtsein auf denselben Frequenzen oder Wellenlängen arbeitet. Auf Verstandesebene können wir vielleicht würdigen, was gesagt oder gelehrt wird, doch es ist nicht der Verstand, der uns Verstehen schenkt. Es ist die Intuition, die sich als höherer Bewußtseinszustand äußert. Die Intuition arbeitet auf einer höheren Ebene, und diese muß im Einklang mit denen sein, die lehren, was wir verstehen wollen, denn das notwendige Wissen geht ohne Sprache vom Meister auf den Schüler über – als Energieaustausch oder unausgesprochene Einstimmung. Die Schüler, die bereit sind, werden durch ihren Meister einen energetischen Abdruck der nächsten Stufe der höheren Wirklichkeiten empfangen.

Die Worte in *Tanz mit dem Teufel* sind meine Wahrheiten, so wie ich jetzt »am Boden« stehe, in diesem Augenblick. Sie werden immer meine Wahrheit oder Erkenntnis sein, weil ich sie gelebt und sie sich durch meine Erfahrungen als wahr erwiesen habe. Die Wahrheit ist jedoch nicht statisch, und sie muß sich zu neuen Erkenntnissen weiter entfalten, sonst würde niemand von uns sich weiterentwickeln. Hat man immer wieder Dinge erlebt, die sich als wahr erweisen, so verfügt man über auf Erfahrung beruhendes Wissen. Dieses Wissen bleibt auf dieser Stufe des eigenen Entwicklungsprozesses immer Wahrheit. Wenn man in einen höheren Zustand voranschreitet, werden diese Wahrheiten immer noch gültig sein, auch wenn die Dinge jetzt ein wenig anders sein mögen und man andere Mittel zur Verfügung hat. Das bedeutet nicht, daß jene früheren Wahrheiten für andere nicht funktionieren. Sie funktionieren. Sie sind ein ganz notwendiger Schritt auf dem Weg. Geist und Bewußtsein müssen sich vorankämpfen, um höhere Erkenntnisse wahrzunehmen. Das ist immer schwere Arbeit. Es ist viel einfacher, dort zu bleiben, wo man ist, in der Sicherheit des Kokons der Beschränkung. Auch hier wieder dürfen wir niemanden dafür verurteilen. Manche Menschen wissen sehr wohl um ihre Beschränkungen und entscheiden bewußt, nicht weiterzugehen, jedenfalls nicht im Moment.

In meiner Entwicklung erreiche ich immer wieder einen Punkt der Sättigung – einen Punkt, an dem das gesamte System (aber vor allem der Geist) keine neuen Vorstellungen mehr aufnehmen kann; keine weitere Arbeit mehr leisten kann, (herausfinden, wer und was wir sind und wie die Zeit in dieser Inkarnation am besten zu nutzen sei oder wie man sich am besten verhält, um das Endziel zu erreichen; wie man am besten anderen hilft und sie ermutigt, sich selbst zu helfen). Es ist leicht, die Erkenntnisse anderer, wie man sie in Büchern findet, wiederzugeben, aber an einen Punkt zu kommen, wo man die höheren Erkenntnisse leben kann, ist ein sehr schwieriger Weg, wenn man gleichzeitig in der stofflichen Welt funktionieren will.

Ich kann nur den Möwen helfen, die »hoch genug fliegen, um zu sehen«. Das ist keine Kritik an irgend jemandem. Es ist eine spirituelle Wirklichkeit, die man unmöglich – ich wiederhole: unmöglich! – verstehen oder einsehen kann, wenn man an einem Punkt steht, wo man gerade erst mit seinen spirituellen Bestrebungen beginnt. Während man sich weiterentwickelt, hin zu einem neuen »Himmel«, wird es möglich, sowohl diejenigen auf dem Weg hinter einem, als auch die weiter vorn auf dem Weg zu sehen, denn man hat nun einen Punkt, von dem aus man sehen kann. Obwohl ich jene Vögel am Ufer ihres Himmels vor mir sehen kann, kann ich ihren Himmel nicht begreifen oder wahrnehmen, weil mein Bewußtsein noch nicht auf derselben Wellenlänge oder Schwingung arbeitet. Ich kann jedoch die verstehen und würdigen, die am himmlischen Ufer hinter mir stehen, denn diesen Weg bin ich gekommen.

Versuchen Sie, die Angst zu verstehen. Fürchten Sie sich nicht davor; sehen Sie sie als eine weitere Barriere zur Freiheit, mit der wir alle auf irgendeiner Ebene fertigwerden müssen. Erkennen Sie die Angst und erkennen Sie, wann sie in Ihrem Wesen aktiv wird und Sie davon abhält, die Freiheit anzunehmen, was auch bedeutet, neue Vorstellungen anzunehmen. Wenn Sie nicht bereit sind, mit neuen Vorstellungen zu arbeiten, schließen Sie sie nicht aus. Bleiben Sie neutral, aber aufgeschlossen. Sagen Sie zu sich: »Ich kann das noch nicht fassen! ... Aber ich lasse es, wo es ist, vielleicht eignet es sich später für mich.« Es ist so, als würden

Sie ein Buch kaufen, von dem Sie wissen, daß Sie es vielleicht später zum Nachschlagen brauchen ... vielleicht für ein Projekt, das sie unternehmen möchten. Sie kaufen das Buch jetzt, aber Sie sind noch nicht bereit dafür, seine Wahrheiten zu erkennen, bis Sie wirklich bereit sind.

Ein verschlossener Geist wird von der Angst geschlossen gehalten. Lernen Sie, die Angst in Ihrem täglichen Leben zu sehen, und lernen Sie sie kennen, damit Sie ihr freundlich begegnen können, wenn sie ihren Kopf erhebt, und Sie sie mit Wohlwollen und einem wachsamen Auge annehmen können. Nehmen Sie sich ihrer an und erkennen Sie sie jedes Mal, wenn sie auftaucht, ein wenig mehr. Nur wenn man sie öfter trifft, hat man die Möglichkeit, sie zu heilen.

Ich bin nicht sicher, ob es Buddha war, der sagte: »Es gibt ebenso viele Wege zu Gott, wie es Menschen auf dem Planeten gibt, die versuchen, zu ihm zu kommen.« Gehen Sie daher Ihren eigenen Weg. Nehmen Sie von jedem, der Ihnen hilft, alles an, und legen Sie beiseite, was im Moment für Sie nicht funktioniert. Mühen Sie sich nicht mit edlen Aufgaben ab, nur um der Arbeit willen, und bleiben Sie Ihren eigenen Erkenntnissen treu, nicht denen eines anderen.

Es geschehen Dinge in meinem Leben, die keinen Sinn ergeben und die ich nicht verstehe, aber ich mußte lernen, sie zu akzeptieren, denn ich weiß, daß sie wahr sind. Wenn ich mit dem Erdbewußtsein arbeite, treffe ich oft auf extrem schädliche Strahlungen, die in einem Wohnumfeld schwere Probleme verursachen. Wenn ich herausarbeite, was ich damit tun soll, erhalte ich manchmal die Botschaft: »Bitte einfach.« Nachdem ich diese Botschaft durch mehrere unterschiedliche Methoden bestätigt habe, tue ich, wie mir befohlen. Ich spreche ein kurzes Gebet und bitte um die Auflösung der problematischen Energie. Und siehe da, es geschieht immer. Wer oder was bewirkt das aber? Es kann nur ein höheres Bewußtsein am Werk sein, das sich auf eine einfache Bitte hin eine mächtige Quelle der Erdstrahlung vornehmen und sie innerhalb von Sekunden harmonisieren kann. »Bittet und ihr werdet bekommen« (Mt. 7,7). Das ist ein Beispiel für die Arbeit in einem höheren Himmel. Auf dieser Ebene gibt es für die physikalischen Gesetze oder der physikalischen Wirklichkeit, die wir alle zu erleben gewohnt sind, keinen Sinn mehr. Doch durch sehr viele Beispiel habe ich zu meiner Zufriedenheit festgestellt, daß es wahr ist. Ich habe jetzt verschiedene Hilfsmittel, mit denen ich arbeiten kann, aber die Fähigkeit, die ich dazu brauche, heißt: Vertrauen. Das ist etwas, das man andere nicht lehren kann, denn sie müssen durch ihre eigenen Mühen und Erfahrungen

Vertrauen erlangen. Wieder muß ich an den alten Spruch denken, der uns daran erinnert: Je mehr wir wissen, desto mehr erkennen wir, daß wir eigentlich nur sehr wenig wissen.

Die Essenz Gottes ist in jedem Menschen. Man geht nicht hinaus und sucht Gott. – Gott ist drinnen. Alle Antworten kommen von innen, nicht von außen. Verbringen Sie täglich ein paar Augenblicke, in denen Sie versuchen, sich über Ihr alltägliches Bewußtsein zu erheben, und Sie werden dem Ort greifbar nahe kommen, an dem sich Antworten finden.

Lassen Sie mich zum Schluß die Einfachheit beschwören. Ich möchte, daß Sie drei Dinge aus diesem Buch mitnehmen:

Seien Sie sich dessen bewußt, was übersinnliche Angriffe sind. Erkennen Sie die Symptome.

Schreiben Sie sich in Ihren Terminkalender die Namen von zwei Menschen, die Sie in einem Notfall retten können.

Glauben Sie nichts. Bezweifeln Sie nichts. Seien Sie für alles offen, wie weit hergeholt, seltsam oder bizarr es auch erscheinen mag. Ja, es gibt verrückte Leute da draußen, aber es gibt auch viele Menschen, die Wahrheiten haben, die seltsamer sind, als man es sich ausdenken könnte. Folgen Sie Ihrer Intuition und entwickeln Sie Wissen und Wahrheit aus Ihren eigenen Erfahrungen. Dann werden Sie wirklich wissen; dann werden Sie sich wirklich entwickeln.

Jetzt kann ich nicht mehr tun, als diese Arbeit mit soviel Liebe wie möglich zu erfüllen, damit Sie, liebe Leserinnen und Leser, daraus Nutzen ziehen können – auf der Ebene, auf der es Ihnen am meisten hilft, aus der Perspektive Ihres gegenwärtigen »Himmels«.

»Frieden sei mit euch allen.«
Jesus von Nazareth

Über den Autor

David Ashworth gehört in Großbritannien zu den besten Ermittlern von geopathische Störungen und Anwendern der geführten Schwingungsheilung und wird von vielen als »Heiler für die Heiler« betrachtet.

Er ist Reiki-Meister, Lichtkörperarbeiter und professioneller Pendler beziehungsweise Rutengänger (bei der BSD, Britischen Gesellschaft für Radiästhesie, eingetragen). Sein außergewöhnliches spirituelles Wachstum folgte auf eine Erweckung zum Heilen 1991, die sein gesamtes Leben veränderte. Er wurde sich einer natürlichen Begabung zum Heilen mit den Händen bewußt und entwickelte Sinneswahrnehmungen im Bereich feinstofflicher Energien, besonders im Hinblick auf das Erspüren, und später Sehen, von Erdenergien, sowie die Fähigkeit, mit Naturgeistern und dem Erdbewußtsein zu kommunizieren.

Schon am Anfang seines neuen Weges stand David vielen Problemfällen übersinnlicher Angriffe und anhaftender Geister und Seelen gegenüber, wodurch er herausfand, daß er in der Lage war, mit den gefangenen Seelen zu kommunizieren und sie für ihren Übergang in die Astralreiche zu aktivieren, und daß er wirksam mit anderen schädlichen übersinnlichen Kräften umgehen konnte.

Er hat in einigen Fernsehsendungen mitgewirkt, zum Beispiel in der erfolgreichen *Housebusters*-Serie des britischen Fernsehkanals *Channel 5*, hält regelmäßig Vorlesungen an verschiedenen Instituten und Universitäten und hält Vorträge zum Thema »Körper, Geist und Seele«. Er leitet Seminare in seinen Spezialgebieten und hat vor kurzem seine eigenen heilenden Schwingungsessenzen entwickelt: »The Devic Essences« (Deva-Essenzen), deren Energiemuster von heiligen Stätten in ganz Großbritannien stammen.

David entwickelt sich immer weiter auf seiner sich entfaltenden spirituellen Reise und wird vom universellen Bewußtsein geführt. Derzeit arbeitet er aus einer intuitiven und sensorischen Fähigkeit heraus, wie in seiner geführter Schwingungsheilung deutlich wird. In diesen Sitzungen helfen seine Geistführer – gemeinsam mit ihnen arbeitet er an Menschen, die bereit sind, in der Heilung oder ihrer eigenen spirituellen Entwicklung voranzuschreiten. Er ist einer der wenigen Heiler, die mit Erfolg schwere Auraschäden beheben können, und mit seiner Fähigkeit, in Chakren und tiefliegende Bereiche feinstofflicher Energie in der Aura und der Psyche »hineinzusehen« und dort Blockaden aufzulösen, kann er »direkt zum Kern« eines Problems vorstoßen.

David hat zwei Kinder und lebt in Manchester, wo er seine Zeit mit seiner langjährigen Partnerin Denise und ihren drei Kindern teilt, während er weiterhin auch schreibt.

Bibliographie

Bach, Dr. Edward, *Heile Dich selbst, Die 38 Bachblüten*, Goldmann 1998
Bach, Richard, *Die Möwe Jonathan*, Ullstein Verlag 2002
Bruyère, Rosalyn L., *Das Geheimnis des Chakras. Unsere Licht- und Eneregiezentren*, Heyne1998
Cayce, Edgar, *Bericht von Ursprung und Bestimmung des Menschen. Rückschau und Prophezeiungen des berühmten amerikanischen Sehers* – aufgezeichnet von Lytle W. Robinson, Goldmann 1998
Choa Kok Sui, Master, *Grundlagen des Pranaheilens*, Koha Verlag 2003
Cousens, Dr. Gabriel, *Spiritual Nutrition and the Rainbow Diet* (deutsche Ausgabe: *Ganzheitliche Ernährung und ihre spirituelle Dimension*, Hans Nietsch Verlag 2002)
Cousens, Dr. Gabriel, *The Sevenfold Peace*, H.J. Kramer 1990
Cousens, Dr. Gabriel/Gerber, Richard/Tiller, William, *Vibrational Medicine. The #1 Handbook for Subtle-Energy Therapies*, Bear & Company 2001
Keyes, Daniel, *Das Leben des Billy Milligan*, Heyne 1992
Kübler-Ross, Elisabeth, *Über den Tod und das Leben danach*, Silberschnur 2002
Leadbeater, C.W., *Die Chakras*, Aquamarin Verlag 1999
Petter, Frank Arjava, und Usui, Dr. Mikao, *Reiki, The Legacy of Dr. Usui*, Lotus Press 1999 (deutsche Ausgabe: *Reiki. Das Erbe des Dr. Usui*, Windpferd Verlag 2001)
Petter, Frank Arjava, *Das Reiki-Feuer. Neues über den Ursprung der Reiki-Kraft*, Windpferd Verlag 2000
Petter, Frank Arjava, und Usui, Dr. Mikao (Hrsg.), *The Original Reiki Handbook of Dr. Mikao Usui* (deutsche Ausgabe: *Original Reiki-Handbuch des Dr. Mikao Usui*, Windpferd Verlag 1999)
Poe, Dr. Lori M., *Mystic Wisdom for Richer Living*, Finbarr International o.J.
Fortune, Dion, *Psychic Self-Defence*, Weiser Books 2001 (deutsche Ausgabe: *Selbstverteidigung mit PSI*, Ludwig Verlag 2000)
Raphaell, Katrina, *Botschaft der Kristalle. Die Transmission des Lichts*, Neue Erde Verlag 1997
Székely, Dr. Edmond Bordeaux, *The Essene Gospel of Peace, Book One*, C.W. Daniel Company 1988 (deutsche Ausgabe: *Das Friedensevangelium der Essener. Schriften der Essener. Buch 1*, Neue Erde 2002)
Székely, Dr. Edmond Bordeaux, *The Teaching of the Essenes from Enoch to the Dead Sea Scrolls*, C.W. Daniel Company 1978

Székely, Dr. E. Bordeaux, *Das geheime Evangelium der Essener. Schriften der Essener – Buch 4*, Neue Erde Verlag 2002
Tudor-Pole, Wellesley, *Der Stille Weg. Übersinnliche Erlebnisse und Erkenntnisse*, Origo Verlag o.J.
Tudor-Pole, Wellesley, *Briefe eines Eingeweihten*, Aquamarin Verlag 2001

Nützliche Informationen

Dr. Edmond Bordeaux Székely
Von diesem Autor gibt es eine Vielzahl anderer Werke, darunter Übersetzungen von Originalmanuskripten sowie Veröffentlichungen über die Essener und ihre biogene Lebensweise, wie sie von Jesus gelehrt wurde – sehr empfehlenswert. Wenn Sie interessiert sind, wenden Sie sich bitte an Norma (Mrs. Edmond) Bordeaux Székely bei der *International Biogenic Society*, I.B.S. Internacional, P.O. Box 849, Nelson, British Columbia, Canada V1L 6A5.

Wer mehr über Jesus und die Lebensweise der Essener erfahren möchte, kann hier Veröffentlichungen und Informationen erhalten:
The Essene Church of Christ, P.O. Box 516, Elmira, Oregon 97437, USA.
Telefon: 001-541-895 2190

DEVA
Deva ist die übersinnliche und heilende Quelle, die von Denise Mc Avoy und David Ashworth zur Verfügung gestellt wird.

Denise McAvoy:
Diplom in Natürlicher Ernährung – Menschen bei der Heilung durch Wissen und Selbstaktivierung helfen, Bachblütentherapeutin, Pendelheilerin, Reiki-Meisterin

Bestellservice von DEVA: Breite Palette an Kristallen, darunter seltene Quarze, Heilsteine und übersinnliche Kristalle, Feng-Shui-Kuren, Pendel, Deva-Essenzen, handgefertigte Wünschelruten, laminierte A3-Poster mit Dr. Tim Duerdens *Darstellung der feinstofflichen Körper* (auf englisch) und Nick Clarkes Darstellung *Die Chakren* sowie viele andere Artikel im übersinnlichen Bereich.

Telefon: 0044-(0)161-772 0207 – Denise McAvoy und David Ashworth
Website: www.davidashworth.com, E-Mail: dave@davidashworth.com

Die Deva-Essenzen
Diese Abdrücke der Schwingungsenergie, von David Ashworth und den Devas in der Natur hergestellt, decken viele Aspekte der Heilung und Wandlung ab. Unter anderem gibt es folgende Kategorien: Körperlich, Mental, Emotional, Spirituell, Auren und Chakren sowie Geomantische Essenzen für den Kontakt mit Naturgeistern und für die Erdheilung. Ein Merkmal dieser Essenzen ist spirituelle Entwicklung und höhere Kommunikation auf vielen Ebenen.

Website: www.devic.co.uk, E-Mail: dave@devic.co.uk

Health Kinesiologie
ist ein sehr wirksamer Weg, Zugang zu den vielen Bewußtseinsebenen innerhalb des Körpers zu erlangen, um zu heilen und Blockaden zu entfernen, die der eigenen Entwicklung im Wege stehen.
Kontakt: IAK (Institut für angewandte Kinesiologie), dort werden auch Seminare zum Thema Health Kinesiology angeboten.
Eschbachstraße 5, D-79199 Kirchzarten bei Freiburg
Telefon: 076 61 - 98 71 00, Fax: 076 61 - 98 71 49
Website: www.iak-freiburg.de, E-Mail: info@iak-freiburg.de

Spirituelle Hilfe
Die besten spirituellen Deutungen, die mir je begegneten, stammen von Dr. Ron Scolastico aus Kalifornien. Ron führt eine Deutung über das Telefon durch, die aufgezeichnet und Ihnen zugeschickt wird. Er channelt eine sehr hohe Quelle, die *The Guides* (Die Führer) genannt wird. Diese können Sie auf übersinnlicher Ebene ausdeuten, alle Ihre vorherigen Inkarnationen sehen und Ihnen erklären, welches Ihre Talente und Fähigkeiten in diesem Leben sind, sowie die Dinge, die Sie mit inkarniert haben, um damit zu heilen oder zu arbeiten. Es gäbe viel zuviel über diese Quelle zu sagen, aber Ron hat unter anderem viele Kassettensets und Bücher erarbeitet, um uns allen zu helfen. Wenn Sie die Antworten wirklich haben wollen ... und bereit für die Wahrheit sind, können Sie sie hier finden.
Ron Scolastico PhD., P.O.Box 6556, Woodland Hills, CA 91365-6556, USA.
Telefon: 001-818-224 4488.
Website: www.ronscolastico.com, E-Mail: rs@ronscolastico.com

The Association of Research and Enlightenment Inc. (A.R.E.) wurde 1931 von Edgar Cayce gegründet. Cayce ist für viele Menschen vieles: Heiler, Visionär, Prophet und noch mehr. Er gab Deutungen aus einem Trancezustand und half damit Menschen, die Ursache der Probleme zu finden, unter denen sie im Leben litten. Er war der Erste, der Wissen über Traumata aus früheren Leben wirklich in Heilungen im gegenwärtigen Leben einbezog. Cayces gesamte Arbeit wurde über einen Zeitraum von 25 Jahren aufgezeichnet und bietet Erleuchtung in großem Umfang für die geistige Nahrung unserer Entwicklung heute. Menschen aus allen Schichten haben bedeutsame und lebensverändernde Einsichten in den Programmen, Materialien und Veröffentlichungen der A.R.E. entdeckt, die sich auf Bereiche wie ganzheitliche Gesundheit, Träume, Familienleben, den passenden Beruf finden, Reinkarnation, übersinnliche Wahrnehmung, Meditation, Spiritualität und Seelenwachstum konzentrieren.
A.R.E., 67th Streent and Atlantic Avenue, P.O. Box 595, Virginia Beach, VA 23451-0595, USA. Telefon: 001-800-333 4499, Website: www.are-cayce.com

Dr. Tim Duerden
Gibt Kurse in Ergänzender Medizin (BSc) an der Universität, er leitet Workshops und Kurse in den Bereichen »natürliche Philosophie« und »Meditation«. Seine *Darstellung der feinstofflichen Körper* im Farbteil sowie andere Darstellungen und nützliche Informationen kann man sich auf seiner Website ansehen.
Website: www.duerden.com, E-Mail: tim@duerden.com

Nick Clarke
ist übersinnlicher Künstler. Nach einer Nahtoderfahrung erholte sich Nick und entdeckte, daß er übersinnliche Fähigkeiten besaß. Als Mitglied des *Solar Psychic Circle* empfängt er Visionen und Botschaften, von denen manche zu automatischem Zeichnen führen. Seine Bilder sind wunderbar vergeistigt und zeigen Geistführer und außerirdische Wesen, denen er begegnet ist.
Es werden Auftragswerke angefertigt.
Telefon: 0044-(0)1254-396 345, E-Mail: njcengage@aol.com

Dinah Arnette
Ihr Buch *Never Alone* beschreibt die erstaunliche wahre Geschichte der unsterblichen Liebe und Hingabe ihres Mannes über das Grab hinaus. Patrick Harrison starb 1978 und blieb weiterhin mit Dinah als ihr Schutzengel in Verbindung.
Wenn Sie sich für ein Exemplar von Dinahs Buch interessieren oder etwas zum Foto der Wesenheit im Farbteil dieses Buches anmerken wollen, wenden Sie sich bitte an Dinah:
Website: www.DMariepress.com, E-Mail: darnette@aol.com

Dr. Gabriel Cousens
ist Autor von Ganzheitliche Ernährung und ihre spirituelle Dimension.
Wenn Sie mehr über die Praktiken und Therapien wissen wollen, die in seinem *Tree of Life Rejuvenation Center* zur Verfügung stehen, nutzen Sie bitte die folgenden Kontaktmöglichkeiten.
Per Post: Tree of Life Rejuvenation Center, P.O. Box 778, Patagonia, AZ 85624, USA.
Telefon: 001-520 394-2520, Fax: 001-520 394-2099
Website: www.treeoflife.nu, E-Mail: healing@treeoflife.nu

Pyramids of Light
Die Pyramiden des Lichtes sind sehr wirksame energetische Hilfsmittel und werden von Pauline Knight gefertigt. Adresse:
Tollbar Cottage, 240 Wakefield Road, Stalybridge, Cheshire SK15 3BY, England.
Telefon: 0044-(0)161-303 7020

Notizen

Notizen

Notizen

Notizen

Notizen

Außerdem in unserem Programm:

Nachdem die Vorstellung, daß in der Natur unsichtbare Intelligenzen am Wirken sind, nicht mehr ganz so absonderlich erscheint, wie noch vor Jahren, ist jetzt die Zeit gekommen für dieses Buch, in dem uns einer vom elbischen Volk der Leprecháns erzählt, wie wichtig die Zusammenarbeit der Menschen mit den Naturgeistern ist. Leicht lesbar und auf unterhaltsame Weise bringt uns die Autorin Tanis Helliwell die Welt der Elfen, Devas und Elementale näher – und selbst Skeptiker werden ihr Vergnügen haben und ins Nachdenken kommen.

Tanis Helliwell
Elfensommer
Meine Begegnung mit den Naturgeistern
Ein Tatsachenbericht
Paperback, 224 Seiten
ISBN 3-89060-318-1

Da taucht im Geist der Autorin plötzlich eine Name auf, der sie tief berührt und nicht mehr losläßt. Als sie ihre Engel nach der Bedeutung fragt, verlangen diese, daß sie geduldig sein möge ... und dann geht mit einem Mal alles ganz schnell: Unversehens reist sie nach Irland und damit in ein früheres Leben ... »Engel reisen immer ohne Gepäck« erzählt eine spannende, wahre Geschichte mit viel Humor.

Ingrid Lipowsky
Engel reisen immer ohne Gepäck
Eine mystische Irland-Reise
Pb., 224 Seiten
ISBN 3-89060-068-9

Außerdem in unserem Programm:

Ein Buch für alle, die schon viel über Aura und Chakras gelesen haben, jetzt aber endlich mit diesem Wissen auch etwas anfangen möchten. Dieses Buch ist so etwas wie ein »Rezeptbuch«, in dem man für jeden Zweck und jedes Anliegen eine passende Übung finden kann.

Ursula Georgii
Energiearbeit mit Aura und Chakras
56 praktische Übungen zur Erdung,
Reinigung und Heilung
Kartoniert, 128 Seiten, 14,6 x 21 cm
ISBN 3-8960-460-9

In Medien und Öffentlichkeit ist Strahlung und Elektrosmog ein Thema, das viele beunruhigt, ja ängstigt. Aber Genaues weiß man nicht. Fundierte Information zu geben und Wege zu einem wirksamen Schutz aufzuzeigen, das ist Anliegen dieses Buches.

Barbara Newerla und Dipl. Ing. Peter Newerla
Strahlung und Elektrosmog
Ein praktischer Leitfaden zum Schutz
vor einer allgegenwärtigen Gefahr
Klappenbroschur, 240 Seiten, viele Abbildungen
ISBN 3-89060-056-5

Immer mehr Menschen entdecken die Homöopathie als wirkungsvolle Heilweise, aber die Frage, wie und warum sie wirkt, ist bisher unbeantwortet geblieben. Jörg Wichmann, seit Jahren praktizierender Homöopath, hat sich intensiv mit dieser Frage auseinandergesetzt und eine Antwort gefunden: eine Antwort, die unser wissenschaftliches Weltbild sprengt.

Jörg Wichmann
Die andere Wirklichkeit der Homöopathie
Heilweise zwischen Alchimie, Schamanismus
und Wissenschaft
Kartoniert, 176 Seiten, 14,6 x 21 cm
ISBN 3-89060-459-5

Außerdem in unserem Programm:

Dieses Buch bietet im ersten Teil die Grundlagen der Steinheilkunde, wie und warum sie wirkt. Im zweiten Teil werden über hundert Steine ausführlich vorgestellt, die heilkundlich bereits gut erforscht sind. Die vielfältigen Aspekte der Heilung von Körper, Geist und Seele durch spezifische Steine werden hier ausführlich beschrieben. Unter Heilpraktikern gilt dieses Buch als Grundwerk, und über 80.000 verkaufte Exemplare beweisen, daß es auch für Laien verständlich und nutzbringend ist.

Michael Gienger
Die Steinheilkunde
Ein Handbuch
416 Seiten, kartoniert, Fadenheftung,
durchgehend farbig bebildert
ISBN 3-89060-015-8

Das Ganze ist mehr als die Summe der Teile – das zeigt sich auch in der Ergänzung von Bachblüten und Heilsteinen: Wo Vergänglichkeit und Beständigkeit sich begegnen, entsteht etwas neues – der spontane Moment der Heilung!

Michael Gienger, Luna S. Miesala-Sellin
Stein und Blüte
Hilfe und Heilung mit Bach-Blüten und Edelsteinen
224 S., Paperback, 14,6 x 20,8 cm,
38 Farbtafeln
ISBN 3-89060-042-5

Das derzeit umfangreichste farbig bebilderte Nachschlagewerk der Steinheilkunde. Mehr als 450 Gesteine, Mineralien und Varietäten werden präzise in ihren mineralogischen und heilkundlichen Eigenschaften beschrieben. Eine gut verständliche Einführung sowie ein umfangreicher Index runden das Werk ab.

Michael Gienger
Lexikon der Heilsteine
Festeinband, Fadenheftung, 528 Seiten,
mehr als 200 Farbtafeln
ISBN 3-89060-032-8

Außerdem in unserem Programm:

Meditation, das ist doch etwas, um zur Ruhe zu kommen und sich selbst zu finden. Ja, aber Meditation kann viel mehr sein: Die Wiederherstellung unseres Eingebundenseins in die gesamte Schöpfung in ihrer stofflichen, emotionalen und geistigen Lebendigkeit. Mit ihren Naturmeditationen führt uns Ilse Rendtorff Schritt für Schritt zu einer innigen Verbindung mit der Erde und den Naturwesen, und in diesem Vorgang heilen wir nicht nur uns selbst, sondern auch die Erde.

Ilse Rendtorff
Naturmeditationen
– Heilung für Mensch und Erde
Pb., 176 Seiten, 14 x 21 cm
ISBN 3-89060-026-3

Die meisten kennen Wünschelruten als Werkzeug von Leuten, die damit Wasseradern oder Erdgitter aufspüren möchten. Daß die Möglichkeiten des Rutengehens viel weiter gehen, zeigt die erfahrene Praktikerin hier: Ruten als Orakel und Wegweiser, zur Verbesserung des Lebensumfeldes, als Hilfsmittel zur Kontaktaufnahme mit Pflanzen und zur Kommunikation mit Natur- und Elementarwesen sowie zum Aufspüren von Kraftorten.

Ilse Rendtorff
Mit Wünschelruten Kraftorte und
Naturwesen entdecken
Kartoniert, 128 Seiten, 14,6 x 21 cm
ISBN 3-89060-045-X

Dieses Buch beschreibt die uralte tiefe Freundschaft zwischen Mensch und Baum. Es führt uns in das Innere der Körper der Bäume und erklärt, wie Bäume mit Hilfe von Licht kommunizieren. Und es führt uns zum Geist der Bäume, der in jeder Baumart eine andere Ausprägung annimmt.

Fred Hageneder
Geist der Bäume
Eine ganzheitliche Sicht des Wesens der Bäume
384 Seiten, Paperback, reich illustriert, viele Farbabbildungen
ISBN 3-89060-449-8

Der Neue Erde-Verlag ist Sponsor des Drei-Haine-Projektes im Elsaß. Hier entsteht ein Ort der Begegnung zwischen Baum und Mensch: Alle heimischen Baumarten sind als Solitär vertreten, es gibt einen Eibenkreis und einen Kreis der Menschen und Kulturen. Infos bei:

Freunde der Bäume e.V.
Cecilienstr. 29, D-66111 Saarbrücken
fdb@neueerde.de, www.freunde-der-baeume.de

Sie finden unsere Bücher in Ihrer Buchhandlung oder im Internet unter **www.neueerde.de**

Bücher suchen unter: **www.buchhandel.de**. (Hier finden Sie alle lieferbaren Bücher und eine Bestellmöglichkeit über eine Buchhandlung Ihrer Wahl.)

Bitte fordern Sie unser Gesamtverzeichnis an unter

NEUE ERDE Verlag
Cecilienstr. 29 · D-66111 Saarbrücken
Fax: 0681 390 41 02 · info@neueerde.de

Ryvellus
bei Neue Erde